八幡宮寺成立史の研究

題字　大貞八幡鷹神社宮司　池永公比古

① 宇佐神宮本殿

② 御許山（地図１中のⒶ地点より）

③『薦社絵縁起』第一幅上方部

④『薦社絵縁起』第三幅上方部

⑤ 八面山

⑥ 稲積山

⑦ 鷹居の丘陵より駅館川を望む

（対岸地域が「宇佐郡辛国」、画面上方の橋が瀬社橋、その右詰の木立が瀬社の杜）

目次

第二編　八幡神の成立

——香春神から「ヤハタ」神へ——

第三編　宮寺としての発展……二三九

本文中の地図・図表

〈地図〉

〈図表〉

序章

――研究史の動向と課題――

全国に鎮座する神社中、最も多く祀られている神が八幡神である。よく引合いに出される数字であるが、現在、正確には摑み難いものの、全国の神社数は約一〇万社といわれ、うち八幡神を祀る神社数は約四八〇〇〇社といわれる（いずれも神社本庁所属の数字はもう少し低くなる）。このように八幡宮或は八幡社が全国的に分布し、八幡神は、むしろ「八幡大菩薩」とか「八幡さん」と称され、多くの人々に親しまれてきた。八幡神の全国的な広がりは、奈良時代末期から各所（寺院・国府・荘園等）に鎮守として勧請された結果であり、もとはただの一箇所、九州豊前国宇佐（現大分県宇佐市）の八幡宮が存在するのみであった。

従って、貞観元年（八五九）、山城国男山に勧請され、石清水八幡宮が成立（宝殿が完成し三所の御像を安置したのは翌二年と考えられる）するまでは、「八幡宮」といえば「宇佐」を指す。本書は宇佐に於ける八幡宮寺の成立に関する研究という意であり、また、本書の扱う範囲を時代的にいえば、一部を除いてほぼ奈良時代までである。この間に於ける先行研究は、明治初年から現在まで、数に於いて実に豊富であるといえよう。勿論、個々の論考を一つ一つ取り上げて論評する余裕等ない。従って、研究史の中の重要な動向を如何に捉え、何を課題となすべきか、序章として、こういったことを考えることにしたい。

一、多数にのぼる先行研究

(一) 増加の一途を辿る中で

八幡神及び八幡宮寺に関する論考は枚挙に遑がない。まずはその状況とそこに見られる重要な動向を把握することから始めよう。

中野幡能氏が昭和六十年十月に刊行された『宇佐宮』[1]の巻末に「主要参考文献」を載せておられる。この中で氏が取り上げられたのは、単行本一三（うち、史料書三）、論文一八八編を数え、昭和六十年（一九八五）十月の段階での数的状況（「主要参考文献」であるから、ここに取り上げられなかったものもあるだろう）を知ることが出来よう。

その後現在に至るまで、単行本六（報告書・史料書を除く）、論文に至っては大学・短大その他機関の紀要類・地方誌まで含めると、年間数編は必ずあり、これまでの総数は中々摑みにくい。しかし、この中で集中的・継続的に取り組んだ成果は意外に少なく、二・三編または単発的な論考が圧倒的に多い（「一度は八幡に触れてみたかった」的なものもまた多い）。このような動向に於いて、特筆するべきは、史料書の発刊が進んでいること、地元機関による調査研究が進んでいることが、まず注目され、個人の研究としては、中野幡能・田村圓澄・伊藤勇人・後藤宗俊・飯沼賢司の各氏による研究が注目される。これらに就いては、以下の項で取り上げることにしよう。

(二)　史料書の刊行

戦前の公刊史料として、『豊前志』[2]・『太宰管内志』[3]豊前之部に見られる関係史料、『群書類従』神祇部所収の『八幡愚童訓』[4]・『宮寺縁事抄』等があった。また、戦中から戦後にかけて編纂・刊行された『大日本古文書』「家わけ」中の石清水文書第四に、『宇佐八幡宮弥勒寺建立縁起』（以下、『建立縁起』と略記）・『宮寺縁事抄』等が所収された。

しかし、史料の刊行が画期的に進んだのは戦後である。まず大分県史料刊行会により昭和二十七年（一九五二）から同三十九年（一九六四）にかけて刊行された『大分県史料』は、各所に所蔵される古文書を中心としており、八幡神や宮寺に関する研究を、社会経済史の面からも大いに進めることとなり、その刊行意義はまことに大きい。続いて昭和三十五年（一九六〇）から始まった『石清水八幡宮史料叢書』の刊行があり、その第一巻「男山考古録」、第二巻「縁起・託宣・告文」も役立つ。次に八幡に関する研究者にとって不可欠の史料文献である『八幡宇佐宮御託宣集』（以下、『託宣集』と略記）の刊行が、昭和四十二年（一九六七）、古代学協会編『史料拾遺』一・二に所収される形で実現したが、『託宣集』全一六巻中の二巻に過ぎなかった。

昭和五十九年（一九八四）から竹内理三氏監修・中野幡能氏編『宇佐神宮史』史料編の刊行が始まる。これは、今日もなお刊行継続中である（巻一四〈安土桃山時代二・江戸時代一〉が最近刊）が、各種文献を編年で編集した一大史料集であり、特に巻一（飛鳥・奈良時代）、巻二（平安時代一）、巻三（平安時代二）は本書に直接関係する。さて、先述の『託宣集』の刊行が二巻で終わってしまった後を受けて、ついに全巻刊行の機会が到来した。昭和六十一年（一九八六）十一月、重松明久氏校注訓訳『八幡宇佐宮御託宣集』（付『八幡大菩薩本末因位御縁起』・『宇佐大神宮縁起』）が刊行され、我々は『託宣集』を身近なものとすることが容易になった。

ところで、『託宣集』の研究に関して忘れてはならない人がいる。二宮正彦氏である。二宮氏の著書[5]発刊に際し序文を寄せられた横田健一氏は、「私は当時、まだ研究者のほとんどなかった『宇佐八幡託宣集』の研究を切にすすめた。氏は私の意見を容れ、当時助教授であった薗田香融氏（現教授・関西大学東西学術研究所長）と共に、『託宣集』の古写本を求めて、東奔西走、校訂本の作製に努力された。その傍ら八幡神研究の論考も逐次発表された。その後、故大石良材氏校訂本（古代学協会刊）、重松明久氏校訂本などが刊行されたが、二宮氏の改訂《マヽ》本の方が、より多くの諸本を参照されている。その成果が氏の多忙のため発表されないのは残念である」と述べておられる。二宮氏の校訂本は、平成元年（一九八九）四月、氏の早いご逝去により、結局日の目を見ないまま終わってしまった。独り横田氏が残念とされるに留まらず、八幡研究者の共通に残念とするところであろう。

最も新しいところとして、昭和末期から平成にかけて『神道大系』の刊行があり、その神社編の七「石清水」には『宮寺縁事抄』等、四七「宇佐」には『建立縁起』等の主要文献が収められ、研究者には一層活用しやすくなった。

以上の史料書刊行の歩み、就中戦後の目覚しい進展は、八幡神及び宮寺に関する研究の進展に大きく寄与したことはいうまでもない。これらの史料書刊行に尽力された多くの方々に、衷心より敬意と謝意を表したい。

(三) 地元機関による調査研究

次に地元機関による調査研究の動向に注目する要があろう。これは悉く戦後に集中する。以下、その成果の発表順に従って扱う。まず、八幡神宮弥勒寺跡の発掘調査が二度にわたって行なわれた。第一回調査は昭和二十九年(一九五四)から同三十五年(一九六〇)にかけて大分県教育委員会により実施され、金堂・講堂・東塔・東大門等に及び、同三十六年(一九六一)に報告書[6]が出された(これに就いては、後述第二回調査と合わせて述べる)。

昭和五十年代、大分県教育委員会は県下の「歴史の道」調査に乗り出し、有能な人々に分担委嘱して実施した。その報告書が次々に発刊されたのは注目に値する。橋本操六氏の『放生会道[7]』、末広利人氏の『勅使街道[8]』、伊藤勇人氏の『行幸会道[9]』、同氏の『奈多行幸会道[10]』の四つが、ここでは重要である。これらは道の確認を始め、沿道の史跡・社寺等の調査・考察もされ、八幡宮寺の神事を中心とした研究に資するところ甚だ大きい(特に本書では第三編第二章に関係する)。

純然たる調査研究ではないが、それに準ずる価値を有するものとして、大分県立宇佐風土記の丘歴史民俗資料館(現県立歴史博物館)開館五周年記念特別展「八幡大菩薩の世界」(昭和六十一年〈一九八六〉十月二十六日より十一月三十日)を取り上げておく必要があろう。同館では全国の関係社寺の協力を得て貴重な作品・資料の出展に成功すると共に、広く必要事項の取材をした。特別展そのものが大好評で意味の大きいものであったが、このとき刊行された図録(11)が価値の高いものである。図録の内容は、「八幡神の成立」・「神仏習合と八幡神」・「八幡信仰の拡大と蒙古襲来」・列品解説・年表から成り、単なる特別展の図録に留まらず、八幡神及びその信仰に関する格好の入門書でもある。特別展から既に十六年を経過した今日に於いても、その価値は失われていない。図録だけでも再刊されてよい意味をもつ。

昭和六十二年（一九八七）には、八幡神の成立と強い関わりをもつ大貞の三角池及び薦社と不可分の存在である八面山に関する調査が実施され、その報告書(12)が刊行された。内容中、当山々頂の磐座・磐境の状況、伝承と祭礼、『八面山縁起』等は極めて重要である（本書第一編第三章・第二編第四章・第三編第三章と強い関係をもつ）。しかし、八面山の宗教的位置づけが地元に於いてすら充分に認知されていない実状は、まことに残念であるというほかない。

先に八幡神宮弥勒寺跡の第一回調査に就いて述べたが、これに続く第二回調査が昭和五十六年（一九八一）十二月より翌年八月、同五十八年（一九八三）から六十三年（一九八八）まで実施され（大分県教育委員会が主体となり、調査員は県立宇佐風土記の丘歴史民俗資料館・県文化課・宇佐市教育委員会の三者）、寺域北限の遺構、寺域東限の遺構、及び第一回調査で確認された主要堂塔遺構の詳細な面の確認、交通路を含む地割の確認等がなされ、その報告書(13)が平成元年（一九八九）三月に刊行された。この報告書のもつ意味（第一回報告書も含めて）は、薬師寺式伽藍配置を導入していること、弥勒寺伽藍の主要部が極めて無理をした区画内に立地していること、弥勒寺々地を含めた八幡宮寺全体の造営計画（小椋山での）の中に、交通路を含んだ地割構想のあった可能性等が指摘されたことであり、八幡宮寺成立に関して具体的な問題点を提供することになった（詳細は本書第三編第一章で取り上げる）。

歴史民俗資料館では、平成二年（一九九〇）を中心に、大宰府から八幡宮に至る官道（大分県の範囲）の大掛かりな調査を実施し、翌三年にその成果を報告書[14]として刊行した。先に県教委が「歴史の道」調査を推進した中の一つに『勅使街道』が含まれていた。今回の調査は、これ以後の考古学の成果等も踏まえ、更に大規模な調査として実施されたもので、官道の実態と沿道の史跡・社寺・文化財等の詳細な報告は、大きな意味をもつ。

最後に、宇佐市教育委員会では、現宇佐神宮境内の保存管理計画を確立するための計画書[15]を、平成四年（一九九二）に刊行した。保存管理の計画書とはいえ、宇佐神宮の歴史・文化財にも詳細な研究成果がまとめられており、資料編も豊富で、宇佐宮寺に関しては、極めて便利な書であるといえよう。

以上、主要な調査研究に就いて述べたが、他に八幡宮寺に関する古代寺院跡（法鏡寺跡・虚空蔵寺跡・相原廃寺跡・小倉池廃寺跡等）の調査成果もある。ここでは取り上げなかったが、必要に応じて本書の該当箇所で触れていくことにしたい。

このように、地元機関による調査研究を回顧してみると残念なことが一つある。八幡神及び宮寺の成立には豊前地方の全域が関わっているといっても過言ではあるまい。周知の如く豊前国は、現福岡県東部と大分県北部にまたがるが、今ここで取り扱った調査研究は全て大分県のものであり、福岡県側の豊前に関する著しい調査研究の成果は耳にしない（どうも福岡県の調査研究は大宰府を中心とした筑前に主力が注がれているようである）。今後、福岡県側の豊前に関する調査研究の進展を熱望したい。

(四)　個人業績に見る主要研究

ここで、個人の研究業績に就いて述べることになるが、冒頭に記した如く、その数は枚挙に遑がない。幸いにも、昭和三十七年（一九六二）の段階で、二宮正彦氏が主要学説を的確に整理しておられる[16]。従って、ここではそれ以後の主要なものを扱うことにしたい。

まず、何といっても大きな位置を占めるのは中野幡能氏である。地元人でもある氏は、早くから八幡神及びその信仰に関する研究に取り組まれ、八幡研究者の中でも群を抜く膨大な数に及ぶ論考を発表してこられた。その第一の成果が大著『八幡信仰史の研究』（初版昭和四十二年〈一九六七〉、増補版昭和五十年〈一九七五〉）であることは大方の周知するところであろう。この書のうち、本書に関わる部分で、最も特色をなすのが八幡神の成立であり、これを第一次原始八幡（宇佐に進出するまで）・第二次原始八幡（宇佐進出の段階）・応神八幡の創祀（鷹居社創祀）と三段階に分けて考えられることにある。特に原始八幡論は、小国家分立から地域統合（邪馬台国も含めた）の進む動向の中に発生を見出すという、複雑極まるものである。応神霊の付与を鷹居社創祀に求められ、宮寺に関しては、宇佐宮――由原宮――石清水八幡宮への発展の中で、宇佐宮は「いわば神社と寺院が接近したにすぎなかった」とされる。

中野氏は、その後も多くの著書・編著を刊行されるが、同氏編『八幡信仰』（昭和五十八年七月）・同氏著『八幡信仰』（昭和六十年六月）・『宇佐宮』（昭和六十年十月）までの段階では、そのいわれるところは（細部に於いて若干相違する所はあるものの）、大筋に於いて『八幡信仰史の研究』に基づいている。しかし、それ以後の著書・編著及び論考に於いて、重要事項の見解でいつの間にか大きく変化しているものが、いくつも見かける。これは後学の研究結果に接しられての変化と拝察する。学問研究の進展の中で見解が変化することはよくあるが、動機や理由を示さずに〝いつの間にか〟変化させておくというのは、氏の見解を捉える上で非常に困る（具体的には、本書の該当箇所で扱う）。[17]

仏教史の研究で著名な田村圓澄氏は、昭和五十五年（一九八〇）に刊行された『古代朝鮮仏教と日本仏教』以来、朝鮮半島との関わりに於いて、日本仏教史は勿論、古代史に就いても論述されることが多くなった。その中で、氏は八幡神に就いても論究されることも多く、八幡神を朝鮮半島（就中新羅）との関係で、更に仏教経典との関係で考究される立場は、八幡研究者に教示されるところ極めて大きいものがある（本書では関係各章で触れることが多い）。

地道な基礎研究を続けておられるのが伊藤勇人氏である。㈢の項で紹介した調査研究『行幸会道』・『奈多行幸会道』の他に、『託宣集』、『八面山縁起』、最近では『宇佐宮記』等の文献研究があり、これらの研究を通して、宇佐宮の神事・造替等の問題に迫ろうとされる。その地道な研究には負うところが多い（本書では特に第三編第二章に関係する）。

反面、最近に於いて大胆な説を提唱される方が二人出現した。その一人は後藤宗俊氏である。後藤氏は地元出身にして本来考古学を専門とされる方であるが、ここでは、八幡神の成立に深く関わる僧法蓮をめぐる一連の論考(18)に注目しなければならない。氏所論の特徴は、法蓮を豊前の人ではなく、大和かその周辺の人で、官僧にして大変な高僧であったとされ、その上、ある時期に国家から重要なる使命を受けて宇佐入りしたとされる点にある。この立論に当って、氏は文献史料を逆に解釈されたり、極めて特殊なケースとして扱われ、また、豊前に存在する膨大な数に及ぶ法蓮伝承を、悉く後世の仮託・造作として退けられる。このあたりは議論の分かれるところであろう（本書では、第二編第四章を中心に具体的に取り扱う）。

もう一人として、飯沼賢司氏による一連の論考(19)に注目するべきであろう。氏所論の骨子は、中野氏の原始八幡論を否定し、八幡神の成立を、淵源論では解明出来ず、政治史的に考察することによって実態が把握出来るものとされる。具体的には、辛嶋氏や大神氏の所持する異なった祭祀方式に仏教要素が加わり、「八世紀初頭の対隼人政策の中で政治的に作りだされた神」であるとされ、また、「八世紀初頭に突如登場した神であり、きわめて政策的な、軍事的な神であった」とされる。更に、顕現場所は対隼人戦に於ける渡来人の営所、応神霊の付与は平安初期に認定され、宇佐宮社殿が南面しているのは隼人の地に向けているからであるとも述べられる。このように、氏の八幡神成立に関する考察は、徹底して養老の対隼人戦に結び付けていかれるところに特徴があり、地元を中心に新方向を求めようとする研究者に、強い影響力を与えつつある（本書では、関係各章で詳しく取り扱う）。

以上、一定以上の本数に及ぶ、集中した研究成果を発表された方々に限定して取り上げたが、単発的な論考の中にも注目するべきものも多い。それらに就いては、それぞれ本書の関係する箇所で取り上げることはいうまでもない。

二、先行研究に見る問題点

これまでに取り上げた研究は勿論のこと、取り上げなかった多くの先行研究に対して一言申し述べることは、当然のことながら、これらの先行研究があって、初めて我々の現在の研究があるということである。学問研究の進歩は、先行研究への批判と、それを乗り越えるところにあるが、その前に、我々は先行研究者のご苦心とご努力に対して、衷心より敬意を寄せる必要があるだろう。

さて、先行研究（取り上げなかったものも含めて）に触れてきて、教示される事柄は実に多いが、反面、問題もまた多いといわねばならない。そのうち主たる問題点を列挙し、自らの課題を導き出す基礎としたい。

(一) 原初信仰の把握

古社を考察する場合、その祭神の鎮座や社殿の建立に先立つ長い信仰の歴史があることを無視してはならない。つまり、原初信仰の存在で、神体山信仰として展開することが多い。八幡神の成立に関しても、宇佐の御許山信仰や下毛郡の八面山信仰等は一応把握するべきものであろう。先行研究には、この点を着実に踏まえたものは見当らない。

(二) 伝承の扱い

直接史料の少ない時代が対象となる故に、伝承の扱いが大きな位置を占めることになる。ところが先行研究の多くは、都合のよい立場から都合のよい伝承のみを取り上げて論じる傾向が強い。伝承は時の流れの中で少しずつ変化したり、新たな要素を加えて変形したり、幾つもの系統を生むことが多い。どの時点での、どのような事情のもとに成立した伝承であるかを、充分に踏まえた上での扱いが要求されるであろう。

(三) 『建立縁起』と『託宣集』

(二)と関連して、八幡研究の上で最も多く用いられる文献は『建立縁起』と『託宣集』であろう。前者は平安初期、後者は鎌倉時代の成立であり、成立事情も異なる。ここでも、ある時は『建立縁起』に基づき、ある時は『託宣集』に基づいて論じている場合も多い（勿論、いずれか一方にしか見られない記事の場合は論外である）。

(四) 見落とされている大和神幸伝承の意味

八幡神の成立を考える上で、先行研究中に不思議にも重大な見落としがある。それは、『建立縁起』の辛嶋氏系伝承に見られるもの（『託宣集』にも見られるが、こちらは後世の立場からかなり変形されている）で、「宇佐郡辛国宇豆高島」に降臨した神（辛嶋氏の神・新羅神）が大和に神幸し、再び宇佐に上陸し馬城嶺（御許山）に再顕現、以後は全く新たな神として宇佐郡辛国（辛嶋氏の居住地）内を小神幸するという内容であるが、この大和大神幸と再顕現後の小神幸のもつ意味は大きく、この中にこそ、八幡神成立の重大な鍵が秘められていると考える（詳しくは第二編第一章・第二章・第三章で扱う）。

(五) 応神霊問題

八幡神の成立を象徴する応神霊の付与は重要な問題であるが、その時期、及び如何なる人物によって、如何なる状況のもとになされたのか、諸説様々である。これを考える鍵も(四)にあるといえるのではないだろうか。

(六) 宇佐氏の問題

宇佐に成立した八幡宮寺の神職団は、当初、大神・辛嶋二氏によって、奈良時代後半からは大神・宇佐・辛嶋の三氏によって構成される。しかるに、先行研究中に宇佐氏に関する研究は極めて乏しい。奈良時代後半に於ける宇佐氏の神職団への進出を、宇佐国造家の再興とする見解と、全くの新興勢力と見る見解があり、後者の傾向が強い。地元に於いては、宇佐氏を積極的に語る人は見かけない（専ら避けているような感じすら受ける）。八幡神が宇佐の地に成立し、発展する中で、地元氏族である宇佐氏の考察は避けて通るわけにはいかないであろう。

(七) 法蓮の問題

八幡神及び宮寺の成立に深く関わった法蓮に就いては、やはり、先述の後藤氏説をどう考えるかが最大の問題となろう。その上で、法蓮が八幡神及び宮寺の成立に如何ように関わったかを考察しなければならない。

(八)　政治的に造られた神か

八幡神は政治的に造られた神であるとする飯沼氏説は、避けて通るわけにはいかない。氏は淵源論を嫌われるが、この問題は淵源から順を追った冷静な考察を必要とする。この神の成立は、その後の発展、宮寺としての発展にも直接影響していくだけに、より慎重な考察が求められるということになろう。

(九)　小椋山宮寺の成立に就いて

八幡宮の小椋山遷座によって成立する宮寺形式に就いて、その組織的な面はさておき、外形面に於いて相当な無理を押してなされているが、このことに就いては殆んど問題視されていない。中央志向が高まる中でなされたことなので、当時に於ける中央（奈良）の社寺形態の面からも考察が必要であろう。

(十)　二大神事の意味するもの

八幡宮寺の最重要神事が放生会と行幸会であることはいうまでもない。この特殊にして重要な神事に触れた論考は多いが、両者のもつ意味を深く考究したものは少ない。放生会に関しては、中野氏がことのほか重視される神鏡奉献が果たして中心であったかが問題であり、行幸会では、薦枕の更新と八箇社巡幸の意味するものを考察することが課題となろう。

三、本書の課題

以上、先行研究に見る主要な問題点を㈠から㈩にわたって列挙した（細かい問題点はまだあるが、それは関係各所で取り上げる）が、これを踏まえながら、本書に於ける課題を導き出すことにしよう。就いては、私がこれまでに行なってきた古代山岳寺院の研究[20]で用いた方法、つまり、現地踏査を繰り返し、諸伝承を系統的に分析・考察しながら研究を進めるという、この経験を充分に生かせることにした。

A．現地踏査を繰り返す中で、文献内容も繰り返し考察する。これによって文献内容の奥に存在するものを把握出来るよう努める。

B．原初信仰を神体山信仰として把握し、諸伝承中特に八幡神顕現伝承の系統的分析と変遷を考察する。この二つを「前提としての基礎研究」に位置付ける。

C．八幡神の成立に就いて、新羅系渡来集団の動向とその奉祀する神、及び祭祀方法、応神霊の付与、鷹居社創祀、法蓮の動向等を、史的に順を追って考察する。

D．八幡宮が「宮寺」として発展する様相を、神宮弥勒寺の成立、放生会・行幸会の創始、三神職団（特に宇佐氏を中心に）の成立、八幡神の中央寺院への勧請等を通して考察する。

E．八幡宮寺の成立を、初期神仏習合の面からも考察する。

以上の五つを課題として、以下に本書の内容を四編十二章の構成に基づき展開する。

〔註〕

（1）中野幡能氏著『宇佐宮』（日本歴史叢書三七、昭和六十年十月）。
（2）渡辺重春編、最初の刊行は明治三十二年（一八九九）。
（3）伊藤常足編、最初の刊行は明治四十一年（一九〇八）。
（4）『続群書類従』神祇部にも同名の別本が所収されている。
（5）二宮正彦氏著『古代の神社と祭祀――その構造と展開――』（昭和六十三年七月）。
（6）大分県文化財調査報告書第七集『弥勒寺遺跡』（昭和三十六年三月）。
（7）橋本操六氏著『放生会道』（大分県文化財調査報告第四九輯「歴史の道」調査報告書、昭和五十六年一月）。
（8）末広利人氏著『勅使街道』（大分県文化財調査報告第五〇輯「歴史の道」調査報告書、昭和五十六年二月）。
（9）伊藤勇人氏著『行幸会道』（大分県文化財調査報告第五二輯「歴史の道」調査報告書、昭和五十六年二月）。
（10）伊藤勇人氏著『奈多行幸会道』（大分県文化財調査報告第六〇輯「歴史の道」調査報告書、昭和五十七年三月）。
（11）大分県立宇佐風土記の丘歴史民俗資料館編（特別展図録）『八幡大菩薩の世界』（昭和六十一年十月）。
（12）大分県文化財調査報告第七一輯『八面山の文化財』（昭和六十三年三月）。
（13）大分県立宇佐風土記の丘歴史民俗資料館報告書第七集『弥勒寺――宇佐神宮弥勒寺旧境内発掘調査報告書――』（平成元年三月）。
（14）大分県立宇佐風土記の丘歴史民俗資料館編『宇佐大路――宇佐への道調査――』（平成三年三月）。
（15）宇佐市教育委員会編『史跡宇佐神宮境内保存管理計画書』（平成四年三月）。
（16）二宮正彦氏「八幡大神の創祀について」（『続日本紀研究』第九巻第四・五・六合併号、昭和三十七年四月）。
（17）中野氏編『神道大系』神社編四七「宇佐」（平成元年三月）に於ける解題、同氏編『宇佐神宮の研究』（平成七年八月）、同氏著『八幡信仰と修験道』（平成十年二月）、同氏著『宇佐八幡宮放生会と法蓮』（平成十年十月）等。
（18）後藤宗俊氏著『東九州歴史考古学論考――古代豊国の原像とその展開――』（平成三年二月）第三章（ここに法蓮

に関する三論文が所収）、同氏「沙門法蓮についての覚書」（『大分県地方史』第一六一号、平成八年三月）。

(19) 飯沼賢司氏「八幡神成立史序論」（『大分県地方史』第一四六号、平成四年六月）、「奈良時代の政治と八幡神」（古代王権と交流8『西海と南島の生活・文化』、平成七年十月、所収）、「八幡神と神輿の成立」（『歴史評論』第五五〇号、平成八年二月）、「宇佐宮放生会を読む」（『大分県地方史』第一六一号、平成八年三月）、「女性史からみた『道鏡事件』——宇佐宮における女祢宜託宣と亀卜の対決——」（シリーズ比較家族8・田端泰子・上野千鶴子・服藤早苗各氏編『ジェンダーと女性』、平成九年三月、所収）等。

(20) 拙著『長谷寺史の研究』（昭和五十四年十一月）、同『室生寺史の研究』（昭和五十四年十一月）、同『奈良朝山岳寺院の研究』（平成三年二月）等。

第一編　前提としての基礎研究

第一章　宇佐に於ける原初信仰
——宇佐御許山に見る信仰——

第二章　八幡神顕現伝承考
——その系統と変遷を中心に——

第三章　八面山信仰と三角池
——薦社（大貞八幡）成立前史考——

第一章　宇佐に於ける原初信仰

——宇佐御許山に見る信仰——

はじめに

諸学説の中には八幡神を一地方神でないとする考え方も強い。既に成立している八幡神から見れば、地方的色彩が希薄で地方神ではないという考え方も出来るであろうが、この神が豊前国宇佐の地に成立したことだけは動かない。してみると、その地にはこの神の成立以前に存在した原初の信仰があったはずである。八幡神が後に大いに発展するそのこと自体を重視するべきは当然であるが、その成立の土地に存在した原初の信仰を考察することも、また重要であろう。

それは直接史料の欠く時代に遡ることでもあるので、八幡神そのものの成立に関する考察や議論は盛んであっても、この方には殆んど論及されないまま今日に至っている。本章では敢えてこの問題を取り上げ、後世の史料から古い形を考究し得るものを掘り出し、更に現地踏査の結果を踏まえて、宇佐に於ける八幡神成立以前の原初信仰を考察しようと考えるのである。

一、宇佐関係縁起類に見る八幡神顕現以前の聖地

考察の手懸かりを宇佐関係の縁起類に求めることにしよう。何故ならば、これら縁起類には八幡神顕現の地が記されており、原初信仰を考える上に極めて示唆的であるからである。

(一)　宇佐関係縁起類の記事

まずはそれら縁起類の記事を、ほぼ成立時期の順に列挙してみる。

①弘仁六年（八一五）の大宰府の解状（『東大寺要録』巻第四・諸院章第四・八幡宮条の弘仁十二年の官符に引く）。

件大菩薩是亦太上天皇御霊也。即磯城島金刺宮御欽明天皇也、宇天国排開広庭天皇御世。於二豊前国宇佐郡馬城嶺一始現坐也。爾時大神朝臣比義。以二歳次戊子一始建二鷹居瀬社一。而即奉レ祝二孫多字一。更改移二建菱形小椋山社一。（下略）

②弘仁十年（八一九）の官符（『宮寺縁事抄』第一三・放生会縁起に引く）。

神云、大菩薩ハ是誉田乃天皇也昔斉明歟天皇御代爾豊前国宇佐郡真木乃峯仁始女天現給天後爾菱方小蔵山移坐給利宇佐宮是也、（下略）

③承和十一年（八四四）の『宇佐八幡宮弥勒寺建立縁起』。

右大御神者、是品太天皇御霊也、磯城嶋金刺宮御宇天国排開広庭天皇御世、於二豊前国宇佐郡御許山馬城嶺一、是嶺在今呰二反歌宮南方始顕坐、爾時大神比義、歳次戊子、始建二鷹居社一而奉レ祝之、即供二其祝一、孫多乎、更改移二建菱形少(小)椋山社一矣、

一曰、大御神者初天国排開広庭天皇御世、宇佐郡辛国宇豆高島(峯カ)天降坐、従レ彼大和国膽吹嶺移坐、従レ彼紀伊

国名草海嶋移坐、従レ彼吉備宮神島移坐、従レ彼豊前国宇佐郡馬城嶺始現坐、是大菩薩者、比志方荒城潮辺移坐、爾時家主上祖辛嶋勝乙日大御神之御許参同、長跪候二其命一、爰大御神成二詫宣一、遂請二御命一、

④嘉承元年（一一〇六）から長承三年（一一三四）の間の成立かと考えられている『東大寺要録』巻第四・諸院章第四・八幡宮条。

筑紫豊前国宇佐郡。厩峯菱潟池之間。有二鍛冶翁一。甚奇異也。因レ之大神比義。絶穀三年籠居精進。即捧二御幣一祈言矣。汝神者我前可レ顕。即現二三歳小児一立二竹葉一。託宣云。我是日本人皇第十六代誉田天皇広幡八幡麿也。我名曰二護国霊験威力神通大自在王菩薩一。国々所々垂二跡於神道一。是初顕御座。是即欽明天皇御時也。

⑤十二世紀頃の成立かと考えられる『扶桑略記』欽明天皇三十二年正月条。

八幡大明神顕二於筑紫一矣。豊前国宇佐郡厩峯菱潟池之間。有二鍛冶翁一。甚奇異也。因レ之大神比義絶レ穀。三年籠居。即捧二御幣一祈言。若汝神者。我前可レ顕。即現二三歳小児一「云」。以レ葉託宣云。我是日本人皇第十六代誉田天皇広幡八幡麿也。我名曰二護国霊験威身神大自在王菩薩一。国々所々垂二跡於神明一。初顕坐耳。一云。八幡大菩薩初顕二豊前国宇佐郡馬城峯一。其後移二於菱形小倉山一。今宇佐宮是也。已上出二彼縁起文一。

⑥鎌倉時代中末期の成立とされる『八幡愚童訓』。

(イ)『群書類従』所収本・上巻。

第卅代欽明天皇十二年正月《ニ》至テ。大神比義断二五穀一精進《シテ》捧二御幣一祈申《セシ》時。二歳小児顕《ト》レ立二竹葉《ノ》上《ニ》一玉フ。我日本人王十六代誉田天王也。護国霊験威力神通大自在王菩薩也告給。百王鎮護三韓降伏。神明第二宗廟祝《トハレ》給者也。豊前国宇佐郡馬城峯石躰《ハ》最初垂跡《ノ》所也。天平勝宝元年造二宮宇佐宮一。

(ロ)『続群書類従』所収本・御躰御事条。

最初ニ現レ玉シ御許山《ミモトヤマ》馬城峯ニハ。三ノ石ニテ現レ玉ヘリ。高一丈四五尺。広一丈計也。寒雪ノ比ヲヒモ。暖ニマシマシケリト申セドモ。今ハ霊威ニ恐テチカヅキマイラスル人モナシ。只遙ニ拝見スルバカリナリ。王城ヲ守護シ玉ハントテ。東ニムキ玉フ。石ノカヽリ所ノ有様尋常ノ事ナラズ。不思議トモ云計ナシ。

⑦鎌倉時代末期の成立と考えられる『八幡宇佐宮御託宣集』（以下、『託宣集』と略記）。

(イ)　巻五に三説あり。

A金刺宮御宇二十九年戊子。

筑紫豊前国宇佐郡菱形池辺。小倉山之麓。有鍛冶之翁。帯奇異之瑞。（中略）於是大神比義・（行イ）見之。更無人。但金色鷹在林上。致丹祈之誠。問根本云。誰之成変乎。君之所為歟。忽化金色鳩。飛来居袂上。爰知神変可利人中。然間比義断五穀。経三年之後。同天皇三十二年辛卯二月十日癸卯。捧幣傾首申。若於為神者。可顕我前。即現三歳小児於竹葉上宣。

辛国乃城尓始天天降八流之幡天。吾者日本神土成礼利。一切衆生左毛右毛仕心多利。釈迦菩薩之化身。一切衆生遠度牟土念天神道止現也。我者是礼日本人皇第十六代誉田天皇広幡八幡麻呂也。我名於波曰護国霊験威力神通大自在王菩薩布。国々所々仁垂跡於神道留者。

『託宣集』の筆者である神吽が、『託宣集』執筆に先立って記したといわれる(1)『宇佐大神宮縁起』上巻・初顕神道坐事条に右の文と殆んど同文の記事をみるが、ここでは省略する。

B豊前国宇佐郡大尾山麓。有為鍛冶之翁。其相貌甚奇異也。（下略）

C豊前国宇佐郡厩峯菱形池之間。有鍛冶之翁。首甚奇異也。（下略）

(ロ)　巻一四・馬城峯の部。

一云。八幡大菩薩為人皇之昔。乗霊瑞馬翔此山。竜蹄多入石面。一寸計。以見在矣。今謂是竜蹄巌。此馬棲故名馬城峯。成神明之時。化金色鷹。影向当山。金光如日足常放光。今謂之日足里。此瑞及天聴。此光照王宮。勅使下而被問之。花夷挙而奉仰之。又発三柱石。（高一丈五尺。広一丈五尺。）為宝体。忽出三鉢水。（広六寸余。深四寸余。）為神慮大雨不増。大酌不減。大旱不レ干。大寒不凍。御貌写于此水之坐。其光耀于内裏之間。被占之時申云。人皇第十六代誉田天皇御霊成神明。顕豊前国厩峯之坐瑞光云々。鎮護国家正像末三世三鉢霊水是也。

或記云。御許山峯有三並石。号三所御躰。以此三石為三所。以之鉢水。為三身御意。鎮護国家経正法像法末法。云々。六人行者記。或記云。大菩薩者。金刺宮御宇。宇佐郡御許山。為鎮護王城。三種石。向丑寅方顕座。

聖武天皇六年。天平元。己巳。於内裏七歳童子託宣。

吾者是礼人皇第十六代誉田天皇乃御霊利奈。奉守百王牟加為尓成神明利礼。又顕豊前国厩峯礼坐也。三柱乃霊石乎発生。三鉢乃香水乎湧出須。鎮護国家正像末乃霊水利奈。石乎為体須。水於為意須者。

〔『宇佐大神宮縁起』下巻・御許山石躰権現事条に右の文を総合してまとめた記事をみるが、ここでは省略する〕

⑧延元四年（一三三九）の『神皇正統記』応神天皇条。

欽明天皇の御代に初めて神と顕れて、筑紫の肥後国菱形池と云ふ所に顕れ給ふ。我は人皇十六代誉田八幡丸也との給ひき。（下略）

⑨室町時代の成立とみられる『二十二社註式』宇佐八幡宮条。

或書曰。豊前国宇佐郡菱形山広幡八幡宮。坐二郡家東馬城峯頂一。人皇四十五代聖武天皇神亀四年歳次□。就二此山一奉レ造二神□一。因名曰二広幡八幡太神宮一。

旧記云。人皇三十代欽明天皇御宇。豊前国宇佐郡厩峯菱潟山間。現二三歳小児一。立二竹葉一託宣云。我是日本人皇十六代誉田天皇広幡八幡麻呂也。我名曰㆓護国霊験威力神通大自在王㆒。国々所々跡㆓垂於神道㆒。是初顕御坐。

以上、主なものを列挙したが、一読されれば了解されると思うが、いずれも八幡神顕現の地を語る部分の記事である。その顕現の地として、「馬城嶺（峯）」・「既峯菱瀉（形）池之間」・「菱形池辺」・「小倉山（小椋山）麓」・「大尾山麓」・「肥後国菱形池」がみられる。「肥後国菱形池」を除いて、それらは、要するに馬城嶺（御許山）山頂及びその山麓であることが、当地の原初信仰を考える上にも極めて示唆的である。

㈡　縁起類に見る三系統の所伝と古来の聖地

前項でみた縁起類に登場する八幡神顕現の地を、いま少し詳しく検討してみよう。まず、諸文献に見える顕現地を場所毎に分類すると、次のようになる。

ⓐ馬城嶺（真木峯・御許山）――①、②、③の第一、③の第二、⑤の第二、⑥の(イ)、⑥の(ロ)、⑦の(ロ)、⑨の第一。
ⓑ馬城嶺（既峯）菱瀉（形）池（或は山）の間――④、⑤の第一、⑦の(イ)のC、⑨の第二。
ⓒ｛菱形池の辺・小倉（椋）山麓――⑦の(イ)のA。
　｛大尾山麓――⑦の(イ)のB。
ⓓ肥後国菱形池――⑧。

このうち、最後のⓓ「肥後国菱形池」に就いては『神皇正統記』以前の文献にはみられず、中世の頃に八幡神肥後顕現説が存在したことになるが、佐志傳氏や二宮正彦氏の指摘[2]されるように後世の作為的な擬定であろう。従って、ここではⓓを論外とする。

そこで、残るⓐⓑⓒの三系統の顕現地が所伝として存在することになる。まず、ⓐ「馬城嶺（真木峯・御許山）」

とするものは、量的にいっても圧倒的に多く、しかも①②③といった平安時代初期に属する古い所伝が全てここに含まれる。故にこの系統の所伝は、最も古く、かつ最も有力な所伝であるといえよう。

ⓑ「馬城嶺（既峯）菱瀉（形）池（或は山）の間」とするものは、平安時代末期の『東大寺要録』や『扶桑略記』以後に於いて、ⓐ系統の古い所伝と併存することになる。菱形池は菱形山（小椋山）の北麓にあり、菱形山はいうまでもなく現宇佐神宮の存在する山である。ここで扱っている文献が八幡宇佐宮に関わる縁起類であり、後世になればなるほど、宇佐宮の存在する菱形山及びその北麓の菱形池への意識も強まるであろう。古来の所伝である馬城嶺を無視するわけにはいかないが、八幡神顕現地を菱形池に直接関わりがあったかのように語りたい。そのような意図が働いて馬城嶺と菱形山または菱形池の間といった、やや不明瞭な表現の所伝を生じるに至ったものと考えられる。両者の「間」となれば、馬城嶺（御許山）及び菱形山の山麓地域に眼が向けられるのも当然であろう。

ここでⓒ「菱形池の辺・小倉（椋）山麓」「大尾山麓」の系統が登場してくる。『託宣集』の成立期には、ⓐⓑⓒの三系統が併存していたのである。この系統では馬城嶺を無視し、菱形山麓（菱形池の辺も同様に考えてよい）或は御許山の北に張り出した尾根である大尾山の麓を、顕現の地であるとする。

以上、縁起類にみる八幡神顕現の地が三系統存在することを確認した。本章では八幡神顕現の地を考究することを目的としないが、要するに、八幡神顕現の地として語られていることそのものを重視する。何故ならば、それらの地（各系統に出てきた地）は古来の信仰上の聖地であると考えられるからである。縁起として語るとき、八幡神の顕現という最も神聖事が生起する場所は、古来の聖地に設定することこそ当を得ているといわねばならない。先に少し触れた如く、縁起類に語られているこれらの地が、御許山の山頂と山麓であることに意味がある。詳細は以下に順を追って論じていく。

宇佐地方の原初信仰を考えるに当り、もう一つ事前にやっておかねばならぬことは、当地の地理的把握である。現地踏査の結果と地形図により、地理的な考察を試みておく。

二、宇佐平野と御許山

㈠　地理的概観

まず、宇佐地方を地理的に概観する（この項、全て地図1参照）。現在の宇佐市（昭和四十二年四月、駅川・四日市・長州・宇佐の四町が合併して市制を施行）は大分県の北部に位置する。東は豊後高田市と速見郡山香町、南は宇佐郡安心院《あじむ》町・院内町、西は下毛郡本耶馬渓《ほんやばけい》町・三光《さんこう》村と中津市に接し、北は瀬戸内海の西端周防灘に面している。市域の南部には御許《おもと》山（標高六四七メートル）を中心とした標高三〇〇から六〇〇メートル級の山々が分布し、北部には中津平野の東部に当る平坦地（本章では仮に宇佐平野と呼ぶことにする）が開ける。市内には、西寄りを伊呂波川、中央部を駅館《やつかん》川、東寄りを寄藻《よりも》川が各々北流して周防灘に注いでいる。

本章で対象とする地域は、右記の現宇佐市域より少し絞り、南は御許山、北は駅館・寄藻両河川流域の平野部とする。南方の御許山は、地形図で見ると、大きな三つの尾根（これが先端部で更に小さな尾根に分かれる）を北に向けて突き出しているが、平野から見ると、東西に横たわる穏やかな山姿が印象的である（口絵写真②参照、地図1中のⒶ地点から撮影したもの。写真1参照、地図1中のⒷ地点から撮影したもの）。宇佐より東に移動すると、華岳（標高五九二・八メートル）、更に国東半島の山々と次第に男性的な山姿になっていく。逆に西に移動して中津市あたりから南方に見える山々は、八面山（標高六五九メートル）を中心に、これまた男性的な山姿が目立つ。北方の平野と

（地図１）　宇佐平野と御許山　［㋑椎宮、㋺鉾立宮、㋩阿良礼宮、㋥小椋山北麓の御霊水
①②は御許山が最も美しく見える地点］

（写真１）御許山（地図１中のⒷ地点より）

南方の穏やかな山姿の御許山は、宇佐地方の象徴的な光景であるといえよう。

地形図を中心に、いま少し詳しく見てみよう。御許山の西限の谷間を流れ出した駅館川は、ほぼ北流を続けて周防灘に注ぐ。また、駅館川の水源の谷から尾根を一つ東に跨いだ谷間から発する寄藻川は、小山田社のある尾根の麓あたりから東に曲流し、宇佐神宮境内の西側から北側をかすめて東流を続け、橋津の辺で大きく向きを変え、北流して周防灘に注ぐ。これに対し、御許山の東限の谷間を流れ出した向野川は、西北流を続けながら平野に出て、やがて先述の寄藻川に合流する。

右の三本の主要河川の他に、いくつもの小河川があることはいうまでもない。これらの河川によって、宇佐平野は古来豊かな潤いを受け、農耕を盛んにしてきたのである。今もこの地には田園が多く、「宇佐米」の産地として県下有数の米所となっている。

㈡　御許山と北麓地域

次に、本章と最も関係深い御許山とその北麓地域に就いて、更に詳述しておきたい。御許山は、第一節の縁起類の中に多く記されていた如く馬城嶺ともいわれ、標高六四七メートルを示し、頂上付近には巨岩が多い。現在も宇佐神宮の「奥院」（「本社《もとやしろ》」・「元宮」等ともいわれる）として信仰が続いている（詳細は後述）。

さて、御許山の北麓は宇佐平野との接線になるわけだが、その線はかなり複雑である。地図1では読み取りにくい面もあるので、地図2をご参照いただきたい。宇佐神宮の上宮社殿がある小椋山（小倉山・菱形山・亀山）は、御許山北麓にありながら独立した小丘陵であることが理解出来よう。つまり、御許山の北に突き出した尾根である大尾山と宮山の谷間が平野に出る口元に小椋山が存在している。小椋山の南側、即ち先程の谷口の地域は「宮迫」という地名で、かつて八幡宇佐宮寺の坊舎が建ち並んでいた。現在も宮迫坊跡として歴史的に重視されている。

地図2をご参照いただいた機会に、宇佐神宮上宮社殿と小椋山西麓にある下宮社殿が、共に南向きになっていることにご注意いただきたい。小椋山の北には広大な境内地があり、更にその北には平野が広がっていて、表参道も北から通じており、南側は僅かな平地を隔てて御許山である。地形上、どう見ても南側は裏の感が強い。このような地形の上に敢えて社殿を南向きにしていることは、無理をしているとしか考えられない。このことは、本章と直接関係しないけれども、八幡神の小椋山遷座が如何ような性格をもってなされたかという問題を考える上で、重要な鍵となる（この点に就いては、第三編第一章で詳述する）。

三、神体山信仰としての御許山信仰

わが国の基本的な祭祀形態の成立は、農耕生活の定着と深く関わっている。弥生時代、農耕を営むという生産経済に移行することにより、人々は低地に進出し一箇所に定住しなければならなくなった。ここに集落が発生し、強

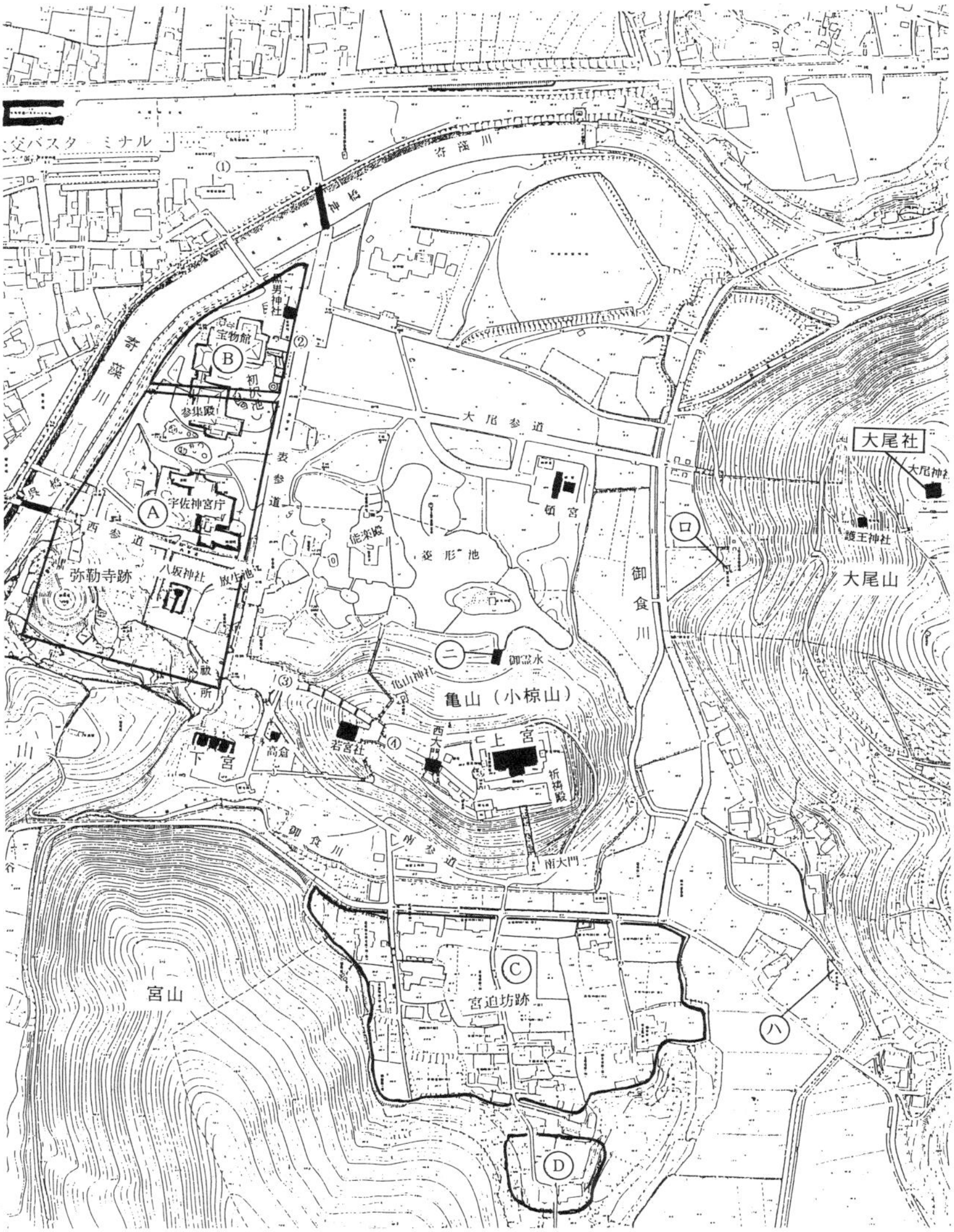
大尾社
大尾山
宮山
亀山（小椋山）
上宮
下宮
若宮社
宇佐神宮庁
宝物館
弥勒寺跡
八坂神社
菱形池
宮迫坊跡
寄藻川
御食川
大尾参道
表参道
西参道
頓宮
能楽殿
護王神社
南大門

（地図２）現宇佐神宮境内

力な集団の指導者に率いられ、いわば地縁と血縁に基づく地域共同体が出現する。これが地域的な小国家に発展し、更に範囲を広めて地域統合体に進んでいくわけだが、日本人の信仰形態もこの基本の上に成立してくる。

従って、わが国の基本的な祭祀形態はこの過程で成立してきて、氏姓制度を根幹とする所謂古墳時代に整ったと考えられよう。その形態が神体山信仰である。

(一)　神体山信仰という祭祀形態

このような原初信仰の形態を考えることは、文献史料の及ばない領域である。従って、民俗学の成果、それに最近は考古学の進歩により、多くの祭祀遺跡の調査報告がなされており、それらを踏まえての考察が求められることはいうまでもない。柳田国男[3]・折口信夫[4]・堀一郎[5]各氏等により民俗学的に研究された神観念、つまり、神々は一箇所に常住するのではなく、必要に応じて人里に迎えられ人々の願い事に応える。終われば神界にお還りいただく(迎神・送神には当然のことながら祭祀が伴う)という観念が明らかになった。これに、神道考古学を提唱された大場磐雄氏[6]等によって、祭祀に関する遺跡・遺物の面から裏付けられたのである。

この流れを受け、わが国古代の基本的な祭祀形態を、神体山信仰として明確に論理づけられたのは景山春樹氏であった。氏は、日吉社の神体山・多賀社の神体山・太郎坊山・三上山・田上山・高野山の丹生高野両明神・伊吹山・三輪山・加茂の神山・稲荷山等の考察を踏まえて、神体山信仰を論じられたのである[7](ここに特記した神体山は氏がテーマとして掲げられたものであり、考究の過程には、御蓋山と春日大社をはじめ更に多くの神体山、及び宗像神社・厳島神社や竹生島の都久布須麻神社をはじめ海辺や湖辺の、神体山と同じ意味に理解出来る沖合の神島が、事例として取り上げられている)。これは大いに拝聴すべきものであり、これまで、古代祭祀に就いて何か判然としなかったものが、一挙に解ける方向を示していただけた。氏の所論に基づきながら以下にその骨子を示そう。

地縁と血縁に基づく地域共同体は氏姓社会に根ざすものでもある。そのような共同体の存在した所には古墳が群在しており、また秀麗な山（あまり高くなく、三〇〇メートル前後のものが多い）が信仰の対象としてある。山が信仰の対象となるに至った理由として二つ考えられる。その一は、古墳に祀られた死霊は山に昇って神霊と化するという山中他界観念に基づき、高所の祖霊への信仰、更に山そのものへの信仰に発達すると考えられること。その二は、地域共同体はどこまでも農耕経済を基盤にしており、山々の（人里は大体に於いて山麓に形成する）前面に豊沃な農耕地域が広がる。農耕に従事する人々にとっては豊饒を祈るのは当然であり、農耕儀礼が起ってくる。

この二本の柱、その一つは自然信仰的なもの（豊かな水とか日照を祈る等）であり、他の一つの古墳信仰の方は、いわば人格神（祖霊神）的なものである。各々農耕儀礼として、古墳祭祀として整っていったと考えられるが、後に農耕の豊作を祈る対象が、却ってこの祖先の霊であるということにもなり、そこで人格神と自然神は、礼拝の対象として一つに繫がっていく。やがて、古墳の霊の在所として拝していた山が、農耕信仰の対象に切り換えられてくる。このように、山に対する信仰が現実生活に密接なものとなっていった。

この段階での祭祀は「自然神道期」にある。信仰の対象が極めて「自然なもの」であり、宗教施設も極めて「自然なまま」であった。その祭祀形態（つまり神体山信仰の形態）とは、次に示すものをいう（図表1参照）。

① 神体山（神奈備・三諸・御室）頂上部の磐座や磐境（これは必ずしも岩・石に限らない。湧水や滝、大樹であってもよい）に神霊が宿る――山宮。

② 山頂の磐座・磐境より、定められた時季に、神を山麓の人里近くにある祭祀の場に迎え降ろす（ここでも、岩・水・大樹等に神が宿る形をとる）――里宮。

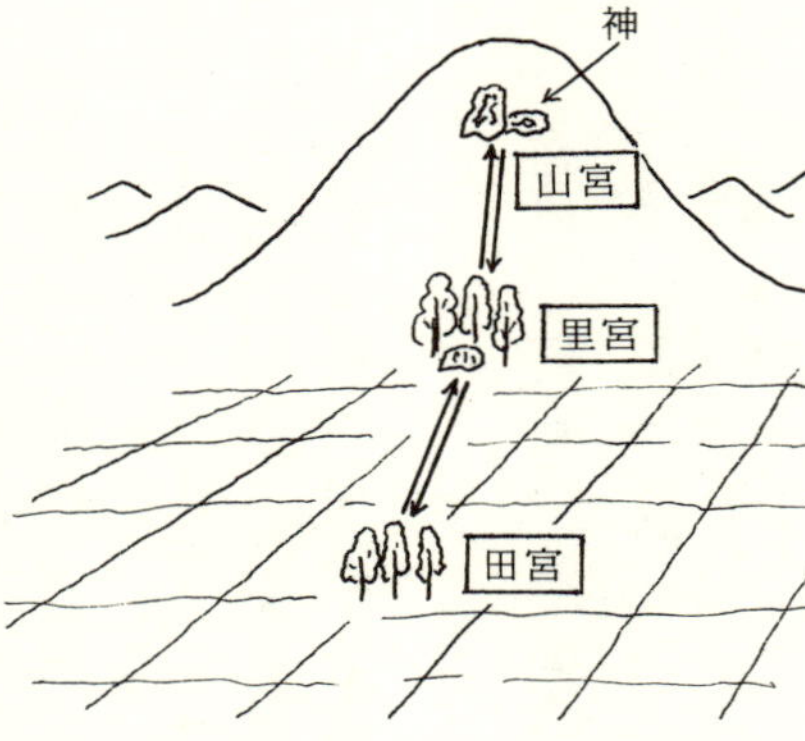

（図表１）神体山信仰の基本図

③　人里近くの祭祀の場から、必要があれば、更に農耕を行なう直接の場所（田圃の真中）に神を遷し迎える――田宮（野宮）。

このような①②③の形をとるが、これは春に神を山から迎え、秋の収穫まで神を里や田圃に留めて農耕の豊饒を見守っていただく。収穫が終わると、神に感謝をして再び山中に送り戻すという。つまり、山宮――里宮――田宮（野宮）という三つの点を結ぶ関係で把握出来るのが、古代祭祀、換言すれば自然神道期に於ける祭祀の形態であった（この段階ではいずれの宮にも社殿は出現していない）と考えられる（因みに、やがて社殿が出現して「社殿神道期」になると、先の①②③は、奥宮――神社――御旅所と表現されることになる）。

このように、春と秋の繰り返しを以って神を迎え送る形の中で、祈年と新嘗が農耕儀礼の中心となる。新嘗の祭で、神に新たに収穫された稲、つまり「新苗」を食べていただいて山にお還り願う。新しいナヘをナメ（食べ）たことによって、その稲の精力が神の体中に入り、半年間を山で過ごされる。そして、翌年の春に迎える時には、その神格がまた新しくなり、去年食べたナヘの生命力と神体山のミドリのもつ自然力によって、神の宗教的な力も復活すると考えたのである。この新しく生まれ変わることをミアレといい、このような若々しい神々の魂を若宮[8]というのも、以上の如き意味による。

かくの如き素朴な信仰の中で、対象となった神は、大体に於いて男女二柱の神であり、ヒコ・ヒメ神であった。これは、農耕信仰の基礎として物が豊かに稔ることを祈るので、男女二柱の神を祀ることを要件とした。今も各地の農村にオコナイという行事が多く伝えられている。男女二柱の神に豊作を祈る人間の心情が次第に形を変えて、民俗的な行事となって伝わったものと考えられよう。

(二)　神体山信仰としての御許山信仰

ここで再び宇佐地方に論を戻し、第一節でみた縁起類に記されている聖地、第二節でみた地形を踏まえながら、本章の目的である原初信仰の考察に移ろう。

宇佐地方の信仰は御許山に始まっていることは、最早疑う余地がない。第一節で述べた如く、縁起類に記されている聖地は全て御許山の山頂と山麓であった。このことをしても、御許山信仰が神体山信仰であったことを示唆せしめる。しかし、八幡神の成立を論じた多くの諸先学は悉くこの地の信仰の源を御許山に求めながら、山頂の三巨石への崇拝と一言で済ませたり、天照大神の三女神を説いたり、比売神として始まったと説いたりという有様で、原初の信仰を素朴な神体山信仰として考究しようとはされなかった。八幡宮や八幡信仰の研究を集大成された宮地直一氏(9)や中野幡能氏(10)を以ってしても、この範囲を出ない。中野氏は山麓の遺跡にある程度触れておられるが、後世の事との混乱が著しく、神体山信仰にまで及んでいない。これら諸先学は、結局のところ、八幡神関係の史料から、八幡神の成立を語ることを急ぐあまり、神体山信仰という原初の信仰を見失ってしまわれたのであろう。

御許山の頂上部（地図3参照）には、『八幡愚童訓』（『続群書類従』所収本）や『託宣集』（巻一四）に詳述されていた如く、三個の巨大な霊石があり、磐境形式であるとされる（写真2参照）。就中、中央の石体が最も大きく、高さ幅共四・五メートル以上と推測され、向って左方のものが最も小さく、高さ一・二メートル余りで多少人工を加えた形跡がみられるという。(11)山頂部一帯は実に厳重な禁足地となっており、拝殿はあるが本殿はなく、三巨石を中

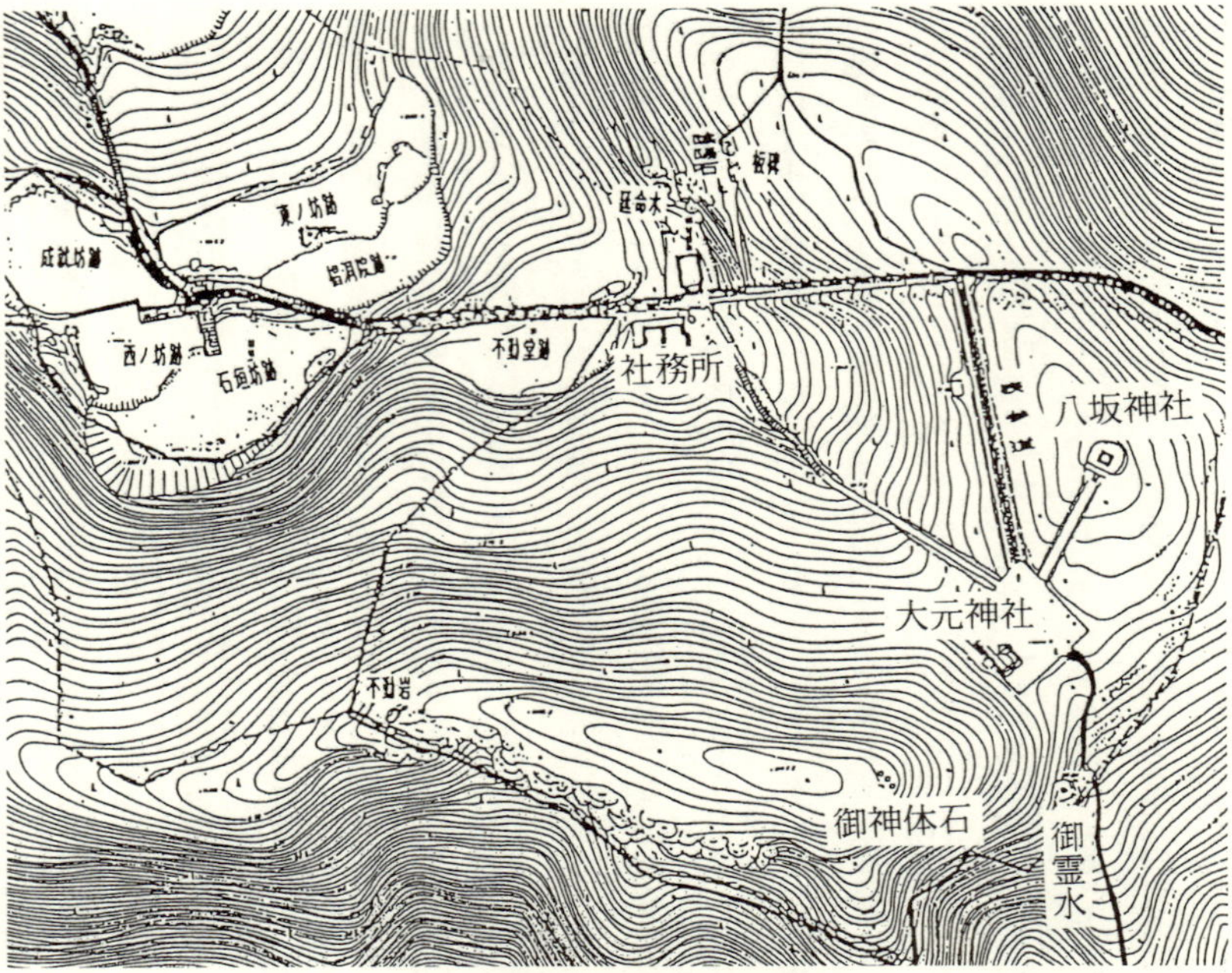

（地図３）御許山山頂部

心とした禁足地そのものが御神体というわけで、これが大元神社である（写真３参照）。宇佐神宮の宮司は代々世襲であるが、新しく宮司職に就いた時は、この大元神社に於いても就任の報告祭を行なう。この時だけ、ただの一度、宮司は拝礼のため禁足地内に二、三歩立ち入ることが許されるという。また、毎月十五日は式日祭で、その奉仕に宇佐神宮の神職が必ず登拝する。禁足地から少し左手に下った岩肌の麓に、旱でも大雨でも増減をみないと伝える霊水が湧き出ている。湧水点は三巨石に合わせるかのように三箇所ある。宇佐地方では、いつの頃からか、

　宇佐に参るなら御許に参れ御許もと宮もと社

などと歌われているということである。[12]

　次に御許山麓に眼を移す。ここに古来の祭祀の場と考えられる注目すべき所が数箇所存在する。順を追って紹介していこう。地図１中の㋑

（写真２）御許山神石配置の絵図（宇佐神宮所蔵『八幡宇佐宮御託宣集』巻十四所収）

（写真３）大元神社拝殿

地点であるが、これは「椎宮」といわれ、注連縄を張った椎の大木があり、それを玉垣で囲んであるのみで社殿はない（写真4参照）。祭神は神武天皇を宇佐に導いてきた椎根津彦命と説明されているが、これは後世の説明である。要するに椎という常緑樹は注目するべきで、常緑樹がことのほか神の依代として適したものであると信じられていることを、念頭に置いておこう。

次に地図1・地図2のいずれにも記入しておいた㋺地点であるが、ここは「鉾立宮」といわれる。社殿はなく、鬱蒼たる木立の中の僅かな平地に神木の榊

（写真４）椎宮

（写真５）鉾立宮

（地元の樹木に詳しい人の説明によると、わが国本来の榊であるという）が一本あり、それを石製の玉垣で囲んであるのみという、極めて神秘的な場である（写真5参照）。欽明天皇三十二年、八幡神が顕現した時、大神比義が鉾を立てて斎い奉った所といわれるが、そのような所伝よりも、常緑樹を神木とする社殿なき宮にこそ注目するべきである。

続いて地図1・地図2のいずれにも記入しておいた㈧地点である。ここは「阿良礼宮」といわれ（写真6参照）、山麓に接した小三角地がこんもりとした森となっており、周囲は玉垣で囲んであって、やはり社殿はなく、松・杉・その他常緑樹が茂っている。八幡神顕現に関係する地と伝えられているが、ここでも、森そのものが宮であることに注目するべきである。

更にもう一つ、地図1・地図2のいずれにも記入しておいた㈡地点である。これは「お鍛冶場」とか「御霊水」といわれる所（現在では、専ら「御霊水」といっている）で、何々の宮とはいっていない。この場所は地図2でより明確に知られる如く、宇佐神宮上宮社殿のある小椋山北麓であ

（写真６）阿良礼宮

（写真７）小椋山北麓御霊水

る。聖域は北向き（つまり山を背にして菱形池の方に向う）に位置しており、やや南北に長い長方形となっている。区域内は石畳で覆われ、その中に正方形の霊水の湧く井戸が三つあり、他に八角形の平板な石があって影向石とされている（写真7参照）。これら三つの井戸は、御許山の三巨石に繋がるものとして信仰されてきたと考えられる。第一節でみたように、『東大寺要録』、『扶桑略記』、『託宣集』等が、菱形池の辺に鍛冶の翁が現われて云々という所伝を収めており、これと結びついて「お鍛冶場」といういい方が生まれたと考えられるが、ここでは後世のかくの如き所伝は論外とする。霊水と聖域の真後に注連縄を張った大木が立つこと、それにこの聖域が北麓にあることに、注目するべきである。

以上、御許山北麓にある注目すべき聖地を四つ紹介したが、このような場が山麓地域全体にわたって、他にもあったかも知れない。ここで、御許山の頂上と山麓を総合して考えてみると、これはまさに典型的な神体山信仰であったことがわかる。つまり、頂上の三巨石（最初から三つであ

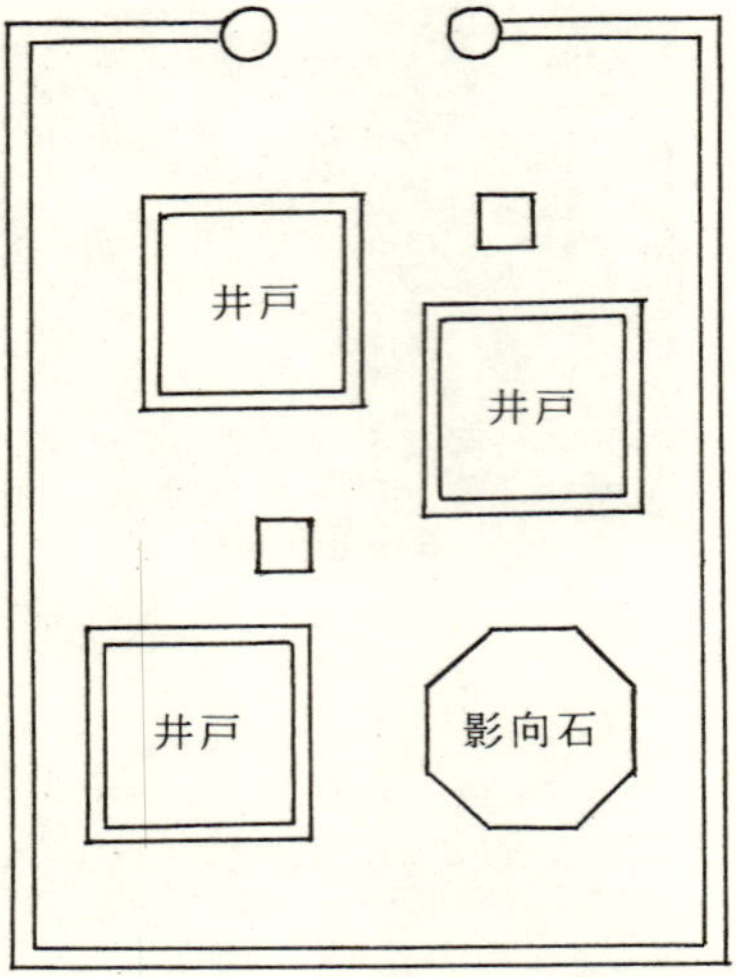

（図表２）小椋山北麓御霊水平面略図

ったとは考えられない）は磐座・磐境であり、ここに神が宿り、山宮であったのである（現在も奥院・本社・元宮として信仰が続いていることは既に述べた）。そして、春には麓に迎え降ろして祀る里宮は麓の数箇所にあったと考えられ、先に紹介した椎宮・鉾立宮・阿良礼宮・小椋山北麓の御霊水等は、その名残りを今に伝える聖地なのである。樹木・湧水と、いずれも神の依代に相応しいものが、今も信仰の対象となっていることこそ重要であろう。更に付言するならば、現小山田社（地図1参照）も、かつては社殿なき里宮であったのではなかろうか。そのような聖地であったが故に、八幡神顕現後、まず鷹居社に祀られた八幡神が小山田に遷し祀られた経緯が自ずと理解されるであろう。

次に、田宮はどうであるかという問題がある。山麓から平野に眼を移す。第二節でみた如く、北方には宇佐平野が広がる。この平野には、かの赤塚古墳をはじめとする多くの古墳が分布し、かつての宇佐氏の勢力を物語っている。宇佐氏の勢力下に、平野は農耕の場として開発されていったであろう。この田園中の数箇所に、里宮から遷された神が田宮として祀られたものと考えられるが、その場所を具体的に求めることは、現段階に於いて些か苦しい。ただ、宇佐神宮の摂社中に八箇社（田笛社・鷹居社・郡瀬社・酒井泉社・乙咩社・大根川社・妻垣社・小山田社）の存在することが注目される。いずれの現社名も極めて自然である。これらの神社の発生は定かでないが、小山田社（先述）や妻垣社（駅館川の上流で分かれた津房川水源近くの盆地にある）のように山麓にあるものは里宮から発展したと考えられるが、大部分の平地にあるものは、田宮から発展したのではなかろうか（この点に就いては、更に今後の調査課題としたい）。

このようにみてくると、御許山信仰は、山宮（御許山の三巨石）——里宮（複数）——田宮（複数）の線に沿ったものであり、春に神を里や田圃の中に迎え、収穫の終わる秋に再び山にお送りするという、典型的な神体山信仰であったと考えられる。また、人々が迎え送った神は、当初漠然とした神霊であったと思われるが、次第に男女二神を信じるようになった。次節で詳述するが、『日本書紀』神武天皇即位前紀に、宇佐国造の祖として、「菟狭津彦」「菟狭津媛」とあることにより裏付けられる（『古事記』には宇沙都比古・宇沙都比売、『先代旧事本紀』〈以下、『旧事本紀』と略記〉には兎狭津彦・兎狭津姫と記されている）。所謂ヒコ・ヒメ二神の信仰となった。

四、神体山信仰を基盤とした比売神信仰へ

以上の考察により、宇佐地方の原初信仰は、豪族宇佐氏の奉斎する御許山の神（三巨石に宿る神）に対するものであり、その祭祀の形態は自然神道に基づく神体山信仰であった。三世紀から四世紀にかけて、各地域は一段と大きく連合体を形成し、更に国家統一に向っていた。それぞれの地域に於いて、独自の神を奉ずる豪族達の動向にも、存亡をかけた慌しさがあったであろう。

㈠ 天三降命と宇佐国造——宇佐神話の成立——

記紀等の神話を繙くと、宇佐に関することが若干出てくる。従来八幡神論者はほんの参考程度として触れることはあっても、決して重視はしていなかった。しかし、宇佐地方に於ける原初の信仰を考える上には、最終段階に位置付けられるべきもので、軽視すべきではない。

『書紀』巻第一・神代上にみる天真名井の約誓の条に於ける第三の一書に、次のような記事がある。天照大神は素戔嗚尊の十握剣を食し、瀛津嶋《おきつしま》姫命（またの名を市杵嶋《いちきしま》姫命）・湍津《たぎつ》姫命・田霧《たぎり》姫命を生む。次に素戔嗚尊が種々の所作の中から、勝速日《かちのはや》天忍《ひあまのおし》穂耳《ほみみの》尊・天穂日命・天津彦根命・活津《いくつ》彦根命・熯之速日《ひのはやひの》命・熊野忍蹈《くまののをしほむ》命《の》を生んだとある。これに続いて、

故日神方知三素戔嗚尊元有二赤心一。便取二其六男一。以為二日神之子一。使レ治二天原一。即以二日神所生三女神一者。使レ降二居于葦原中国之宇佐嶋一矣。今在二海北道中一。号曰二道主貴一。此筑紫水沼君等祭神是也。

とあることが注目される。天照大神の三女神は宇佐の地に天降ったというのである。ほぼ同様の内容は『旧事本紀』（巻二・神祇本紀）にもみえる。[13] 天降った場所として「宇佐嶋」とあるが、これに就いて田中卓氏は、「〝ウサ嶋〟はやはり宇佐郡の〝ウサ〟に関連する地名と考へる。しかし、これは宇佐郡内の一島を指すのではなく、また宇佐郡全体を云ふのでもなく、恐らく、九州全体の代名詞であらう。一体、陸つづきでも同様であるが、殊に海をへだてた彼方の国や島を呼ぶ場合、一番近いところの地名が基になり、その地名で以て、更に背後にある奥の地域までも意味することが少くない。」とされ、「〝ツクシ嶋〟を以て九州の総名としたのは、恐らく、大陸との交通の関係上、来朝の人々が、先づ筑紫国をめざし、ここに上陸するから、丁度わが国側で〝カラ〟を以てその背後の奥地をも総称するごとく、はじめは彼の地の人々によって呼びならされたものではあるまいか。」と〝ツクシ嶋〟を引き合いに出される。続いて氏は、「九州全体を指すといふ事例が認められるとすれば、〝ウサ嶋〟も同様に考へられないであろうか。〝ツクシ〟が日本海を隔てて大陸との交通の門戸をなすとすれば、〝ウサ〟は瀬戸内海を挿んで、まさに畿内との交通の要衝である。従つて、若し畿内の側より九州をみれば、最も手近い地方は豊国豊前 豊後であり、船ならば先づここに上陸するのが自然である。とすれば、この豊国の中央部に位置し、早くより発展してゐたと思

はれる〝ウサ〟の名を、かの〝ツクシ〟と同様に拡張して、〝ウサ嶋〟の呼称の下に、九州全体を指したとしても、少しも不審とするに足らないと思はれる。」と述べられ、「即ち宇佐嶋は海北道中（氏は、これを因島・大島・沖の島に対して、壱岐・対馬の線と考えられる――逵註）の中に在る島でもなく、三女神が宇佐嶋より海北道中に遷られたわけでもない。要するに、九州に天降りまして、今、海北道中にまします、といふ、ただそれだけの簡単明瞭な意味に他ならないこととなる。」と結論づけられる。(14)

田中氏の考察は例によって、諸説・諸文献を踏まえた緻密なものであり、「海北道中」を壱岐・対馬の線とされたことは見事であるが、「宇佐嶋」の解釈には少なからず無理を感じる。一書の文には「今在㆓海北道中㆒云々」と、宇佐嶋降臨より一定の時間を経過した話としての響きがある。後述の如く、宇佐ではこの降臨の話を受けた信仰が形成する。ここにいう嶋は所謂「島嶼」の意ではなく、土地を意味するであろう。嶋には本来山の意も含まれており、古来神の降臨する所は山であるから、宇佐の地の山と解すべきである。その山として浮かび上るのは、御許山をおいて他にない。

この天三降命は天孫降臨に際して供奉した神でもあることが、『旧事本紀』（巻三・天神本紀）にみえる。その供奉神として。

天神魂命　葛野鴨県主等祖
天三降命 亦云三統彦命 豊国宇佐国造等祖
天日神命　「県主」対馬県主等祖（下略）

とあり、ここで天三降命は宇佐国造の祖となっていることが注目される（この点は以下に述べる）。

次いで『書紀』巻三・神武天皇即位前紀甲寅年条に、

其年冬十月丁巳朔辛酉。天皇親帥二諸皇子舟師一東征。至二速吸之門一。時有二一漁人一。乗レ艇而至。天皇招之。因問曰。汝誰也。対曰。臣是国神。名曰二珍彦一。釣二魚於曲浦一。聞二天神子来一。故即奉レ迎。又問之曰。汝能為レ我導耶。対曰。導之矣。天皇勅授二漁人椎檣末一令レ執而牽二納於皇舟一。以為二海導者一。乃特賜レ名為二椎根津彦一。椎。此云二辞毗一。此即倭直部始祖也。行至二筑紫国菟狭一。菟狭者地名也。此云二宇佐一。時有三菟狭国造祖号曰二菟狭津彦。菟狭津媛一。乃於二菟狭川上一。造二一柱騰宮一。而奉レ饗焉。一柱騰宮。此云二阿斯毗苔徒鞅餓離能瀰椰一。是時。勅以菟狭津媛。賜二妻之於侍臣天種子命一。天種子命。是中臣氏之遠祖也。

とあり、東征に出発した神武天皇を宇佐の地に導いたのが椎根津彦（先述の如く椎宮の祭神と伝えられている）であり、宇佐でこれを迎え、菟狭川（駅館川のことか）上流に騰宮を造ってもてなしたのが菟狭津彦・菟狭津媛であったとしている。この条に於いて注目するべきことが二つある。一に、菟狭津彦・菟狭津媛が「菟狭国造祖」となっていることである。先に天三降命が宇佐国造の祖となったという『旧事本紀』の記事をみたが、ここに宇佐国造家の祖が菟狭津彦・菟狭津媛であるとする記事をみたのである。二に、菟狭津媛が天皇の侍臣である天種子命（中臣氏の遠祖）に賜妻せられたということで、宇佐国造家が中臣氏との関係をもつに至ったことを記している。尚、『旧事本紀』（巻六・皇孫本紀）はこれとほぼ同内容の記事を収めているが、『古事記』の方は極めて簡単な扱いとなっている。[15]

この東征での出迎え・もてなしの功により菟狭津彦は国造を賜うことになったという。『旧事本紀』（巻一〇・国造本紀）に、

宇佐国造

橿原《（神武）》朝、高魂尊孫宇佐都彦命定二賜国造一、

とみえるのがそれである。以上を綴り合わせると、宇佐の地を舞台に成立した神話として読み取ることが出来るであろう。これを見事にまとめ上げたものが『宇佐八幡大宮司宇佐氏系図』である。この系図は、かつて吉井良隆氏が所論(16)の中で引用され、羽倉敬尚氏蔵として、その成立や筆写年代に就いて註記が施されている（同様のものが『宇佐神宮史』史料編巻一に「宇佐氏系譜」として収められているが、若干使用文字等に相違がある(17)）。その巻頭に記すところを示しておこう。

高魂尊―天三降命（天孫天二降日向国一之時供奉依レ勅住菟狭川上奉斎宇佐明神）
├菟狭津彦命（神武天皇従日向国発幸到菟狭之時始補宇佐国造）
└菟狭津姫命（同時勅嫁侍臣天種子命後生二宇佐都臣命一）

（以下略）

要するに、天三降命が宇佐の川上に奉斎され宇佐明神となったということは、御許山の三巨石に結びついたことを意味していよう。そして、その裔としての宇佐国造家がこの神を奉斎したということになる(18)。

かくの如き宇佐神話の成立（正史や『国造本紀』に記載されるに至ったこと）は、宇佐氏が大和政権下に編入されたことを意味する。素朴な神体山信仰が行なわれてきた宇佐地方は、飽くまでもそれを基盤にしながら、山頂の三巨石を天三降命、つまり天照大神の三女神と仰ぐようになっていった。尚、宇佐神話の成立に就いて、泉谷康夫氏により神武即位前紀に見られる菟狭津彦・菟狭津媛伝承の成立は極めて新しいことの指摘がなされた。つまり氏は、この伝承を「神武紀の構成された日本書紀編纂当時に――八世紀初ころに――存在した伝承であった」とされ、この伝承では「天皇は菟狭津媛を中臣氏遠祖の天種子命と結婚させたとされている。服属伝承における本来の形であれば、菟狭津媛をめとるのは天皇でなければならない」と述べられる。更に、「大和朝廷における祭祀形態が天皇の直接的祭祀から神官による間接的祭祀に変ったことが反映したものと思われる。かかる点は、この物語の新しさを示しているようである」とされ、「要するに、『天児屋根尊――天押雲命――天多祢伎命――宇佐津臣命』は、中臣系図成立の最終段階において付加されたと考えられる」。従って、この伝承を「構成する諸要素は、いずれも新しく、天智朝を遡るものではない。したがって、この物語の成立は天智朝以降であると考えてよい」と述べられる。(19)

これは大変重要なご指摘であるといえよう。もとより筆者も、菟狭津彦・菟狭津媛の伝承を、神武即位前紀記載の形が、古くから存在していたとは考えていない。しかし、天皇や中臣氏との関係等はご指摘の通り新しいと考えるが、菟狭津彦・菟狭津媛の伝承そのものは、より素朴な形で存在したと考えられよう。

(二)　比売神信仰へ

天三降命は三女神であることにより、やがて比売神として統一された観念で受けとめられていくようになる。この段階に至って、宇佐に於ける原初信仰は最終段階を迎えたといえる。しかし、先述の如く、その基盤が神体山信仰であることは変わっていない。

この段階になると、八幡神論者の中にもかなり比売神を重視される方々も現われる。印象的なのは西郷信綱氏である。氏は柳田国男説や中野説に反発しながら、宇佐の信仰は比売神の信仰に始まることを強調される。(20) しかし、それ以前の（或はその基盤となっている）神体山信仰が全く眼中に置かれていないため、比売神と八幡神を文字論的に処理してしまわれる結果となってしまっている。また、中野氏は、「この宇佐国の族長はある時は宇佐津彦といわれるが、ある時期に九州全般に巫女酋が多くみられるように宇佐の場合も女酋宇佐津姫も考えられる。これが

『旧事本紀』・『宇佐氏系図』に現われる宇佐明神とか天三降命とか後に比咩神とかいわれる女神になるのではあるまいか」と述べられるが、釈然としない。[21] 西郷氏や中野氏に限らず、他の論者も、比売神に注目されながら、何か釈然としないものが残るのは、神体山信仰を見落しているからである。

天三降命が結びつき、比売神へと集約化されても、当初はまだ自然神道期であり、山麓との間の祭祀形態には何ら変わりはなく、神体山信仰は不動なものとして存続していたのである。かくの如き神体山信仰に基盤を置く素朴な原初信仰が対象とした流れ、つまり、三巨石に宿る神霊――ヒコ・ヒメ両神――天三降命（三女神）――比売神の流れは、その後も無視し得ないものとして存続する。

後に八幡神なる特異な神が成立し、小椋山に堂々たる社殿が出来ても、第二殿に比売神が祀られたのである。かの天平勝宝元年（七四九）の八幡神上京に際し、八幡大神に一品・比売神に二品の位階を奉り、翌年には八幡大神に封戸八〇〇、位田八〇町、比売神に封戸六〇〇、位田六〇町を授けたことは著名な史実である。また、神亀二年（七二五）、八幡宮の神宮寺として日足《ひあし》に弥勒禅院、南無会《なむえ》に薬師勝恩寺が建立され、天平十年（七三八）には、これら前身二箇寺は統合されて、小椋山北西麓の境内地に移され、薬師寺式伽藍配置をもつ堂々たる弥勒神宮寺となった。しかるに、律令国家の成立と共に勢力後退を余儀なくされていた宇佐氏が、八世紀後半に至って比咩神宮寺を建立している。[22]

『八幡宮本紀』四に、次のような実に興味深い記事がある。

第二殿は比売大神。是は天照大神の生ます所、田心姫命、湍津姫命、市杵島姫命の三女神の御事なり、此三女神をすべ号て、道主貴と云よし。日本紀神代巻にしるせり。

此三神、天照大神の勅によりて、宇佐島に降臨ましします事、日本紀第一巻に見えたり、八幡大神いまだ宇佐に顕れ給はざりし時より、すでに鎮座し給ひし尊神なれば、此御神を以て宇佐の地主の神とし、八幡大神を以賓とす。延喜式等に、古来宇佐八幡宮と称せずして、八幡宇佐宮と称するは、此故となん。猶社伝の深旨あり（中略）しかるに雑書の説に、比売神を海神の女、神武天皇の御母玉依姫と称す。俗説にも又是にしたがひ、玉依姫湍津姫とす。これ無稽の妄説なり。證とすべからず。いかんとなれば、此三女神は、天照大神の勅にて、往古よりここにしづまります御神なれば、八幡大神、此地に顕れさせ給ひし後も、此三大神を退け奉て、其祭を捨べきやうなし。正しく三女神なれば、延喜式に比売神と称する事むべならずや神武天皇の御母誠にたふとぶべし。しかれども此御社に、一所に祭り奉るべき理なし。（下略）

この書によると、比売神をして「宇佐の地主の神」と述べている。宇佐宮が一貫して地主神として崇敬したか否かはさておき、原初信仰の集約された神として、無視出来ない存在であったことは事実である。更にいうならば、八幡神が成立しても、堂々たる社殿が完成しても、御許山を「奥院」とし、山麓の聖地に全て関わらせる形でしか存在しなかった（宇佐宮社殿そのものも、小椋山という原初以来の聖地に出来ている）ことを以ってしても、首肯出来るであろう。

五、むすび

以上、八幡神が成立する以前の、宇佐地方に於ける原初信仰に就いて考察してきた。この問題は、八幡神の成立に関する諸説が横行する中で、全く見失われてきたものであって、思えば不思議なものであったといえよう。

後世に成立したものではあるが、宇佐関係の多くの縁起類に、八幡神顕現の地として、馬城嶺（御許山）・馬城嶺菱形池の間・菱形池辺・小椋山麓・大尾山麓等が記されており、その後、八幡神は鷹居社に初めて祀られ、やがて小山田社に、そして現在地である小椋山に遷座したとある。

これらの顕現地は当初馬城嶺だけであったが、平安時代後期頃より様々な解釈（曲解も含めて）が生じ、他の異なる顕現地が登場してきたのであった。しかし、縁起類に語られているこれらの地が、古来の信仰上の聖地であると考えられることこそ重要である。しかも、これらの全ての地が、御許山の山頂と山麓であることに大きな意味を見出すべきであろう。

わが国の基本的祭祀形態は、農耕生活の普及と地域共同体の成長過程に成立してきて、氏姓制度を根幹とする所謂古墳時代に整ったと考えられる。その形態は神体山信仰であり、山宮――里宮――田宮の形態で、春に山から神を迎え降ろし、秋の収穫まで神を留めて農耕の豊饒を見守っていただき、収穫が終わると、神に感謝をして再び山中に送り戻すのである。この段階では、いずれの宮にも社殿は出現しておらず、自然神道そのものの形態であった。ここに登場する神は、当初単なる神霊であったものが、次第にヒコ・ヒメ二神（男女二神）として受け取られるようになる。

御許山の頂上部には三巨石があって、これが磐座・磐境であり、ここに神が宿る。この山の北麓には、椎宮・鉾立宮・阿良礼宮・小椋山北麓の御霊水等、古来の祭祀の場と考えられる聖地が点在する。更に、現小山田社もこれに加えてよいかと考えられ、これらは岩石・樹木や霊水を依代として、春に山上の神を迎え降ろした聖地、つまり里宮であったとみられよう。里に迎えられた神が必要に応じて田圃の中にも遷っていただく田宮は、平野の中に数箇所あったと考えられる。現八箇社中の平地に存在する数箇社には、その可能性が強い。

宇佐の原初信仰は御許山信仰であった。それは、山宮（御許山の三巨石）――里宮（複数）――田宮（複数）の線によって把握出来るものであり、春に神を御許山北麓の里や田圃の中に迎え降ろし、収穫の終わる秋にもとの山中にお送りするという、典型的な神体山信仰であったのである。この信仰の中で人々が感じた神は、当初漠然とした神霊であったと考えられるが、次第に菟狭津彦・菟狭津媛という男女二神を信じるようになり、農耕の豊作を祈ったであろう。

ところが、『書紀』や『古事記』・『旧事本紀』等を読むと、宇佐の地を舞台に一つの神話が形成していることを知るのである。天照大神の三女神は宇佐の地に天降った。故に天三降命といい、しかもこの神は天孫降臨に際して供奉した神であるという。また、天三降命は宇佐国造の祖となっていく。つまり、菟狭津彦・菟狭津媛は、神武天皇が東征の途上宇佐に立ち寄られた際、これを迎えもてなした功により、菟狭津彦は宇佐国造に補せられ、菟狭津媛は天種子命に賜妻せられたという。宇佐氏は天三降命の裔として国造となり、更に中臣氏との関係も生ずるという。まさに宇佐神話の成立であり、同時に、宇佐氏が大和政権下に編入されたことをも意味する。

ここに、天三降命は宇佐明神として御許山の三巨石に結びついた。山頂の三巨石を天三降命、つまり天照大神の三女神と仰ぐようになると、やがて比売神として統一された観念で受けとめられていく。この段階に至って、宇佐に於ける原初信仰は最終段階を迎える。しかし、その当初は未だ自然神道期であり、麓との間の祭祀形態には何ら変わりはなく、神体山信仰は不動なものとして続いていた。

かくの如き神体山信仰に基盤を置く素朴な原初信仰の流れ、具体的には、三巨石に宿る神霊――ヒコ・ヒメ二神――天三降命（三女神）――比売神の流れは、その後も無視し得ないものとして存続する。それは後の宇佐宮の歴史の中に、確かな足跡を刻していくのである。

八幡神の成立をめぐる諸説は、辛嶋氏にまつわるもの、大神氏にまつわるもの、それに律令国家の政策的なもの、この三者の関わり合いに焦点があるようで、今後も更に研究は盛んになっていくと考えられる。その中で、成立以前の原初の姿を可能な限り考究することも、軽視されてはならないであろう。何故ならば、神社というものが、当初から社殿を伴っていたのではなく、自然神道の中で神を祀った聖地から発展していることが多いからである。

〔註〕

（1）重松明久氏「『宇佐託宣集』の成立」（同氏校注訓訳『八幡宇佐宮御託宣集』、昭和六十一年十一月、所収解題）。

（2）佐志傳氏「八幡肥後出現説」（『神道学』第二七号、昭和三十五年十一月）、二宮正彦氏「八幡大神の創祀について」『続日本紀研究』第九巻第四・五・六合併号、昭和三十七年四月）。

（3）柳田国男氏「山宮考」（最初の発表は昭和二十二年、現『柳田国男全集』第一六巻、平成十一年一月、所収）。

（4）折口信夫氏著『古代研究』民俗学編（初版は昭和四〜五年、現角川文庫、昭和四十九年十二月・五十年二月）。

（5）堀一郎氏「山岳信仰の原初形態に関する一仮説」（同氏著『我国民間信仰史の研究』㈡宗教史編、昭和二十八年十一月、所収）。

（6）大場磐雄氏「原始神道の考古学的考察」「磐座磐境等の考古学的一考察」（以上二編、同氏著『神道考古学論攷』、昭和四十六年七月、所収）、同氏「祭祀信仰関係の遺跡・遺物」（『日本祭祀研究集成』第一巻、昭和五十三年四月、所収）。

（7）景山春樹氏著『神体山』（昭和四十六年十月）。尚、氏はこれより後に書かれた『神像——神々の心と形——』（昭和五十三年五月）に於いても、神体山信仰の論理を繰り返し述べておられる。

（8）若宮の姿は、屢々童子神の姿として絵画等に描かれることがある——景山氏著『神道美術の研究』（昭和三十七年六月）、同氏著『神像』（前掲）参照。

（9）宮地直一氏著『八幡宮の研究』（昭和三十一年十月）。

（10）中野幡能氏著『八幡信仰史の研究』（増補版）上巻（昭和五十年五月）、同氏著『宇佐宮』（昭和六十年十月）。

（11）『託宣集』巻一四には、これら三巨石を中心として他にも十二個の石が点在している様子を絵図で示し、巡る経路も記入されている。所々に後世の仏教思想による説明が記入されており、『託宣集』成立期に於ける御許山の思想的位置付けが、本文と符合して表現されている。この絵図は、『託宣集』の各種伝本中、宇佐神宮所蔵本が最も美しく描かれているように思われる。

(12) 入江英親氏著『宇佐八幡の祭と民俗』（昭和五十年十月）参照。

(13) 『先代旧事本紀』巻二・神祇本紀ではほぼ同様の内容となっているが、巻四・地神本紀では宗像神との関係に於いて記され、少々異なる内容となっている。

(14) 田中卓氏「ムナカタの神の創祀――日本国家成立史の一章――」中の第四節「宇佐嶋と海北道中」（『田中卓著作集』一「神話と史実」、昭和六十二年二月、所収）。

(15) 『古事記』中巻では、椎根津彦の話はなく、「宇沙都比古、宇沙都比売」が出迎え、騰宮でもてなしたことのみを記す。しかも「国造」ではなく「其土人」となっている。また、菟狭津媛が天種子命に賜妻せられる話もない。

(16) 吉井良隆氏「宇佐八幡宮の創祀」（『神道史研究』第九巻第三号、昭和三十六年五月）。

(17) 『総検校益永家系図』（『大分県史料』二九・宇佐八幡宮文書之五〈益永文書〉所収）にも殆んど同様のものが見られる。

(18) 先述の妻垣社と同一盆地に（妻垣社とは相対する側に）三女神社があり、三女神を祀っているのは注目に値する。しかし、これも後の調査課題にしておきたい。

(19) 泉谷康夫氏「宇佐八幡宮の成立について」（『愛知学院大学文学部紀要』第三〇号、平成十三年三月）。

尚、平安時代以後の宇佐宮祠官が宇佐国造の裔であるとすることを疑問視する見方がある――例えば、本位田菊士氏「宇佐八幡創祀と大神氏」（『続日本紀研究』第一二一号、昭和三十九年六月）。

(20) 西郷信綱氏「八幡神の発生」（『月刊百科』昭和四十九年――後に中野幡能氏編『八幡信仰』、昭和五十八年七月、所収）。

(21) 中野氏「八幡信仰の二元的性格――仁聞菩薩発生をめぐる史的研究――」（『宗教研究』一四四、昭和三十年――後に同氏編前掲書所収)。

(22) 第三編第一章参照。

第二章　八幡神顕現伝承考

――その系統と変遷を中心に――

はじめに

八幡神に関わる研究を推進しようとするとき、欠かせない基礎的研究として、少なくとも次の二つが考えられよう。一に宇佐及びその周辺の八幡神関係の地に於ける原初信仰の考察、二に八幡神の顕現に関する様々な伝承そのものへの考察、この二つを特に重視したい。

前者に就いては、八幡神が如何様な成立の仕方であっても、その成立の地が豊前国宇佐であったことは動かない。してみると、八幡神成立以前の宇佐の地に原初の信仰が存在したはずである。これをまず考察し把握することの必要性は物事の手順としても当然であろう。この点に就いては既に前章に於いて論じた（もう一つの大貞に就いては次章で扱う）。

後者に就いては、八幡神という特異な神の顕現を語る伝承が、様々な形で諸文献に収められて今に伝わる。これまでに多くの先学が八幡神の性格やその成立を論ずるに当り、それら伝承中のあるものだけを取り上げてこられた。しかし、これらの伝承は本来一つのものではなく、少なくとも二つの系統が存在し、時の流れの中で変化している。従って、八幡神に関わる研究の前提として、顕現伝承そのものを最古のものから時代を追って冷静に分析し、その中に存在する系統と変遷を的確に把握することが、必要欠くべからざるものとなろう。

　本章はそのような立場から、諸文献に見る顕現伝承（ときには小椋山遷座までの祭祀も含めて）の主たるものを時代的に古いものから考察を試み、系統的に分析し、時代の推移と共に新たな要素が加わり変遷していった状況、そして最後にそれらが集大成されていく様を考察しようとするものである。

一、現存最古の伝承に見る二系統

　伝承というものは、それを所持する者の立場に於いて特徴づけられていく。八幡神顕現伝承にもそのことは顕著である。まずは顕現伝承を収める最古の文献に就いて考察を始めることにしたい。

(一)『宇佐八幡宮弥勒寺建立縁起』所収伝承

　その文献として承和十一年（八四四）六月十七日の日付をもつ『宇佐八幡宮弥勒寺建立縁起』[1]（以下、『建立縁起』と略記する）がある。この文献は「定㆓大神朝臣・宇佐公両氏㆒任㆓大少宮司㆒以㆓辛嶋勝氏㆒為㆓祝禰宜㆒」という見出しを立てた上で、これを説明付けるために、八幡神の顕現から説き始めて八幡宮寺の発展・充実の縁起を語る。その内容は、平安時代初期の八幡大菩薩としての顕現、大帯姫を加えて八幡宮社殿が三殿の形態を整えるところまでの縁起を扱う。

　ところで、この文献はその名称より、八幡宇佐宮の神宮寺である弥勒寺の縁起のようにも受け取れるが、実際の内容は、八幡宇佐宮及び弥勒寺の縁起を不可分のものとして融合させて記しており、むしろ、〝八幡宇佐宮寺建立縁起〟と解釈することによって自然な受け取り方が出来るであろう。承和の日付に就いては疑問視する向きも多く、実際には更に降るのではないかとされている。[2] しかし、その収める内容が、八幡神に関わる縁起類の中で最も古い形を留めていることは、他の縁起類と比較すれば自ずと明らかになる（本章に於いても以後の展開中に明らかとなるであろう）。

従って、八幡神顕現伝承に就いても、この縁起に記されているものが、文字化した伝承中最も古い形であり、しかも二系統の伝承が収められている。次にこの二系統の伝承を一つずつ見ていきたい。

㈡　大神氏系伝承

まず第一の系統として、『建立縁起』の冒頭に掲げる伝承が見られる。つまりその箇所には（引用文には便宜上番号を付しておく）、

①右大御神《菩薩》者、是品太天皇御霊也、磯城嶋金刺宮御宇天国排開広庭天皇欽明天皇也、御世、於二豊前国宇佐郡御許山馬城嶺一、是嶺在今坒二反歌宮南方御許山六人行者記云、即以二此三之石一為二三所身一、以二三之鉢水一為二三身之意一、乃至宇佐郡御許山嶺、為二鎮護王城一、為二三柱石躰一、向二丑寅方一而顕坐、文、私曰、三所石躰幷正像末三鉢、此時同出現給歟、始顕坐、爾時大神比義、歳次戊子、私曰、相二当欽明天皇二十九年一、或記曰、同御宇卅二年辛卯化顕云々、両説歟、始建二鷹居社一而奉レ祝之、即供二其祝一、孫多乎若此三字誤歟、義理不レ通、経二多年一歟、更改移二建菱形少《(小)》椋山社一矣、以上弘仁六年十二月十日神主正八位下大神清麻呂解状也、

とあり、極めて簡潔である。文末の割註にある如く、この文章は弘仁六年（八一五）十二月十日の神主大神清麻呂解状[3]に拠るとしており、この伝承が後の八幡宮三神職団の一である大神氏に伝わる伝承であったことが知られよう。

ここに見られる内容上の特徴として指摘出来ることは、

イ．八幡大神を「品太天皇」つまり応神天皇の御霊としていること。

ロ．その顕現の時期が欽明朝であるとしていること。

ハ・顕現の場所が豊前国宇佐郡馬城嶺（御許山）としていること。従って、突如馬城嶺に顕現したことになる。

ニ・これを大神比義が戊子年に鷹居社を建てて祀り、自らその祝となっていること。

ホ・鷹居社から小椋山（菱形山・亀山ともいう）の社殿に遷座していること。

の五つである。これには、三神職団中他の二氏の名は全く出ず大神氏のみが登場することを以ってしても、この伝承が大神氏系のものであったことが明確となる。五つの特徴がそれぞれに大きな意味を有することは、次に示す別系統の伝承と対比するとき、明らかとなっていくであろう。

㈢　辛嶋氏系伝承

『建立縁起』には、先の①とは系統を異にする別の顕現伝承が「一に曰く」として二つ収められている。その一を紹介すると、

②一曰、大神《御》者初天国排開広庭天皇御世、宇佐郡辛国宇豆高島《峯歟》天降坐、私曰、延喜式第十神名下云、大隅国曾於郡韓国宇豆峯神社云々、若此御事歟、従レ彼大和国膽吹嶺移坐、従レ彼紀伊国名草海嶋移坐、従レ彼吉備宮神島移坐、従レ彼豊前国宇佐郡馬城嶺是嶺在二今坐菱形宮南方一、始現坐、是大菩薩者、比志方荒城潮辺移坐、爾時家主上祖辛嶋勝乙日大御神之御許参向、長跪候二其命一、爰大御神成二詑宣一、遂請二御命一以上家主解状詞也、古任二禰宜祝一輩也、乃静二精神一、斎謹而以候二霊詑一、知二神之受不受一、蓋是宗廟儀則也云々、

とあり、その二がすぐ後に続く。つまり、

③弘仁五年二月廿三日符詞也、一曰、被二神祇官一大御神潮辺堀二出泉水一御浴、在二郡之西北角一、大御神坐二其処一御口手足洗浴、爾時豊前国特坐神崇志津比咩神以奉二酒一矣、因レ茲今号二酒井泉社一、私曰、同所酒井社・泉社各別二社坐也云々、従レ彼宇佐河渡有社移坐、私曰、移坐之二字、以二今案一加レ之、古本無レ之、是瀬社事歟、依二宇佐河之瀬一号レ然云々、又此所名二駅館也、駅路之故一也、移坐二字若落字乎、同郡之東北角也、従レ彼鷹居社移坐、已上七字、以二今案一加レ之、依二前後之文心一也、爾時

大御神於二其処一化二成鷹一御心荒畏坐、五人行三人殺二人生、十人行五人殺五人生給、爰辛嶋勝乙目（日カ）倉橋宮崇峻天皇也、欽明天皇第十二皇子也、御宇天皇御世、自庚戌治世三年也、迄二壬子一也、同五年幷三歳之間、祈禱和二大御神心命一、立二宮柱一奉二斎敬一、因以名二鷹居社一、辛嶋勝乙日即為二其祝一焉、国符裁判状偁、辛嶋勝乙日、倉橋朝庭任二禰宜一、辛嶋富民、八幡大神現坐之日、同朝庭任レ祝云々、同時以二辛嶋勝意布売一為二禰宜一也、次禰宜近江大津朝庭御世、天智天皇也、従二鷹居社一小山田社移坐、即禰宜辛嶋勝波豆米《意布売次也》立二宮柱一奉二斎敬一矣、元正天皇、養老四年、大隅・日向両国有二征罰事一、大御神詑二波豆米一宣、隼人等多殺報、毎レ年放生会可レ修レ之、云云、私曰、天平宝字五年始於二宇佐宮一修二放生会一也、又大御神詑二波豆米一宣、吾今坐小山田社其地狭溢、我移二菱形小椋山一云云、因レ茲天璽国押開豊桜彦尊聖武天皇是也、御世、神亀二年正月廿七日、切二撥菱形小椋山一、奉レ造二大御神宮一、即奉レ移レ之、遷坐日不詳也、以二辛嶋勝波豆米一為二禰宜一、波豆米事自二前日一為二禰宜一歟、然者爰為二禰宜一之由如何、又創而奉レ造二御寺一号二弥勒足禅院一、在二菱形宮之東之足林一私曰、此足字如何、可レ尋レ之、也、同御世天平三年正月廿七日、陳二顕神験一、奉三預二官幣一、私曰、使安倍朝臣忠麻呂也、同九年四月七日、依二大御神之発願一、天平九年丁丑四月七日、神吾当来導師弥勒尊乎欲レ崇布、遷二立伽藍一、奉レ安二慈尊一利、一夏九旬乃間、毎日奉レ拝二慈尊一牟、文、始三自二五月十五日一移二来足禅院一、建二立宮之西一、則今弥勒寺是也矣、（下略）

とあるのがそれである。②は文末の割註に見られる如く辛嶋勝家主解状詞に拠るとしており、③は文頭の傍註に見られる如く弘仁五年（八一四）二月二十三日の符詞に拠るとしている。

②から③へは内容的に連続しており、以下に述べる如く内容から見て辛嶋氏に伝わる伝承であることは明確である。両者を合わせて、内容上の特徴を指摘すると、

イ・内容が詳細であり、かつ具体的であること。

ロ・大御神の顕現が欽明朝であり、宇佐郡辛国宇豆高島（嶋）――大和国膽吹嶺――紀伊国名草海島――吉備宮神島――豊前国宇佐郡馬城嶺（御許山）という神幸を伴っていること。

ハ．馬城嶺に顕現後、比志方荒城潮辺――酒井泉社――宇佐河渡有社――鷹居社――小山田社――小椋山社と、再び神幸していること。

ニ．この間、大御神の祝や禰宜として奉斎したのは辛嶋勝乙日、同意布売・同波豆米といった辛嶋氏の巫女であること。ここには全く大神氏は登場しないのである。

ホ．潮辺に於いて、「豊前国特坐神」である崇志津比咩神が大御神に酒を奉っていること。

ヘ．大御神が鷹居社に坐すとき、その御心荒々しく、「五人行三人殺二人生、十人行五人殺五人生給」と恐しい記載が見られること。

の六つとなる。これを先の大神氏系伝承つまり①と比較するとき、明らかに大きな相違のあることが認められよう。

㈣　問題の所在

以上に於いて、現存文献に遺る最古の顕現伝承に二つの系統の存在を見た。しかも、これが現存最古であるが故に、この二系統に就いては大いに考えておく必要があるだろう。そこで、二系統の内容中に見出される問題点をまず列挙し、考察の手懸かりとしよう。

A．大神氏系伝承つまり①に於いて、大御神を応神天皇の御霊であると明記するのに対して、辛嶋氏系伝承つまり②③に於いてはこのことを一切記していない。これは何を物語るのか。

B．①では突如馬城嶺に顕現しているのに対し、②③では宇佐郡辛国宇豆高島に天降った後、各地を神幸して馬城嶺に顕現している。殊に辛国宇豆高島から大和国膽吹嶺に至っているのは、何を意味するのか。

C．いずれにしても、最終的な顕現の地が馬城嶺であるのは何故か。

D．③に登場した崇志津比咩神とは如何なる神であるのか。また、この神が大御神に酒を奉ったのは如何なる意味をもつのか。

E．③に於いて、大御神が鷹居社に坐すとき、荒々しい振舞いのあったことを記しているのは何を意味するのか。

F．『建立縁起』全体を通して辛嶋氏系伝承の色彩で貫かれているにもかかわらず、冒頭に簡潔ではあるが大神氏系伝承が収められていることを、何と解釈するべきであるか。

以上の六つを指摘したい。Aに就いては、辛嶋氏系伝承に全く出てこないのであるから、応神天皇御霊が大神氏によって持ち込まれたものと見て、まず間違いなかろう。

Bは六つの中でも最も重要な問題とするべきであろう。最初に天降ったという「宇佐郡辛国宇豆高島」に就いても見解が分れている。②の文中の割註に「延喜式第十神名下云、大隅国曾於郡韓国宇豆峯神社云々、若此御事歟」とある如く、多くはこの韓国宇豆峯神社（鹿児島県国分市、五十猛命〈またの名を韓国曾保里神、有功神ともいう〉・大屋彦神を祀る）に求めている。これに関連して重松明久氏は『八幡宇佐宮御託宣集』（以下『託宣集』と略記）の註釈の中で、「宇豆高嶋は、蘇於峯といわれた霧島山をさすらしい。天孫降臨伝承の高千穂峯をさすらしい。とすれば、応神天皇関係の伝承に基づくと思われる。一方、『豊前志』では、『造営記』正長元年（一四二八）、大内氏参宮の条を引き、宇豆高山とは宇佐上宮のある小倉山をさすとしている。宇佐神そのものの発生と、応神の出生地とが南北二カ所とされた消息を伝えているものと思われる」と述べておられる[4]。興味深いご指摘であり、「宇佐郡」辛国宇豆高島と大隅国曾於郡韓国宇豆峯神社とは同一のものではないことを示唆するものであろう。また、宇佐郡にこだわった解釈は中野幡能氏によってなされている。そのいわれるところ、「辛嶋は既に先学が指摘されている如く、『韓嶋』であったと考えられる。『辛国宇豆高嶋』というのは宇豆高は美称であるから、『韓国嶋』で『韓嶋』

＝『辛嶋』と同義であると考え」られ、結局、「宇佐郡辛嶋里に降った」とされる。[5] いずれを妥当とするかは俄に決し難い面もある（詳細は第二編第一章参照）が、③に於けるその後の大御神の動向（比志方荒城潮辺——酒井泉社——宇佐河渡有社——鷹居社までの動向）が現在の「辛島」の地名が存在する地点を中心とした範囲であることから考えると、辛島の地に天降ったと受け取るのが自然であろう。韓国宇豆高峯神社の方は、どうも遅れて鎮座したようである。[6]

もう一つの鍵となる「大和国膽吹嶺」に至ったという問題に移ろう。『倭名抄』大和国宇陀郡条に「伊福」という郷名があり、これを「以布久」と読んでいる。因みに「イブキ」といえば近江の膽吹（伊吹）山が著名である（『日本書紀』景行紀の日本武尊伝承にも登場する）が、この方に求めることは飛躍となろう。ここでは、やはり大和国宇陀郡「伊福」と受け取ることが妥当と考えられる。これに関して中野氏は、吉田東伍氏が『大日本地名辞書』で伊福郷を宇陀村あたりに求めておられること、宇陀村に大字「大神《おおかみ》」があること、『延喜式』巻九神名上の宇陀郡一七座中に「神御《みわのみ》子《こ》美《み》牟《む》須《す》比《ひ》女《め》命神社」があることを受けて、膽吹嶺は「宇陀郡神御子美牟須比命神社のある『大神』であり、そこが大神比義の出身地ではあるまいかと考える。即ち大字『大神』の出所も『大神＝大三輪』から出たものであろうしその祭神もまた『神御子』とあれば、祭神は『大三輪の巫子』の神であり、シャマンである」と述べられた。[7] 大神比義が伊福の出身であるか否かは断定出来ないとしても、興味深い見解である。つまり、宇佐郡辛国宇豆高島に天降った大御神が、何故大和国膽吹嶺をわざわざ経由して再び宇佐に入るのかということが問題（詳細は第二編第二章参照）で、そこには大和の大神氏による何らかの関与があったことを暗示せしめるのであろう。この神幸伝承が辛嶋氏系伝承であっても、『建立縁起』に収められた時点では、部分的に大神氏の圧力が加わっていたと考えることが出来よう。

Ｃはこれに関連するもので、大神氏系伝承では辛島氏系の神幸伝承を取り入れたくはないであろうから、いきなり馬城嶺に顕現したことにするのは当然のことである。これに対して辛嶋氏系伝承では、宇佐郡辛国宇豆高島に天降った大御神を神幸させ、大和を経由することによって大神氏により応神天皇霊を付与され、紀伊から瀬戸内を通って再び宇佐に入り馬城嶺に最終的な顕現を見たことにしたと考えられよう。いずれにしても、最終的な顕現の場所が馬城嶺であることは大いに注意するべきである。それは、馬城嶺が宇佐に於ける原初信仰の最大の聖地であったことを物語る。これに関しては既に前章に於いて論じたので省略したい。

Ｄに関して、まず崇《たか》志《し》津《つ》比咩《ひめ》神に就いて「豊前国特坐神」と冠しているが、特坐神を『建立縁起』では「モトヨリイマスカミ」と振り仮名を付している。ところが後世の『託宣集』巻三では「豊前国持坐之神奈志津比咩」（傍点は逵）と記して「豊前国を持ち坐す神、奈《な》志《し》津《つ》比咩《ひめ》」と読んでおり、若干の相違が見られる。いずれにしてもこの神が如何なる神であるのか、『延喜式』巻一〇神名下の豊前国六座中には見えず判然としない。考えるに、辛嶋氏が奉じていた神と解されよう。辛嶋氏が宇佐の地に入って勢力を扶植したことにより、「豊前国特坐神」とか「豊前国持坐之神」といわれたのであろう。この比咩神が「比志方荒城潮辺」で大御神に酒を奉ったというのは、大和で応神天皇霊を付与された大御神が宇佐に再び入って来たのを迎えて歓待したことを意味する。潮辺は中野氏のいわれる乙咩社（後の宇佐宮八箇社の一）の[8]地と見てよかろう。つまり、これは大神氏に対する辛嶋氏の服従の証として受け取れる。ここにも、辛嶋氏系伝承に大神氏からの圧力が加わったと推察出来る一つの事例を見るのである。

Ｅに関して、大御神の荒々しい振舞いの表現は、大神氏の進出に対する辛嶋氏または原初信仰の保持者であった宇佐氏の一部が抵抗し、それに対する報復が反映してのことかも知れぬ。この伝承の前後の流れから考えればそのような解釈が成り立つ。尚、後の『託宣集』巻五では、「此所波路頭仁志弖。往還乃人無礼奈利。訛此等牟礼波甚愍志。小山田乃林仁移住世牟度願給布者」と記している。

最後にFの問題であるが、これまでの諸問題を考察した中で既に方向が見えているといえよう。つまり、『建立縁起』の八幡神顕現伝承及び小椋山遷座に至るまでの祭祀伝承は、その殆んどが辛嶋氏系伝承で貫かれているが、②③の引用文にある如く、これは二度にわたって「一曰」を使い、従的なものであることを示している。従って、簡潔であっても冒頭にある大神氏系伝承こそが、正規のものであるという取り扱いになっていることに注意を要する。既に見た如く、辛嶋氏系伝承の細部には大神氏の圧力が加わったと考えられる内容が何箇所もあった。要するに、『建立縁起』作成の時点にあって、既に定着している大神氏の優位が背景にある以上、かくの如き内容構成になったのも当然の結果といえよう。

二、八幡大菩薩と翁・小児伝承の成立

九世紀の成立と考えられる『建立縁起』に収められていた二系統の顕現伝承は、奈良時代に形成されたものと考えられる。この後平安時代に於いては、八幡神が更に大きく変貌・発展するのに伴い、顕現伝承も変化し始めていくのである。

(一)　八幡大菩薩の顕現と本地垂迹説

八幡神の社殿は神亀二年（七二五）の小椋山遷座に当り、既に宮寺形態を指向していた。天平十年（七三八）、境内外にあった二箇神宮寺を境内地に統合移建し、薬師寺式伽藍配置による堂々たる八幡神宮弥勒寺の成立を見て、

宮寺形態の実現が始まる。これは、常に国家政策に協力し結び付いて急成長した八幡神が、宮と寺を一体化させ、鎮護国家の理想に応えようとする一大造営であった。この段階で弥勒寺は初期神宮寺の中で特異な形態を示すものになっていった。一般的に神仏習合現象は地方社会から神宮寺の建立という形で始まり、思想的には神身離脱の思想を伴っていた。小椋山の八幡宮が宮と寺を一体化させ、鎮護国家の仏神として更なる急成長を遂げる過程で、地方に発生した習合現象を中央に持ち込む結果を生む。それは、八幡神の大仏造立への協力、上京と大仏礼拝という一連の動向にあった。これに対し朝廷では、「神は仏法を悦び受く」という考え方より、「神は仏法を尊び護る」という新たな神仏関係の観念を成立させた。つまり、仏典に説く護法善神の思想を以ってこの動向を説明付けたのである。この説明付けは、結果的に地方で発生した神仏習合を中央に定着させることになり、奈良時代末期から各寺院に鎮守（地主神や護法神を祀る）を出現させる背景となっていく[9]。

平安時代に於いて、八幡神は愈々具体的な鎮護国家の仏神として成長する。奈良時代末期には既に「八幡大菩薩」の称が成立していたと考えられる[10]が、天応元年（七八一）、八幡神に「護国霊験威力神通大菩薩」の号を奉り[11]、延暦二年（七八三）には、この号に「自在王」を追加して[12]、「護国霊験威力神通大自在王菩薩」としたのである。つまり、八幡大菩薩なる一段と強力にして具体的な鎮護国家の仏神の顕現であった。八幡神に対する菩薩号の奉献は、『華厳経』や『法華経』・『自在王菩薩経』等の仏典に基づくものであり、それはまた、弥勒寺僧集団がなした仏典研究の一大結実であった[13]。

八幡大菩薩の顕現は、仏典による神仏関係の理論付けを愈々促進させることになり、やがて本地垂迹説が起る引金となっていく。本地垂迹説も当初から整った形で成立したのではない。まずは十世紀に、垂迹思想・権現思想が起り、続いて本地垂迹説へと成長する。それぞれの神に具体的な本地仏を設定するようになるのは、一〇世紀後半から一一世紀を迎える頃であり、本地仏の設定を伴った本地垂迹説の普及は一一世紀後半から一二世紀と見られる。この間、本地仏の具体的設定に続いて本地仏の造像安置も普及して、本地垂迹説は視覚を伴って世に広く深く浸透するところとなった(14)。

㈡『扶桑略記』所収伝承

このような背景のもとに、八幡神顕現伝承も変化を見せ始める。寛治八年（一〇九四）以降の堀河天皇の御世、つまり、一一世紀極末期から一二世紀極初期の成立と考えられている『扶桑略記』欽明天皇三十二年正月条に、

④八幡大明神顕二於筑紫一矣。豊前国宇佐郡厩峯菱瀉池之間。有二鍛冶翁一。甚奇異也。因レ之大神比義絶レ穀。三年籠居。即捧二御幣一祈言。若汝神者。我前可レ顕。即現二三歳少児一云。以レ菜託宣云。我是日本人皇第十六代誉田天皇広幡八幡麿也。我名曰二護国霊験威身神大自在王菩薩一。国々所々垂二跡於神明一。初顕坐耳。一云。八幡大菩薩初顕二豊前国宇佐郡馬城峯一。其後移二於菱形小倉山一。今宇佐宮是也。已上出二彼縁起文一。

とある。一読して明らかなように、この伝承は大神氏系に属する。しかし、その内容に於いて『建立縁起』所収のものとはかなり異なっている。要点を示すと、

イ・顕現場所が「厩峯菱瀉池之間」となっていること。

ロ・鍛冶の翁の奇異、大神比義の絶穀三年籠居と神が三歳小児として顕現、自らを「誉田天皇広幡八幡麿」と称し、自らの名を「護国霊験威身神大自在王菩薩」といっていること。

ハ・文末の「一云」以下の部分に、『建立縁起』所収大神氏系伝承の要約を付記していること。

の三つとなるが、ハに就いては問題としない。従ってイ・ロの二つに就いて考察を加えてみよう。

イに関して、「既峯」は馬城嶺（御許山）であり、「菱瀉池」は菱形池で小椋山北麓の池である。『建立縁起』所収大神氏系伝承では馬城嶺に顕現したとあったものが、ここでは馬城嶺と菱形池との間というのであるから、馬城嶺北麓にある独立丘陵の小椋山そのものを指すことになる。前章で述べた如く、現在も小椋山北麓の菱形池に面した所に御霊水（三箇所に湧水あり）という聖城があり「お鍛冶場」ともいわれた。ここがその伝承地とされている。顕現場所のこのような変化は、小椋山が八幡宇佐宮社殿の存在する所であり、後世になればなるほど、小椋山や菱形池への意識が強まり、馬城嶺と菱形山の「間」といったやや曖昧な表現をとってしまう結果となったのであろう。

最大の問題はロである。このような顕現の仕方は『建立縁起』所収伝承に全く見られなかった。この伝承のあることにより八幡神を鍛冶の神とする説も唱えられ、一時期にあって脚光を浴びた。さて、翁が現われ、神が三歳小児（或は童子）として顕現するという形を何と解釈するべきであろうか。ここで注目するべきは山折哲雄氏の説である。氏はまず翁と童子に就いて次のように述べられる。「この発生縁起から透けてみえる構図は、カミ（八幡神）がはじめ翁に化現し、ついで童子に変化するというシャマニスティックな転生の軌跡である。そこでは翁と童子はカミの発現母胎として等価の関係におかれており、またカミの憑依を誘う容器として日常の秩序感覚をこえている。いわば翁はその老熟の極化を回路としてカミに近づき、童子もまた無垢の極限を生きてカミの座に迎え入れられているといっていいのかもしれない。」「また断食という生理的な抑圧が直接の効果をめざすのは、性的エネルギーの馴致もしくは昇華という側面であろう。」「『鍛冶の翁』が『少児』に化身する場面が、神主の大神比義による穀断ち修行と対応していたことの意味も明らかになるであろう。それは、けっしてたんなる縁起的仮構などではなかったのである。大神比義は穀断ちによる心身水準の転換によって、はじめて翁と童子の即融互換のイメージを幻視することができたのだ[15]」とされる。

また、神の顕現の様相に就いて氏は次の如く分析される。「この場合『翁』のイメージの背後には、八幡神という『カミ』の働きがかくされているのであり、また同時にこの翁の託宣を通して、本地仏・大自在王菩薩の存在が暗示されているのであって、いわば翁はホトケ的な領域とカミ的な領域とを結びつけ媒介する『化』の存在として、山中の池の辺りに出現しているのである。これを関係図におきかえてみると、本地（大自在王菩薩）→垂迹（八幡神――応神天皇と同体）→化（鍛冶翁）、ということになるであろう。この場合『化』は『垂迹の垂迹』という性格をもつが、同時に『本地→垂迹』の縁起を解き明かす巫者的な神人でもあるということに注意しなければならない[16]」とされる。

八幡神の顕現伝承に翁と童子が登場することに就いて、このように考察したものは他に見当らない。その論ずるところは妥当と考えられ、拝聴すべきであろう。「われわれは王朝時代から鎌倉時代にかけて、このような翁がさまざまな形姿をとって立ちあらわれてくることを知っている。かれは縁起や説話や芸能の茂みのなかから森厳な眼を輝かせて身をおこしその白髯の俗体のなかにシニカルな透察力を包みこんで、その控え目な姿をあらわしてくる[17]」と述べられる氏の言葉のように、翁と童子の登場は中世的な神の表現の一形態として受け取らねばならない。八幡大菩薩の顕現と本地垂迹説の成立と発展を背景にして、顕現伝承も漸く中世的形態をとり始めたのが『扶桑略記』所収伝承であるといえよう[18]。

㈢　『東大寺要録』所収伝承

『扶桑略記』に僅かの遅れをもって、成立する文献として『東大寺要録』がある。その成立は嘉承元年（一一〇六）から長承三年（一一三四）の間と考えられているのであるから、『扶桑略記』とはほぼ同期と見てもよいであろ

う。この『東大寺要録』巻第四・諸院章第四・八幡宮条に、

⑤筑紫豊前国宇佐郡。厩峯菱瀉池之間。有㆓鍛冶翁㆒。甚奇異也。因㆑之大神比義。絶穀三年籠居精進。即捧㆓御幣㆒祈言。矣汝神者我前可㆑顕。即現㆓三歳小児㆒立㆓竹葉㆒。託宣云。我是日本人皇第十六代誉田天皇広幡八幡麿也。我名曰㆓護国霊験威力神通大自在王菩薩㆒。国々所々垂㆓跡於神道㆒。是初顕御座。是即欽明天皇御時也。

とある。先の『扶桑略記』所収伝承と殆んど同様といってよい。敢えて異なるところといえば、三歳小児が「竹葉」に立ったということ、神の名を「護国霊験威力神通大自在王菩薩」として若干の相違を見せていること、末尾に顕現の時期を欽明朝と明記していることぐらいであり、取り立てて云々することもない。

要するに、『扶桑略記』所収伝承と同様の受け取り方をすればよい。尚、この『扶桑略記』や『東大寺要録』所収伝承と同様の内容は広く普及したらしく、平安末期から鎌倉・室町時代の諸文献にも引用されている。[19]

三、大隅顕現説と馬城嶺三石躰伝承の成立

平安時代後期に胎動を見た中世的な八幡神顕現伝承（翁や童子の登場）は、鎌倉時代に一層の発展・変遷を遂げる。それは、八幡大隅顕現説の本格的な登場と馬城嶺三石躰への結合という方向への展開であった。

(一)『八幡御因位縁起』所収伝承

鎌倉時代中期頃の成立とされる『宮寺縁事抄』[20]第一三紙背に『八幡御因位縁起』なるものが収められている。この縁起には、これまでのものとは相当に異なる八幡神顕現伝承が登場する。つまり、

⑥本是者、震旦国陳大王、其大娘号大比留女御子、年齢七歳而令朝寝、其夢中為無止人見被婚縁、随後夢覚見、

我身如例女為汗穢、自其日心神不安、而然後経九月後、奉産生天子給、其時奉始国王大臣宮采女等、各成奇特思問訊給、其詞云、汝幼少身也、誰人被交抱、奉産天ソト、爰御子大王答云、如所命、幼少身而全以无交抱人、但夢中為无止人見被寝タルナリ、夢覚後見四方、已以無人、只朝日光身仁差覆、胸間ニアリ、自其懐姙所生子也云々、弥成奇特之思、経三四年之後、彫刻空船、後相具印鎰而母子流罪、其詞云、汝非人間之所為、以流付所、可為所領云々者、随漂大海之間、日本国鎮西大隅国磯岸寄了也、其太子ヲハ号八幡、船寄タル磯号八幡崎、母子共自船下給成安浪之思、各相語云、相牙為幼少身、専不知世間事、永離生土、君与我此為何乎、然間各彼睡眠之間、獼猴出来、印鎰盗取後、登高木、以取返不及其力、爰太子言ヘリ、獼猴之スル様者也トテ、石取手写廻、随獼猴見此、彼又廻之間、取ハツシテ印落了、故日本印鎰片闕タルナリ、日本天子所持国故、号名日本云々、故為大隅正八幡宮云々、（下略）

とあるのがそれである。[21]

そのいうところは、震旦国陳大王の娘大比留女が、七歳の時、夢中に懐妊して八幡を生んだ。その八幡を船に乗せて流し、漂流の末に大隅国の八幡崎に着いた。これを祀る宮なるが故に大隅正八幡宮であると主張するところにある。

大隅正八幡宮は現在「鹿児島神宮」と称し、当初の祭神は彦穂々出見尊であり、八幡神を祀る宮ではなかった。これが正八幡宮を主張するに至ったことに就いては、既に宮地直一氏の明快な論がある。「この社は、その根本に於て、祭神を詳にせざれども、その叙位の年代より推すに、早くよりして地方に於て勢力を有せし神なるべきも、初めより八幡を祭りしものとは認め難し。」「蓋し式に、八幡神を載せたるは、宇佐・筥崎の二社にして、共に八幡大菩薩某所宮として、その祭神掲ぐるを例とせり。然るに、この鹿児島神に至りては、その書法一般の事例に等しく、他に又その八幡神を祭れりとする證左を発見する能はず。然るに、寛治中に至りて、八幡号を標榜せるより思へば、この間に於て、その祭神を増加せしには非ざるか。惟ふに、この正八幡宮といふは、本地説の影響を受けて表れしものにして、正身の義を表すものなるべく、宇佐・石清水等の勢力次第に増長して、八幡の信仰愈々盛となるに及んで、遂に非常手段に出で、自らその正宮なりといひて、八幡を称するに至りしものなるべし」[22]と。その整然とした論旨に非を挟む余地はない。

　要するに、八幡神大隅顕現説は因位を伴って八幡神を大隅国に導き、自社の神威高揚のために形成したらしい。同社は承平天慶の乱（九三五～九四一）の頃に八幡神が配され、五社別宮の一となったと考えられる。その後、寛治元年（一〇八七）に神宝紛失して大宰府に修造させ、同六年（一〇九二）焼亡再建、長承元年（一一三二）には八幡の文字がある石躰が出現したとして朝廷に陳謝させる等、一連の出来事を起す。大隅顕現説もこの頃に形成したものと考えられよう。従って、この説の起りはかなり早く、一一世紀後半には原形が生じていたのであろう。一二世紀前半の成立と考えられている『今昔物語集』巻一二「於石清水行放生会語第十」に、「八幡大菩薩前生ニ。此ノ国ノ帝王ト御シケル時。夷□軍ヲ引将テ自ラ出立セ給ケルニ。多ノ人ノ命ヲ殺サセ給ヒケル。□初大隅ノ国ニ八幡大菩薩ト現ハレ在シテ。次ニハ宇佐ノ宮ニ遷ラセ給ヒ。遂ニ此ノ石清水ニ跡ヲ垂レ在マシテ。（下略）」とある。

　平安時代末期には、大隅顕現説を取り入れ、大隅正八幡宮——八幡宇佐宮——石清水八幡宮と結ぶ新たな顕現伝承が一部に芽生えていた。これが表面的にもかなりの影響力をもつようになるのは鎌倉時代と考えてよかろう。

㈡『八幡愚童訓』所収伝承

『群書類従』第一輯と『続群書類従』第二輯上の双方に二種類の『八幡愚童訓』が収められている。いずれも一四世紀初め頃の成立と見られ、本来一なるものであったらしい。(23) ここに、顕現伝承が新たな方向に発展した姿を見る。

まず群書類従所収本『八幡愚童訓』上に、

⑦第卅代欽明天皇十二年正月至テ。大神比義断二五穀一精進捧二御幣一祈申時。二歳小児顕レ立二竹葉上一玉フ。我日本人王十六代誉田天王也。護国霊験威力神通大自在王菩薩也告給。百王鎮護三韓降伏。神明第二宗廟祝給者也。豊前国宇佐郡馬城峯石躰最初垂跡所也。天平勝宝元年造二宮宇佐宮一

とある。(24) 文章の後半が注目されよう。

次に続群書類従所収本『八幡愚童訓』垂跡御事条に、

⑧加様ニ御形ヲ変ジ玉ヒテ。奇瑞ヲシメシ給フトイヘドモ、時《機イ》宜《宜イ》不叶ガ故ニ。霊威ヲ現シ玉ハズシテ。蓮台寺ノ山ノ麓。菱潟ノ池ノ辺ニ。鍛冶スル翁ニテゾヲハシケル。件ノ御在所ヲ御竃ト名付テ今ニアリ。其御相貌甚異形ナルニ依テ。大神ノ比義。五穀ヲ絶テ三年ノ間給仕シテ。第三十代欽明天皇十二年正月ニ。御幣ヲ立テ《奉テイ》祈請シテ言サク。年来籠リ居テ仕ヘ奉ル事ハ。甚形頭ハタヾ人ニアラザルニ依テ也。若神ナラバ我前ニ顕シ玉ベシトテ懇念ヲイタス時。翁忽ニウセテ。三歳計ノ小児トナリテ。竹ノ葉ニ立給テ言ハク。我者日本人王十六代誉田天皇也。護国霊験威力神通大自在王菩薩ト告玉テ。御スガタカクレテ。百王鎮護第二ノ宗廟トイハレ玉フ者也。

とある。更にこれに関連して同書の御躰御事条には、

⑨最初ニ現レ玉シ御許山馬城峯ニハ。三ノ石ニテ現レ玉ヘリ。高一丈四五尺。広一丈計也。寒雪ノ比ヲヒモ。暖

ニマシマシケリト申セドモ。今ハ霊威ニ恐テチカヅキマイラスル人モナシ。只遙ニ拝見スルバカリナリ。王城ヲ守護シ玉ハントテ。東ニムキ玉フ。石ノカヽリ所ノ有様尋常ノ事ナラズ。不思議トモ云計ナシ。

という記載が見られる。⑦では一つにまとまっていた内容が、続群書類従所収本では⑧⑨の二箇所に分割して掲載され、いずれもより詳しい記述となっており、特に⑨に於ける詳しさが目立つ。

内容的に見ると、いずれも大神氏系伝承の流れに属し、しかも、先に見た『扶桑略記』や『東大寺要録』所収伝承以来の形で展開している。つまり、翁と童子による神の表現は全く同様である（三歳小児が⑦に於いてのみ二歳になっていることの違いだけである）。ただ最後の部分（続群書類従所収本では⑨の部分）が異なり、馬城嶺三石躰に結び付けている（このような伝承は、①で示した『建立縁起』所収伝承の割註に見られた。しかし、この割註そのものが『御許山六人行者記』といった後世の文献に拠っており、ここに見る三石躰伝承も⑦⑨とほぼ同時期のものといえよう）ところに新たな展開が見出せよう。

第一章で、宇佐地方及び馬城嶺（御許山）の現地踏査と宇佐縁起類に見られる聖地とを踏まえて、宇佐に於ける原初信仰は御許山信仰であったことを述べた。御許山頂上部には三巨石があって、これが磐座・磐境であり、ここに神が宿る。この山の北麓には、椎宮・鉾立宮・阿良礼宮・小椋山北麓の御霊水等、古来の祭祀の場と考えられる聖地が点在する。更に、現小山田社もこれに加えてよいかと考えられ、これらは岩石・樹木や霊水を依代として、春に山上の神を迎え降ろした聖地、つまり里宮であったと見られよう。里に迎えられた神が必要に応じて田圃の中に遷っていただく田宮は、平野の中に数箇所あったと考えられる（現八箇社中の平地に存在する数箇社等はその可能性が強い）。このように宇佐の原初信仰は、山宮（御許山の三巨石）――里宮（複数）――田宮（複数）の線によって把握出来るものであり、春に神を御許山北麓の里や田圃の中に迎え降ろし、収穫の終わる秋にもとの山中にお送りするという、典型的な神体山信仰であった。この信仰の中で人々が感じた神は、当初漠然とした神霊であったと考えられるが、次第に菟狭津彦・菟狭津媛という所謂ヒコ・ヒメ男女二神として受けとめ、農耕の豊作を祈ったであろう。

ところが、『日本書紀』や『古事記』・『先代旧事本紀』等を読むと、宇佐の地を舞台に一つの神話が形成していることを知るのである。天照大神の三女神は宇佐の地に天降った。故に天三降命といい、しかもこの神は天孫降臨に際して供奉した神であるという。また、天三降命は宇佐国造の祖となっていく。即ち、菟狭津彦・菟狭津媛は、神武天皇が東征の途上宇佐に立ち寄られた際、これを迎えもてなした功により、菟狭津彦は宇佐国造に補せられ、菟狭津媛は天種子命に賜妻せられたという。宇佐氏は天三降命の裔として国造となり、更に中臣氏との関係も生ずるという。まさに宇佐神話の成立であり、同時に、宇佐氏が大和政権下に編入されたことをも意味する。ここに、天三降命は宇佐明神として御許山の三巨石に結び付いた。山頂の三巨石を天三降命、つまり天照大神の三女神と仰ぐようになると、やがて比売神として統一された観念で受けとめられていく。この段階に至って、宇佐に於ける原初信仰は最終段階を迎えるが、その当初は未だ自然神道期であり、麓との間の祭祀形態には何ら変わりはなく、神体山信仰は不動なものとして続いていた――以上が前章の概要である。

馬城嶺（御許山）は古来聖地であり、やがて八幡神が成立し堂々たる八幡宮社殿が出現しても、この山を八幡宮の「奥院」・「本社《もとやしろ》」・「元宮」等と称して信仰を維持している。⑦の末尾や⑨で見た如く、この山の三石躰に八幡大菩薩（三神）を強く結び付ける方向が出てきたのである。その方向は本地垂迹説を用いて発想され、恐らく平安時代の一一世紀後半あたりから出てきて、鎌倉時代に大いに普及したと考えられる。三石躰に仏神を顕現させる発想は、先に述べた神話的世界の復活であり、八幡の神秘または霊験を説く上に大なる効果をもたらしたことであろう。

先に、大隅正八幡宮が八幡の文字を有する石躰の出現を主張したことに触れた。宮地氏が「蓋し宇佐にては、その旧鎮座地たる馬城峯には、三所の石躰を祭りて、これをその本宮と崇めたりき。（中略）その宇佐に対する政策上の意味を含めるは、これを揣摩するに難からず」と述べられるように[25]、どうもこれは、宇佐宮が馬城嶺三石躰への結合を強く打ち出したことへの対抗のように受け取れるのである。

四、顕現伝承の集大成

八幡神顕現伝承は、現存最古の文献に大神氏系と辛嶋氏系の二系統が存在した。その後、辛嶋氏系伝承はこれといった変遷・発展を示すことなく、歴史の表面から姿を消した。これに対し、大神氏系伝承のみが平安時代後半から鎌倉時代にかけて大きく変遷・発展を遂げる。これはまず、翁と童子による神（八幡大菩薩という仏神）の表現形態をとり、更にその仏神を馬城嶺三石躰に結び付けていった。その間、二系統とは別に大隅顕現説のような特異なものも出現した。これら様々な顕現伝承が、鎌倉時代末期に至って集大成されるのである。

（一）『八幡宇佐宮御託宣集』と顕現伝承

その集大成は『託宣集』の成立によって果たされたといえよう。『託宣集』は神吽の著にして、正応三年（一二九〇）二月に起筆して彼が八十三歳となった正和二年（一三一三）八月頃に稿了となった（第三巻序と第一六巻の跋によって知られる）。まさに鎌倉時代末期の成立である。

著者神吽は、寛喜三年（一二三一）、大神比義第二十一代の家に誕生し、出家して宇佐宮神宮寺の弥勒寺安門坊に住し、学僧として弥勒寺講代を勤めた。『託宣集』編纂中の徳治元年（一三〇六）には学頭職（宇佐関係寺院の弥勒寺・中津尾寺・御許山・六郷山からなる四寺院を統合した機関の長）に補任せられる等、宇佐関係社僧の代表的地位にあったことが知られよう。彼は本書の編纂執筆までに二〇年以上（実際は半世紀近くと考えられる）に及ぶ長年月を費して史料の蒐集と史実の考証をなしており、まさに生涯を懸けた編纂執筆であったといえよう。

本書は現在一六巻本として伝わるが、原型は現状の第一巻と第二巻を除く一四巻本であった可能性が強いようである。つまり、第一・二巻は、神吽の死（正和三年・一三一四）後のある時期（恐らく応永年間頃まで）に、後人によって追補がなされたのではないかと見られている。[26]

さて神吽は、本書編纂執筆の動機を第一六巻の跋に於いて次のように述べている。源平の争乱に際して、源氏についた豊後国の武士臼杵惟栄（惟義）・惟隆等が、元暦元年（一一八四）七月、平氏方に組したとされる宇佐宮寺に乱入し、神殿を破壊し、神宝を奪い去り、往古の文書・旧記も失われた。従って、宮寺の流記も明らかに出来かねている。当宮寺を信奉する様々な人々から本記は如何と尋ねられても、その場で充分に説明出来ない状態にあることを述べる。これに続けて、「孔子曰。而知而不言者不可也。不知而不言者愚人也。陰陽不測謂之神。一依旧記也。神吽雖愚人。為後代以管見集記。定有違失歟。請故実（之）人。為神為代。可有取舎而已」と記している。[27]

ここに見られる神吽の姿勢は、まことに慎重であり、謙虚である。つまり、「集記」するとあるから、可能な限り各所に散在する旧記・古伝の類を集め、「可有取舎而已」で結んでいる如く、後人がこれを読んで正しいと思われるものを取捨選択してほしいとしている。これは、第三巻の序で「疲諮詢以廿有年。温翰墨以機許載。欲傾耳於昔以入旨皈。亜見於後以進覚照者也。唯握微管窺豹文。猥馳禿筆集神教。官符已下。私令引載。以証之以法之。又有伝曰。有私云。共夫非賢。何足為直」と記していることに符合する。

このような準備と編纂執筆の姿勢で貫かれた本書の内容は、必然的にこの時点で存在した旧記・古伝の集大成に向う。殊に顕現伝承は最も重要な部分であり、単に旧記・古伝を集めるだけではなく、三神職団のその後の盛衰とも関係して、融合・調和させ、集大成を試みることにもなっていく。

(二)　遊化伝承としての集大成化

その集大成化は、まず遊化伝承としてなされていく。『託宣集』巻三の冒頭に、

⑩初[A]辛国宇豆高嶋。天国排開広庭天皇御宇三十二年辛卯。豊前国[B]宇佐郡菱形大尾山有霊異之間。[C]大神比義祈申之時。現天童言。

辛国城尓始天天降八流之幡天。我者成日本神利礼。一切衆生左毛右毛任心多利。釈迦菩薩。化身也者。余略之。

人皇第一主神日本磐余彦尊。御年十四歳之時。昇帝尺(釈カ)宮。受執印鑰。還来日州辛国城。[D]蘇於峯是也。蘇於峯者霧嶋山別号也。

とある。一見②で見た辛嶋氏系伝承かと思わせるような文章であるが、微妙に相違していることが読み取れよう。最初に天降った所としての傍線Aに「宇佐郡」が冠されていない。これは文末の傍線Dに対応している如く、蘇於峯つまり大隅国霧島山を指すとしている。故に大隅顕現説を考慮してのことかとも考えられるが、著者神吽は「私云」として、「隅州辛国城者。応神天皇御霊影向根本之地也。依神勅知之。大隅八幡宮。依陳王之娘所生八幡。故垂迹各別也。造営事。此者和銅五年。彼者天平元年也。辛国影向与陳代所生又別也」と大隅顕現説とは別なることを主張しており、結局応神伝承に拠ってのことであろう。

傍線BとCは、④⑤で見た大神氏系伝承の変化したもの、つまり、翁・小児による神の表現のようにも見られるが、実際はそうでない。顕現の場所が馬城嶺と菱形池の間ではなく、菱形の大尾山[28]とされ、翁は現われず、神は三

歳小児でなく天童として現われる。しかもこの天童が、辛国城に初めて八流の幡と天降って日本の神と成ったというのである。

まずここまでの所で、辛島氏系伝承と大神氏系伝承、それに応神伝承を、その後の変遷（例えば、大尾山一帯は、厭魅事件後の奈良時代末期に宇佐公池守によって開かれて以来、脚光を浴びるようになった聖地である）も踏まえ、時代の思想を巧みに用いて、見事な融合・調和を計っていることが知られよう。この後、八幡神は次の如き経路を辿って日本国内を遊化する。

(ア)大和国膽吹嶺――(イ)紀伊国名草浜――(ウ)吉備宮神嶋――(エ)周防国佐波由良門――(オ)伊与国宇和郡――(カ)豊後国々崎郡安岐郷奈多浜辺海中大石――(キ)奈多松本――(ク)安岐林――(ケ)奈保利郡――(コ)肥前国高知保――(サ)豊前豊後国境田布江――(シ)豊前国宇佐郡鷹居――(ス)郡瀬――(セ)大祢河――(ソ)酒井――(タ)乙咩――(チ)馬木峯――(ツ)安心院――(テ)小山田――(ト)菱形山（以上の地名は『託宣集』巻三の使用文字通りに書き出した）

九州大隅国の辛国宇豆高嶋から発して、大和から紀伊、紀伊水道から瀬戸内（周防・伊予を含めて）を経て、再び九州の豊後奈多浜に上陸、その付近を点々と遊化して、一度肥前国に入り、豊前国に入ってからは実に九箇所を巡って菱形山（ここでは小椋山）に落ち着くという、壮大な遊化伝承として成立したのである。

しかし、よく見れば、(ア)(イ)(ウ)は②にあった辛嶋氏系伝承をそのまま用いており、(オ)から(ト)までに就いても、『建立縁起』の③で引用した箇所の続きの部分にほぼ同じ経路が記されているのを見る。つまり、天平勝宝六年（七五四）の厭魅事件[29]の後、同七年、「汝等穢有レ過、神吾自レ今不レ帰」との託宣があり、「従二大虚一渡二大海一移二坐伊予国宇和嶺一、私云、天平神護元年壬十月八日、被レ示二大貳臣従三位石川朝臣豊成一御託宣曰、吾昔自二伊予国宇和郡一往還之時、豊後国々崎郡安岐郷奈多浜之辺、海中有二大石一、渡二着安気一、乃至二次田布江一、次鷹居、次郡瀬、次大禰河、次酒井、次乙咩、次馬城嶺、次安心院、吾択二勝地一住二宇佐郡内一、近所々四箇年一度臨見云々、此霊詑若此時歟、猶可レ尋レ之、以二今案一加レ之、」と記す。割註の部分が特に注目されるわけで、宇和嶺移坐後、宇佐宮浄化を種々行ない、宇佐公池守に大尾社を造営させ、天平神護元年（七六五）、大御神はここに移り、更に小椋山の宇佐宮を改造し、延暦元年（七八二）、ここに帰坐したという。割註は宇和嶺より宇佐への帰還の経路を記している。『建立縁起』には三十九箇所にわたって割註を施しているが、その全てを成立当初からのものとするには問題がある。この部分は宇和嶺に移坐したという所までが本文であり、割註部は後に付されたものであるが[30]、少なくとも平安時代末期までには、このような経路をたどったという伝承が存在したものと考えられよう。

従って、『託宣集』巻三の遊化伝承は、『建立縁起』に見られる辛嶋氏系伝承（ア）から（ウ）の部分）と大御神宇和嶺移坐帰還伝承（（オ）から（ツ）の部分）を（エ）で繋ぎ合わせ、最後の部分（テ）（ト）を、再び『建立縁起』の本文（つまり③で引用した箇所）により完結させているのである。このように、『託宣集』巻三に見られる遊化伝承が、『建立縁起』に見られた辛嶋氏系の素朴な神幸伝承（宇佐郡辛国宇豆高嶋――大和――紀伊――吉備――宇佐）と『建立縁起』の別の箇所に存在した宇和嶺移坐帰還伝承（この部分の伝承は『託宣集』巻七に詳しくまとめられている）を結合し、更にその上に若干の改作を加えて出来ている。しかも後者の経路の中には所謂宇佐宮八箇社が含まれ、放生会と並ぶ重要神事である行幸会が強く意識されており、就中大祢河（大根川）と安心院が含まれていることは注目に値しよう。大祢河の付近には薦社があり宇佐池守ゆかりの地と考えられ[31]、宇佐の平野部から少し山間に入った盆地である安心院には女神が祀られており（妻垣社、三女神社）、宇佐氏との関係を暗示している。

宇佐氏は、先述の如く宇佐国造家の流れを受け、かつては御許山を神体山として崇敬した一族である。八幡神成立当初に於いては徹底的に退けられていたようで、八幡神の祭祀には全く関わっていなかったが、厭魅事件後に漸く八幡宮神職団に食い込み、平安時代に於いては大神・辛嶋両氏を圧する存在になっていく[32]。『託宣集』巻三に見られる遊化伝承は、このような趨勢を背景として、従来存在した様々な伝承を融合・調和し、集大成化を計ったものと解することが出来よう。

㈢　菱形池辺（小椋山麓）に於ける顕現伝承の集大成化

以上に見た遊化伝承の冒頭に引用した⑩中の傍線B・Cを中心とした部分に関係して、『託宣集』巻五にまとまった顕現伝承がある。同巻冒頭の文に続く「金刺宮御宇二十九年戊子」の見出しをもつ条で、甚だ興味深い。

⑪筑紫豊前国宇佐郡菱形池辺。小倉山之麓。有鍛冶之翁。帯奇異之瑞。為一身現八頭。人聞之為実見行時。五人行。即三人死。十人行。即五人死。故成恐怖。無行人。於是大神比義（行）見之。更無人。但金色鷹在林上。致丹祈之誠。問根本云。誰之成変乎。君之所為歟。忽化金色鳩。飛来居袂上。爰知神変可利人中。然間比義断五穀。経三年之後。同天皇三十二年辛卯二月十日癸卯。捧幣傾首申。若於為神者。可顕我前。即現三歳少児於竹葉上宣。

辛国乃城尓始天天降八流之幡天。吾者日本神土成礼利。一切衆生左毛右毛任心多利。釈迦菩薩之化身。一切衆生遠度牟土念天神道止現也。我者是礼日本人皇第十六代誉田天皇広幡八幡麻呂也。我名於波曰護国霊験威力神通大自在王菩薩布。国々所々仁垂迹於神道留者。

まず顕現の舞台が、先に見た⑩の「菱形大尾山」（ここでは宇和峯移坐帰還遊化伝承が反映していた）ではなく、傍線Eの如く「菱形池之辺。小倉山之麓」となっており、④⑤に見た「厩峯菱瀉池之間」と微妙な表現のずれを起しているが、地理的に三者共通の範囲内にあることは確かであろう。傍線Fの部分は③にあった表現で大御神の所為としていたが、ここでは鍛冶の翁の所為としている。傍線Gに就いては、次の項で詳述する馬城嶺三石躰に金色の光を放つ大鷲が現われたとする所伝に対応するものであろう。傍線Hは先に引いた⑩中の文章と同様である。また、傍線Ⅰは④⑤の文中に見たものと同種であることが知られよう。

要するに、巻五の菱形池辺小椋山麓に於ける顕現伝承は、④⑤つまり『扶桑略記』や『東大寺要録』に見る変形された大神氏系伝承（翁や小児による神の表現）を基調として、辛嶋氏系伝承や馬城嶺三石躰伝承と融合・調和させて集大成化を計ったものと考えられる。

㈣　馬城嶺三石躰伝承の集大成化

次に⑦⑨で示した馬城峯三石躰との結合伝承の方も、『託宣集』では愈々整備され、巻一四に独立した形にまとめられている。その冒頭の文を引用しよう。

⑫昔豊前守朝臣出戸之間。見東方有金色之光。所現之様奇異也。仍以国諸司令行東相尋之処。住下毛郡野仲郷有宇佐池守云翁。年三百歳。問之。答云。従此之東住宇佐。有大神比義云翁。年五百歳。可問之。又尋行問之処。答云。従此之東住日足浦有大神波知云翁。年八百歳。可問之。即又行問之。答云。従此之南有山。各号御許。其山昔申八幡之人往返之給。彼人為利来世。（マヽ）今顕現神明之坐成。為其瑞光歟。即使峯登奉見之。有大石立而三本。大鷲在此石。毎朝飛下飛上放金色光也。其使已還語申国宰。仍国守申帝王。従其而八幡大菩薩顕給。為満来世之人之思願。示現之故。所奉崇也。其石体之御傍不遠有三井。霊水湛澄。号御鉢香水。件水雨降不増。日旱不減。只如本水。乃往古近代奇異也。仍記之。但一御鉢者。葉不入。又霜雪不凍。（下略）

ここに於いても、先の遊化伝承と同様に、宇佐氏にまつわる伝承を巧みに融合させている。殊に馬城嶺は、先述の如く宇佐に於ける原初信仰の中心をなす聖地であり、この融合による整備は欠かせないものであっただろう。かくして、かつて天三降命と結合して信仰された三石躰は、表面の趣を変え八幡三所に結合して信仰されているのである。これを同巻に於いて、「御許山依之。日本鎮守御座也。借宿八幡三所雖号各住古仏也。仏力神力共六十余州為慈味大神」と表現する。勿論、この結合に就いては、本地垂迹説や末法思想等、あらゆる仏教思想からの説明によってなされていることはいうまでもない。

このような馬城嶺三石躰伝承の集大成化は、一方に於いて、⑥で示した大隅顕現説にいう石躰出現に対する意識も背景にあると考えられる。宇佐の三石躰が、そのもつ意味に於けるスケールの違い、伝統の重さを主張しようとする意図が感じられよう。

五、むすび

――系統と変遷に見る歴史的示唆――

以上、八幡神顕現伝承の系統と変遷を追って考察してきた。尚、この他『託宣集』には、巻一に八幡因位伝承の集大成化、巻二に三国（月支・震旦・日本）修行伝承の集大成化が見られる。しかし、これら巻一・二は『託宣集』成立当初には含まれていなかった（当初は現巻三から巻一六までの一四巻本であった）可能性が強いこと、[33]それに本章で扱う顕現伝承をそこまで拡大する考えもないので、これらは省略したことをお断りしておく。[34]

本章の結論としては、顕現伝承の系統と変遷の中から次の六点を指摘しておこう。

Ⅰ．現存最古の文献である『建立縁起』中に見られる二系統の顕現伝承中、極めて具体性をもつのは辛嶋氏系伝承であり、八幡神成立の直接的基盤は辛嶋氏が宇佐の地に樹立した信仰（ここには宇佐氏を中心とした原初信仰も吸収された）であったことを示唆している[35]（勿論、『建立縁起』成立時には、辛嶋氏系伝承自体が大神氏からの影響を受けているが）。

II．『建立縁起』に見られる大神氏系伝承は、八幡神を応神天皇霊とするところにこそ意味があろう。従ってここでは、神の降臨や神幸を説く必要はなく、いきなり馬城嶺に顕現したと説くだけで事は足りるのである。

III．その後辛嶋氏系伝承が消えていくのは、辛嶋氏の信仰基盤の上に大神氏が応神天皇霊を付与したことが推察され、辛嶋氏が大神氏に服属したことを示唆せしめる。また現存最古の伝承中に、後の八幡宮三神職団の一である宇佐氏が全く登場しないのは、宇佐氏が八幡神の成立に直接関与することなく、抑圧されていたことをも示唆しているといえよう。

IV．平安時代後期から鎌倉時代にかけての翁と小児が登場する伝承は、大神氏系伝承の中世的展開として解釈するべきであろう。

V．『託宣集』に見る顕現伝承の集大成化（遊化伝承・菱形池辺小椋山麓の伝承）は、三神職団の当時に於ける実情を踏まえてなしたことを示唆せしめる。

VI．馬城嶺三石躰伝承は、原初信仰以来の伝統を一貫して八幡大菩薩に取り込むことから生まれ、『託宣集』ではこれに仏教思想による色彩が強く加えられた。

これまでの八幡神論者の多くが、顕現伝承中のある系統、ある時期の伝承を単独に取り上げて、この神の性格や成立を論じてこられた。しかし、伝承を踏まえるならば、顕現伝承そのものの系統と変遷を充分に分析・考察することが前提であり、この前提を欠く論は、全くのナンセンスといわねばならないであろう。

〔註〕

（1）『大日本古文書』家わけ第四「石清水文書之二」所収、『神道大系』神社編四七「宇佐」所収。

『建立縁起』は、その末尾に承和十一年（八四四）六月十七日の日付をもち、続く奥書に、

宇佐八幡宮縁起依二其文広博一、披見不レ輒、仍為レ助二自之廃亡一、以二今案一抄二出肝要一、付レ註加二愚点一了、用捨有レ恐候、博聞可レ正耳、于レ時延徳第三暦仲夏念三日書、

石清水八幡宮護国検校法印大和尚位准法務僧正（花押）（奏清）

（奥書）「明年応二（マヽ）六月書之」

とあり、「明年応二」は多分明応二年（一四九三）であろう。だとすると、現存写本は、一五世紀末に石清水八幡宮護国寺の検校法印大和尚位准法務僧正奏清の書写によるもので、本文中の註の多く及び返り点はこの時に付されたという。

奏清に就いて、『群書類従』第五輯所収『紀氏系図』、『続群書類従』第七輯上所収『紀氏系図』、『尊卑分脈』第四編所収『紀氏系図』には特別の記事を載せていないが、『続群書類従』第七輯上所収『石清水祠官系図』には、「寛正六年己酉十二月五日出家。師主花項僧正。同月廿四日補二権別当一。同七年正月□日叙二法眼一。文正元年十一月日任二権少僧都一。応仁二年五月廿九日叙二法印一。文明四年三月十五日転二任権大僧都一。文明九年七月十日補二護国寺別当一。長享三年六月十日補二検校一。同十二日香染勅許。准法務。明応五年丙辰九月廿五日入滅」と記している。これに基づけば、『建立縁起』の書写は入滅三年前になされたことになる。

『建立縁起』は「定二大神朝臣・宇佐公両氏一任二大少宮司一以二辛嶋勝氏一為二祝禰宜一」という見出を立てた上で、これを説明付けるために、八幡神の顕現から説き始めて八幡宮寺の発展・充実の縁起を語る。その内容は、平安初期の八幡大菩薩としての顕現、大帯姫を加えて八幡宮社殿が三殿の形態を整えるところまでの縁起を扱う。本文中最後に登場する年代は天長十年（八三三）であることも注意するべきであろう。

ところで、この文献はその名称より、八幡宇佐宮の神宮寺である弥勒寺の縁起であるかの印象を与えるが、実際の内容は、八幡宇佐宮及び弥勒寺の縁起を不可分のものとして融合させて記しており、むしろ、〝八幡宇佐宮寺建立縁起〟と解釈する方がよい。承和の日付に就いては疑問視する向きも多く、実際には更に降るのではないかとされてい

る。しかし、例え降るとしても、大きくは降るまい。要するに、その収める内容は、平安初期までに存在した（殆んどは奈良時代後半には存在した）ものであり、八幡神に関わる縁起類の中で最も古い形を留めていることは、他の縁起類と比較すれば自ずと明らかであろう。尚、当写本の実物大複製が、大分県立宇佐風土記の丘歴史民俗資料館（現県立博物館）に展示されている。

（2）平野博之氏「承和十一年の宇佐八幡宮弥勒寺建立縁起について」（竹内理三氏編『九州史研究』、昭和四十三年六月、所収）。

（3）この解状に対する、弘仁十二年（八二一）八月十五日の官符が『東大寺要録』巻第四・諸院章第四・八幡宮条に収められている。これによると、解にいう「右大御神者、是品太天皇御霊也」の部分が符では「件大菩薩是亦太上天皇御霊也」となっているが、他は悉く同文である。また解文は『宮寺縁事抄』第一本にも引かれている。

（4）重松明久氏校注訓訳『八幡宇佐宮御託宣集』（昭和六十一年十一月）巻三頭註。従って、氏は『建立縁起』の注釈を述べておられるのではない点注意を要する。『託宣集』巻三では、後に詳しく取り扱うが「初辛国宇豆高嶋」とあり、〝宇佐郡〟は冠されていない。

（5）中野幡能氏著『八幡信仰史の研究』（増補版）上巻（昭和五十年五月）序論。

（6）『角川日本地名大辞典』四六、鹿児島県（昭和五十八年三月）韓国宇豆峯神社条によると、「韓国という地名は、ここから北東二〇キロメートルを隔てた韓国岳のほかに見当たらない。だとすればここに韓国を名のる神が祀られたのは『式内社調査報告』が述べているように、この地に発達した条里制土地開拓と関係があり、和銅七年三月の『続日本紀』に見える二〇〇戸の豊前国民が移住させられたとき、おそらく韓国出身の辛嶋移住集団が、その郷土で祀っていた族祖五十猛命をこの開拓地に移祭したものとみるべきであろう。」と記している。

（7）中野氏前掲書第二章。しかし、後に氏はこの見解を訂正され、宇佐に応神信仰をもたらしたのは大和の大神氏ではなく、北部九州一帯に栄えていた大神氏の一統であろうという考えに至られたようである――氏はまず「三輪高宮家系図と大神比義」（大神神社が発行する「大美和」第七六号、昭和六十四年一月）でこれを発表されたが、広くは

『神道大系』神社編四七「宇佐」（前掲）に於ける『宇佐宮大神氏系図』の解題中で述べておられる。

因みに『角川日本地名大辞典』二九、奈良県（平成二年三月）伊福郷条では、現在の榛原町上井足（かみいだに）・下井足・福西付近に比定する『大和志』の説を紹介している。

(8) 中野氏前掲書第二章。

(9) 第三編第四章参照。

(10) 『続日本後紀』天長十年（八三三）十月二十八日条に、「縁二景雲之年八幡大菩薩所レ告（下略）」とあり、「景雲之年」とは「神護景雲」年間（七六七～七六九）のことである。また、『託宣集』巻一〇には、宝亀八年（七七七）五月十八日の託宣として、明日（十九日）を以って沙門となる旨のことが記されており、八幡大神の出家とも受け取られている。

(11) 『東大寺要録』巻第四・諸院章第四。

(12) 『建立縁起』、『東大寺要録』巻第四・諸院章第四。

(13) 以上の詳細に就いては、第三編第一章、第四編補論参照。

(14) 以上詳細は拙著『神仏習合』（昭和六十一年八月）参照。

(15) 山折哲雄氏「翁と童子——その身体論的時空——」（同氏著『神と翁の民俗学』、平成三年十月、所収）。

(16) 山折氏「神から翁へ」（同氏前掲書所収）。

(17) 註(16)に同じ。

(18) 尚、『建立縁起』の後半部に、延暦二年（七八三）五月四日の託宣として、「吾無量劫中化二生三界一、修二善方便一、導二済衆生一、吾是自在王菩薩、宜下今加レ号曰中護国霊験威力神通大自在王菩薩上、者如レ此之霊験不レ可二勝計一、前名二広幡八幡大御神一、今号二護国霊験威力神通大自在王菩薩一也、今坐宮号二菱形小椋山一也」との記載が見られ、『扶桑略記』所収伝承に通じるものを感ずる。しかし、ここには未だ翁や童子の登場を見ない。

(19) 『帝王編年記』七・欽明天皇条、『元亨釈書』第二〇資治表一・欽明皇帝条、『宮寺縁事抄』第一本、『東大寺八幡大菩薩験記』、『二十二社註式』二二・宇佐八幡宮条等。

(20) 西田長男氏の解題によると、「道清・宗清・行清・堯清・奏清・敬清等田中門跡家累代の努力によって編集せられ」、「その主たる部分は鎌倉時代中期ごろの書写にかかる文書・記録の類より成っているが、中に平安時代にまでも遡るものを少なからず交え」るとしておられる（『群書解題』第六、昭和三十七年四月、所収）。

(21) これと殆んど同文のものが『八幡大菩薩示現記』にも収められている。

(22) 宮地直一氏「大隅正八幡の勃興」（同氏著『八幡宮の研究』、昭和三十一年十月、所収）。

(23) 西田氏の解題では、両書は本来一なるものであったようで、石清水八幡宮の社僧の作かとされる。その成立に就いて、一般には「花園天皇（在位一三〇八～一三一八）の御宇の延慶元年（一三〇八）より文保二年（一三一八）に至る一〇年ばかりの間に撰述されたものであろうと考えられている」。しかし、「その初稿本は永仁元年（一二九三）より正安二年（一三〇〇）にかけての七年ばかりの間に撰述されたものではあるまいかと思われる」と述べておられる（『群書解題』巻六、前掲、所収）。

(24) これと殆んど同文のものが『八幡宇佐宮縁起』（到津文書）に見られる。

(25) 宮地氏前掲論文。

(26) 以上詳細は重松氏解題「『宇佐託宣集』の成立」（同氏前掲書所収）参照。

(27) これに関して桜井好朗氏は独特な解釈を試みておられる。本章の目的とはかなり異なる観点からの見解であるが、参考のために紹介しておく。「狼藉した武士は豊後大神氏の流れをうけ、本来宇佐八幡宮とゆかりが深いのであるが、その始祖をあえて祖母岳大明神＝高知尾明神であると称し、宇佐宮に抵抗した。彼らは源平争乱を好機として、宇佐宮の神領支配に挑んだのである。彼らはたんに政治的・軍事的水準でのみ、宇佐宮に挑戦したのではない。その狼藉が神殿や神躰にまでおよんだのは、彼らが『高知尾明神の末裔だという中世的神話を実証』し、宇佐を中心とする八幡神の伝統的な権威を侵犯するためであった（註・薗田香融氏「託宣集の成立」――『仏教史学』第一一巻第三・四合併号）。内乱の中で、政治・軍事は神話の世界に変動をよびおこし、神話もまた、政治・軍事の世界に顕現していったのである。その意味で、神話の世界における、かような混乱と変動は、内乱期の歴史の所産であったといってよい。百年を経て、神吽はこの歴史の厄介な〝遺産〟を継承する。しかし、当然のことながら、この〝遺産〟の継承は困難をきわめた。〝遺産〟自体が混乱と変動の結果である以上、その継承はたんにうしなわれた文書・旧記を再発掘すればすむというわけではない。それは、神領支配に対抗する武士に対してはむろんのこと、広くいって、中世において自分らの生活を意味づけなおしてくれる観念上の基点としての神を、そうとは明確に意識せずに、つくり出していかねばならぬ在地民へむけて、あらたな八幡神の神話的世界を構築してみせるという作業を伴う。『託宣集』を読めば、文書・旧記をたずねながら、中世の神話の森を彷徨する神吽の姿が、うかびあがってくる。」――同氏「八幡縁起の展開――『八幡宇佐宮御託宣集』を読む――」（「思想」六五三号、昭和五十三年十一月、後に同氏著『中世日本文化の形成――神話と歴史叙述――』、昭和五十六年四月、所収。更に民衆宗教史叢書第二巻『八幡信仰』、昭和五十八年七月、所収）。

(28)　現宇佐神宮の所在する山が小椋山（亀山）であるが、その南側は僅かの平地を隔てて御許山（馬城嶺）となる。御許山北麓は平野に向っていくつもの大小の尾根が張り出す。中でも、小椋山の南には二つの大きな尾根である宮山と大尾山がある。この三つの山が菱の形のようであることから、合わせて菱形山といわれている。

(29)　『続日本紀』天平勝宝六年十一月二十四日条。

(30)　註(1)参照。

(31)　本編第三章参照。

(32)　詳細は第三編第三章参照。

(33)　詳細は重松氏前掲解題参照。

(34)　『託宣集』巻一・二の内容の骨子は巻一五に見られる。また、神吽の別著『八幡大菩薩本末因位御縁起』、『宇佐大神宮縁起』との関係からも考察する必要があろう。

(35)　これはあくまでも基盤であって、中野氏のいわれるような〝原始八幡〟というとらえ方ではない――中野氏著『八

幡信仰史の研究』（増補版）上巻（前掲）、同氏著『八幡信仰』（昭和六十年六月）、同氏著『宇佐宮』（昭和六十年十月）参照。

第三章　八面山信仰と三角池

――薦社（大貞八幡）成立前史考――

はじめに

通常、神社の歴史は祭神論・鎮座論から始まっている。これはきわめて重要であることはいうまでもないが、これだけでは当該神社の歴史は充分に見えてこない。古社には後の祭神鎮座以前（および社殿出現以前）の歴史があることを無視してはならない。これを可能な限り考察することによって、神社の歴史はより鮮明度を増す。

大分県中津市大貞に所在する薦社（大貞八幡）は、今も神秘な雰囲気を漂わせる三角（御澄）池の存在を以って著名である。養老年間の隼人の反乱に当り、八幡神軍の出動に際して、この池に繁茂する真薦を刈り取って薦枕を作り、これを八幡神の御験として神輿に乗せたという。爾来八幡神の御験にはこの池の真薦によって作られる薦枕が定着していく。

薦社へは、平成三年八月二十三日に初めて訪れて以来何度も訪れるうちに、私の関心は、当社出現前の三角池が強い信仰の対象であったことに集中してしまう。現地の地形と後世のものであるが関連する文献史料や絵縁起等を踏まえて、可能な限り薦社成立の前史に対する考察を試みようと思う。

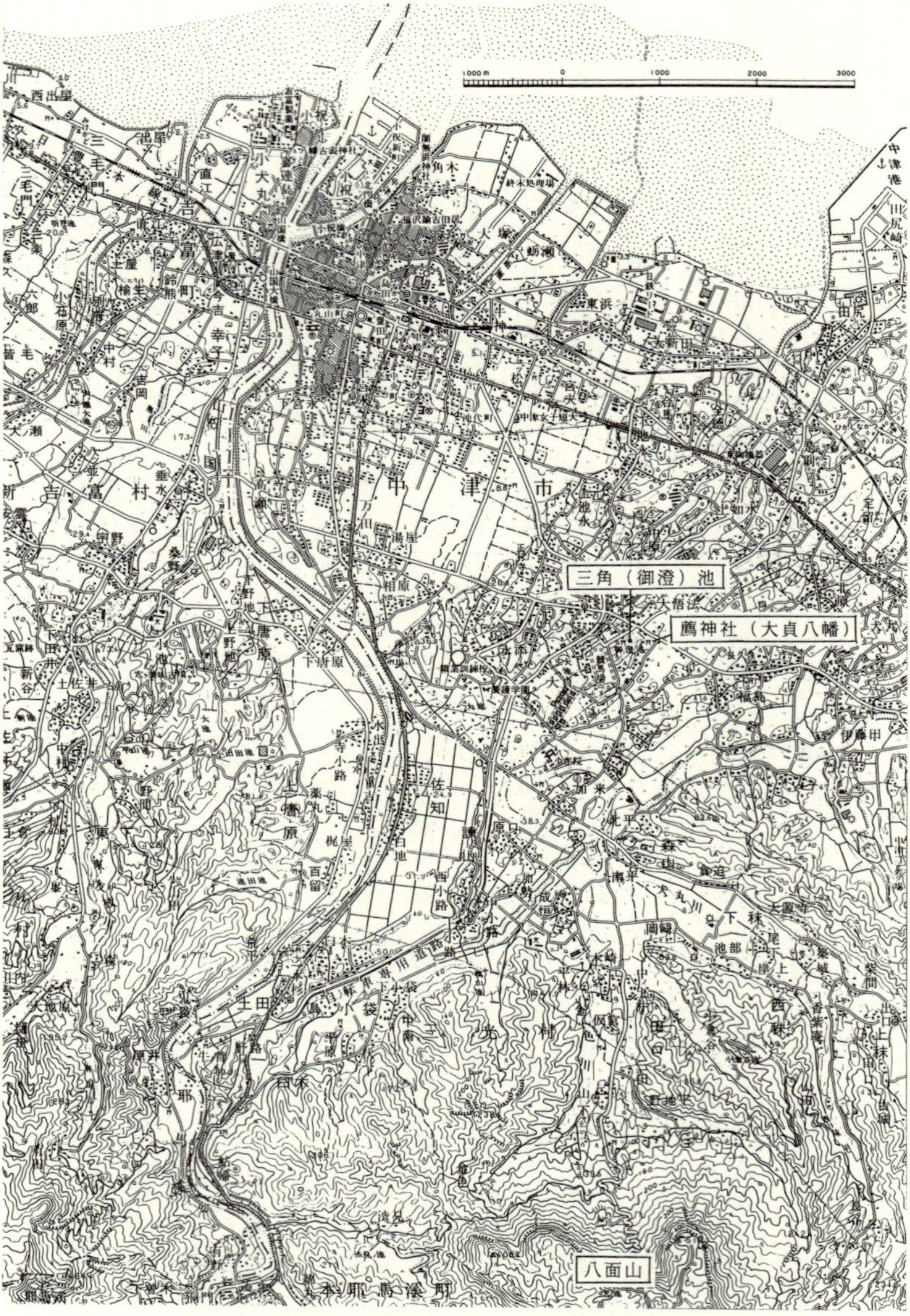

（地図４）大貞を中心とした地形図

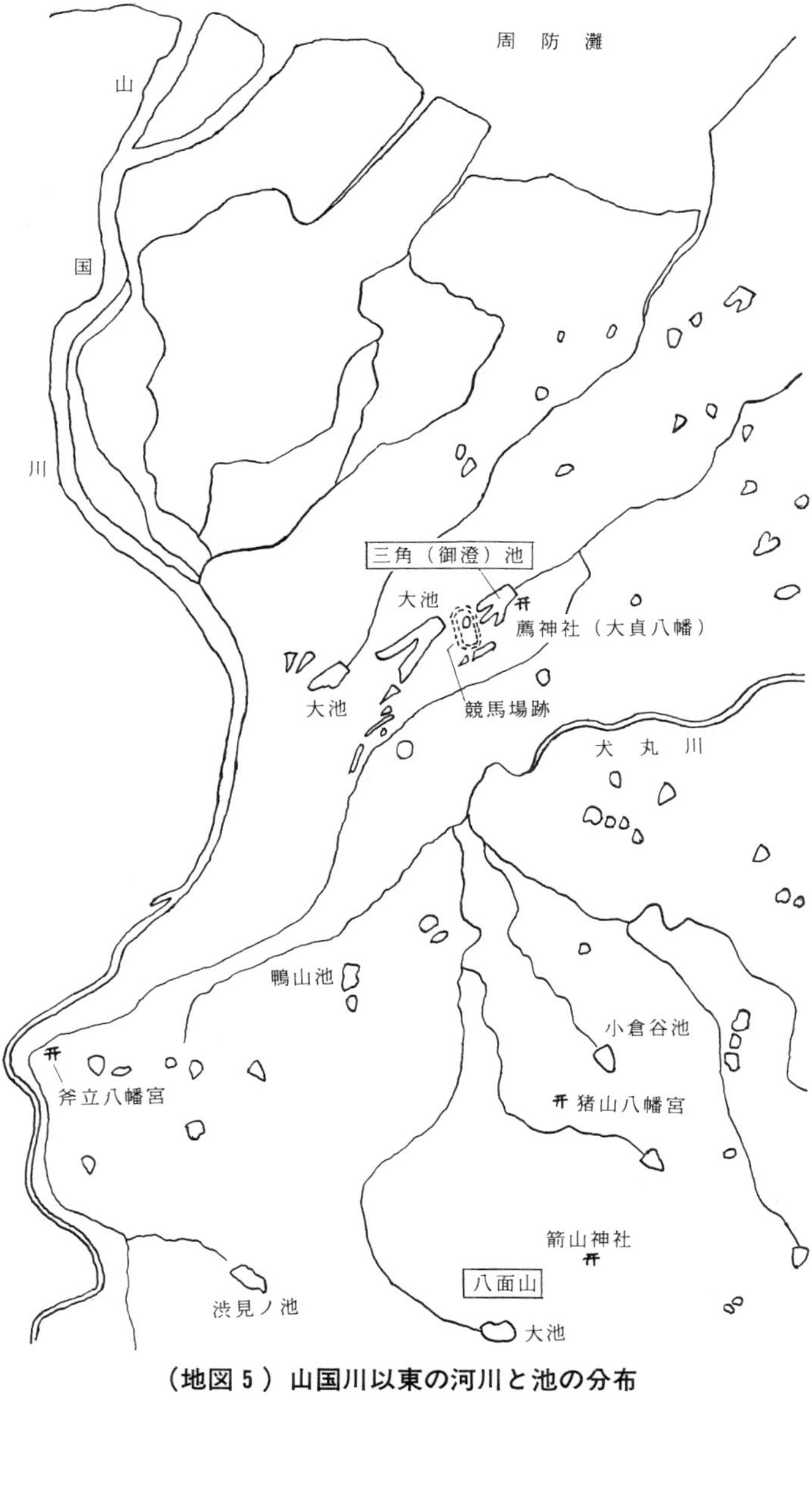

（地図５）山国川以東の河川と池の分布

一、大貞及び周辺の地形と三角（御澄）池

鎮座前史を考察するということは直接的な文献史料のない世界への突入を意味する。従っていろんな側面からの考察を必要とするが、まずは三角池や薦社の存在する大貞地域を中心とした周辺の地形を概観することから始める。三角池のあたりが極めて注目するべき地形となっていることが理解できよう。

(一)　大貞及び周辺の地形

冒頭で述べた如く大貞地域は大分県中津市に属する（以下地図4参照）。中津市は県の北西端に位置する市であり、東は宇佐市、南は下毛郡三光村、西は山国川を挟んで福岡県築上郡の吉富町や新吉富村に接し、北は瀬戸内海最西端の周防灘に面している（昭和四年〈一九二九〉旧中津町が市制を施行して中津市となり、同二十六年〈一九五一〉三保村、同二十九年〈一九五四〉和田村、同三十年〈一九五五〉今津町を、それぞれ編入・合併して今日に及ぶ）。

市域は、南東端に丘陵地が盛り上がる（この丘陵地は、三光村の八面山〈標高六五九・四メートル〉に源を発する犬丸川により南北に区分されているが、北部は海抜四〇メートル以下の緩やかなものであるのに対し、南部は高まり、特に宇佐市との境近くでは海抜一七〇メートルを越す所もある）が、他は大旨平坦といえよう。市域の西境沿いを英彦山（標高一二〇〇メートル）に源を発する山国川が南から北に流れ、周防灘に注ぐ。その河口右岸の沖積低地に中津市の中心街が形成されている。

要するに、中津市の殆んどは中津平野（この平野は東に帯状の広がりを見せ、宇佐市北部に至っている）によって占められ、その南には三光村の山地が迫っている。これが中津市の地形上に見る特徴といえよう。

本章の舞台となる大貞地域に就いて今少し詳しく述べよう。まず、地形図の上で一目瞭然の如く、大貞の地が南の八面山（口絵写真⑤参照）と対称の位置にあることは、後述との関係から注目しておくべきことである。次に大貞地域は、山国川と犬丸川に挟まれた緩やかな丘陵上にあり、ほぼ海抜三〇メートル余りを示していることが読み取れる。

(二)　三角（御澄）池

この丘陵上にある三角池の現状は、面積約五ヘクタール、水深一・五メートル、貯水量約五〜七万立方メートルの平底型のため池である。往古のことは後の考察に譲るとして、山国川から水を引いて水源としていた時期もあったが、現在は雨水と競馬場跡（三角池の南西方にあり、地図4参照）方面からの排水がその主たる水源となっているという。なお池底から幾分かの湧水があると伝えられているが、これも定かではないようだ。

また池の形は、薦社に伝わる絵縁起（後述）に描かれている池の形状と同様に、西南方に三つの沢が入江状に湾入している。この汀線や湿地には真薦を始め多くの貴重な水生・湿地植物の群落があり、池の中央部には水蓮が点在し、南方の水深一メートル以下の所には蓮の群落が見られる。(1)

現状は右記の如くであるが、地図4を細部までよく見ると、甚だ興味深いことが読み取れる。つまり、図中には多くの池が散在しており、それらの多くが八面山の山頂・中腹・山麓と犬丸川以北の丘陵上に分布していることに気付く。これに大小河川の流路を確認して池の分布と併せて描き出したものが地図5である（この図は地図4に基づき、山国川以東の河川と池の分布に限定している）。地図4と対照させてご覧いただくとよい。これによると、まず、犬丸川は八面山の各所から発する水系を集めての流れであることが確認されよう。次に、丘陵上の多くの池が大貞及びその付近に集中しており、しかもそれら池群のそれぞれの形が南西に向って突起している（これに対し、犬丸川以南の池群は悉く南東に向って突起する）。これらの池群を見ていると、恰も川の流れが寸断されているかのような形状が想起されるであろう。地形図上にこのような現象が見られることは、かつて八面山の豊かな水が伏流をなして丘陵上の各所に湧水となって多くの沢が造り出されていたことを示唆せしめる。大貞地域を中心とした丘陵部は、かつて八面山と伏流水系で以って繋がっていたと考えてよかろう。

二、『託宣集』の記事に就いて

現状の地形からの考察は一先ず置いて、薦社成立以前の三角池を知る手掛りを文献史料に求めてみよう。その文献として『八幡宇佐宮御託宣集』（以下『託宣集』と略記）がある。しかし、『託宣集』は鎌倉時代の著であり、著作時の仏教思想（著者神吽自身の思想を含めて）に彩られてのものである。従って、そこに見る内容をそのままに信じ難いことは当然であるが、潤色・改作・後世の映像等錯綜する様々な要素を拭い去ったとき、なお残るものを求めて考察を加えたい。

㈠　巻五の記事

『託宣集』に見える三角池に関する記事は、巻五の極めて著名な部分である。養老三年（七一九）、隼人が反乱を起こし、翌四年に至り、豊前守宇努首男人が官符を賜わり、八幡神輿を造りつつある時、大神諸男が何を以って八幡神の御験として神輿に乗せ奉るかと思案した上、三角池に向う。以下、少々長くなるが、『託宣集』の文を引用する。

（写真８）三角池の真薦の群生

豊前国下毛郡野仲之勝境。Ⓐ林間之宝池者。大菩薩御修行之昔。令涌出之水也。参詣彼所欲祈申。Ⓑ件勝境仮令東西四五余町。南北一十有町。宝池仮令卯酉三四余町。子午七八町歟。只眼界之所及非丈尺之所数也。Ⓒ霊木森然而不能入首。薬草幽深而不可運歩。又菓実雖多不触手。禽獣雖集不恐人。欲遠望則目眩不見。欲近側亦心疲不覚。遠而近。々而遠矣。出林則日月之下。入林則天地之外。或時霊虵吹気而晴天成雲。或時化鳥放光。陰夜如昼。Ⓓ宝池為体。雙嶋之崎功水以出北。一池之形分波以入南。一面而三角。地穿《スホウノ》而勢寛挺瑑而生薦。懸鏡而鏡而洗塵。Ⓔ玉水湛満而自然清浄也。無五欲之濁。故澄冥慮於斯水歟。

有五色之波故写霊貌於斯底歟。此薦為枕。発百王守護之誓。此池為御座。灌衆生罪業之垢。八幡遊化之宝所。八功徳水之浄土也。Ⓕ有常随之者。非真人之儀。依神誓守霊池。其寿三百余歳。宇佐池守是也。（下略）

この記事は八幡神軍の神輿に乗せ奉る御験として、三角池に群生する真薦（写真8参照）で以って枕を作るに至る事情を語っている。従って、これまでに多くの方々により八幡神の御験として薦枕[2]を論ずる上で屡々引用された著名な記事である。しかし、本章はそのような目的で引用したのではなく、先述の如く、この記事の中から三角池の往古の姿を考察する手掛りを、可能な限り得ようとする目的による。

㈡　記事中より得られるもの

引用文中、先述の如く仏教思想により説明付けられている箇所が多く、また、八幡神成立以後の著作であるから「大菩薩」に結び付けての説明も目立つ。このような要素を拭い去って読んでいくと、三角池の往古の状況がかなりクローズアップされてくるであろう。引用文中六箇所に傍線を付したのは考察の上で重視すべき箇所である。

傍線Ⓐの部分は、三角池が林間にあって湧水により出来ていたことを物語り、しかも「宝池」と表現されていることにより、古くから神聖視されていたことを暗示している。池といえば人工による池を連想しがちであるが、池の意味には自然に出来た池も含まれている。ここではむしろ、林間に滾々と湧き出る豊かな水が沢をなしている様を連想出来よう。

傍線Ⓑはこの聖地の広さをいっており、聖地は東西四～五余町、南北一〇余町に及び、そのうち三角池は東西三～四有町、南北七～八有町に及ぶという。凡その表現になっているものの、三角池が杜によって取り囲まれていたことが理解出来よう。

傍線Ⓒは、その杜の状況を述べており、まさに各種樹木が鬱蒼と生い茂り、薬草も繁殖し、果実も多く、禽獣も多く集っていたという。傍線後の文章との関連に於いて、杜の内と外では大いに異なり、杜の内はまさに聖地の感を呈していたことが推察出来よう。

傍線ⒹとⒺは、三角池の形状とその水に就いて述べている。池は南方に向けて鋭く切り込んでおり、「一池之形」とあるから、このようなものが何本かあることを暗示する。全体に於いて三角形をなしていたという。また、その水（湧水）は豊かであり、「挺琭」、「玉水」とあるから美しくすぐれた水であって、これが真薦をよく成育させているという。

尚、傍線Ⓕに就いては後の項で取り上げるので、ここでは省略する。以上のⒶからⒺまでを総合すると、大貞の杜はかなりの広さに及び各種の樹木・薬草等が鬱蒼と生い茂り、その中には豊かに湧き出す清水が沢状の池を形成していた。沢の形状は南に幾本かにわたって切り込み、幾本かの清い流れが合して出来ており、全体に於いて三角形をなしている。また、清らかな良水は真薦をよく成育させたということになろう。

『託宣集』の成立が鎌倉末期であるから、ここに描かれた大貞の杜と沢の状況は平安時代から鎌倉前期の映像が基本としてあるであろうが、話の内容は更に以前の奈良時代初期のことである。いずれにしても、この記事の描写にはかなり古い姿を読み取って差支えない要素が豊かにある。

三、『薦社絵縁起』に就いて

以上、文献に見る大貞の杜と三角池の姿に就いて考察したが、次に視覚的な面からこれに接することの出来る唯一のものとして、薦社に所蔵される『薦社絵縁起』がある。これに就いて考察する必要があろう。

(一)　絵縁起の概観

『薦社絵縁起』は三幅から成る掛軸形式の絵縁起である（紙本着色、各幅共縦一一八センチ・横七一センチ）第一幅は画面上方部に薦社（成立前も含めて）の縁起を一つの絵にまとめ（口絵写真③参照）、中間に筑前国の二社の様子が描かれ、下方部には神功皇后の三韓出兵を描く。第二幅は画面上方部に宇佐宮の境内（上宮・下宮・頓宮・弥勒寺等）を描き、空海と最澄の参籠、大神比義と鍛冶の翁の出会い等が描き込まれ、中間には和間浮殿前での放生会と加賀唐土攻の様子が描かれ、下方部に東大寺への八幡神の勧請（東大寺鎮守八幡宮の出現）等を描く。更に第三幅には上方部に描かれた御許山々頂の三柱石上に金色の鷹が出現する様と奈多宮（八幡神顕現に関する一所伝では、八幡神が月氏・震旦で修行した後に日本国に現われ、辛国宇豆高嶋に天降り、その後大和・紀伊・吉備・周防を巡り、伊予国宇和郡より豊後国奈多浜辺に到達、そこより豊後・肥前・豊前の各地各所を遊化して、豊前国宇佐郡の馬城嶺〈御許山〉に顕現したとしている）及びその浜辺を（口絵写真④参照）、中間に新羅王船の来襲、大隅・日向の隼人の反乱とこれを攻める八幡神軍の様子、下方部には内裏に現われた藤原仲麻呂（恵美押勝）の霊が撃退されている様と、最澄が香春岳に参詣する様を描いている。従って三幅を合わせると、薦社を中心に八幡神の顕現から発展を示す縁起となり、由原八幡宮・東大寺・鞆淵八幡宮・奈多宮等の八幡縁起絵と同種のものであるといえよう（薦社のものは絵巻物形式ではなく、三幅の掛軸にまとめた点に相違がある）。

この三幅の成立に就いて、従来美術史の立場からは、その鮮やかな着彩による細密な筆法の特徴等より江戸前期の製作とされている。また最近では真野和夫氏が別の角度からこの絵縁起の成立時期に迫っておられる。氏は第二幅の宇佐宮境内中、菱形池の島に描かれている弁財天社が最も新しい要素と認め、その創設が天和三年（一六八三）であること。更に第一幅の三角池の周囲（正確には東南西の三方）に「一里堀」が描かれていることに着目され、この水路中少なくとも西側が、元禄二年（一六八九）に一応の完成を見た荒瀬井路と一致することを確認される。これらを通して氏は、美術史的な考察から示された製作時期と矛盾しないことを指摘された[3]。まさに妥当な指摘であるといえよう。

(二)　第一幅上方部分の性格

さて、本章が直接対象とするのは第一幅上方の部分、つまり、薦社の縁起（成立以前も含めて）を示した部分（口絵写真③参照）である。この部分に就いては奇妙な受け取り方もされており、例えば、「八面山の麓三角池のほとりに宇佐公池守が薦社を建立する場面を描き」[4]とか、「この絵図は、宇佐八幡宮で六年目毎に行われた行幸会の最初の核心神事である八幡神の新霊を発現するための薦刈神事を、大貞八幡宮側から描いたものである」[5]といったとんでもない説明まである。これらの受け取り方には、この絵が縁起を描き出したものであるという前提条件を見失っており、ある一面のみをこの絵の中に見出そうとする誤りに陥っている。

縁起にはその最も重要な要素の一つとして、時間的推移が伴う。[6]しかもこの場合、一つの画面の中に薦社成立以前のものから江戸前期までの、各時期の史実や伝承を描き込むのであるから、描かれている個々の間には時期的不一致があるのは当然であろう。個々に存在する時間的推移を、見る者の眼で以って繋ぎ合わせていくとき、一つの縁起となる仕組みになっているのである。

画面左上に八面山が描かれ、中央に大貞の広大な杜があり、その中に三角池が印象的に描かれている。池の下方で大神諸男が宇佐公池守と対面しており、池の上方には舟に乗って真薦を刈る人の姿もあり、池の中央には神龍が象徴的に描かれる。池の周囲に眼を転ずると、大貞宮が出来、続いて若宮や摂末社その他の建物が次々に建てられ、池の右下鳥居近くに勅使一行の姿が見られる。やがて池の三方を取り巻くように一里堀が出来る――仮りにこのような順で描かれている個々のものを眼で追うとき、一つの画面が時間的推移を以って縁起を語りかけるであろう。

本章が最も重視するのは、一切の建造物及び一里堀、それに諸男と池守以外の全ての人物を除去した姿である。つまり、それらを除去すると、八面山と広大な杜と三角池、そして池のほとりで対面する諸男と池守の姿だけが残る――これは、まさに先引『託宣集』の記事の絵画化となる。この見方により、『託宣集』の記事と共に、薦社成立以前の大貞の杜と沢を考える上で、この絵が視覚的参考資料となるのである。

四、八面山信仰と大貞の杜と沢

これまでに、地形・『託宣集』の記事・『薦社絵縁起』の考察によって、薦社成立以前の大貞の杜と沢に就いて、ある程度の状況を把握してきた。ここで更に考察を要する点は、この杜と沢が古来聖地として信仰を集めてきたことに就いてであろう。

(一)　八面山信仰

第一章で述べた如く、凡そ古代神祇祭祀の基本形態が確立されるのは古墳時代であるという。しかも、その基本形態が神体山信仰であり、社殿を伴わない自然そのものの姿に於いてなされるものであった。現中津市域から南方の山地を望むと、誰の眼にも否応なしに映る山姿はその独特な形態をもつ八面山であろう（地図4参照）。

この山は三光村の南部と本耶馬渓町北部の屋形地区にまたがって存在し、山容は航空母艦型の見事なメーサ状をなして、八方から眺めても形がほぼ同じに見えるところから八面山の名があるという。最高所の標高が先に示した如く六五九・四メートルである。また、この山には別名箭山（弥山）の名称もあり、昔矢を作るのに使用した矢柄竹が多く自生していたことによるといわれ、更には屋根型をしているところから屋山とも呼ばれるようになったともいう。山頂には、大池・小池があり、箭山神社が鎮座する。また、北麓にかつての猪山八幡宮跡（大正五年に同村養林の貴船神社に合祀、更に昭和二十七年、箭山神社に合祀された）があり（写真9参照）、北西麓に現在も斧立八幡宮（写真10参照）が鎮座している。八面山は福岡県の英彦山や求菩提山等と同様に修験道の霊山となっていくが、残存史料の少ない故か、その詳細はあまり知られていない(7)。

しかし、八面山の最初の信仰は、山麓や平地・丘陵で豪族の支配の下に農耕を営む人々によって、この山を神奈備と仰ぐ神体山信仰としてなされたことが考えられる。つまり、神体山（神奈備・三諸・御室）頂上部の磐座・磐境に神が宿る（山宮）。この神を必要とする時期に山麓の人里近くにある祭祀の場（これは一箇所ではなく、何箇所もあることが多い）に迎え降ろす（岩・水・大樹等に神が宿る形をとる——里宮）。この人里近くの祭祀の場から、更に必要があれば農耕を行なう直接の場所（つまり田圃の真中）に神を遷し迎える（田宮または野宮）。この三段階を踏まえて春に神を山から迎え、秋の収穫まで神を里や田圃に留めて農耕の豊饒を見守っていただく。収穫が終わると、神に感謝をして再び山に送り戻す。つまり、山宮——里宮——田宮（野宮）という三つの点を結ぶ関係で把握出来るのが、古代祭祀、換言すれば自然神道期に於ける祭祀の形態（信仰の対象が極めて自然なものであり、宗教施設も極めて自然なままであり、いずれの宮に於いても社殿は出現していない。後に社殿が出現して社殿神道期に至ると、先の三段階は、奥宮——神社——御旅所と表現を変え、古い形態がなお温存されていく）である。

（写真９）猪山

（写真10）斧立八幡宮

（写真11）八面山山頂の磐座・磐境

この基本的形態を踏まえながら、八面山を仰ぎ見る山麓や平地・丘陵の地域に於いて、八面山に対する原初の信仰が培われていったと考えて間違いなかろう。八面山頂上の箭山神社の社殿に接した台地上に自然の巨石群が存在し（かつては禁足地になっていたが、今は自由に立ち入ることが出来る）、これが祭場としての聖域、つまり磐座・磐境で神霊の宿る所であり、箭山神社の御石躰とされている（写真11参照）。また、この他に後世の伝承に彩られた鷹石・和与石・犬石・権現石舞台等の巨石群があり、これらも何らかの信仰の対象であったことが考えられる。

八面山々頂の磐座に宿る神を、山麓・丘陵地域、それに北方の平野の住民達が、里宮・田宮として神を迎え祀った祭祀の場が各所に点在したことであろう。八面山北麓の猪山八幡宮跡や北西麓の斧立八幡宮を始めとして、これらの地域に今点在する古社の多くは、悉くかつての里宮・田宮としての祭祀の場と深く関わって成立しているものと考えられる。何故ならば、神社が発生し、社殿が建立されて今日の如き形態が成立するに当っても、古来の聖域は依然として崇敬されるからである。また、三光村で発見・調査された成恒笹原遺跡の祭祀遺跡（写真12参照）、瑞雲磐座遺跡も里宮遺跡の一環として理解するべきであろう。[8]

かくして、現中津市域や三光村の八面山麓の住民達は、古代神祇祭祀の基本形態の確立・発展期に於いて、南方に印象的な姿を見せる八面山を仰ぎ、山麓・丘陵・平野で春の神迎え、秋の神送りを繰り返しながら農耕生活を営んだのである。その信仰は五穀豊穣を中心とする生活に根ざした祈願であったと見てよい。[9]

(二) 大貞の杜と沢

さて、犬丸川以北の丘陵上に所在する大貞の杜と沢に就いて、改めて考えてみよう。まず杜の方であるが、『託宣集』が記す状況は決して過多な表現ではないと考えられる。古代の日本列島は広く原生林相に覆われており（つまり温帯ジャングルの如き相）、しかも平地にも多くの森林が存在していた。やがて平地の林相は次第に拓かれて農耕の平地となり、そこに平地聚落が出来、山林も次第に有用な植生林相に置き換えられて第二次林相となっていく[10]。古代の風土を考えるとき、この視点を無視出来ないのである。八面山の麓の地域は勿論のこと、犬丸川を挟んで丘陵地域も多く原生林相に覆われていたことが推察出来よう。このように考えてくると、『託宣集』の記事がまさにジャングル状に描いていることは、大いに妥当性をもって受け容れることが出来るであろう。

（写真12）成恒遺跡の巨石
（付近に祭祀土坑あり）

次に豊かな湧水によって形成されているという沢であるが、地形の項で見た如く（特に地図5参照）、八面山からの伏流による湧水と考えられる。鬱蒼と生い茂る杜の中に湧き出る豊かな水は、幾本もの流れとなり、それらが合して沢を形成したであろう。後世沢の北側に築堤が出来て池の形態となっていったようであるが、最初は沢と考えるべきである。しかもその沢は相当に広大なものであっただろう。ここでも『託宣集』の記事は矛盾を感じることなく受け容れることが出来よう。

このように見てくると、大貞の杜と沢は神体山としての八面山信仰の中で考えるべき聖地である。地図4で指摘した如く、八面山と三角池は南北対称の位置にあり、鬱蒼と生い茂る杜とその中に湧き出る豊かな水が造り出す沢は、まさに神の宿る聖地と受けとめられたことであろう。八面山々頂の磐座に宿る神を降ろし迎える里宮の一つとして、大貞の杜と沢は地域の人々から神聖視されたものと考えられる。

㈢　薦社の出現

『宇佐神宮史』史料編巻二所収の『薦社旧記写』によると、「承和年中初テ薦社御造立、ソノコロマデハ御池ヲ御本宮ト奉崇居候、其御社ヲ外宮ト称、御池ヲ内宮ト称、」とある。ここで注目するべきは、いつ頃からか定かではないが神社の発生を見て、池そのものを御本宮として崇敬されていたということであろう。この段階では神社といっても神に常住願ったというだけで、社殿も未だ無く、先述の里宮の状態が殆んどそのまま続いていたと見るべきである。(11)

薦社の社殿が建立されるのは、引用史料にある如く承和年中(12)（八三四～八四七）であり、また、神宮寺の伽藍が建立されるのは天仁二年(13)（一一〇九）であるという。社殿建立後は、社殿の方を外宮、池を内宮と称して今日に至る（写真13参照）。薦社の成立、ことに社殿の出現は、八幡神の御験薦枕が三角池の真薦を刈り取って作られることと関係して、当然のことながら八幡宇佐宮との関係を強めていく。しかし、神体山としての八面山信仰は、八幡大菩薩や八面山修験によって説明付けられながらも、連綿として続いていた。

天和二年（一六八二）の『八面山縁起』(14)序文に、「遠望薦社三角之宝池水泓澄神明威光鎮映レ浪。古記云、八面山者薦社之奥院。皇太神常御遊行之勝地也」とある。また、『大貞薦社巨細書上』(15)の末尾に摂社一一と末社古跡五の記載がある。うち摂社の一つとして、次の如き興味ある記事を見出せる。

田口村

八面山聖母神社　　　　凡一間半四面

所祭神　大帯姫命

鷹社奥院《ノト》相唱申候、

社《ノ》古伝説云、或時化鳥金色光放《ノリヲテ》、三角池《ノヨリ》八面山飛《ニヒ》、聖母大権現現玉《トフ》、宇佐宮御託宣集《ニ》云、豊前国下毛郡諫山郷《ノ》南高山者、大神宮御母大帯姫命御垂迹洞《ノナリ云云、》古伝説云、神功皇后異賊降伏御祈念有旧《シ》跡山上在《ニリ》、今《ノ》御神石是《ナリ、》

八面山聖母神社は八面山々頂の箭山神社のことである。[16] これを鷹社の奥の院と称していることに、かつての神体山としての八面山信仰が生き続けていることを窺い知ることが出来よう。

同様のことは、他にも間接的ながら裏付けとなるものがある。その一つは先に考察した『鷹社絵縁起』第一幅上方部分の絵であって、画面左上に八面山が鮮明にしかも印象的に描かれている。山内には箭山神社の社殿と鷹石・犬石、北麓の猪山八幡宮の社殿、北西麓の斧立八幡宮の社殿が明確に描き出されており、画面全体を通して、鷹社及び杜や池が八面山を抜きにして語れないことを示唆している。また、内宮である三角池の中に鳥居が建っている。鳥居と対面する地点より池畔を少し右手に歩んだ所から望むと、池の彼方に

（写真13）三角池中の鳥居

（写真14）三角池と八面山

八面山の山姿が横たわる（写真13・14参照）。また、八面山々頂の磐座群近くの展望台より眺めると、視界の中央に競馬場跡がまず目につき、その北側に今はわずかになった三角池の木立が見える。これも見落としてはならぬものであろう。

かくの如く、鷹社成立前史は神体山としての八面山信仰の中でとらえるべきものである。それは、宇佐宮が御許山（口絵写真④参照）を抜きに語れないことと同様であるといえよう。[17]

五、池守なるもの

最後に、第二項で引用した『託宣集』巻五の記事中、後で取り扱うとして保留している傍線Ⓕの部分に就いて、ここで取り上げる。この部分は、三角池に常随の者がおり、常人ではなく神の誓いによって霊池を守っている。その者は、年齢三〇〇余歳で宇佐池守といい、この人物が、訪ねて来た大神諸男に三角池と真鷹の神秘を語るというわけである。極めて不思議な存在として描かれる宇佐池守なるものを、考えてみる必要があろう。

(一)　宇佐公池守

『託宣集』巻五の記事に見る宇佐池守は、先述の如く養老四年（七二〇）

のこととして取り扱われている。宇佐池守は他文献に於いて「宇佐公池守」と記されていることも多い[18]。まずは他文献に散見する「宇佐公池守」を追ってみよう。

天平神護年中（七六五〜七六六）、宇佐公池守が馬城嶺（御許山）の麓に大尾社を、続いて中津尾寺を建立[19]（『宇佐八幡宮弥勒寺建立縁起』、『託宣集』巻三・八、『広幡八幡大神大託宣幷公家定記』、『宮成文書』）、このときの池守は宇佐宮大宮司或は造宮押領使として登場する。続いて宝亀四年（七七三）一月十八日、豊前国司が宇佐宮禰宜辛島勝與曾女、宮司宇佐公池守を解任し、禰宜に大神朝臣小吉備賣、祝に辛島勝龍麿、大宮司に大神朝臣田麻呂を任ずるよう請うたことを機に、同十年（七七九）頃までの間盛んにその名が見え（『宇佐八幡宮弥勒寺建立縁起』、『託宣集』巻一〇、『広幡八幡大神大託宣幷公家定記』）、このとき池守は宇佐宮々司外正八位下の肩書となっている。

このように、他文献に見る宇佐公池守は七六〇年代から七七〇年代にかけて、宇佐宮大宮司或は宮司、造宮押領使として活動しており、『託宣集』巻五の記事に見る池守とは全く異なるイメージのものになっている。しかも両者間には、年代をそのままに受け取ると約五〇年の隔りがある。これは大いに注意するべきであろう。

このあたりのことを考える鍵として、『託宣集』巻五では池守の年齢を三〇〇余歳としていたことが想起される。また、『尧佐氏系図』にも三〇〇余歳、『御薦社司相続系図[20]』では「宇佐大宮司五百歳」と記入していることに着目したい。三〇〇余歳とか五〇〇歳は勿論常識外の数字であるが、これを敢えて記していることは、池守なるものが一人物ではなく、何代かにわたって存在したと見るべきであろう。諸文献に散見する七六〇年代から七七〇年代にかけての「宇佐公池守」は、その末期に近い人物で、漸く宇佐宮神職団の中に進出して活動する。何代かにわたったと考えられる池守の最初が、いつ頃の如何なる人物であったかは今のところ確かめようがない。

(二) 「池守」なるものの性格

さて、その「池守」であるが、如何なる性格のものとして受け取れるのか、これを考える一つの鍵は、『託宣集』巻五の裏書に、

宇佐池守者。上世上代勝人利人也。欽明天皇御宇。馬城峯光明事。大神比義諸共勅答畢。非直人也。於豊前国宇佐郡神山仰霊威。在宇佐之故為其姓。常住野仲郷霊池。蒙神命為池守之故。号其名。抑此宝池者。大菩薩上世之交。何代之間。蒙神命哉。如現身者三百余歳。不知上古長短也。設雖有父母之以大神池守。

とあることであろう。また『㝹佐氏系図』(21)の池守の箇所にも、「五十二代嵯峨帝御宇弘仁年中拝任、大宮司寿三百余歳非凡人也、押領使、建立大尾社」と記した後に、ほぼ同様の事が註記されている。

この文章は中々に意味深長である。勿論、全体として八幡信仰に彩られているが、そのベールを拭えば極めて興味深い。前半は宇佐の土地との関わり、就中御許山との関わりを述べていることは、国造家宇佐氏のかつての存在を語っている。そして今、野仲郷の霊池に住んで神命を蒙って池を守っているというのであるから、宇佐氏のその後の動向を考える上で貴重な史料となる。しかし、本章はこの問題を論ずることが目的ではないのでここでは触れない(詳細は第三編第三章参照)。

本章に直接関係するのは後半部である。神命を蒙って池を守るが故に池守というとしていること。また、この霊池が(大菩薩上世の交云々の箇所は八幡信仰に彩られての表現であり、むしろ古来の神と考えるとよい)何代もの間にわたって神命を蒙っていることが、現身に於いては三〇〇余歳にして上古の長短を知らないとしているのである。ここには神命を蒙って何代もの池守の存在したことが暗示されていると受け取れよう。

池守に関して、従来、三角池の現状が灌漑用池としての機能もあることから、灌漑用水の管理者として説かれる

傾向が強かった（これはあまりにも虚しい見方であり、三角池が聖地であったこと、聖地には奉斎者がいたことを前提とするべきである）。しかし、最近に於いては真野氏が、三角池北側の築堤に関わるこれまでの調査例を検討され、部分によって築堤方法が異なり同一時期に現在見るような形になったとは考え難く、仮に現状の堤の原型となるものが奈良時代まで遡り得たとしても、この水系を利用した水田は池下の一部の限られた地域に過ぎないことを指摘された。その上に立って氏は、先引『託宣集』巻五裏書の記事も踏まえて、「ここは単純に、池を清浄に保ちマコモを絶やさないことを主たる任務とする者と考えたい。（中略）少なくとも御験として採用後は、三角池は宇佐八幡にとっても極めて重要な場所になるわけであるから、その『池守』は宇佐八幡から任じられ派遣されていたとみてよかろう。」と述べておられる。(22)

真野氏の考察は、従来の考え方から脱して、むしろ単純にとらえようとされたことは大きな前進といえよう。少なくとも八幡神の御験としての薦枕が成立した以後に就いては、ある種の妥当性をもつかもしれない。しかし、それ以前に「池守」は存在していたと考えられるので、その点は更に踏み込んだ考察がほしい。(23)

要するに、神体山としての八面山信仰に於いて、その神の宿る聖地として大貞の杜と沢がある。その聖城（里宮から社殿未だなき神社へ）に奉斎し、聖域を守る立場にあったのが「池守」であると考えられよう。少なくとも当初に於いてはそう解釈するべきであり、後には真野氏のいわれるような性格が加わったと理解するべきであろう。

六、むすび

山国川と犬丸川に挟まれた緩やかな丘陵上に大貞の地がある。広大な杜と豊かな湧水による沢があった。現状の地形と伝承により考えるに、この沢は八面山からの豊かな水流の伏流水が湧出して出来ていたものと見られる。

『託宣集』巻五の記事からは、往古の大貞の杜と沢の状況がかなり具体性をもって読み取れる。つまり、大貞の杜は相当に広大で、各種の樹木や薬草等が鬱蒼と生い茂り、その中で豊かに湧き出す清水が沢を形成していた。沢の形状は南に幾本かにわたって切り込み、幾本かの清流が合して出来ており、全体として三角形をなしている。この清らかな良水が真薦をよく成育させているという。この記事に見る大貞の杜と沢の状況は、『薦社絵縁起』第一幅上方部の絵の中に視覚的な映像として読み取ることが出来る。

このような杜や沢が往古に於いて神聖視され信仰されたのは当然であるが、大貞の杜と沢の場合、神体山としての八面山信仰の中で解するべきものである。八面山々頂の磐座に神が宿り、山麓・丘陵・平野の各所にこの神を降ろし迎えて祀る神聖なる祭祀の場が各所に存在した（里宮・田宮）。大貞の杜と沢はその一つであり、杜や沢に神が宿ると信じられ、丘陵地域からの八面山信仰の拠点として、まさに神聖なる境域を形成していたと考えられる。承和年中（八三四～八四七）に社殿が建立されても、池を内宮、社殿を外宮と称したのは、この伝統による。

神の宿る聖地としての大貞の杜と沢には、その聖域に奉斎し、聖域を守る立場の「池守」なるものが何代にもわたって存在していた。かつて宇佐平野に於いて御許山の神を崇拝していた国造家の宇佐氏が、「宇佐池守」としてここ野仲郷に何故存在するのか、極めて重要な問題であるが、これは第二編第四章・第三編第三章で扱うことにしたい。

その後、八幡信仰や修験道が成立すると、八面山信仰は両者が融合された形で説明され、これによってすっかり覆われた感がある。しかし、その基本は往古に於ける神体山としての八面山信仰であったことを見落してはならない。

〔註〕

（1）志賀史光氏「三角池の水質」（薦文化研究所『真薦』第二号、平成五年二月）参照。

（2）薦枕に関する最近の研究としては、段上達雄氏「薦枕考――記号としての御験薦枕の考察――」上・下（『大分県地方史』第一四四・一四五号、平成四年一月・三月）が注目される。

（3）真野和夫氏「薦神社と官道」（大分県立宇佐風土記の丘歴史民俗資料館編『宇佐大路――宇佐への道調査――』、平成三年三月、所収）。

（4）大分県立宇佐風土記の丘歴史民俗資料館編『八幡大菩薩の世界』（展示図録・昭和六十一年十月）巻末「列品解説」中の「薦社絵縁起」の項。

（5）伊東肇氏「大貞八幡宮薦刈神事について」（立教高等学校『研究紀要』第二一集、平成三年三月）。

（6）縁起の特質に関する詳細に就いては、拙稿「中世寺院縁起の特質」（『京都精華学園研究紀要』第一六輯、昭和五十三年十一月、後に拙著『室生寺史の研究』、昭和五十四年十一月、所収）参照。

（7）最近、大分県教育委員会によって八面山の文化財総合調査が実施された（調査期間は昭和五十八年度から五十九年度にかけての二年間）。その報告書が『八面山の文化財』（大分県文化財調査報告書第七一輯、昭和六十三年三月）として刊行されている。

同報告書中、八面山の概要に就いては、乙咩政已氏「八面山と三光村の歴史」参照。また、伊藤勇人氏「八面山と神社」に於いては『八面山縁起』と『八面山峯入順拝次第記』の解題・翻刻・考証がなされ、八面山修験の根本史料を紹介しておられる。

尚、これとは別に八面山修験の概略を論じたものとしては、中野幡能氏「求菩提山修験道の起源とその展開」中の「八面山信仰と修験寺院」（山岳宗教史研究叢書一三『英彦山と九州の修験道』、昭和五十二年十二月、所収）がある。

（8）平成八年七月三十日（火）、三光村佐知在住の相良久馬氏のご案内で八面山に登る途中、三光村教育委員会に立ち寄った。発掘調査が終り埋め戻される直前の成恒笹原遺跡に祭祀土坑があり、一見に値いすると聞いたので早速拝見した。巨石が掘り出され、その下方に土坑があり、約四〇〇点の土器が出土、その大部分がミニチュア土器であるという。発掘担当者の平田（旧姓植田）由美氏は、単に祭祀遺跡といわれるのみで、何の祭祀遺跡なのかについては全く口にされない。その際いただいた『三光地区遺跡群発掘調査概報』Ⅳ（同教育委員会・平成七年三月）というパンフレットにもこの点は触れていない。私はこの遺跡を見て、八面山信仰における里宮遺跡の一つだと直感した。真南に八面山の頂上磐座群のある部分が迫りくるように見える。

平田氏は後に「八面山周辺の信仰遺跡」（『山岳修験』第二六号、平成十二年十一月）という一稿を発表され、この遺跡から出土した土器は四世紀後半から五世紀初頭と考えられ、土坑は池の湧水に作られていることを指摘される。これを受けて氏は、「出土した土器や場所から、当時行われた大規模な祭祀は水に対する祭祀であったと考えられる」と述べられる。更にこの遺跡から直線距離で約六〇メートル離れた位置にある瑞雲遺跡についても触れられる。この方は、四つの巨石をL字状に配置した磐座遺跡であることを指摘された上で、「なぜこの場所に磐座を配置する必要があったのだろうか」と、あれこれ思索されながら、「そのつもりで磐座を見ると、まるで八面山から発する光をこの石2（四石のうち最も高く立てられた石――逵註）が受けているような感じさえ見える。そうすると、石4（最も低く寝かせたように配された石――逵註）に座って、石2に拝むというのも決しておかしなことではないと思われる」と述べておられる。

磐座は神霊の宿る神聖な依代であり、四石のうち最も低い石に人が座って他の高い石を拝むというようなものではない。自然神道期における神霊・依代・神の降臨・祭祀等、平田氏は認識を新たにされるべきであり、神体山信仰に就いての一通りの認識をもたれるべきであろう。

本章に於いても、「八面山々頂の磐座に宿る神を、山麓・丘陵地域、それに北方の平野の住民達が、里宮・田宮として神を迎え祀った祭祀の場が各所に点在したことであろう」と記した。三光村の成恒祭祀遺跡や瑞雲磐座遺跡は、まさにこれを裏付ける、八面山信仰における里宮遺跡の一例と理解するべきであろう。

（9）　染矢多喜男氏の報告によると、箭山神社の神幸祭（十月二十日・二十一日）には国盛楽が奉納されていた（太平洋戦争中に中断、昭和二十年復活、同三十八年まで存続）。その中で、小学校高学年の児童によって巻物が読み上げられたそうだが、その言葉が興味深い。つまり、「開ケシ国ハ久方ノ御代、天津神代ノ政事《まつりごと》、八面山ノ神ノ御幸ハ、五穀成就ノ基《もとい》ナリ。君ヲ護リ上《かみ》勇メシテ、民ノ栄ハ目出タケレ。千早振ル千早振ル、神ト君トノ治《しら》ス国、内ヲ治メ恵代ナレヤ。上モ豊ニ下々モ、流モ末ノ末々モ、歌ヒ戯レ千代ニ八千代ニ」と――同氏「祭りと芸能」（『八面山の文化財』〈前掲〉所収）。

（10）景山春樹氏著『神像――神々の心と形――』（昭和五十三年五月）。

（11）神体山信仰のような自然信仰がまずあり、神社の発生は後で、社殿の出現は更に遅れることは、第一章の註（6）（7）で示した以外に、岡田精司氏「大型建物遺構と神社の起源」（広瀬和雄氏編著『都市と神殿の誕生』、平成十年七月、所収）、同氏「神社建築の源流――古代日本に神社建築はあったか――」（『考古学研究』第四六巻第三号、平成十一年九月）等がある。

（12）薦社の社殿が承和年中の建立であることを伝える文献としては、この他に『豊前志』、『太宰管内志』豊前之七下毛郡、『宇佐神宮造営略記』、『宇佐神宮摂社明細図書』、『大貞薦社巨細書上』等がある。

（13）『薦社旧記写』、『宇佐神宮摂社明細図書』、『大貞薦社巨細書上』。

（14）伊藤勇人氏の翻刻されたものによる（『八面山の文化財』〈前掲〉所収）。

（15）この史料は既に註（13）（14）で上げているが、ここで簡単に説明しておく。薦社の古記録・古文書類は元亀・天正の大乱で悉く焼失しており、慶応四年（一八六八）に可能な範囲で当社の巨細を書き上げたものが『大貞薦社巨細書上』であるという。この史料は未だ活字による公表がなされておらず、宇佐市教育委員会の乙咩政已氏が判読されワープロ打ちされたものによっている。

（16）祭神は応神天皇・神功皇后・比咩神であるが、もと八面山権現または聖母権現と称した。聖母は神功皇后を称するものである。

（17）第一章参照。

(18)　宇佐氏が公姓を用いるのは、『続日本紀』養老五年（七二一）六月三日条に、「詔曰、沙門法蓮、心住禅枝、行居法梁、尤精毉術、濟治民苦、善哉若人、何不褒賞、其僧三等以上親、賜宇佐君姓、」とあることが始まりと考えられる（詳細は第二編第四章参照）。

(19)　この辺のことに就いては第三編第一章参照。

(20)　『大分県史料』第二巻「宇佐今仁恕子文書」所収。

(21)　宇佐宮到津氏所蔵、『宇佐市史』上巻（昭和五十年三月）巻末附録として所収。

(22)　真野氏前掲調査報告。

(23)　真野氏はその後の稿に於いて、先述の裏書に就いて、「この一文は多分に説明的で後の付会であろうが、その意とするところは『宇佐の出身者で、池守に任じられ、野仲郷の霊池に常住した者』というほどのことである。つまり簡単にいえば『池守』というのは固有名詞ではなく、『墓守』と同じく普通名詞であり〝宇佐からきた〟あるいは〝宇佐（宮）の〟池守さんというくらいではないかと思っている」と述べられる——同氏「三角池考(1)」（『真薦』第三号、平成六年十一月）——。しかし、この見解は残念ながら頂けない。

第二編　八幡神の成立

第一章　豊国に於ける新羅神の東進
――香春神から「ヤハタ」神へ――

第二章　辛嶋氏系八幡神顕現伝承に見る大和神幸
――応神霊の付与をめぐって――

第三章　八幡神鷹居社創祀とその背景
――大神・辛嶋両氏合同祭祀の実現――

第四章　僧法蓮と「豊国」
――法蓮伝承の検討を中心に――

第一章　豊国に於ける新羅神の東進

――香春神から「ヤハタ」神へ――

はじめに

『八幡宇佐宮御託宣集』（以下『託宣集』と略記）巻五に、「辛国乃城尓始天天降八流之幡天。吾者日本神土成利礼」という著名な一文がある。とりわけ後半の「吾者日本神土成利礼」という語句により、八幡神の淵源が外来神であったことを示唆せしめる。

序章で述べた如く、八幡神の成立に関する先行研究は実に多く、枚挙に遑がない。それらの多くに共通して、伝承のある一つを取り上げて論ずる傾向がある。古い時代の事象を考察するに当り、実録的な史料は皆無に等しいのであるから、伝承の存在は重要視しなければならない。しかし、伝承は時の推移と共に変化したり、新たなものが付加されたりする。従って、伝承の取り扱いは、いつの時期の、どのような状況下に成立している伝承であるか、ということを踏まえた上でのことでなければならない。

本章では、このような立場から、八幡神成立の、特に初期的段階（先の引用文の前半「辛国乃城尓始天天降八流之幡天。」に当る部分）に就いて、考察しようとするものである。

（写真15）香春岳（手前から一の岳・二の岳・三の岳）

一、新羅国神を香春に祀る

八幡神は朝鮮の神、就中新羅神に源を発していることは疑う余地もない。八幡神の成立に関する考察は、これを起点に順を追ってなされるべきであろう。淵源に遡ることを嫌う説もあるが[1]、物事の成立を考えるには、順を追った考察が妥当であると考える。

(一)『豊前国風土記』逸文の記事

朝鮮半島に近接する九州北部の古代史は、渡来人を抜きにして考えられない。渡来人は、進んだ文化・技術をもたらしたほか、彼等の神と信仰をもたらした。周知の如く、『豊前国風土記』逸文に、

昔者、新羅国神、自度到来、住二此川原一、便即名曰二鹿春神一。又郷北有レ峯、頂有レ沼濶卅六歩許、黄楊樹生、兼有二龍骨一、第二峯、有二銅幷黄楊龍骨一、第三峯、有二龍骨一。

とある。香春岳（現福岡県田川郡香春町）は一の岳・二の岳・三の岳からなり[2]（写真15参照）、産銅は三の岳であるから、文中の「第二峯」に銅有りというのは「第三峯」の誤りである。「新羅国神」が渡来してこの地に住み着き「鹿春神」（香春神）と称したというが、これは単なる神の渡来ではなく、この神を奉祀する新羅系渡来集団の来住を意味することはいうまでもない。

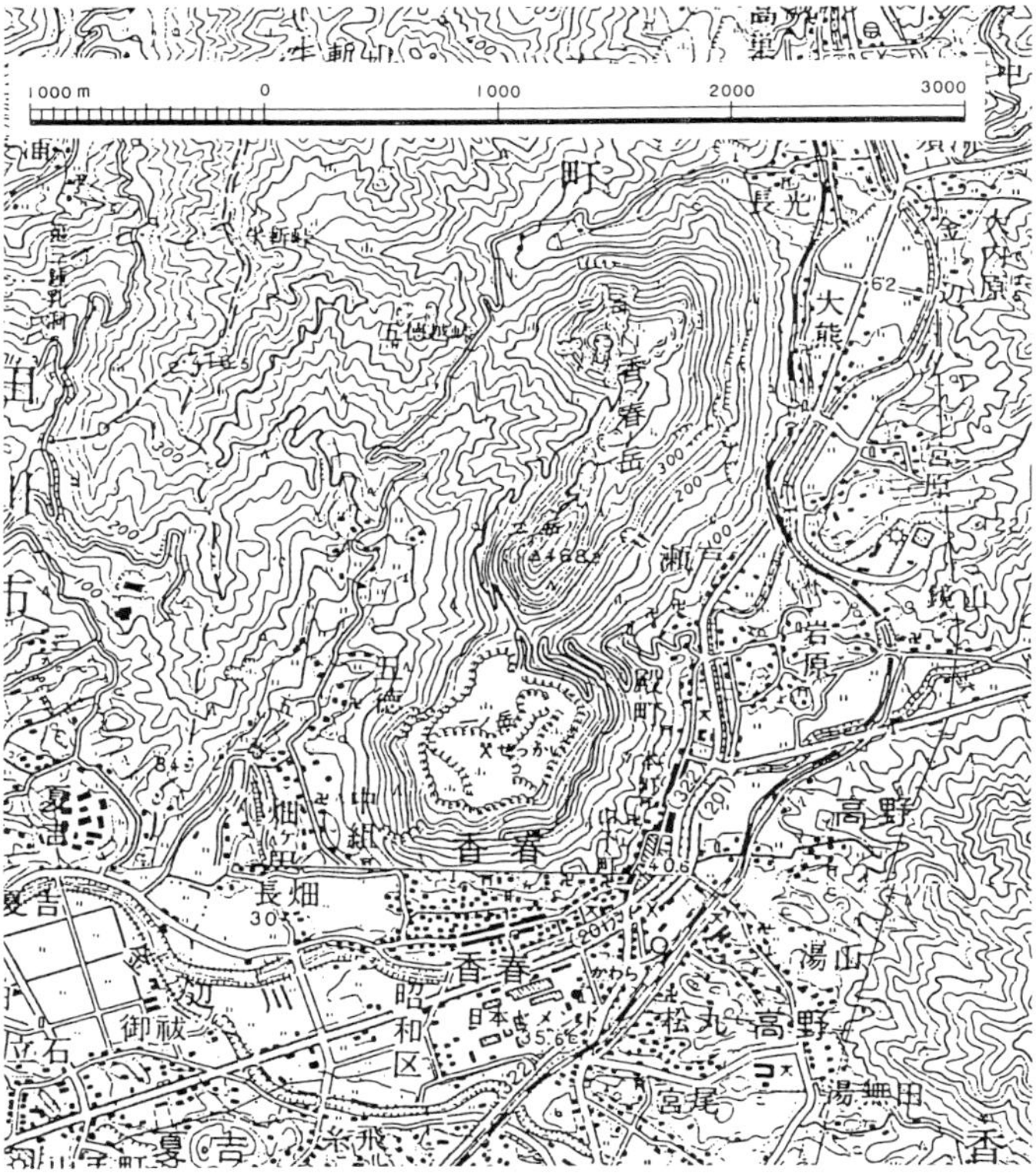

（地図６）香春地域地形図

「新羅国神」が最初に降臨したのは「川原」であった。同『風土記』逸文の先に引用した文の前に当る部分によると、この川は田川郡の東北方にある杉坂山より出で、川の瀬は「清浄」であったという。現香春町を流れる河川は、主なものに三川あり（地図6参照）、北から香春岳東麓を経て南麓へと流れる金辺川（途中、香春中学校の辺りで東方から流れてくる呉川を合す）、北方から香春岳西麓を流れる五徳川、町の南東部から北西に向って流れる御祓川である。逸文にいう「川原」とは金辺川の「川原」であろう。「此河瀬清浄、因号二清河原村一」と記しているが、清水は古来岩・樹木（常緑）等と共に神の依代と考えられており、神の

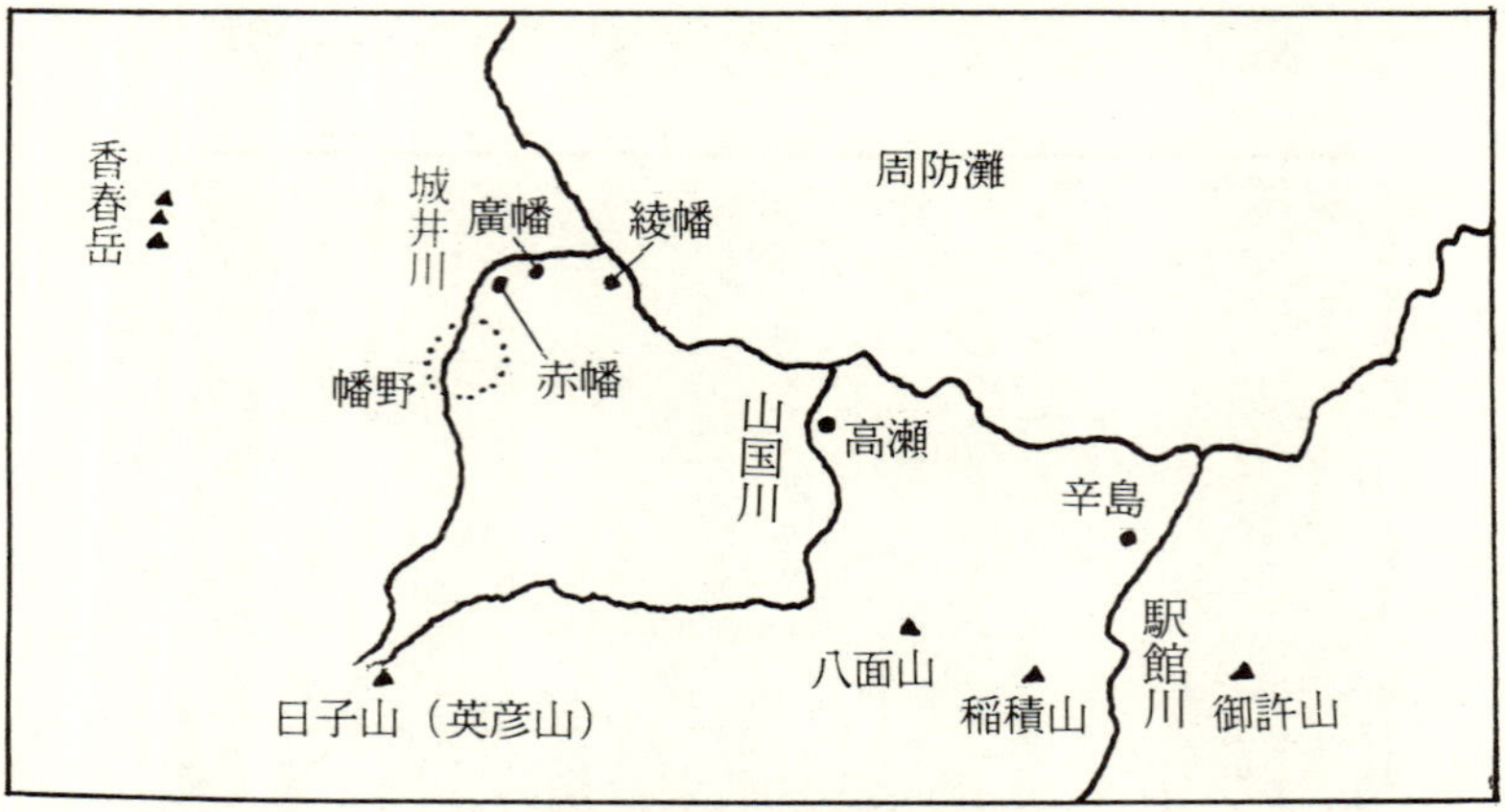

（地図７）豊前地域略図

降臨の場として相応しい。

㈡　香春岳と日子山

「新羅国神」はやがて三の岳に祀られ、更に、一の岳麓の香春神社に勧請されるのは和銅二年（七〇九）であるという。[3]「新羅国神」の降臨、つまり香春神の顕現時期は定かでないが、その後の渡来人の動向や八幡神の成立過程から考えて、四世紀後半から五世紀初めの頃と推察出来よう。

この香春神を、一の岳麓に鎮座する香春神社の祭神（辛国息長大姫大目命・忍骨命・豊比咩命）や『日本書紀』垂仁天皇二年条の一書に見る「天日槍」伝承（『古事記』では応神天皇条）、これに関係する「比売語曾神」伝承から考える諸説が古くからある。神を人格神として受容するのは暫く後のことであろう。香春神も顕現当時に於いては、単なる「香春神」として捉えなければならない。当時の朝鮮半島の宗教事情からして、道教・仏教を融合した神であったと推察出来よう。

香春の南方には日子山（彦山・現英彦山、一二〇〇メートル、地図７参照）が聳える。東北九州を代表する霊山として知られるが、この山に関わる縁起類中現存最古のものが『彦山流記』[4]である。その冒頭に、

夫権現、昔者抛月氏之中国《ヨリ》渡二日域之辺裔一給初《ヒシ》、遙志《シテ》二東土利生《ヲ》一、欲レ知二垂迹和光之砌《ヲ》一、自二摩訶提国一投二遺五劔一之後、甲寅歳震旦国天台山王子晉之旧跡《ヨリ》東漸、御意深凌二西天之滄波一交二東土之霊霞一、其乗船舫親在二豊前国田河郡大津邑一、今号二御舟一是也。著岸之当初香春明神《ニ》借レ宿、地主明神称《ノ》二狭少由一不レ奉二借宿一、爰権現発二攀縁一、勅《シテ》二壱万十万金剛童子《ニ》一、彼香春嶽樹木令二曳取一、因レ茲枝條蔽甍磐石露レ形、即時権現攀二登彦山《ニ》一之日、地主《ノ》神北山三《ノ》御前我《カ》住所《ヲ》権現《ニ》奉レ譲之間、暫当山《ノ》中層《ニ》推下《タリ(後カ)ニ》居終移二許斐山一終《ニ(給カ)》、金光《推古天皇》七年丙申歳敏達天皇御宇也。（下略）

と記している。甲寅の歳、権現（この表現は後の本地垂迹思想による）が、震旦国天台山の王子晋の旧跡より来航し、最初、香春神に宿を借りたいと申し出る。香春神はこの所が狭いことを理由に貸さなかった。権現は怒り、香春岳の樹木を引き取ったので、山は荒れ磐石が露出したという。香春神は漸く三の岳の住所を譲ったので、権現は暫くそこに居した後、彦山に移る。これが敏達朝であったという。新たな神（権現）の来航した甲寅年がいつなのか問題であるが、[5] ここに香春神との関わりを語っていることが重要である。

『彦山流記』や更に後の成立である『彦山縁起』に見る当山開創伝承は、修験の山として語ることを目的としており、仏教・道教等の思想が錯綜している。しかし、その原形を考え、彦山での初期の修行者として著名な法蓮の行状[6]等からして、極めて道教色の強い仏教修行（弥勒信仰を中心とした）の場であったと考えられる。彦山開創伝承には、朝鮮の檀君神話と新羅花郎・弥勒信仰の結合が指摘されており、[7] そこに香春神を奉じる新羅系渡来人の関わりがあるとすれば、香春と彦山の関係は興味深いものとなる。大和岩雄氏が、「香春岳は新羅の神、彦山は新羅の仏の山」といわれた[8]のは、妥当な表現といえよう。

二、新羅系渡来集団の東進

香春に住み着いた新羅系渡来集団は、採銅・造寺造瓦等の技術を持って活動したようであるが、次第に居住範囲を東に拡大していく。そのことは、文献史料や遺跡・遺物によって確認することが出来る。

㈠『隋書』倭国伝の記事

まず、中国の正史『隋書』倭国伝（巻八一、列伝第四六）に興味深い記事がある。

（上略）明年上遣㆓文林郎裴清㆒使㆓於倭国㆒。度㆓百済㆒。行至㆓竹島㆒。南望㆓𨈭羅国㆒。経㆓都斯麻国㆒。逈在㆓大海中㆒。又東至㆓一支国㆒。又至㆓竹斯国㆒。又東至㆓秦王国㆒。其人同㆓於華夏㆒。以為㆓夷洲㆒。疑不㆑能㆑明也。（下略）

とあるもので、ここにいう「明年」は、小野妹子を遣隋使として派遣した大業三年（六〇七）の翌年のことで、妹子の帰国と一緒に隋の答礼使裴世清が来朝した時の記事である。百済から九州に上陸した一行は「竹斯国」に至り、更にその東に「秦王国」があることを記している（「竹斯国」は筑紫国であると考えられる）。つまり、七世紀初期の段階で、多くの渡来人が豊前地域に住み、彼等は秦氏及び秦系諸族であったことから、「秦王国」と表現されたものと考えられる。これは、先述の香春に住み着いた新羅系渡来集団が、居住地域を東に拡大させたことを物語るものであろう。

香春からの東進は周防灘沿岸地域に向けての進出である（地図7参照）。それは五世紀半ば頃の動きであっただろう。先の引用文は、この秦氏及び秦系諸族を「同㆓於華夏㆒」と見ており、しかも彼等が、「以為㆓夷洲㆒。疑不㆑能㆑明也」と記していることから、七世紀初期の段階でなお、先住の人々との間に、未だ充分な融和の状態に至っていなかったことを示している。

㈡　大宝二年籍その他

新羅系渡来集団の東進と彼等が秦氏及び秦系諸族であったことは、『正倉院文書』に収まる大宝二年（七〇二）上三毛郡塔里及び加目久也里・仲津郡丁里の三戸籍からも窺うことが出来る。「豊前国上三毛郡塔里太宝二年籍」には一二九名の人名を見るが、うち、「秦部」六三名、勝姓五名。「豊前国上三毛郡加目（自カ）久也里太宝二年籍」では収載七四名中「秦部」二六名、勝姓二八名。「豊前国仲津郡丁里太宝二年籍」では収載四八〇名中「秦部」二三九名、勝姓一六七名となっている。(9)

その他、有明海沿岸から九州を横断して周防灘に出る古代豊前路があり、この地域には朝鮮半島と関連をもつ遺跡・遺物の集中することが指摘されている。その一は装飾古墳の存在であり、二は新羅系瓦を出土する古代寺院址（嘉穂郡の大分廃寺址、田川郡の天台廃寺址、京都郡の椿市廃寺址、築上郡の垂水廃寺址等）の存在があり、(10)新羅系渡来集団が、香春から周防灘方面に東進したことは明らかといえよう。

三、「ヤハタ」神の祭祀

香春に住み着いた新羅系渡来集団は、先述の如く「新羅国神」（香春神）を奉祀したが、その東進により豊前国内の各地に於いて、この神の系統を引く神が奉祀されたと考えられよう。(11)ここで、冒頭に引いた『託宣集』巻五の記事を考究する段階に至った。就中「辛国の城」と「八流の幡」が問題であろう。八幡神の成立に触れるとき、巻五のこの記事を引いて云々されることの多きに対し、具体的に「辛国の城」とはどこを指すのか、「八流の幡」とは何を意味するのかを、考究したものは意外に少ない。これを以ってしても、この記事が如何に都合の良いように引用されているかを窺い知ることが出来よう。

(一)「辛国の城」

まず、「辛国の城」に就いて考えていく。「辛国」は「韓国」であり、朝鮮半島より渡来した人々の居住する地であることはいうまでもない。問題は「城」である。戦闘施設としての城なのか、辞書類に見られる戦闘施設以外の意味である「国、国都」等、つまり地域を指す意なのか、まずこれを見極める要があろう。

戦闘施設としての城と解される代表者は飯沼賢司氏である。氏は、「八幡神は、本来『八幡』と呼ばれる一つの神が存在したのではなく、辛島氏、大神氏のもつ異なった祭祀方式に仏教という要素が加えられ、八世紀初頭の対隼人政策の中で政治的に作り出された神であった。その成立時点から隼人を平定する軍神であり、政治的な神としての性格があり、それ故に普遍的な国家神へ発展する素地をもっていた」と述べられ[12]、更にこれを徹底した別論では、「この『辛国城』とは、『託宣集』の別の段では、『日州辛国城』と記されており、日向（大隅）の辛国の城に、八流の幡が降りて、八幡が日本の神として出現したことになっている。『辛国城』とは、和銅七年（七一四）に隼人教化のため豊前国から入植させられた渡来系の人々の営所を指したのではなかろうか。大隅国曾於郡には、朝鮮から渡来した五十猛命を祀る延喜式内社『韓国宇豆峰神社』があるが、これは豊前からの入植者たちと関係した神とも考えられるのである」と述べられる[13]。また、これに先立つ論考として、相葉伸氏は「辛国の城」を日向の韓国岳に比定しておられる[14]。

他方、田村圓澄氏の解釈は異なる。つまり、「城」は軍事的施設ではなく、「村」の意であり、「韓（辛）国の人の住んでいる部落」と解され、現宇佐市辛島を比定することも出来るとされた[15]。また、別の論考では「八幡神が鎮座する御許山の神域を指している」と比定場所を変えておられる[16]。

さて、右の二説を検討してみよう。まず飯沼氏所論は、八幡神を「八世紀初頭の対隼人政策の中で政治的に作り出された神」とし、「その成立時点から隼人を平定する軍神」とされる点が特徴である。従って、「辛国の城」に就いても一貫して対隼人戦に結びつけていかれる。『託宣集』の前引記事は巻五（菱形池の辺の部）のものとして扱っているが、『託宣集』には巻三（日本国御遊化の部）にも同文が載っている。氏は、むしろ巻三の方を重視されているようだ。

『託宣集』には様々な伝承が錯綜していたり、改作されていることが多い。『託宣集』は正応三年（一二九〇）に起筆して正和二年（一三一三）八月頃に稿了した鎌倉末期成立の書である。著者神吽は、元暦元年（一一八四）七月、豊後国の臼杵惟栄（惟義）・惟隆等による宇佐宮乱入・神殿破壊事件で往古の文書・旧記が失われたことを悲しみ、各所に散在する旧記・古伝の類を集め、「集記」した。従って、本書の内容は必然的にこの時点で散在した旧記・古伝の集大成に向う。殊に八幡神の顕現伝承は最も重要な部分であり、単に旧記・古伝を集めるだけではなく、当時の三神職団の盛衰とも関係して、融合・調和させ、集大成を試みることにもなっていく。その集大成化は、まず遊化伝承としてなされる。巻三の記事はこの意味で最も注意を要する箇所であろう。詳細は既に論じた[17]ので、以下要点のみを記述しておく。

新羅国神の降臨伝承は、『託宣集』よりも古く平安初期成立の『宇佐八幡宮弥勒寺建立縁起[18]』（以下『建立縁起』と略記）に見られる辛嶋氏系伝承から考える要があろう。ここでは、「大神者初天国排開広庭天皇御世、宇佐郡辛国宇豆高島天降坐」とある。ところが『託宣集』巻三では、「初辛国宇豆高嶋」となっており、更に飯沼氏が引かれる「日州辛国城、蘇於峯是也。蘇於峯者霧嶋山別号也」とあって、次に『延喜式』神名帳の日向国四座、大隅国五座を引く（大隅国五座中に、曾於郡三座の一として韓国宇豆峯神社が記され、注目される）。巻三の遊化伝承には改作・融合の跡が濃厚に見られる。

つまり、『建立縁起』の「宇佐郡辛国宇豆高島」の「宇佐郡」を除去して曾於峯に結びつけ、その後の大和神幸は『建立縁起』のものを用い、更に後には八幡神の伊予宇和嶺移座（移座までは『建立縁起』に見える）及び宇佐への帰還伝承と続く（帰還伝承の部分は『建立縁起』にはないが、平安時代のある時期には成立していたと考えられる）。この間、本来『建立縁起』の大和神幸の後に見られる宇佐再顕現とその後の小神幸伝承を、巧みに融合させている。このような遊化伝承の集大成化の一背景として、一〇世紀頃の成立と考えられる八幡神大隅顕現説がかなり普及していたことも考えられよう（しかし、著者神吽はこれを否定する）。

飯沼氏所論には、八幡神を政治神・軍神（武神）として、その成立を対隼人戦にもっていこうとする意図を強く感じる。「辛国の城」も対隼人戦の営所とするため、敢えて『建立縁起』に拠らず、『託宣集』巻三を拠所とされたように考えられる。従って、氏の所論には無理があるといわねばならない。

一方、田村氏が「城」を村・地域と解されるのは自然である。「辛国の城」を朝鮮系渡来の人々の住む地域と解するのが妥当であろう。となれば、「辛国の城」は一箇所に限定されるものではなく、朝鮮系渡来の人々の住む各地がその対象となる。氏が現宇佐市辛島（駅館川左岸〈西岸〉の地）に「比定することもできよう」といわれたが、それも一つに過ぎない（御許山の神域に就いては論外であり、氏の勘違いではなかろうか）。

二通りの解釈を、飯沼氏と田村氏のものに就いて検討したが、これ以外に、例えば波多野皖三氏は、「『辛国乃城』についても、殊更に日向高千穂の韓国岳を連想するには及ぶまい。韓国からの渡来集団の居住する所が、すべて辛国の城である」と述べておられるのは[19]、まことに妥当な見解であるといえよう。

要するに、「辛国の城」は、先述の香春から周防灘にかけて新羅系渡来集団の東進した地域、更に後述する如くその中の秦系辛嶋氏が宇佐郡に進出、駅館川左岸（地図7参照）に住み着き、そこを辛国と称したまでの範囲。つまり、駅館川以西の豊前各地域の、新羅系渡来の人々が多く住む所であると解するべきであろう（尚、『建立縁起』に見る「宇佐郡辛国宇豆高島」に就いては、後の項で更に触れる）。

(二)「八流の幡」

もう一つの問題である「八流の幡」に移ろう。「八流の幡と天降って」とあるように、新羅神の降臨（実は勧請）は「八流の幡」を伴うというわけであるが、問題はこの「幡」を何と解するかということにある。

『和名類聚抄』（以下『和名抄』と略記）では巻五調度部の「伽藍具」と「征戦具」の両条で「幡」が扱われ、『塵添壒囊抄』・『和漢三才図会』等にも仏幡・菩薩幡と兵具・防備具の両様が示されている。また、『望月仏教大辞典』では、「施旗の総称にして、蓋又は幢と共に仏菩薩等の荘厳供養に用ひられるもの」として、多くの経典に基づく様々な例を挙げている。このように、「幡」には本来仏教の中で用いるものと、征戦・防備等で用いるものと、両様のあることが確認出来る。では、先学はこれを受けて、「八流の幡」つまり「八幡」の幡を何と解釈したのであろうか。それも詳細に見ていけばかなり多くなるので、主要なもののみを取り上げるが、次の二類型にまとめられよう。

①仏教的な意味での「幡」とするもの。
②唐の「四表八幡」による軍陣の「幡」とするもの。

まず①に就いて、松本栄一氏の説[20]に注目しなければならない。氏は豊前・豊後の石仏に不動明王の多いこと、八流の幡の記事をもつ『八幡愚童訓』等の伝承に意味あることを論じ、「八幡」は密教の不動安鎮法[21]に由来するものであろうとされた。この系統に属するものとして、最も明快に論じられたのが家永三郎氏であった[22]。氏は、各種文献を検討された上で、「幡の宗教的意義の由来は、それ故に我が固有の宗教的風習の内にではなく、これを外来の風習に求めるの外ないのであらうか。ここにおいて吾人は八流の幡を八方に立てて修法を行ったと云ふ不動安鎮法を想起せざるをえない」と述べられる。特にこの家永氏所論は、後に井上薫氏により、「着実な分析から導き出されており、説得力に富む」と評価され[23]、定着する方向にあった。

また、山折哲雄氏はこれらを踏まえた上で、「原始八幡神」発生の基盤として、当時九州一円で信仰されていたシャマニズムを強調する中野幡能氏の所論[24]を重視され、「不動安鎮法における『不動の旗』はまさしく不動の霊が降臨する依代としての役割をはたしていたのであり、したがってそれをとり巻く『八流の旗』もまた八方天の神霊を降すシャマニスムティックな媒体であったと想定することができるのではないであろうか」と述べられる[25]。

しかし、最近に至って新たな所論が登場してきた。②の見解である。福永光司氏が示されたもので[26]、唐皇帝太宗の時、戦国時代の名将諸葛孔明の作った『八陣図』（戦闘兵団を戦闘部隊四個兵団と主力部隊八個兵団に編成する「四頭八尾」の布陣で、敵を縦横に破っていく戦闘方法）を演劇化したものとして破陣楽舞が出来た。ここでは軍陣を構える際に、先頭に「四表」（鉾）を用い、後方に八本の旗（長方形）を用いる。この「四表八幡」から出たのが「八幡」の名義であるとされる。福永氏所論は飯沼氏に受け入れられた。氏は、「八幡は、『八流の幡』として天降っている。これは明らかに軍陣の幡である。八幡神は、戦さを象徴する『幡』の神であり、それに三輪の神を信奉する大神氏や朝鮮半島系統のシャマニズムの流れをもつ辛島氏と弥勒信仰をもつ法蓮などの仏教徒などが結集し、『八幡』というまったく新しいタイプの軍神を生み出したのである」[27]と述べられ、ここでも、八幡神が軍神として作り出された神であることを強調される。

以上を踏まえて考えるに、「幡」には仏教の中で用いるものと征戦・防備等で用いるものとがあることにより、微妙な点が内在してくる。つまり、不動安鎮法にも戦闘的な要素が存在する。不動明王は忿怒相と柔和相を兼ねもつ守護神であり、不動安鎮法は不動明王の降臨を仰いで怨敵を降伏せんとする秘密法である。それに、道教研究者から唐の「八陣図」に基づく破陣楽舞の「四表八幡」による所説が提示されると、右に示した二系統の所論が出てくるのも故なきにあらずといえよう。しかし、平安初期に伝えられた不動安鎮法が、それ以前の雑密時代に伝わっていたとしても、五世紀・六世紀にまで遡ることは困難であろう。また、破陣楽舞の「四表八幡」も同様に上記時期に結びつけて考えることは、時期的にも困難であるといわざるを得ない。

ただ、ここで必要なことは、新羅神が降臨するという場面である。つまり、宗教的に考えなければならないということであろう。新羅に於いては仏教と道教の融合が進み、独特な宗教となっていた。従って、そこには仏教・道教のいずれにあっても重視される「八」という数字[28]への強い意識が伴うのは当然であろう。後の八幡神には確かに軍神・武神的要素が強くある。しかし、最初から八幡神が軍神として政治的に作り出されたとする考え方には、慎重を要するといわねばならない。

ここでは、不動安鎮法にこだわるのではなく、単に仏教的な幡と受け取ることが自然であり、「八流の幡と天降って」と表現されたのは新羅神の祭祀方法であったことを重視するべきである。祭場の広場に八流の幡を立て（八流の幡が降りたのではない）、巫覡が神の降臨を仰ぎ、祭祀が執り行なわれたと解するべきであろう。従って、新羅神は「ヤハタ」神として受けとめられたのである。[29]

㈢ 「ヤハタ」神の祭祀――地名と社――

先に「辛国の城」を、香春から周防灘にかけて新羅系渡来集団が東進した地域、換言すれば、宇佐の駅館川以西の豊前の各地域と考察した。また、「八流の幡と天降って」に就いては右の如く考察したのである。では、これらの地域にそのような祭祀が行なわれた痕跡を認め得るのであろうか。

その鍵の一つに地名がある。現地名はかなり変化しているものも多いが、旧地名を辿ると相当に示唆的であることに気づく。『和名抄』、『太宰管内志』（以下『管内志』と略記）、『豊前志』等を見ると、赤幡・広幡・幡野・綾幡と幡のつく地名が、それも築城郡に集中して出てくる（以下、地図7参照）。

『和名抄』地理志料巻六一・豊前国築城郡条には綾幡の地名を載せる。『管内志』豊前之六・築城郡条に、『宇佐宮神領大鏡』を引用して、「桑田郷四至、東限二赤幡社一、南限二伝法寺ノ界ニ石、西限二船坂峯一、北限二熊瀬木大道一、広幡社田十町」とあり、また、「桑田・大野、両郷名田、城井・幡野・三箇社」とある。この四つの地名中、現在も残るのは赤幡のみであり、他は使われていない。広幡に就いては同書同条「広幡社」の項に、「小出氏云」として、「越路村南、水原村ノ北に有て、両村の堺なり、此ノ社地ノ事早く論ありて、今は何れの内とも定め難し、此ノ社より半町許上に、広幡城のあとあり」と記され、また「宮坂氏云」として、「越路村の内に広幡と云所あり」と記す。越路及び水原の地名は現存するので、広幡の位置はほぼ見当がつく。

幡野に就いては所在確認困難というしかない。同書同条の別の箇所に「城井郷・横浦・広幡社・橘社・伝法寺・幡野・小山田ノ浦・横瀬・角田荘」とあることにより、城井川流域の伝法寺から河口の範囲内であったことだけは推定出来よう。

綾幡に就いては所在を求めやすい。綾幡社が同郷の湊村（湊は現地名として残る）に所在するからである。『豊前

（写真16）金富神社（旧綾幡の矢幡八幡宮）

志』六之巻・築城郡条「綾幡郷」の項に、「古く服部の住みし処なるべし」、「隣郡に桑田と云ふあるも、布帛を織る料の蠶養の桑田なるか。また、比の郡に畑、八田など云ふ村あり、此れも服より出でたる名ならむも知るべからず」と記されているのも興味深い。

以上、築城郡の四地名を考察したが、悉く西南方の山地を出て東方の周防灘までの、つまり、山際から平地にかけて分布している。新羅系渡来集団の東進にあって、最初の中心がこのあたりにあったことを示唆せしめる。幡字のついた地名が集中していることは、「ヤハタ」神の祭祀が行なわれた所と考えられよう[30]（勿論この四箇所だけでなく、祭祀の場は他にもあっただろう）。

祭祀の場にはやがて社の出現を見たことが窺われる（社といっても、当初は社殿なき社であり、後に社殿が建立される）。これまでに引用した文献中にも、「赤幡社」[31]、「広幡社」[32]、「桑田・大野、両郷名田、城井・幡野三箇社」[33]と記されており、綾幡には綾幡社[34]（後の矢幡八幡宮、現金富神社、現築城郡椎田町湊字宮）があった（写真16参照）。

綾幡社に関係していま少し述べなければならないことがある。中野氏は、綾幡の矢幡八幡宮が氏のいわれる「原始八幡」（第一次から第三次に及ぶという）創祀の社であるとされる[35]。現金富神社では境内に大看板を立て、「学説」として中野氏説を大々的に宣伝しており、また神社の栞にも同様のことを載せている。氏の「原始八幡」論は中々に複雑で捉えにくいが、まず、香春神つまり辛国神の信仰が豊国を象徴する信仰であり、諫山地方に起った海氏を中心とした信仰が山国を象徴する信仰であったことを指摘される。この両国魂神が合体したもの（山豊国の神＝ヤマトヨ神）が「ヤハタ」神の起源であり、第一次原始八幡であるとされる[36]。しかし、先述の如く、「ヤハタ」は「八流の幡」から出た呼称と考えられ、「ヤハタ」神の祭祀は一箇所ではなく、豊前の各地で行なわれたと考えるのが自然であり、綾幡のみを創祀の地と考えられることには首肯出来ない。

更に氏は、綾幡の矢幡八幡宮と共に豊日別宮（官幣宮、仲津郡草場村、現行橋市南泉）を極めて重視され、氏の八幡神論が、香春の採銅所で造られた神鏡が豊日別宮に納められ、官幣と共に宇佐宮に奉献されることから起筆されることが多い。しかし、ここで問題としている五世紀頃の時期では関係のないことであろう[37]。

四、「ヤハタ」神の宇佐進出

新羅系渡来集団の東進は、やがて山国川を渡る。渡った所の高瀬（現中津市高瀬）に矢幡八幡宮（官幣宮・写真17参照）があり、先述の綾幡社と同様の意味をもつ。彼等の中から秦系辛嶋氏が更に東進し宇佐郡に到達、駅館川左岸（西岸）の地に住み着き、ここを「辛国」と称した（以上地図7参照）。この地は後に「辛島郷[38]」となる。辛嶋氏の宇佐進出は五世紀末と考えられ、彼等の東進の最終段階であったといえよう。

㈠「宇佐郡辛国宇豆高島」

先に示した如く、『建立縁起』に見る辛嶋氏系伝承（辛嶋勝家主解状詞）の冒頭に「大《御》神者初天国排開広庭天皇御世。宇佐郡辛国宇豆高島《峯歟》天降坐」とある。中野氏はこれを、「辛嶋は既に先学が指摘されている如く『韓嶋』であったと考えられる。『辛国宇豆高嶋』というのは宇豆高は美称であるから、『韓国嶋』で『韓嶋』＝『辛嶋』と同義であると考える[39]」とされ、別の箇所でも、「『宇豆高』は美称であり、嶋は『宇佐嶋』と同様に一定の場所を称した意であるから辛国神を祭る一定の地域ということで、律令制地名でいえば、辛嶋郷であることは明らかである[40]」と述べておられる。

氏のこの見解には、首肯出来る部分もあるが、残念ながら多くは首肯しかねる。まず、「辛国」を「律令制地名」でいえば、辛嶋郷であることは明らかとされるのは、その通りであると受け取ってよい。つまり、駅館川（古くは宇佐川と称す）左岸（西岸）の低地・丘陵地帯である。ところが、これに続く「宇豆高」を「美称である」と繰り返され、「島」を「一定の場所」「一定の地域」と解されることには、何としても承服し難い。

「宇豆」に就いては辞書類に明らかな如く、「うづ」は「珍」であり[41]、貴くすぐれていること、貴く立派であること、高貴で美しいこと、尊厳なること、等の意味である[42]。「高」は文字通りの解釈とするべきで、「島」を単に「一定の場所」「一定の地域」と解するのではなく、一定地域内の〝山〟

（写真17）高瀬の矢幡八幡宮

と解することは古代用語として多く見られる。「島」は「嶋」であり、山と鳥の合字である。一定地域内の象徴的な山姿は、まさに海に浮かぶ島にも等しいであろう。特に引用文中の「島」の前に「高」の文字があることは、このことを裏付けている。引用文中の「島」字の傍に「峯歟」と註記しているのは、一応正しい考察であるといえよう[43]。氏が例示される「宇佐嶋」は『日本書紀』神代上・天真名井の約誓条に於ける第三の一書に見えるもので、これも宇佐の「地域」ではなく、〝宇佐の山〟と解するべきであり、宇佐地方で最も象徴的にして、古来の聖地と仰がれる御許山と見るのが妥当であることは既に述べた[44]。要するに、「宇佐郡辛国宇豆高島」とは、〝宇佐郡の辛国にある尊く立派な（美しい）高い山〟という意味なのである。

中野氏は「島」を「場所」「地域」と解されたが故に（地域を示す語は、この場合、「辛国」である）、「宇佐郡辛国宇豆高島」を特定出来なかった[45]。しかし、これを右の如くに解するとき、その山の特定は容易となる。日豊本線の列車に乗り込み、福岡県から大分県に入った所が中津である。このあたり、南側（大分方面に向って右側の車窓）に展開する堂々たる山姿は八面山、これを過ぎると、いくつかの釣り鐘状の山々が林立する印象的な山姿に変わる。その中でひときわ高く突き立った山が目につくであろう。これが稲積山である。これら一群の山姿が後方に去り、列車が宇佐に近づくと、御許山の山姿が車窓の光景を独占する。

八面山（六五九メートル）と御許山（六四七メートル）の中間に印象的な山姿を見せる稲積山（四〇六メートル、地図7・口絵写真⑥・写真18参照）、この稲積山こそ「宇佐郡辛国宇豆高島」と特定して誤りなかろう。八面山信仰圏[46]と御許山信仰圏[47]の中間地域に於いて、古代人の信仰を集めた山が稲積山であったと考えられる。『管内志』中巻・豊前之一〇条「稲積神社」の項に、「稲積山は登り八町にして甚聳へたる山なり形甚うるはしく上のとがりたる山なれば近郡ノ人是をスキザキ山と云」と記されている如く、周辺住民にとって、その姿は神秘そのものであっただろう。辛国の人達が、ここに自らの奉じる

（写真18）稲積山

神が降臨したと考えたのは極めて自然であり、神の降臨を仰ぐ所が山であると信じられたのは往古の常識であった。(48)

しかも、「宇佐郡辛国宇豆高島」つまり稲積山に降臨したという「大御神」は、いうまでもなく「辛国」の神、新羅神（「ヤハタ」神）であった。『辛嶋氏系図』(49)によると、「元祖素盞嗚命―御子―五十猛命―苗裔―（以下略）」で始まっており、この両神を祖神と仰ぐ。同系図はまた、両神名の左横に、

書記（マヽ）曰、素盞嗚命帥二御子五十猛神一降二到於新羅国一之時、多将二樹種一而下、然不レ殖二韓地一、盡以時帰、遂始レ自二筑紫一、凡大八洲国之内莫レ不三播殖而成二青山一焉、所以称二五十猛命一為二有功之神一、即紀伊国所レ座大神是也云、肥前国西南沖中、五十猛嶋有之也、或筑前国之御笠郡筑紫神社所レ祭此之神也、則素尊御別腹之兄御子也、韓国令レ知給、故於韓嶋之号起也、後以為二辛嶋一

と添書している。『書紀』を引用しているのは、周知の如く、神代上・八岐大蛇条に於ける第四と第五の一書に見られる内容である。

辛嶋氏が宇佐に定住するに至って、稲積山に降臨（実は勧請）したとする「辛国」神を、後に朝鮮半島に関わる伝承をもつ両神に擬し、祖神と仰いだのであろう。要するに、「宇佐郡辛国宇豆高島」に降臨した「大御神」は辛国神

（新羅神）であった。これを麓の辛国各所に迎え降ろし、先述の如く八流の幡を立てて祭祀が執り行なわれたと考えられる。それら祭祀の場で後に神社となったものが、稲積山麓の稲積六神社（現宇佐市中）・海岸に近い乙咩社（現宇佐市下乙女宮本）・辛国の中心にある泉社（現宇佐市辛島字泉）・駅館川辺の瀬社（現宇佐市樋田字瀬社）等ではないだろうか。しかも、降臨時期を欽明朝であるとする。同じ『建立縁起』中の大神氏系伝承（弘仁六年十二月十日、神主大神清麻呂解状）では、八幡神の顕現を欽明朝としており不自然であり、辛嶋氏系伝承に於ける辛国神降臨が欽明朝であるとする方が自然に近い（この場合も、欽明朝そのものには問題を残すが、八幡神の顕現より以前という意味で自然であろう）。

(二)「豊国奇巫」と「豊国法師」

先述した「辛国の城」（新羅系渡来集団の居住地域）に於ける祭祀の場で活躍する巫覡、或は日子山等に於いて山岳修行を積んだ者の呪力は、中央政府にも聞こえていたようである。中央の文献に彼等を称して、「豊国奇巫」（『新撰姓氏録』第二〇巻・和泉国神別天神条）・「豊国法師」（『日本書紀』用明天皇二年四月二日条）と記録された。

これに就いて中野氏は、「豊国奇巫」は新羅系シャーマンであり、これと仏教が融合して「豊国法師」となり、この流れを受けて「宇佐氏の法蓮」が登場する。つまり、豊国奇巫――豊国法師――法蓮という流れと解釈される[50]。これに対して後藤宗俊氏は、これを逆の流れとし、「はじめに法蓮があり、これをふまえて、用明朝の豊国法師の記事が造作され、さらにこれをふまえて豊国奇巫の記事が雄略朝のこととして巫部連氏の本系に書き込まれた可能性さえ考えられる」とされる[51]。

後藤氏は、考古学の立場より文献記事を悉く後世の造作・仮託とする考察法をとられるが、いかがなものであろうか。後章でかなり触れるので[52]ここでは省略したい。中野氏の流れと解する所論は、『姓氏録』『書紀』という異なる文献に記された表現をそのまま信じてのことであり、必ずしも首肯出来るものでもない。先述の如く、新羅国神には香春に祀った当初より、仏教・道教が融合していると解釈するべきであり、日子山での道教色の強い仏教的修行も、ほどなく始まったと考えられる。

要は、「豊国奇巫」・「豊国法師」と記されているが、前者は雄略天皇の、後者は用明天皇の、御病に際して呼ばれていることが共通している。彼等は「毉」[53]術をもっていたのであり、同様のものを、両文献が異なる表現をした可能性が強いと考えられよう。

五、むすび

八幡神の源流は、新羅系渡来集団が香春に住み着き、彼等が奉ずる新羅国神をこの地に降臨させたことに求められる。その時期は四世紀後半から五世紀初めの頃と考えられよう。また彼等は、香春の南方日子山を道教色の強い仏教修行の場としていった。

新羅系渡来集団はその後居住範囲を東に拡大していく。彼等は秦氏及び秦系諸族であり、その内の辛嶋氏が、五世紀末に宇佐郡の駅館川左岸を「辛国」として定着する。つまり、彼等の東進は駅館川以西の豊前各地に及び、その各居住地域（「辛国の城」）では、新羅神の祭祀が行なわれた。祭場には「八流の幡」が立てられ、巫覡により司祭されたので「ヤハタ」神と仰がれたようである。

辛嶋氏が宇佐郡に進出し、「辛国」南方の稲積山に新羅神（「ヤハタ」神）を降臨させた頃、新羅系渡来集団東進は最終段階にあった。『託宣集』巻五にいう「辛国の城に始て八流の幡と天降って」の表現は、ここまでの「ヤハタ」神の有り様を表現したものと解される。この文章の続きに「吾は日本の神と成れり」とあり、「ヤハタ」神の次なる段階を表現するが、この段階に就いては後の章で論究することにしたい。(54)

〔註〕

(1) 飯沼賢司氏「八幡神成立史序論」(『大分県地方史』第一四六号、平成四年六月)では、「特に八幡神論や成立論については、八幡神の本質を遡って見極めようとする淵源論が多く、とかく葱の皮を剝いでゆくような論に陥りやすい。」「八幡神は、多様な要素の結集した複合神であることが本質であり、それを個々に分析しても全体が見えてこない。また、八幡神は、地方に登場したローカルな自然神ではない。八世紀という律令国家が確立させてゆく、その政治の中で生まれた神ではなかろうか」とされる。

(2) いずれも円錐形の山で、南から一の岳(本来四九一メートル)・二の岳(四七〇メートル)・三の岳(五一一メートル)と続く。うち一の岳は、昭和十年(一九三五)以降、浅野セメント(現太平洋セメント)香春工場によって石灰石の採掘が行なわれ、現在は三一五メートルまで削られており、山姿も台形に変わりはてた(写真1・地図1参照)。

(3) 三の岳中腹に阿曾隈という所があり、最初ここに祀られたようである(やがて祭神は豊比咩命といわれた)。和銅二年(七〇九)、一の岳麓の香春神社が豊比咩命の分霊を勧請したので、阿曾隈は古宮と称した。慶長四年(一五九九)、麓に遷座して現古宮八幡となる。

(4) 佐々木哲哉氏の解題によると、「原本の成立を示す『建保元年』に疑念が持たれている。即ち、建保改元は建暦三年(一二一三)十二月六日のことで、それからすれば奥付にある七月八日は改元以前のこととなる。事実、山内に遺る磨崖刻銘の中にも、その疑念を裏付けるものがある。あるいは、奥付のほかに文中でも、『然今一人趣檀那之請、粗抄二出比要項一委如縁起文云云』と記しているように、先行する縁起のあったところから、それに近づけようと古く見せかけたと考えられるが、原本の書体等から推して、紀年の時期をさして下るものではあるまいと推定されている」と述べておられる――同氏解題「彦山流記（高千穂家蔵）」（山岳宗教史研究叢書一八『修験道史料(II)西日本編』、昭和五十九年一月、所収）。
従って、『流記』の成立は一三世紀初期と見て支障なかろう。注意するべきは、『流記』が先行する縁起に基づく抄出であるという点であり、先行縁起は常識的に考えて平安時代に存在したことになろう。してみると、その所収内容の原形は、奈良時代末期から平安時代初期の頃に成立していたと考えられよう。

(5) 五来重氏は五三八年とされる（同氏「彦山の開創と熊野信仰」〈山岳宗教史研究叢書一三『英彦山と九州の修験道』、昭和五十二年十二月、所収〉）が、より古い時期の甲寅年のように思われる。

(6) 法蓮に関する私見は、本編第四章参照。

(7) 例えば、中野幡能氏「英彦山と九州の修験道」（山岳宗教史研究叢書一三『英彦山と九州の修験道』〈前掲〉所収）、同氏「九州の白山信仰」、「檀君神話と英彦山」（同氏著『八幡信仰と修験道』、平成十年二月、所収）、速水侑氏「弥勒信仰の成立」（同氏著『弥勒信仰――もう一つの浄土信仰――』、昭和四十六年九月、所収）、田村圓澄氏「漢訳仏教圏の仏教伝来」（同氏著『古代朝鮮仏教と日本仏教』、昭和五十五年六月、所収）、大和岩雄氏「彦山・秦王国・新羅花郎」（上田正昭氏編『古代の日本と渡来の文化』、平成九年四月、所収）等。

(8) 大和氏前掲論文。

(9) ここに掲げた数字は、私自身が数えたものであるが、真野和夫氏はより詳細に数的内訳を確認され、しかもそれを、明解に三つの（各戸籍ごとに）円グラフで示しておられる――同氏「『大宝戸籍』と豊の信仰風土」添付資料（岐阜県加茂郡富加町・同教育委員会主催「半布里戸籍一三〇〇年・歴史シンポジウム」当日配付冊子『古代のむらと家族――大宝二年戸籍から考える』、平成十四年九月二十九日、所収）。

(10) 例えば田村氏「渡来人と古代九州」（同氏著『古代朝鮮と日本仏教』、昭和六十年一月、所収）。

(11) 八幡神が朝鮮の神に発することは、既に先学によって説かれている――田中勝造氏「八幡信仰の源流」（『徳島大学学芸紀要』八、昭和三十四年二月）、三品彰英氏「対馬の天童信仰」「応神と八幡」（同氏著『増補日鮮神話伝説の研究』、昭和四十七年四月、所収）、村山修一氏「八幡神の習合的成長」（同氏著『本地垂迹』、昭和四十九年六月、所収）、田村氏「宇佐八幡と古代朝鮮」（同氏著『古代朝鮮仏教と日本仏教』〈前掲〉所収）、田村氏「八幡大神の仏教帰依」（同氏著『古代日本の国家と仏教』、平成十一年五月、所収）、大和氏「鷹をシンボルとする秦氏――八幡信仰をめぐって――」（『東アジアの古代文化』第七二号、平成四年七月）、大和氏註(7)論文等。

(12) 飯沼氏前掲論文。

(13) 飯沼氏「奈良時代の政治と八幡神」（古代王権と交流8『西海と南島の生活・文化』、平成七年十月、所収）。

(14) 相葉伸氏「八幡神の形成」（『群馬大学紀要』一、昭和二十六年八月）。

(15) 田村氏「宇佐八幡と古代朝鮮」（前掲）。

(16) 田村氏「八幡大神の仏教帰依」（前掲）。

(17) 第一編第二章。

(18) この縁起は承和十一年（八四四）七月十七日の日付をもつが、この年代には疑問があり、平野博之氏の詳細な検討の結果、当縁起の作成は、寛平元年（八八九）から寛弘六年（一〇〇九）の間、むしろ寛弘六年に近いある時期に辛嶋氏によってなされたと推定される――同氏「承和十一年の宇佐八幡宮弥勒寺建立縁起について」（竹内理三氏編『九州史研究』、昭和四十三年六月、所収）。

(19) 波多野晥三氏「古代における宇佐」（九州歴史資料館編・開館十周年記念『大宰府古文化論叢』上巻、昭和五十八年十二月、所収）。

(20) 松本栄一氏「宇佐八幡と豊州の石仏」（『国華』四四六号、昭和三年一月）。

(21) 不動安鎮法（正しくは『聖無動尊安鎮家国等法』）がわが国に伝えられたのは平安初期であるが、宇佐の地にはそれ以前からもたらされていたのではないかとされる。不動明王は忿怒相と柔和相とを一身に統合する守護神である。不動安鎮法は、不動明王の降臨を仰いで怨敵を降伏するための秘密法であり、八流の幡を八方に立てて修法を行なう。

(22) 家永三郎氏「飛鳥寧楽時代の神仏関係」（同氏著『上代仏教思想史研究』、初版昭和十七年四月、新訂版昭和四十一

年十一月、所収）の註（二）。注釈といっても長いもので、小論文的である。
(23)　井上薫氏「大仏造営と宇佐八幡神との関係」（同氏著『奈良朝仏教史の研究』、昭和四十一年七月、所収）。
(24)　中野氏「八幡信仰の生成」（同氏著『八幡信仰史の研究』〈増補版〉上巻、昭和五十年五月、所収）、同氏「原始八幡信仰の成立」（同氏著『八幡信仰』、昭和六十年六月、所収）、同氏「八幡宮の創祀」（同氏著『宇佐宮』、昭和六十年十月、所収）等。
(25)　山折哲雄氏「日本古代のシャマニズム的風土――八幡と不動――」（桜井徳太郎氏編『シャーマニズムの世界』、昭和五十三年九月、所収）。これと殆んど同内容のものとして、同氏「古代シャマニズムの習合類型――八幡神と不動明王――」（同氏著『日本宗教文化の構造と祖型』、平成七年二月、所収）がある。
(26)　福永光司氏「道教と八幡神」（『豊日史学』第五六巻第二号、平成三年十月）。これは平成二年八月十八日、宇佐神宮参集殿で行なわれた豊日史学研究大会での公開講演の記録である。
(27)　飯沼氏「奈良時代の政治と八幡神」（前掲）。
(28)　道教に於ける「八」の重視に就いては、今枝二郎氏「道教と日本宗教文化」（『日本宗教文化史研究』第二巻第一号、平成十年五月）参照。
(29)　中野氏註(24)に同じ。
(30)　このことに就いて、波多野氏もわずかに触れておられる（同氏前掲論文）。
(31)　赤幡社に就いては、『管内志』豊前之六築城郡条、『豊前志』六之巻築城郡条に記事あり。
(32)　広幡社に就いては、『管内志』豊前之六築城郡条に記事あり。
(33)　幡野社に就いては、これ以外に記事を見ることがない。
(34)　『豊前志』六之巻築城郡条に、「矢幡八幡宮」として記事あり。
(35)　中野氏註(24)に同じ。
(36)　中野氏の原始八幡論及び綾幡社創祀に就いて、補足の意味で今少し氏の記述を紹介しておきたい。つまり、「第一次原始八幡宮の創祀」という一節の結論部に次の如き記述を見る——「かくて私は原始八幡神創祀の地は綾幡郷であり、その杜は『矢幡八幡宮』であるとみるものであり、ヤハタ神は豊国と山国を統一したとき、すなわちヤマトヨ国の国魂の神を祭った地がこの『ヤマトヨ神』の地で『ヤバトヨ』『ヤバタ』『ヤハタ』とよばれたのではあるまいか。『綾幡郷』という地名そのものも『ヤバトヨ』から起ったものではないかと結論したいのである。ここに於てこの矢幡八幡宮の創祀の時期についてであるが、邪馬台国の国魂を祭った最初の地が綾幡郷であり、綾幡の地名も邪馬台の転化したものであろうということになると、矢幡八幡の創祀は三世紀頃でありこの『八幡宮』こそ『ヤハタ宮』の創祀遺跡であろうということになる。

最後にこのようなヤハタ神に奉仕して来た氏族の問題であるが、既に宇佐の辛嶋氏や、香春の赤染氏や長光氏は同族であったろうという結論を立てたが、創祀の氏族についてはヤハタ神を邪馬台国魂とすれば人格神としては当然卑弥呼になるのであるが、邪馬台国は三世紀中葉から全く姿を消してしまう。そしてこの邪馬台国の行方については問題があり、学界には種々の憶説が出されている。邪馬台国九州説をとる人々の中には邪馬台国の畿内移動説をとる人々もある。ここで邪馬台国問題を論じようとするのではないが、もしかりに畿内に移動したとしても邪馬台国の宗教はこの土地から消え去るものではない。女王卑弥呼のもっていた女性シャーマンとしての役割は何族かによって留まって行ったはずである。豊前国で最もこれにふさわしい氏族が後の辛嶋氏であるということはいうをまたない。」——同氏著『八幡信仰史の研究』（増補版）上巻（前掲）。

これによって、氏の原始八幡論及び綾幡社創祀論の一端を窺い知ることが出来よう。

(37)　第三編第二章参照。

(38)　日本歴史地名大系第四五巻『大分県の地名』（平成七年二月）宇佐市条「辛島郷」の項には、「現宇佐市辛島を遺称地とし、駅館川西岸の低地・丘陵地一帯、明治二十二年（一八八九）に成立した駅館村・豊川村・八幡村・柳ヶ浦村・四日市村の範囲内に所在していたと推定される。宇佐宮領。古代宇佐郡辛島郷（和名抄）を継承する（下略）」と記されている。

(39) 中野氏「八幡信仰の研究について」（同氏著『八幡信仰史の研究』〈増補版〉上巻〈前掲〉所収）。
(40) 中野氏「八幡信仰の生成」（前掲）。
(41) 『日本書紀』神代上・四神出生条の第一の一書中に「伊弉諾尊曰。吾欲レ生二御寓之珍子一。（中略）珍。此云二于圖一」とあることが一例である。
(42) 『延喜式』第八・神祇八・祝詞・祈年祭条に、「今年二月尓御年初将登為而。皇御孫宇豆能幣帛乎」と見える。また、『万葉集』巻六・九七三「天皇、賜二酒節度使卿等一御歌一首并短歌」中に、「天皇朕《すめらわれ》うづの御手もちかき撫でそ労《ね》ぎたまふ」（天皇朕宇頭乃御手以掻撫曾祢宜賜）とある。
(43) 『建立縁起』の註釈は、明応二年（一四九三）、石清水八幡宮護国寺検校法印大和尚位准法務僧正奏清が書写した際に付されたといわれる。「一応正しい考察」といったのは、一見そのように見えるが、奏清は『託宣集』巻三を意識して、つまり、大隅国の「韓国宇豆峯神社」を想定しての傍註のようにも考えられる。
(44) 第一編第一章参照。
(45) 中野氏の解釈はこれ以後に於いて少しずつ変化を示し、「稲積山を指していたのかも知れない」と述べられるに至られている。しかし、「島」を一貫して「場所」「地域」と解されることは変わっていない――同氏「稲積山権現の信仰」（山岳宗教史研究叢書一三『英彦山と九州の修験道』〈前掲〉所収）、同氏「宇佐神宮の起源と発展」（民衆宗教史叢書第二巻『八幡信仰』、昭和五十八年七月、所収）、同氏「原始ヤハタ神の発展」（同氏著『八幡信仰』〈前掲〉所収）、同氏「八幡神の縁起」（同氏著『宇佐宮』〈前掲〉所収）。
(46) 第一編第三章参照。
(47) 第一編第一章参照。
(48) 第一編第一章の註(3)(4)(5)(6)(7)、第一編第三章の註(11)参照。
尚、中野氏は最近の論考に於いて、それも古宮八幡宮（福岡県田川郡香春町）を語る中で、当社が最初香春岳三ノ岳を阿曾隈から拝していたことを述べておられる。そのために、稲積山と稲積神社、見立山と奈多宮（大分県杵築市）の関係を例示されるが、神体山信仰の把握は充分であるとはいえない――同氏「宇佐八幡宮の信仰――放生会をめぐって――」（同氏編『宇佐神宮の研究』、平成七年八月、所収）。

(49)『神道大系』神社編四七「宇佐」所収。

(50)中野氏註(24)の諸論文。また、氏は最近に於いて、この流れの中に道教の影響が大であることを強調されるようになった――同氏「八幡宇佐宮と弥勒寺の成立」、「八幡神と弥勒信仰」、「宇佐八幡信仰と道教」、「日本における花郎文化」（以上四編、同氏著『八幡信仰と修験道』〈前掲〉所収）。

(51)後藤宗俊氏「豊国法師及び豊国奇巫について」（『大分県地方史』第一三二号、昭和六十三年十一月、後に同氏著『東九州歴史考古学論考――古代豊国の原像とその展開――』、平成三年二月、所収）。

(52)本編第四章参照。

(53)『続日本紀』大宝三年九月二十五日条・養老五年六月三日条の法蓮褒賞記事に見られる用字。加藤常賢氏の『漢字の起源』（昭和四十五年十一月）によると、「古代において病気を治癒するものは巫覡であった。彼らはお祈りをし、あるいは魔術を行なったことであろう。であるから『巫』にしたがったのである。『巫咸初めて醫と為る』（世本・説文）とあるのはその証である。『毉』は『巫毉』と連言して、もとは巫覡がお祈りして病気を治した」と記しておられる。

(54)本編第二章・第三章で詳述。

第二章　辛嶋氏系八幡神顕現伝承に見る大和神幸

――応神霊の付与をめぐって――

はじめに

豊前国宇佐に成立した八幡神を祀る八幡宮の祭祀集団は、後に大神・宇佐・辛嶋の三氏によって構成されるが、当初は大神・辛嶋の二氏であった。就中、大神氏が八世紀半ば過ぎまで完全に八幡宮祭祀の実権を握って来たのである（宇佐国造家の流れを受ける宇佐氏は、この段階に於いて、大神氏に圧迫され八幡宮祭祀に加わる余地は全くなかったようである。宇佐氏に就いては、第三編第二章で論ずる）。

本章では、第一編第二章で論じた如く、幾種類もの系統が存在する八幡神顕現伝承中、当初から大神氏に協力した辛嶋氏に伝わる伝承にのみ見られる大和経由の神幸を問題とする。伝承そのものの分析と考察、比定される地及びその周辺地の踏査も踏まえて、その意味するものを考究していく。

一、八幡神顕現伝承に見る大和経由の神幸

八幡神顕現伝承中、極めて注目されるものとして神幸を伴う伝承があった。しかも、その神幸は大和を経由しているのである。

(一)『建立縁起』に見る顕現伝承と神幸

顕現伝承を収める現存最古の文献が承和十一年（八四四）六月十七日の日付をもつ『宇佐八幡宮弥勒寺建立縁起』[1]（以下、『建立縁起』と略記する）であった。ここに二系統の顕現伝承が収められている。既に第一編第二章で引用したが、重要なので改めて要点を左に示そう。

①まず、「大御神《菩薩》者、是品太天皇御霊也、磯城嶋金刺宮御宇天国排開広庭天皇欽明天皇也御世、於二豊前国宇佐郡御許山馬城嶺一、是嶺在今埊二反歌宮南方（割註略）始顕座」とある。八幡大神は「品太天皇」つまり応神天皇霊（以下、「応神霊」と略記する）であり、時は欽明朝、豊前国宇佐郡馬城嶺（御許山）に突如顕現している。これを大神比義が戊子年に鷹居社を建てて祀り、自らその祝となる。やがてここから小椋山（亀山）の社殿に遷座するという。

②次に、「一曰、大神《御》者初天国排開広庭天皇御世、宇佐郡辛国宇豆高島《峯歟》天降坐、（割註略）従レ彼大和国膽吹嶺移坐、従レ彼紀伊国名草海嶋移坐、従レ彼吉備宮神島移坐、従レ彼豊前国宇佐郡馬城嶺（割註略）始現坐、是大菩薩者、比志方荒城潮辺移坐」とあり、更に「一曰、弘仁五年二月廿三日符詞也、被二神祇官一大御神潮辺堀二出泉水一御浴、在二郡之西北角一、大御神坐二其処一御口手足洗浴、爾時豊前国特坐神崇志津比咩神以奉二酒一矣、因レ茲今号二酒井泉社一、（割註略）従レ彼宇佐河渡有社移坐、（割註略）同郡之東北角也、従レ彼鷹居社移坐、（割註略）爾時大御神於二其処一化二成鷹一御心荒畏坐、五人行三人殺二人生、十人行五人殺五人生給、爰辛嶋勝乙目（日カ）倉橋宮崇峻天皇也、欽明天皇第十二皇子也、御宇天皇御世、自庚戊治世三年也、迄壬子同五年也、弁三歳之間、祈禱和二大御神心命一、立二宮柱一奉二斎敬一、因以名二鷹居社一、辛嶋勝乙日即為二其祝一焉、（割註略）同時以二辛嶋勝意布売一為二禰宜一也、次禰宜近江大津朝庭御世、天智天皇也、従二鷹居社一小山田社移坐、即禰宜辛嶋勝波《意布売次也、》豆米立二宮柱一奉二斎敬一矣、元正天皇、養老四年、大隅・日向両国有二征罰事一、大御神詑二波豆米一

宣、隼人等多殺報、毎レ年放生会可レ修レ之、云々、（割註略）又大御神詫二波豆米一宣、吾今坐小山田社其地狭溢、我移二菱形小椋山一云々、因レ茲天璽国押開豊桜彦尊聖武天皇是也、御世、神亀二年正月廿七日、切二撥菱形小椋山一、奉レ造二大御神宮一、即奉レ移レ之」と続く。この間、大御神の祝や禰宜として奉斎したのは辛嶋勝乙日や同意布売・波豆米といった辛嶋氏の巫女であり、ここには全く大神氏は登場しない。

①は、「以上弘仁六年十二月十日神主正八位下大神清麻呂解状也」と割註が付されており、内容的にも大神氏のみが登場することからして、大神氏の伝承であることが判明する。②は逆に辛嶋氏のみが登場し、前半部の末尾に「以上家主解状詞也」と割註が付されていることから（引用文では省略したが、この割註より前の本文中に「家主上祖辛嶋勝乙日」とある）、こちらは辛嶋氏系の伝承であると考えられよう。

二系統の伝承で注目するべきは、①に於いては、大御神が応神霊であることを明言すると共に、宇佐馬城嶺に突如顕現しているのに対し、②では「宇佐郡辛国宇豆高島」に天降った大御神が神幸の上、馬城嶺に再顕現していることであろう。しかも、この神幸が大和を経由していることに最も注意を要するであろう。

（二）『託宣集』に見る顕現伝承と神幸

鎌倉末期に、宇佐宮弥勒寺の学僧神吽が従来の諸伝を集大成して『八幡宇佐宮御託宣集』（以下『託宣集』と略記する）を著わした。先の①②の伝承が変遷した姿でここにも収められている。その大要を次に示そう。

③巻五冒頭の文に続く「金刺宮御宇二十九年戊子」条に、「菱形池之辺。小倉山之麓」に鍛冶の翁があり、様々な奇瑞を示した。大神比義がこれを見て穀断三年を実施した後、「若於為神者。可顕我前」というと、三歳小児が竹葉上に現われた。宣していうに、「辛国乃城尓始天天降八流之幡天。吾者日本神土成礼利。一切衆生左毛右毛任心多利。

釈迦菩薩之化身。一切衆生遠度牟土念天神道止現也。我者是礼日本人皇第十六代誉田天皇広幡八幡麻呂也。我名於波曰護国霊験威力神通大自在王菩薩布。国々所々仁垂迹於神道留者」と。要するに、ここに見る顕現伝承は、先の①つまり大神氏系伝承が『扶桑略記』[2]や『東大寺要録』[3]に見られる変形（翁や小児による神の表現）を基調として、辛嶋氏系伝承や馬城嶺三石躰伝承（『八幡愚童訓』[4]等に見られる）と融合・調和させて集大成させたものと考えられる。

④巻三には、初め「辛国宇豆高嶋」に天降った大御神が、欽明三十二年辛卯、宇佐郡菱形大尾山に顕現したとある。注意するべきは、最初に天降った「辛国宇豆高嶋」が「宇佐郡」ではなく、蘇於峯つまり大隅国霧島山を指すとしており、②とは些か異なる。この後、次の如き経路の神幸が続く。

辛国宇豆高嶋（大隅国蘇於峯）――大和国膽吹嶺――紀伊国名草浜――吉備宮神嶋――周防国佐波由良門――伊予国宇和郡――豊後国々崎郡――安岐郷奈多浜辺海中大石――奈多松本――安岐林――奈保利郡――肥前国高知保――豊前豊後国境田布江――豊前国宇佐郡鷹居――郡瀬――大祢河――酒井――乙咩――馬木峯――安心院――小山田――菱形山（以上の地名は『託宣集』の使用文字に従った）

まさに壮大な神幸伝承であるが、「吉備宮神嶋」までは②をそのまま用いており（「辛国宇豆高嶋」のみ宇佐郡から大隅国に変えているが）、「伊予国宇和郡」以降は所謂大御神宇和嶺移坐帰還伝承（この伝承は『建立縁起』の本文に宇和嶺移坐に就いてまで記しており、その直後の割註に帰還伝承が『託宣集』のものとほぼ同様な形に記されている。割註部に就いても平安末期までには成立していたと考えられる）である。この両伝承を「周防国佐波由良門」で以って繋ぎ合わせて集大成化したことが窺えよう。

このように『託宣集』所収の③④は、①②と似た所もあるが、後世の変遷が加わり、更にそれを集大成している

(この辺に就いての詳細な考察は、第一編第二章に於いて試みているので参照されたい)。従って、ここでは現存最古の伝承である①②を踏まえて考えることが妥当であろう。

㈢　大和経由が示唆するもの

かくの如く、最古の八幡神顕現伝承中に大和経由の神幸が見られるということは、極めて興味深い。それも、大神氏系伝承に見られず、辛嶋氏系伝承に見られるということは、如何にも示唆的であるといえよう。

中野幡能氏は先の②に対して、「小椋山に移るまでの経路をみると殆ど辛嶋氏に関係した社だけである。辛嶋氏はその系図にみる如く素戔嗚男尊を祖としていることからすると『辛国宇豆高嶋』も『韓国』の神の由来を伝えたものであろうが同時に第二説の大和からの遊幸神話は大神比義にからまる神話で大神伝承と辛嶋伝承が混淆したものであろうと考えられる」と述べておられる。(5) また、これに対する註記として、「宇佐郡辛嶋里に降った神が大和へと解すべきで、辛嶋に降ったという事は辛嶋氏に奉仕された韓神の由来を示したものであり大和云々は大神氏の神即ち応神八幡神に関係する大神氏そのものの由来を示したものであろう」とも述べられる。(6)

また、清輔道生氏は、「大神清麻呂の解状（本章でいうところの①―逵註）中にさえ、欽明帝御代に大神朝臣比義が始めて鷹居瀬社を建てたと記されている。天武朝に始めて朝臣の姓が定められたのに、欽明朝に比義のことを大神朝臣とするなど、大神氏の背伸している姿勢がこれ許りでなく諸所に見られるのである。伊吹嶺の件も、事実は比義伝説創出のときに創作されたと推測する方が適当に思われる」と述べられる。(7)

いわれる所、②の伝承が「大神伝承と辛嶋伝承が混淆したもの」であるとか、「比義伝説創出のときに創作」したものであるとされるが、伝承には改作・潤色・融合・付加等常にあることは当然であり、(8) これを指摘するだけでは、当伝承を敢えて取り上げた意味も半減するであろう。

②の伝承には、先述の如く大神氏に関わる人物名は全く出てこなく、辛嶋氏の人物のみが登場し、大神氏系伝承とは別の辛嶋氏独自の伝承である。飽くまでもこれが基調で、その上に大和経由の神幸が後に付加されたと考えるべきである（従って、私は両者の「混淆」とは考えない）。それによって後半部宇佐に再顕現してからの内容も理解出来るというものである。

要するに、本来大神氏系伝承とは別の辛嶋氏系伝承に、何故大和経由の神幸が加わったかということこそ問題視するべきであろう。そのことにより、当初の八幡神職団を構成した大神氏と辛嶋氏の関係を考える上にも、この伝承は極めて示唆的となるのであって、軽々に葬り去ってはならないであろう。神の巡幸（つまり神幸）には大きな意味を伴うことが普通である。

二、「大和国膽吹嶺」に就いて

ならば、この神幸に出てくる「大和国膽吹嶺」をめぐる考察が必要となってくる。更に神幸が大和から「紀伊国名草海嶋」に抜けていることも併せて注目するべきであろう。

(一)　三輪山奥地の現地踏査

古来、大和の平野から最も崇敬された聖地は三輪山であろう。しかし、それは飽くまでも平地からの崇敬であり、いわば表の顔である。三輪山の奥地、つまり宇陀を中心とした山地には何箇所もの聖地が存在する。私は、かつて室生寺や長谷寺を始めとする山岳寺院の研究に多くの時間を費して来た(9)関係で、宇陀や初瀬、高取から吉野にかけての山地は何度も踏査し、これらの山地には常に大きな関心を持ち続けている。

いま、②で出てきた「大和国膽吹嶺」に就いて、「膽」という文字を見るとき、直ちに想起するのは近江の「膽吹（伊吹）山」と大和の「膽駒（生駒）山」[10]であるが、大和と近江を誤記することなど考えられないし、両者共、この伝承中に位置づけることは困難であろう。そこで『倭名類聚抄』大和国宇陀郡条に「伊福」という郷名があり、これを「以布久」と読んでいることが参考となる。この伊福郷に就いて、かつては吉田東伍氏が『大日本地名辞書』で宇陀村辺に比定され、最近の地名辞典の伊福郷条では、いずれも現宇陀郡榛原町上井足《かみいだに》・下井足・福西付近に比定する『大和志』の説を紹介している。[11]

この伊福を手懸りに、まずは宇陀郡の室生寺より南方の榛原町から菟田野町にかけて（平成八年三月二十六日）、続いて長谷寺西方の桜井市白河《しらが》及び山辺郡都祁《つげ》村にかけて（同年五月二十五日）、改めて現地踏査を実施した（この中にはこれまでに踏査している所もあるが）。今回の踏査にこれまで何度も踏査している室生寺を中心とした地域、長谷寺を中心とした地域、高取山を中心とした地域、そして吉野山と合わせると、三輪山の奥地の山々から吉野山にかけての現地に就いては、ほぼ手中に収めることが出来る。

これらの踏査を踏まえて、三輪山奥地の聖地に対する考察と、②伝承中の「膽吹嶺」の意味するものに迫ってみたい。

㈡　「膽吹」比定地と神武東征

仮りに伊福が「膽吹」から来た郷名だとすれば、その比定地とされる上井足・下井足・福西の地を入念に踏査する要があろう。因みに「伊福」も「膽吹」も現地名としてはこの辺に存在しないのである。以下、地図8を参照さ

（写真19）福西地域から仰ぐ伊那佐山

れたい。

近鉄大阪線榛原駅の辺から芳野川《ほうのかわ》（宇陀川の支流）に沿って南下すると、間もなく下井足、その南に上井谷の集落が続く。これといった特徴を感じない山間の集落で、上井足を過ぎ更に南の栗谷に至り、川を渡って西に入った所が福西（伊福郷の中心であったと伝えられる）である。山々に注目すると、これらの地域で古来神体山として信仰されたと考えられる山といえば、伊那佐山以外にない。伊那佐山は福西地域から仰ぐ姿が最も美しい（六三七・二メートル、現在山頂に式内都賀那伎神社が鎮座する。写真19参照）。

先述の如く、この伊福が郷名或は部名として専ら説かれている。それが「膽吹嶺」に繋がるのかどうか、その鍵はどうやら伊那佐山にあるらしい。この辺は所謂神武東征の伝承地であることを念頭に置くべきであろう。『日本書紀』神武天皇即位前紀戊午年十一月条の兄磯城・弟磯城との交戦中に、

哆哆奈梅弖《タタナメテ》。伊那瑳能椰摩能《イナサノヤマノ》。虚能莽由毛《コノマユモ》。易喩耆摩毛羅毗《イユキマモラヒ》。多多介陪麼《タタカヘバ》。和例破椰隈怒《ワレハヤエヌ》。之摩途等利《シマツトリ》。宇《ウ》
盾　並　伊那佐　山　木　間　行　候　戦　者　我　早　飢　島　津　鳥　鵜
介譬餓等茂《カヒガトモ》。伊莽輸開珥虚禰《イマスケニコネ》。
養　輩　助　来

という歌がある。また、『古事記』中巻神武天皇条にも、

多多那米弖　伊那佐能夜麻能　許能麻用母　伊由岐麻毛良比　多多加閇婆　和礼波夜恵奴　志麻都登理　宇上
加比賀登母　伊麻須気尓許泥

と同様の歌が掲載されている。ここで注目されるのは「易喩耆摩毛羅毗」（「伊由岐麻毛良比」）とあることで、「イユキ」が「イブキ」に転じ、「イユキノ嶺」が「イブキノ嶺」といわれたということも考えられよう。因みに、『書紀』の「易喩耆摩毛羅毗」（「新訂増補国史大系本）を、「い行き瞻らひ」と「瞻」の字を用いている本[12]もある。

ところで、豊前国宇佐の地は、第一編第一章で触れた如く殊の外神武東征伝承に関わりが強いことも無視出来ない。『書紀』神武天皇即位前紀甲寅年条に、

其年冬十月丁巳朔辛酉。天皇親帥二諸皇子舟師一東征。至二速吸之門一。時有二一漁人一。乗レ艇而至。天皇招之。因問曰。汝誰也。対曰。臣是国神。名曰二珍彦一。釣二魚於曲浦一。聞二天神子来一。故即奉レ迎。又問之曰。汝能為レ我導耶。対曰。導之矣。天皇勅授二漁人椎檣末一令レ執而牽二納於皇舟一。以為二海導者一。乃特賜レ名為二椎根津彦一。椎。此云二辞毗一。此即倭直部始祖也。行至二筑紫国菟狭一。菟狭者地名也。此云二宇佐一。時有二菟狭国造祖号曰二菟狭津彦。菟狭津媛一。乃於二菟狭川上一。造二一柱騰宮一。而奉レ饗焉。一柱騰宮。此云二阿斯毗苔徒鞅餓離能瀰椰一。是時。勅以菟狭津媛。賜二妻一之於侍臣天種子命一。天種子命。是中臣氏之遠祖也。

とあり、まず、東征に出発した神武天皇一行を宇佐の地に導いたのが椎根津彦で、以後の東征中にも終始活躍し（特に『書紀』では）、天皇が橿原宮で即位された翌年、「倭国造」に任じられたとある。宇佐では椎根津彦を椎宮に祀っている。[13] また、天皇一行を迎え、菟狭川（駅館川《やっかんがわ》のこと）上流に騰宮を造ってもてなしたのが菟狭津彦・菟狭津媛であったとし、この両者は「菟狭国造祖」に当り、菟狭津媛は天種子命（中臣氏の遠祖）に賜妻せられたとしている（この内容に就いて、『古事記』の方は極めて簡単な記述をとっている[14]）。これを受けて『先代旧事本紀』では、この時の功により菟狭津彦は国造を賜わったと記しているので[15]ある。

これらのことを踏まえ、改めて記紀の神武東征の経路を辿ってみると、不思議なことに気付く。東征の経路を熊

野上陸までの部分に限定して追うと、

〔紀〕日向──宇佐──筑紫国岡水門──安芸国埃宮──吉備国高島宮──難波碕──河内国草香村青雲白肩津──茅渟山城水門──紀国竈山──名草邑──熊野神邑──熊野荒坂津

〔記〕日向──宇佐──竺紫岡田宮──阿岐国多祁理宮──吉備高島宮──浪速渡──青雲白肩津──血沼海──紀国男之水門──紀国竈山（名草郡逵註）──熊野村

となる。これと②に出てくる神幸経路を並べてみる。

宇佐郡辛国宇豆高島──大和国膽吹嶺──紀伊国名草海嶋──吉備宮神島──豊前国宇佐郡馬城嶺

それぞれ傍二重線部に注目すれば、②の神幸部帰路の経路が、東征伝承の経路を逆にすれば重なり合う。神武東征の途上、これをお迎えしてもてなした地としての伝承をもつ宇佐で、神幸伝承を付加するに当り、東征伝承は格好の拠所となったであろう。かくの如く、東征伝承が宇佐でも宇陀でも強く意識されている。②伝承中の神幸部に見られる「大和国膽吹嶺」を、東征伝承中の歌詞に留意し、且つ宇陀野（伊福郷）にあって象徴的な山姿を見せる伊那佐山と見ることが、妥当であろうと考える。

三、三輪山奥地の大神氏系聖地

「大和国膽吹嶺」に関係して、もう一つ見逃してはならないものは宇陀地域に於ける大神氏の存在であろう。

㈠ 大神氏の分布と宇陀郡

古来、大和に於いて重要な位置を占める神は三輪山の神であった。この三輪神を奉斎し祭祀を司るのが大神氏

（三輪氏）で、古来の名族として知られる。大神氏に就いて論じられたものは多くあるが、まず、阿部武彦氏の精緻な研究[16]に注目するべきであろう。それによると、奈良時代以前の大神氏は皇室と深い関わりをもち、大化改新後は官人の世界にも進出し、その同族・民部の分布は広範囲に及んだ。大和に就いては、「宗族大三輪氏の奉斎する大神大物主神社の外に、城上郡には狭井坐大神荒魂神社・曳田神社、添上郡に率川坐大神御子神社、宇陀郡に神御子美牟須比女命神社があって、いずれも三輪氏関係氏族が奉斎していた神社であったと思われる」と述べられる。また、大和以外に就いて、東国方面は常陸・上野・下野・越後まで、西国方面に関して、山陰道では丹後・但馬・因幡・伯耆・出雲に、山陽道では、播磨・美作・備前・備中・備後・周防・長門に、南海道では阿波に、西海道では筑前・筑後・豊前・豊後に及ぶことを指摘された。更に興味深いことには、古代の東国平定に三輪神が大きな役割を果たし、同様に西国統一経営に三輪神が密接な関係をもち、殊に西国では外征にも三輪神が重要な役割を果たしたと推考されている。

ここで注目するべきは、宇陀地域に大神氏の一族が存在したということであろう。この点を更に明確にしているのが和田萃氏の所論[17]である。氏は、「大神氏に関して注目されるのは、その同族にみられる複姓についてである。その複姓として、大三輪真上田君、大神大網造、大神私部公、大神波多公、大神掃石朝臣、大神引田（曳田とも）公、三輪栗隈君、三輪引田君などがある」と述べられ、うち、大神大網造に就いて、「大網は地名と考えられる。大網という地名のみに注意すれば、田原本町大網が想い浮ぶ。元禄十五年（一七〇二）の『大和国郷帳』にも大網村の地名がみえるからである。しかし、大神大網造に関していえば、宇陀郡を本貫地とする方がより妥当であろう。それは、大網清人なる人物が『于太郡人』とみえ（『大日本古文書』一四―三七七）、また、宇陀郡には式内社として神御子美牟須比女命《みわのみこみむすひめのみこと》神社（現在、菟田野町大神の古首〈こす〉明神をあてている）があって、大神氏との関連が推測できる」としておられる。

（写真20）神御子美牟須比女命神社

これら先学の指摘からしても、宇陀の地に大神氏の一族が存在したことは、最早疑う余地もなかろう。

㈡　神御子美牟須比女命神社

ここで再び現地に眼を移そう。先述の伊那佐山から東南方に道をとって行くと、菟田野町に入り、間もなく「大神《おおかみ》」宇宮ノ谷という地に着く。道の北側山麓に、『延喜式』巻九神名上の宇陀郡一七座の一として記載される「神御子美牟須比女命神社」がある（地図8、写真20参照）。背後に山があり（六〇五・五メートル、山名は地図8にも記載されておらず、地元の人も山名を呼んだことがなく知らぬという）、その南麓台地上に鳥居と拝殿のみがあって、山を御神体として拝するという、まさに三輪型の神社であることが注目される。

大神神社史料編修委員会の説明では、「延喜式内神社。貞観八年（八六六）三月二日正五位下を授く。『延喜式』異本には神御子美牟須比売命神社とも記し、祭神は『神名帳考証』に大物主神とあり、『大和志料』では神御子を姫踏鞴五鈴依姫とし、その産霊神たる生母を勢夜多多良五鈴姫としている。社伝では寛平五年（八九三）に、大和三輪の大神神社の分霊を遷して三輪の奥宮と称し、村名も大神といったとある。大神神社の鎮花祭の百合根、率川神社の三枝祭の笹百合も、この神社から補助として供せられる」[18]とある。

ただし、神位正五位下に就いては、『三代実録』貞観八年三月二日条に「授二大和国従五位下神皇産霊神正五位下㆓」とあることに依っていると考えられる。『式内社調査報告』では全般に詳しく叙述しているにもかかわらず神位に就いて全く触れていない(19)。この記事に疑問をもってのことであろうか。また、寛平五年（八九三）が当社の創祀の如くに見えることから、時代が降るので当社と大神氏との関係を古く遡って考えられないとする見方もある(20)が、これは早計である。寛平五年は拝殿等の整備の時期と考えられ、それ以前に山そのものの信仰が存在していたものと考えなければなるまい。

尚、『大和志料』下巻・宇陀郡の当社条に、「案スルニ国民郷士記ニ宇陀郡大神伝蔵素戔烏命ヨリ十三代大食持ノ子大友主ニ大神ノ姓ヲ玉フ又天忍日命孫大神氏也○異本ニ天忍日命ヲ天穂日命ニ作ル是ナリ。コ、ニ天穂日命孫ト記スルハ蓋大神氏ノ外祖ヲ見スモノナラン天穂日ノ曽孫沙麻奈姫、健飯勝命ニ嫁ス健飯勝命ハ大田々禰古ノ五代ノ祖ナリ事大三輪鎮座次第出雲国造系譜高宮系図ニ見ユ、トアルハ此地ノ豪族ニシテ当社ニ関係ヲ有スルモノナラン」と、当地の大神氏の存在を紹介している。

㈢　赤埴氏と室生龍穴・白岩神社

宇陀の地と大神氏の強い関係を物語る伝承が他にもあり、『大和志料』下巻・宇陀郡条に聖地室生山と赤埴《あかばね》氏の動向が伝えられている。まず「室生龍穴神社」と「白岩神社」の項にわたって二つの文献が引用されていることに注目したい。

A.『赤埴白岩社記』赤埴氏蔵……白岩社須勢理姫命（中略）大国主神與㆓嫡后須世理姫㆒入《リ》㆓宇陀《ノ》大室《ノ》生岩窟㆒《ニ》以㆓五百《イホ》引《ヒキノ》石㆒《ヲ》指《シ》㆓塞《キ》岩戸口《ノ》㆒《ヲ》以《テ》㆓赤埴土《アカハニノ》㆒《ヲ》壁《フサク》㆓窟口㆒《ヲ》赤埴号《ノ》初《メテ》発《ル》㆑此《ニ》也亦復《タ》岩窟者今《ノ》室生龍穴神社是也、然《ルニ》延暦九年須勢理姫命社《ノ》別《ヲ》赤埴《ニ》白岩下《ノ》鎮座《ニ》《セシム》自《リ》㆑夫以後赤埴《ニ》謂《フ》㆑為《スト》㆓鎮座㆒《ト》

B.『国民郷士記』異本赤埴五右衛門ノ下……大国主ノ神嫡后須世理教テ屋ヲ蜂比礼ニテ払今ノ鬼城ヲ矢ヲ放大野ノ中ニ落ル須勢理姫大室爰入云ハ五百引ノ石ニテ岩戸ノ口ヲ押塞キ赤土以其口ヲ塗リ玉フ従《リ》㆑之《レ》赤埴ト云五百

引石ニテ塞キ玉フハ今ノ龍穴可ㇾ成ル。

AとBは類似の内容である。これによると、室生山（地図8参照）の岩窟（後に龍の思想と結合し、龍神〈龍王〉の住む龍穴〈写真21参照〉と呼ばれるようになり、龍穴信仰の対象となる[21]）には、須勢理姫命が入り、巨岩でその口を塞ぎ、更に赤埴土を以って塗りこめ、鎮座していたという。これを奉斎していたのが後に赤埴氏という一族であるが、この一族もまた大神氏であるという。『大和志料』同条「赤埴壘」の項に『赤埴家系譜』を収めており、その冒頭に、

三輪大明神大已貴尊後胤大神姓 称号赤埴、

祖　国　大和国宇陀郡

氏　神　三輪大明神 大和国城上郡三輪荘坐 室生龍穴神社 宇陀郡室生坐

産土神　赤埴大明神須勢理比咩命

（以下略）

とあり、その後に系図が続く（末尾は文化三年〈一八〇六〉頃まで）。系図は冒頭に「大神宿禰大友主命後裔」とあり、最初の部分を示すと、

大神宿禰赤埴安足 宇陀郡大領使 文武天皇大宝三年卒七十八歳 ― 安興 宇陀郡大領 新大夫 ― 峰安 塚脇郡領 ― 友安 赤埴庄司 大夫 （以下略）

というもので、大宝三年（七〇三）まで生存したと伝える大神宿禰赤埴安足から始まっている。従って、先の菟田

（写真21）室生の龍穴

野町大神辺に居する一族よりも、こちらの方が遅れて宇陀に入住したのではないだろうか。つまり、赤埴氏は、大神宿禰大友主命の後裔で、大神神社と室生龍穴神社を氏神とし、須勢理姫命を産土神と仰ぐ一族であるとする。

Aの史料によると、須勢理姫命は最初に鎮まった室生山の岩窟から、延暦九年（七九〇）、赤埴の地（地図8参照）白岩に遷座し、赤埴白岩神社となったという。この地は赤埴と称し、大平山（七一一・五メートル）の尾根が東に延びた摩尼山光明ヶ岳の西南麓に当る。後に仏隆寺の建立を見るが(22)、白岩神社はこの仏隆寺の右に隣接して存在する。延暦九年に遷座したというのは、奈良時代最末期に室生山寺が創建され、やや遅れて龍穴神を祀るための龍穴神社社殿が出現することによると考えられる(23)。

赤埴氏で更に興味深いことは、赤埴の名が「赤埴土」から来ていることである。「赤埴土」は朱砂であり水銀鉱床に結び付く。水銀鉱床のある所には古来「丹生」の地名が見られ、ことに大和の宇陀郡・高市郡・吉野郡・宇智郡から紀伊の北部に最も多く集中している。宇陀郡内にも、榛原町大字雨師小字朝原と菟田野町大字入谷の二箇所に丹生神社がある（地図8参照）。後者の丹生神社は先述の神御子美牟須比女命神社の東にあることも興味を引く。また、菟田野町南方の吉野郡東吉野村には彼の丹生川上神社があり、当地域と水銀鉱床との関わりは強い。

丹生といえば、かつて考察したことのある丹生都比売神の神幸伝承を想起する(24)。丹生都比売神が最初紀伊国伊都郡庵田村石口に降臨し、その後大和南部から紀伊北部の地を点々と神幸して天野原に鎮まるのである。これは丹生都比売神を奉ずる丹生氏が、朱砂を求めて各地を巡ったことを伝えるものであろう。辛嶋氏系伝承の神幸に見た「大和国膽吹嶺」から「紀伊国名草海嶋(25)」に至っている経路は、山中を通っての経路以外は考えられない。まさに丹生氏巡行の地と合致する。宇陀の大神氏が丹生氏との間で何等かの関係をもっていたのではなかろうか。

（写真22）野野上岳（右が雄雅山、左が雌雅山）

（写真23）雄雅神社

(四)　その他の聖地

三輪山奥地の聖地は宇陀郡以外にもある。つまり、山辺郡や三輪山のすぐ裏手にもあり、これらも併せて見た上で、神幸の意味するものを考えてみたい。

その一つに山辺郡都祁《つげ》村白石の雄雅《おが》（雄神とも書く）神社を中心とする地域が挙げられよう。これに就いては池田源太氏の詳しい報告[26]があり、また、景山春樹氏も著述の中で触れておられる。[27]これらを踏まえて現地踏査の結果と併せて略述しておこう。白石地域の東方に野野上岳（五五〇・三メートル、地図8参照）があり、この山は駱駝の背状に二つの峯を有し（写真22参照）、西方から見て右が雄雅山、左が雌雅山といわれている。雄雅山の麓に雄雅神社（写真23参照）がある（当社は約四〇〇メートル西方にある国津神社の境外末社となっている）。鳥居と拝所があるのみで社殿がなく、山を御神体とするこれまた典型的な三輪型の神社であることが注目される。当社と国津神社の間には、三坪ほどの樹叢が四箇所あり、雄雅神社の神が国津神社に渡る時休んだ所と伝え、「やすんば」といわれる（今もここの木を切ると祟るといわれている）。従来、この地では大神神社の奥院といわれているのである。この他、都祁地域には自然信仰の痕跡を各所に見るが、ここでは省略する。ただ、この地域では大神氏との関わりを確認することが出来ない。

いま一つは桜井市大字白河《しらが》の地である。この地は、長谷寺後方の初瀬山（長谷寺はこの山の南に延びる尾根上にあり、この部分を小泊瀬山という）の南中腹にあり、西には三輪山の尾根続きである巻向山（五六七メートル）を裏から仰ぐ（地図8参照）。白河集落の西南端には式内社の秉田《ひきた》神社がある（写真24参照）。「シラガ」は白髪部に関わる地名とされるが、[28]秉田神社は、渡来系の辟田《ひきた》氏が住んだ辟田郷の地に当ると考えられ、[29]『大和志料』下巻・式上郡条「秉田神社」の項にも、編者の斎藤美澄は「天武天皇紀ニ三輪引田君難波麻呂アリ、三輪氏系図ニ拠ルニ三輪君身狭ノ弟宇留斯ノ子牟良ハ引田氏ノ祖ニシテ即チ三輪氏ノ一族引田ニ分居スルモノ地名ニ因リ複姓トナセルナリ、（中略）要スルニ当社ハ引田ニアリテ引田氏ノ祖ヲ祭レルナラン」としている。更に太田亮氏も、「三輪氏の族にして、大和国城上郡曳田邑より起る。天武紀に三輪引田君難波麻呂なる者見ゆ。而して延喜神名式に秉田神社〈鍫靭〉を挙ぐ。此の氏の氏神か」と述べておられる。[30]ここにも奥三輪的な聖地があったといえよう。尚、白河の北山には高龗《たかおかみ》神社があり、その裾に『書紀』天武天皇八年（六七九）八月条に見る迹驚《とどろきの》淵《ふち》があって、聖地白河の他の一面を示している。彼の長谷寺千仏多宝塔銅版も本来この付近にあった可能性も強まりつつある所[31]だが、本章には直接関係しないので後日に譲ろう。

（写真24）白河の秉田神社

欽明一二	五五一	八幡神顕現（愚上）	
欽明二九	五六八	八幡神顕現（建・高宮・大神系）	大神　比義
欽明三二	五七一	八幡神顕現（扶三・託三・帝七）	
崇峻五	五九二	鷹居社に祀る（建）	大神　比義
大宝元～三？	七〇一～三？	彦山での八幡大神と法蓮（彦流・託五）	
大宝三	七〇三	法蓮に野四〇町が施される（続紀）	
和銅五	七一二	鷹居瀬社に祀る（託五・大神系）	大神　比義
霊亀二	七一六	小山田社に遷る（託五・大神系）	大神春麻呂
養老四	七二〇	隼人征伐、薦枕、法蓮も参加（託五）	大神　諸男
養老五	七二一	法蓮、毉術によりその三等以上の親に宇佐君を賜う（続紀）	
神亀二	七二五	小椋山に遷座、日足に弥勒禅院（建・託六）、初代別当に法蓮（託六）	
		南無会に薬師勝恩寺（託六）	大神　比義
天平三	七三一	官幣に預る（建・東要四・託一六）	
天平一〇	七三八	二箇神宮寺を小椋山の境内に統合移建＝弥勒寺の出現（建・託六）	

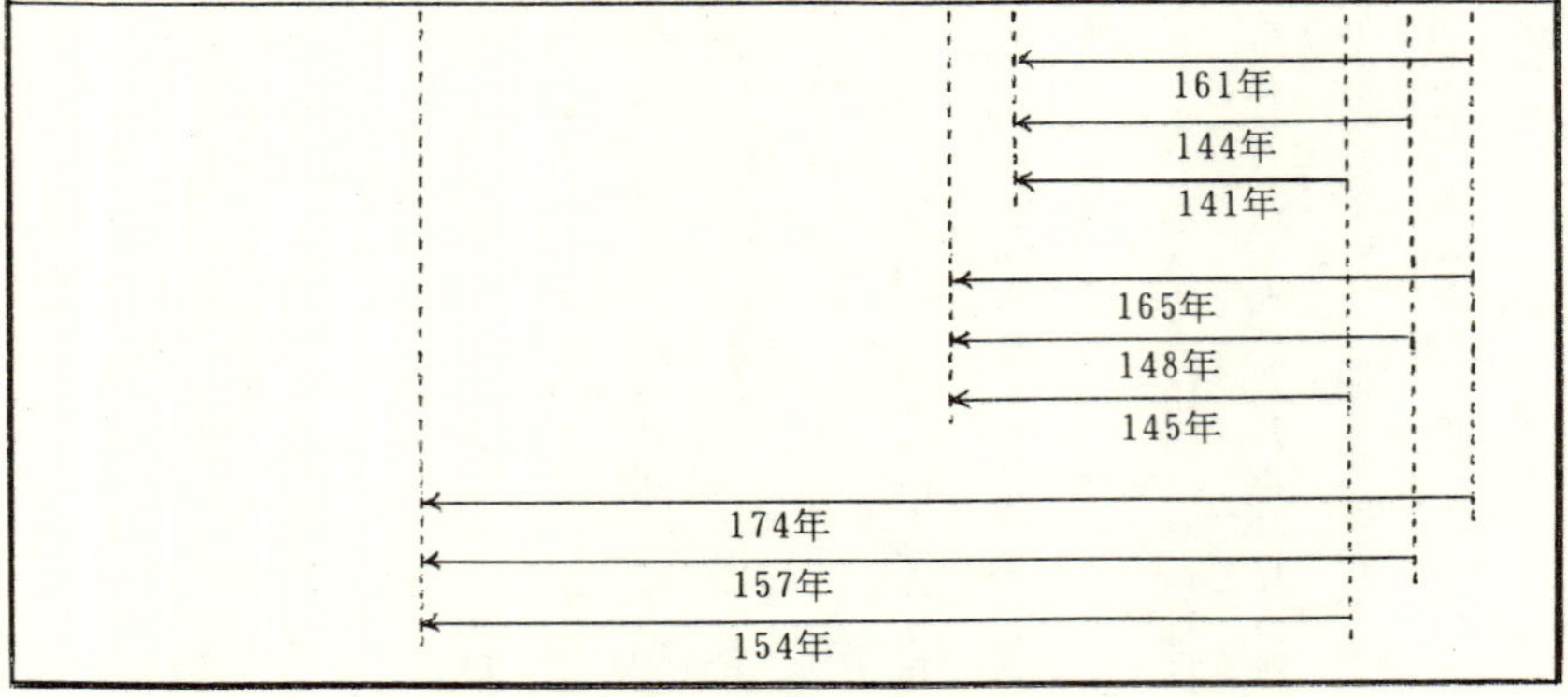

（図表３）文献上の大神比義年表

かくの如く、三輪山の奥地には広大な聖地が広がっている。その山地は、室生寺の所在する室生山を中心に東西約二五キロメートル、南北約一六キロメートルの広がりをもつ室生火山群地域の分布とほぼ一致しており[32]（白河だけこの分布に含まれないが、三輪山の裏手に当る）、地形的にも特異なものを豊かにもつ地域である。しかも、そこには大神氏の一族が群居し、三輪型の信仰を保持するという、まさに宇陀・山辺・初瀬の山地は、三輪の奥院としての存在であったと考えられよう。その中心は、既に述べたところより明らかな如く宇陀であった。

四、神幸伝承の意味するもの――応神霊の付与をめぐって――

辛嶋氏系伝承に大和経由の神幸伝承が付加されていることは、大神氏との絡みに於いて考える要があろう。宇佐の地に育まれていた特異な宗教的土壌に応神霊を付与し、八幡神を成立させたのは、既に①で見た如く大神比義であるとされるからである。

(一)　伝承に見る大神比義

今日伝わる大神比義像は悉く伝承の中にあり、実像は伝承の彼方にあって出自すら明らかでない。そこで、まずは伝承中の比義を追ってみることから始めたいと思う。前頁に掲げる年表は、文献中に見える比義に就いて年代の伴うものを中心に、他の関連事項と共にまとめたものである（表中の愚は『八幡愚童訓』、建は『建立縁起』、高宮は『三輪高宮家系図』、大神系は『大神氏系図』〈『神道大系』神社編四七「宇佐」所収のものと、『大分県史料』三〇所収のものとの双方を含む〉、扶は『扶桑略記』、託は『託宣集』、帝は『帝王編年記』、彦流は『彦山流記』、続紀は『続日本紀』、東要は『東大寺要録』の略である）。一見して、八幡神顕現以後の比義の長寿が目立つであろう。参考のために記した法蓮は『続紀』に二度も名が見え、その実在の信憑性と活動時期が大旨首肯出来る。比義はこの法蓮とある時期共存したかもしれない。

比義の長寿に関して、『託宣集』巻一四に他の人物と共に面白い記述がある。つまり、宇佐池守が三〇〇歳、大神比義が五〇〇歳、大神波知（この人物は比義の分身としている）が八〇〇歳としており、如何にこれらの人物が伝承化されているかを窺い知ることが出来よう（このうち宇佐池守に就いては別章で触れる）[33]。ここに見る波知は『三輪高宮家系図』に見え『大神氏系図』には見られず、逆に表中の大神春麻呂は『大神氏系図』に見え『三輪高宮家系図』には見られない。両系図がそれぞれ比義の子としている人物であり、『託宣集』が両人物共に掲載していることは興味深い。

表中で異様なのは、既に春麻呂や諸男が登場した後の神亀二年（七二五）、比義が薬師勝恩寺を建立したということであろう。この時点は八幡神顕現より一五四年から一七四年も経過しているのである。弥勒禅院に就いては『建立縁起』と『託宣集』巻五・六に見られるのに対し、薬師勝恩寺は『建立縁起』に記載なく『託宣集』巻六のみに記載され、その存在がやや薄いことからして、主体は弥勒禅院にあったと考えられる[34]。要するに、薬師勝恩寺が建立された後、比義がかつて他所で建てたという寺の伝承が結び付いたのではなかろうか。もう一つは、顕現後鷹居社（或は鷹居瀬社）を建立（年表では二説あるが、ここでは和銅五年〈七一二〉を妥当としておく[35]）して大御神を祀り、比義が祝として奉斎するまでの間が、一四一年から一六一年も経過しているのは、何と解すればよいのであろうか。

(二)　実在と伝承化

年表上の比義の異様さは、伝承内容に於いても時の経過と共に神秘化されていく。殊に平安末から中世の文献（『扶桑略記』・『東大寺要録』・『八幡愚童訓』・『託宣集』等）では、翁と小児による表現形態を以って顕現の様を描くという、まさに神秘的な叙述となったことは既に論じた。[36] 従って、比義を伝承上の人物としてその実在を疑う考え方もある。しかし、ここは吉井良隆氏もいわれる如く、「諸縁起に共通して現はれてくる以上簡単に除くことは出来ない[37]」であろう。

先述の如く、伝承中の比義は極めて長寿であった。神亀二年（七二五）の薬師勝恩寺の建立に関してその名が見えることは論外として、八幡神の顕現を欽明朝としながら、鷹居社創祀が一四一年から一六一年後の和銅五年（七一二）とするのは如何にも不自然であろう。和銅五年の鷹居社創祀は年代的に首肯出来るので、必然的に欽明朝の顕現という方に疑問がある。これに就いてはつとに宮地直一氏が、「その年代を欽明帝の三十二年に繋ぐが如きは、この神が仏教に親密なる関係を結ぶに至った後、仏教伝来の期なる同天皇の十三年（壬申）十月といふを年代の目標として、天皇の御治世の最後の年にかけた、最も巧妙なる工案に出たものと思ふ。天皇は三十二年四月に崩ぜられる。その年の正月を採つたのである[38]」と明快に論じられたことに尽きよう。

従って、比義の宇佐での活動期は、鷹居社創祀以後の事象から推察するに、六世紀末期から七世紀前半にかけてであったと考える。年表に見た比義に関する年代の拡がりは、彼の伝承化が進む中で、上は欽明朝まで、下は神亀二年（七二五）の薬師勝恩寺に至るまで、拡がり続けたというべきであろう。

㈢　神幸伝承付加の意味するもの

では、この辺で宇佐の辛嶋氏系伝承に論を戻そう。辛嶋氏系伝承は何故に神幸伝承を付加しなければならなかったのか。

先述の如く、①つまり大神氏系伝承では大御神が応神霊であると明記しており、八幡神の成立が、宇佐に育ちつつあった特異な宗教的地盤の上に、大神氏によって応神霊を付与されることにより実現したことを物語るであろう。この段階から八世紀半ば過ぎまでの八幡宮祭祀は、完全に大神氏が実権を握っていた。『建立縁起』の成立は平安初期であっても、その収める内容の大部分は奈良時代に成立していたと考えられよう。大神氏全盛の下で、辛嶋氏に有形無形の圧力が加わったことが推測される。ここに辛嶋氏が所持してきた伝承をいつまでも固辞することは困難となったであろう。大神氏の伝承と同様のものにすることは出来ないが、辛嶋氏独自の伝承を維持しつつも、大神氏の意向に沿うような内容を付加することによって解決を図ろうと考えた。それが神幸伝承の付加であったといえよう。

また、「宇佐郡辛国宇豆高島」に天降った大御神、この段階では明らかに辛嶋氏の神（新羅神）であるはずで、それが何故に「大和国膽吹嶺」にいきなり飛ぶのか、重要な問題がその内に秘められていると考えねばなるまい。②つまり辛嶋氏系伝承に於いて、大御神は応神霊であるとは一切述べていない。この辺に辛嶋氏独自の伝承を維持しようとする苦心が窺えよう。しかし、先述の如く自らの伝承を固持するだけでは大神氏の圧力を躱すことが出来ない。そこで大神氏縁りの地に神幸させ、応神霊を付与されたかに装ったものと考えられる。それが「大和国膽吹嶺」にまず至ったという形をとったのであろう。

先述の如く、本章では「膽吹嶺」を伊那佐山と見た。この山を仰ぎ信仰したと考えられる伊福氏と大神氏（伊那佐山の東南方「大神」の地と東北方の「赤埴」の地に存在が確認された）がどのように関わったかは知る術もないが、伊那佐山は山間の宇陀野にあって一象徴的存在であったと考えられる。「宇佐郡辛国宇豆高島」からここに至り、更に高市・吉野・宇智から紀伊北部へと山地を経て（丹生都比売神の神幸を想起させる経路で）「名草海嶋」に達し、帰路につく。宇佐に再上陸した大御神は、②の後半第二の「一曰」に見られる如く、全く新たに生まれ変わった神として出迎えられ、もてなされる。その上、鷹居社に祀られるまでの段階で荒々しい所作さえ見られるのである。(39)

この神幸伝承の意味するところは、大和に於いて新たな神霊、つまり応神霊を付与され、新たなる神として顕現したかに装うものと解される。「大和国膽吹嶺」が仮りに伊那佐山でなかったとしても、宇陀の山であることには間違いなかろう。また、辛嶋氏が大御神を奉じて実際に巡幸したか否かは問題でなく、このような神幸伝承を成立させ、付加したところに意味があろう。

さて、辛嶋氏系伝承が、大和経由の神幸伝承の付加を中心に改作された時期はいつ頃に求められるであろうか。②に示した今見る辛嶋氏系伝承は、既に奈良時代に於いて成立していたと考えてよい。また一方に於いて、先述の如く大神比義の宇佐での活動期が六世紀末期から七世紀前半と考えられることも鍵となる。これらを踏まえて考えるに、神幸伝承の付加を中心とした改作は、七世紀後半から八世紀初期の頃に完成したと見るべきであろう。

㈣　応神霊の付与と大神氏

応神霊の付与をめぐって、これまで、むしろ大神氏が大和から宇佐に入ったのか、九州北部の大神氏が宇佐に入ったのかが問題とされ、応神霊が本来どこに鎮まっていたのかに就いては全く取り上げられなかった。いわば問題の核心なしに議論されていたといえよう。応神霊が鎮まっていた所として、大和の三輪山以外に考えられるであろうか。

三輪山の祭祀は、「その発生においても、当地方が縄文文化前期にすでに人間居住の地となり、弥生前期からいよいよ農耕文化の中心となることを考えると、神体山信仰の発生は、今日考古学的にその上限を確認できないが、少くとも弥生文化の稲作農耕社会には発達していたと考えるべきであるので、二千年以上の過去に遡れるのではないかと推定される」。山中・山麓の祭祀遺跡より出土した遺物から考えて、「その祭祀の極盛期が、少くとも三世紀以後奈良時代までという、大神氏が古代史の舞台で最も活動する時期と平行」するとされている。[40]

三輪山の祭祀は大神神社の創祀として論じられることが多い。[41]しかし、三輪山の神が大物主神として定着する以前から、神体山信仰の中に三輪山の神が存在したであろう。三輪山の場合、平野南部地域住民の信仰対象であると共に、天皇家の崇拝する山でもあったと考える。神体山信仰に於ける神は自然神であり祖霊であった。ここに、天皇家の祖霊、つまり天皇霊もこの山に鎮まっているという信仰があったと考えられよう。それは、『書紀』敏達天皇十年（五八二）閏二月条に見る、蝦夷の首領綾糟等が泊瀬（初瀬）川の水に禊し、三諸岳（三輪山）に向って、「自レ今以後子子孫孫。用二清明心一事二奉天闕一。臣等若違レ盟者。天地諸神及天皇霊絶二滅臣種一矣」と誓ったという記事が、一例を示していると理解出来る。[42]天皇霊をめぐる論考はかなりあるが[43]ここでは一々取り上げない。

かくの如く、三輪山はある時期まで、他の神霊と共に天皇霊も鎮まる山であったと考えられよう。ここで問題となる応神天皇（四世紀末期から五世紀初頭の実在とされる）の霊もこの山に鎮まっていたと考えなければならない。

かつて中野氏は、『大日本地名辞書』が伊福郷を宇陀村辺に求めていること、宇陀村に大字「大神」があり、『延喜式』神名帳に「神御子美牟須比女命神社」があることを受けて、膽吹嶺は「宇陀郡神御子美牟須比（女）命神社のある『大神』であり、そこが大神比義の出身地ではあるまいかと考える。即ち大字『大神』の出所も『大神＝大三輪』から出たものであろうしその祭神もまた『神御子』とあれば、祭神は『大三輪の巫女』の神であり、シャマンである」と述べられた。[44]しかし、最近の氏はこの所説を自ら覆しておられる。つまり、比義の出自は「少なくとも高い身分の家の出身ではなかった」。「『三輪高宮系図』の中に『比義』を入れたのは可成後世のことである。従って三輪高宮系統の氏族ではあるまい」。「宇佐大神氏の源流は、神功応神という母子神信仰の最も強い地域が筑前であるので、大神は大神でも北部九州の『大神』であろうということが自然であろう。ことに豊前京都郡の『勝』系渡来人が『大神楉田朝臣』を賜っていることと、熱烈に『大神』を愛した神吽ですら、大神比義の出自を明らかにできなかったことをみても、大和大神の本宗の系統ではなかったからではあるまいか」と述べられた(45)。また、これを更に別の機会でも確認されている(46)。

　最近は豊前大神氏が注目されているので、氏もこの動向を踏まえて自説を覆されたのだと思う。しかし、豊前大神氏の「少なくとも高い身分の家の出身ではなかった」といわれるのはいかがなものであろうか。氏がかつて宇陀郡に着目され、「大神」の地名と神御子美牟須比女命神社の存在を以って、大神比義の出身地ではないかとされたのは速断に過ぎる。しかし、着目された以上、当地周辺を更に多角的に考究される要があったのではなかろうか。

　泉谷康夫氏は、「地方の帰化系氏族の一つであるにすぎない辛島氏の力だけでは、地方神である宇佐の神を大和朝廷の祖霊にまでたかめるのは不可能である。大和朝廷との間にたってその役をつとめたのが大神氏であったと思われる」とされ、①で示した『建立縁起』の大神氏系伝承を引き、「右の文中にみえる大神比義は、三輪系図の中において、大田田根子から数えて七代の後裔としており、〝金刺宮御宇廿九年、於二豊前国宇佐郡菱形山一、奉レ斎二八幡大神並胎中天皇息長足姫皇后〟（〝　〟の間は改行一字下げで引用――逵註）と註記がある。このことは、在地の大神氏と中央の大神（三輪）氏との間に強い繫がりのあったことを裏付けるものである」と述べておられる(47)ことは、注目するべきであろう。

　応神霊の付与は、中野氏の変更された説にいう九州北部の大神氏、しかも「高い身分の家の出身」でない者が出来るものではなかろう。中央の大神氏をもって始めて可能となる（在地大神氏がこれに協力したことは考えられる）[48]。従って、その時期は大神氏が宇佐に入った時期、つまり、六世紀末期であり、次章で詳論する鷹居社創祀は、応神霊の付与された神の創祀を意味する。

五、むすび

辛嶋氏系伝承に神幸伝承が付加されており、「宇佐郡辛国宇豆高島」に天降った大御神が「大和国膽吹嶺」に至ることを重視して考察を進めてきた。「大和国膽吹嶺」は宇陀郡の伊那佐山と推定したが、この山の東南方と東北方には大神氏の一族が群居していたことが確認出来た。しかも、大神氏の奉斎した二つの神社が、いずれも女神を祀っていることにも注意するべきである。その他、宇陀郡に近い山辺郡都祁や磯城郡白河にも、三輪型の信仰や大神引田氏の存在が確認される等、三輪山奥地の山地は、三輪山の奥院的存在であり、三輪呪力の根源であったと考えられる。

辛嶋氏系伝承に大和経由の神幸が付加されていることを、かつて重視したのは中野氏だけである（それも最近に至って覆しておられる）。しかし、この神幸は軽視されるべきではない。何故ならば、八幡神成立当初に於ける大神氏と辛嶋氏との関係を考えるに当り、格好の手掛かりを提供してくれるからである（辛嶋氏系伝承が神幸伝承の付加を中心に改作された時期は、七世紀後半から八世紀初期と見られる）。応神霊を付与し、八幡宮祭祀の実権を掌握した大神氏が辛嶋氏を服従協力させた（辛嶋氏のもつ朝鮮系巫覡の呪力を必要としたのであろう）様子を[49]、この神幸伝承は意外にもよく反映しているというべきであろう。

〔註〕

（1）『大日本古文書』家わけ第四「石清水文書之二」所収。『神道大系』神社編四七「宇佐」所収。
（2）『扶桑略記』欽明天皇三十二年正月条。
（3）『東大寺要録』巻第四・諸院章第四・八幡宮条。
（4）『群書類従』所収『八幡愚童訓』上、『続群書類従』所収『八幡愚童訓』垂跡御事条・御躰御事条。
（5）中野幡能氏著『八幡信仰史の研究』（増補版）上巻（昭和五十年五月）序論。
（6）中野氏前掲書序論註37。
（7）清輔道生氏「『大和国膽吹嶺』考」『豊日史学』第五一巻第三号、昭和六十二年三月）。
（8）この辺のことに就いては、過去の各種拙稿中に屢々述べたが、最も集中的に取り扱っている拙稿「中世寺院縁起の特質」（拙著『室生寺史の研究』、昭和五十四年十一月、所収）参照。
（9）その間に発表した数々の論文は、拙著『室生寺史の研究』（前掲）、拙著『長谷寺史の研究』（昭和五十四年十一月）、拙著『奈良朝山岳寺院の研究』（平成三年二月）に集約しているので、ご参照いただければ幸いである。
（10）大和在住の篤学白井伊佐牟氏より「あの字は膽駒ではないか」という御意見を頂戴したが、確かに大和という点で相応しいけれども、この伝承の中では解し難い。
（11）日本歴史地名大系第三〇巻『奈良県の地名』（昭和五十六年六月）宇陀郡伊福郷条、『角川日本地名大辞典』二九・奈良県（平成二年三月）宇陀郡伊福郷条。尚、『角川地名大辞典』の方は、『倭名抄』の記事を紹介した後、「部民である伊福部に関連した地名か。伊福部は吹部で笛を吹くことを掌った部であるという説、景行天皇の皇子五百城入彦皇子（五百木之入日子命）の名代部とみる説、伊福は息吹《いふき》の意で製鉄の際、高熱の火を得るための送風装置である踏鞴《ふみふき》を掌ったとする説、雄略紀三年条には廬城部連武彦という者が湯人としてあらわれるので、伊福部は湯に関係する職についたとみる説などがある（国史大辞典）。あるいはフク（ふくらんだところ）、フケ（泓・湿地）などの地形地名がもとになったとも考えられる（古代地名語源辞典）。『姓氏録』大和国神別には伊福部宿禰・伊福部連、左京神別にも伊福部宿禰とある。天武紀十三年十二月己卯条には『伊福部連』に宿禰の姓を賜ったとある。これら伊福部氏の本拠は当郷であったと思われる」と記している。

(12) 『日本古典文学大系』本の読み下し文。

(13) 椎根津彦を『古事記』では「槁根津日子」と記し、「吉備高島宮」に至ってここで八年を過ごすとある後に、「速吸門」で会ったとしている。椎宮は、注連縄を張った椎の巨木があり、それを玉垣で囲んであるのみで社殿はない。宇佐の御許山北麓地帯には、椎宮以外に鉾立宮・阿良礼宮等、社殿なき宮が点在することを既に第一編第一章で詳述した。

(14) 『古事記』中巻では、椎根津彦の話は註(3)に記した如くであり、「宇沙都比古、宇沙都比売」が出迎え、騰宮でもてなしたことのみを記す。しかも、「国造祖」ではなく「其土人」となっており、菟狭津媛が天種子命に賜妻せられる話もない。

(15) 『先代旧事本紀』巻一〇・国造本紀に、「宇佐国造　橿原《(神武)》朝、高魂尊孫宇佐都彦命定賜国造」とあるのがそれである。

(16) 阿部武彦氏「大神氏と三輪神」(大神神社史料編修委員会編『大神神社史』・昭和五十年十月、所収、後に同氏著『日本古代の氏族と祭祀』・昭和五十九年五月・所収)。

(17) 和田萃氏「歴史編(古代)」中の第一章「ヤマトと桜井」第七節「氏族」大神氏の項(『桜井市史』上巻、昭和五十四年十一月、所収)。

(18) 大神神社史料編修委員会編『大神神社史料』第九巻「分祀要覧」(昭和五十三年六月)神御子美牟須比女命神社条。

(19) 式内社研究会編『式内社調査報告』第二巻(昭和五十七年二月)神御子美牟須比女命神社条。

(20) 清輔氏前掲論文。

(21) 拙著『室生寺史の研究』(前掲)第一編第一章、拙著『奈良朝山岳寺院の研究』(前掲)第八章。

(22) 仏隆寺は、比叡山から室生山寺に移住した一団の一人であった天台僧堅慧(この僧を空海の弟子・真言僧としている解説が多いが、これは間違い)が、嘉祥三年(八五〇)、県《あがたの》興継《おきつぐ》を檀越として創建した——拙著『室生寺史の研究』（前掲）第一編第二章。

(23) 室生山寺は興福寺僧賢璟により、天応元年（七八一）から延暦二年（七八三）の間に建立されたと考えられ、室生山中に存在する三つの代表的岩窟（所謂龍穴、東を妙吉祥龍穴、西を沙羅吉祥龍穴、北を持法吉祥龍穴と後に名付けられる）中の妙吉祥龍穴（写真21）の麓にやや遅れて龍穴神社社殿が建立されたと考えられる――拙著『室生寺史の研究』（前掲）第一編第一章、拙著『奈良朝山岳寺院の研究』（前掲）第八章、尚、最近の拙著『室生寺――山峡に秘められた歴史――』（平成七年十月）では一段と詳しく解説しておいた。

(24) 拙稿「大丹穂山と大仁保神」（『神道史研究』第三一巻第四号、昭和五十八年十月）、拙稿「坂上氏と知行の寺社――清水寺創建の背景――」（『京都精華学園研究紀要』第二四輯、昭和六十一年十一月）――以上二稿、拙著『奈良朝山岳寺院の研究』（前掲）第九章に所収。

(25) 名草郡は、現在の和歌山市西部の一部を除く地域、及び海南市東北部を除く地域に当る。

(26) 池田源太氏「山の信仰」（『民族学研究』第三二巻第四号・昭和四十三年三月、後に山岳宗教史研究叢書六『山岳宗教と民間信仰の研究』昭和五十一年六月・所収）。尚、都祁村白石に就いては白井氏からのご教示も得た。

(27) 景山春樹氏著『神体山』（昭和四十六年十月）第八章。

(28) 池田末則氏「三輪山付近の古代地名」（『大神神社史』〈前掲〉所収）。

(29) 今井啓一氏「三輪山を仰ぐあたり――帰化人・楽戸・申楽四座――」（『大美和』第一八号・昭和三十四年十二月、後に『大神神社史料』第四巻・昭和四十九年九月・所収）。

(30) 太田亮氏『姓氏家系大辞典』第三巻（昭和三十八年十一月）。

(31) 永井義憲氏「長谷信仰」（岩波講座『日本文学と仏教』第七巻、平成七年、所収）、同氏「本長谷寺と道明上人」（『豊山教学大会紀要』第二三号、平成七年十二月）。

(32) 室生火山群地域に就いては、拙著『室生寺史の研究』（前掲）第一編第一章、拙著『奈良朝山岳寺院の研究』（前掲）第八章、拙著『室生寺――山峡に秘められた歴史――』（前掲）第二章参照。

(33) 第一編第三章・第三編第三章参照。
(34) 第三編第一章参照。
(35) 年表に示した如く、この年代に関して崇峻五年（五九二）と和銅五年（七一二）の二説がある。いずれも壬子年で両者の間に干支二巡の隔たりがあるのも面白い。崇峻五年説を掲げる『建立縁起』では「鷹居社」とあり、和銅五年説を掲げる『宇佐宮大神氏系図』（『神道大系』神社編四七「宇佐」所収）・今永文書『大神氏系図』（『大分県史料』第三〇巻所収）・『託宣集』巻五には「鷹居瀬社」と記している。この二説をめぐる問題を考察することは、本章のテーマである辛嶋氏系伝承に大和神幸が付加されている問題と共に、辛嶋氏と大神氏の関係を知る上で極めて重要である（次章参照）。
(36) 第一編第二章。
(37) 吉井良隆氏「宇佐八幡宮の創祀」（『神道史研究』第九巻第三号・昭和三十六年五月、後に『大神神社史料』第四巻〈前掲〉所収）。
(38) 宮地直一氏「八幡信仰の起源並びに発達」（同氏著『八幡宮の研究』、昭和三十一年十月、所収）。
(39) この辺の詳しい考察は次章参照。
(40) 樋口清之氏「神体山信仰の考古学的背景」（『大神神社史』〈前掲〉所収）。
(41) その代表ともいえる田中卓氏は、「戦後流行の〝王朝交代説〟と関連づけ、〝大田田根子伝承〟そのものを五世紀以後に、三輪王朝を打倒して大和に侵入した河内王朝時代の所産――史実の反映――とみる学説に対して、その論の成立しがたい理由」を述べられ、「太古以来、三輪山を御神体として大物主神を祭る神社である。そして神武天皇の御東征以後、大和国に地歩を占めた皇室は、皇祖神の天照大神と共に、大物主神をも手厚く奉祭されてきたと思はれる。ところが崇神天皇の御代、疫病が蔓延して多くの死者が出た時、大物主神が名乗り出られ、さらにその神の教によって、子（後裔）の大田田根子を探し出し、神主として祭らしめたところ、疫病は止み、国内は平静に帰したといふ。この説話は恐らく、崇神天皇の御代当時から、畿内におけるヤマト朝廷の権勢が確立してきて、もはや地主の神に対する信仰も次第に軽んぜられつつあつたため疫病の発生を契機として、大物主神を奉斎する氏族（三輪氏等）の反撥と巻返のあったことを意味するものであらう」。「この地主の神（地祇）の信仰と、皇祖神（天神）に対する信仰を共に重視し、両者を見事に調和されたのが崇神天皇であられた。」と古伝を解釈された――同氏「大神神社の創祀」（『田中卓著作集』一「神話と史実」、昭和六十二年二月、所収）。

「太古以来、三輪山を御神体として大物主神を祭る神社」といわれるが、太古以来現祭神を祀る神社というのは他に於いては考えられない。また、崇神朝をいつの時期とされるのか明らかにされておらず、理解しにくい。

(42)　この辺に就いては、池田源太氏「大神神社の鎮座」（『大神神社史』〈前掲〉所収）、和田萃氏「三輪山祭祀の再検討」（同氏著『日本古代の儀礼と祭祀・信仰』下、平成七年六月、所収）が参考となる。

(43)　例えば、岡田精司氏「河内大王家の成立」（同氏著『古代王権の祭祀と神話』、昭和四十五年四月、所収）、直木孝次郎氏「国つ神の里――三輪と磯城――」（『大神神社史料』第四巻〈前掲〉所収）、山中智恵子氏著『三輪山伝承』（『大神神社史料』第四巻〈前掲〉所収）、上山春平氏「記紀と不比等」（『大神神社史料』第八巻、昭和五十六年九月、所収）、石上堅氏「天皇霊の座標」（『日本民俗研究大系』第二巻、昭和五十七年九月、所収）、熊谷公男氏「古代王権とタマ（霊）――『天皇霊』を中心として――」（『日本史研究』第三〇八号、昭和六十三年四月）等。関連して、田村圓澄氏「中納言大神高市麻呂の憂慮」（『大美和』第九一号、平成八年七月）等。

(44)　中野氏前掲書第二章。

(45)　中野氏「三輪高宮家系図と大神比義」（『大美和』第七六号、昭和六十四年一月）。

(46)　中野氏「宇佐宮大神氏系図（解題）」（『神道大系』神社編四七「宇佐」、平成元年三月、所収）。

(47)　泉谷康夫氏「宇佐八幡宮の成立について」（『愛知学院大学文学部紀要』第三〇号、平成十三年三月）。

(48)　大神氏も本来は渡来系の氏族であったとする説――松前健氏「渡来氏族としての大神氏とその伝承」（『日本のなかの朝鮮文化』第四三号、昭和五十四年九月）――もあるが、ここでは特に取り上げない。

(49)　例えば、『託宣集』巻五に見られる養老四年（七二〇）の隼人反乱に際して出動した八幡神軍に於いて、辛嶋波豆米の果たす役割は、このことをよく象徴している。

第三章　八幡神鷹居社創祀とその背景

――大神・辛嶋両氏合同祭祀の実現――

はじめに

八幡神が豊前国宇佐の地に顕現して、最初にこれを祀って社としたのが鷹居社であるという。しかし、その間には相当な時間の経過があったようである。『八幡宇佐宮御託宣集』（以下、『託宣集』と略記する）巻五・鷹居瀬社部に「自敏達天皇元年壬辰。迄元明天皇二年和銅二年己酉。国主一十三代。年序一百三十八年之間。猶又国々潜通。処々留瑞。雖有奇異。未造霊社」と記し伝えていることが注目されよう。

八幡神を論じた先学の業績は多いが、鷹居社創祀に就いての突っ込んだ考察は未だ管見に触れない。私は前章に於いて、辛嶋氏系八幡神顕現伝承に見る大和神幸を問題として考察した。実は、この大和神幸の後に続く辛嶋氏系伝承が、後述する如く、鷹居社創祀に至る間の事情をかなり具体的に反映しているものと考える。

本章では、前章との姉妹編的関係に於いて、この辛嶋氏系伝承を中心に八幡神鷹居社創祀に就いて考察を行なう。

一、文献に見る鷹居社創祀

八幡神の顕現から鷹居社創祀及び小山田・小椋山への遷座に関する伝承は諸書に散見するが、これまでに再三論じた如く、その最も基本をなしているものは『宇佐八幡宮弥勒寺建立縁起』（以下、『建立縁起』と略記する）と『託宣集』所収のそれである。更にいうなら、前者がその根源であるといえよう。ここでも、これらの文献に見られる鷹居社創祀と小山田・小椋山への遷座に至るまでの伝承内容を確認しておく必要がある。

(一)　大神氏系伝承と辛嶋氏系伝承

前章で用いた①②の史料（『建立縁起』）をここでも用いる（史料番号もそのままとする）。前章で述べたこれらの史料の要点を再度確認すると、①は大神氏系伝承で、大御神は応神天皇霊であり、欽明朝に馬城嶺（御許山）に突如顕現する。これを大神比義が鷹居社に祀るという簡潔なもの。②は辛嶋氏系伝承で、当初部（一度目の「一曰」の部分、これを②―〔一〕とする）は、「宇佐郡辛国宇豆高島」に降臨した神（新羅神）が大和を神幸して宇佐に帰り、馬城嶺に再顕現する（ここまでは前章で詳論した）。これに続く部分（二度目の「一曰」の部分、これを②―〔二〕とする）は、宇佐再顕現後の新たな神が辛国内を小神幸した上、鷹居社に祀られ、小山田社を経て小椋山に遷座する経緯を述べる。辛嶋氏系伝承の方は極めて詳細である。

辛嶋氏系伝承のうち、②―〔二〕に就いては、本章で詳細に取り上げる関係上、ここに再度引用する（後世に付された割註は全て省略した）。

②―〔二〕一曰、弘仁五年二月廿三日符詞也、被二神祇官一大御神潮辺堀二泉水一御浴、在二郡之西北角一、大御神坐二其処一御口手足洗浴、爾時豊前国特坐神崇志津比咩神以奉二酒一矣、囙レ茲今号二酒井泉社一、従レ彼宇佐河渡有社移坐、同郡之東北角也、従レ彼鷹居社移坐、爾時大御神於二其処一化二成鷹一御心荒畏坐、五人行三人殺二人生、十人行五人殺五人生給、爰辛嶋勝乙目倉橋宮御宇天皇御世、自二庚戌一迄二壬子一并三歳之間、祈禱和二大御神心命一、立二宮柱一奉二斎敬一、囙以名二

鷹居社一、辛嶋勝乙日即為二其祝一焉、同時以二辛嶋勝意布売一為二禰宜一也、次禰宜近江大津朝庭御世、従二鷹居社一小山田社移坐、即禰宜辛嶋勝波豆米立《意布売次也、》二宮柱一奉二斎敬一矣、元正天皇、養老四年、大隅・日向両国有二征罰事一、大御神託二波豆米一宣、隼人等多殺報、毎レ年放生会可レ修レ之云々、又大御神託二波豆米一宣、吾今坐小山田社其地狭隘、我移二菱形小椋山一云々、曰レ茲天璽国押開豊桜彦尊御世、神亀二年正月廿七日、切二撥菱形小椋山一、奉レ造二大御神宮一、即奉レ移レ之、以二辛嶋勝波豆米一為二禰宜一、又創而奉レ造二御寺一号二弥勒足禅院一、在二菱形宮之東之足林一也、同御世天平三年正月廿七日、陳二顕神験一、奉三預二官幣一、同九年四月七日、依二大御神之発願一、始三自二五月十五日一移二来足禅院一、建二立宮之西一、則今弥勒寺是也矣、（以下略）

とある。やや長きに及んだが、重要箇所を多くもつので敢えて原文のまま引用した。②—〔一〕は文末の割註に見られる如く「辛嶋勝家主解状[1]詞」に拠るとしており、②—〔二〕は文頭の傍註に見られる如く「弘仁五年（八一四）二月二十三日符詞」に拠るとしている。

②—〔一〕から②—〔二〕へは内容的に連続しており、内容から見て、先の①とは全く異なるもので、辛嶋氏に伝わる伝承であることは明確である。①の内容が極めて簡潔であったのに対して、②—〔一〕、②—〔二〕の内容は詳細であり、かつ具体的であることが注目されよう。

(二)　問題の所在

八幡神の顕現から鷹居社創祀、小山田・小椋山への遷座までの伝承を収める文献は他にも多くある。例えば、『扶桑略記』欽明三十二年正月条、『東大寺要録』巻四・諸院章第四・八幡宮条[2]、『託宣集』巻三・巻五、『宇佐八幡宮縁起』上等、上げていけば切りがない。しかし、『建立縁起』以後の成立であるこれらの文献に収められている伝承は、悉く①・②―〔一〕・②―〔二〕が混合または融合されており、その上、時代の推移に伴う内容上の変遷が加わっている。就中『託宣集』は、これまでの諸伝承を集大成しており、一口に八幡神に関わる伝承といっても、それぞれの時期の文献によって相当に内容を異にするのである。(3)従って、八幡神鷹居社創祀を中心とした問題を考えるに当り、①・②―〔一〕・②―〔二〕を手掛かりとするのが順当というべきであろう。

また、後の八幡三神職団を形成する大神・宇佐・辛嶋三氏の関わりの上からも考える要がある。宇佐に於ける原初信仰は、当地の豪族宇佐氏を中心とした御許山（馬城嶺）の神体山信仰であった。(4)新羅系渡来集団が、筑前国から豊前国に入り、香春に住み着き、その後東進を続け、彼等の一派である辛嶋氏が、(5)宇佐郡に入ったのは五世紀と考えられ、(6)道教と仏教が融合した朝鮮系巫覡信仰を宇佐の地にもたらしたのである。(7)ここに宇佐氏の原初信仰と辛嶋氏の朝鮮系信仰が融合（実質的には辛嶋氏の勢力と信仰が主導する状態であったらしい）し、宇佐には特異な宗教的土壌が培われていった。大神氏が宇佐の地に入り、この特異な土壌に応神霊を付与し、八幡神を顕現させるのが六世紀末と考えられる（この間のことを②―〔一〕では大和神幸〈三輪山奥院への〉伝承で暗示する形をとった）。

これら三氏の動向を踏まえて考えねばならぬことは、八幡神の顕現・創祀後八世紀半ば過ぎまでの八幡宮祭祀の実権が、大神氏によって完全に掌握されていたという事実である。つまり、大神氏は最後に宇佐の地に入り、在地勢力である宇佐氏を徹底的に封じ込め、辛嶋氏を服従・協力させたと考えられる。(8)従って、大神氏系伝承が①で見た如く、八幡神が応神霊であることを強調し、顕現・鷹居社創祀等極めて簡潔であることは当然であるといえよう。一方、辛嶋氏系伝承は、特異な宗教的土壌を培ってきた経緯があるので、詳細かつ具体的となるのもまた当然であろう。しかし、そこには大神氏からの圧力も加わったはずで、これを如何に躱すか、その苦肉の策が表面を彩っていることも事実である。

要するに、八幡神の鷹居社創祀と小山田・小椋山への遷座を考える鍵は、特に辛嶋氏系伝承、つまり②―〔一〕・②―〔二〕を詳細に考察することにあるといえよう。

二、辛嶋氏系伝承に見る降臨神

では、その辛嶋氏系伝承に順を追って詳細な考察を加えていく。

㈠　辛嶋氏の神

本編第一章で論じた如く、「宇佐郡辛国宇豆高島」つまり稲積山に初めて天降ったという大御神は、いうまでもなく「辛国」の神、新羅神であった。『辛嶋氏系図』[9]によると、「元祖素盞嗚命――《御子》五十猛命――《苗裔》（以下略）」で始まっており、この両神を祖神と仰ぐ。同系図はまた、両神名の左横に、

書記《（マ、）》曰、素盞嗚命帥二御子五十猛神一降二到於新羅国一之時、多将二樹種一而下、然不レ殖二韓地一、盡以時帰、遂始レ自二筑紫一、凡大八洲国之内莫レ不三播殖而成二青山一焉、所以称二五十猛命一為二有功之神一、即紀伊国所レ座大神是也云、肥前国西南沖中、五十猛嶋有之也、或筑前国之御笠郡筑紫神社所レ祭此之神也、則素尊御別腹之兄御子也、韓国令レ知給、故於韓嶋之号起也、後以為二辛嶋一

と添書している。『書紀』を引用しているのは、周知の如く、神代上・八岐大蛇条に於ける第四と第五の一書に見られる内容である。

辛嶋氏が九州に渡来し、宇佐に定住するに至って、稲積山に降臨したとする新羅神を、朝鮮半島に関わる伝承をもつ両神に擬し、祖神と仰いだのであろう。要するに、「宇佐郡辛国宇豆高島」に天降った大御神は新羅神であっ

（地図９）宇佐市中西部地形図

た。しかも、この新羅神の降臨時期が欽明朝であるとする。①で見た如く、大神氏系伝承では、八幡神の顕現を欽明朝としていたのである。後述する如く、八幡神の顕現を欽明朝とするのは不自然であり、②の新羅神降臨が欽明朝であるとする方が自然に近い（この場合も、欽明朝そのものには問題を残すが、八幡神の顕現より以前という意味で自然であろう）。

(二)　大和神幸と宇佐再顕現

②―〔一〕では、この新羅神がやがて、「大和国膽吹嶺」――「紀伊国名草海嶋」――「吉備宮神島」――「豊前国宇佐郡馬城嶺」という経路で神幸するという、注目するべき記事へと展開した。稲積山に天降った新羅神を、①にいう八幡神顕現の場である同じ宇佐郡の馬城嶺に再顕現させるために大和神幸が伴っているのである。その裏面にはよほど重大な事情が秘められていると考えられ、この点に就いては既に前章で詳論した。従ってここでは、結論の概要のみを記すに留める。

大和神幸は、辛嶋氏の伝承に後世付加されたものと見る。神幸の核となる「大和国膽吹嶺」を同国宇陀郡の伊那佐山と推定した。宇陀郡・山辺郡・磯城郡の山地は三輪山の奥地に当り、大神氏の一族の居住が三箇所で確認出来、三輪型の信仰の痕跡も認められる等、これらの山地は三輪の奥院としての存在であった。このような所に新羅神が神幸したという伝承を付加したのは、八幡宮祭祀の実権を握る大神氏からの圧力を躱すためにも、辛嶋氏独自の伝承を維持することが不可能となったことによるものであろう。

大和神幸伝承の意味するところは、新羅神を大神氏縁りの地に神幸させ、そこで新たなる神霊、つまり応神霊を付与され、新たなる神として顕現したかに装うものと解される（従って、辛嶋氏が大御神を奉じて実際に巡幸したか否かは問題でなく、このような神幸伝承を成立させ、付加したところに意味がある）。

この神幸によって新たなる神霊（応神霊）を付与され、新たなる神として生まれ変わった大御神が、宇佐に帰り再顕現した所が、①にいう八幡神顕現の場としての馬城嶺であるとするのだから、先に述べた大和神幸伝承付加の意味するところが一段と鮮明になるであろう。従って、辛嶋氏系伝承は、宇佐再顕現を受けて更に改作が続けられることになる。尚、神幸伝承の付加を中心とした辛嶋氏系伝承の改作は、七世紀後半から八世紀初期の頃に完成したと考えられる。

三、宇佐再顕現後の小神幸

宇佐再顕現後に於ける辛嶋氏系伝承の考察に移ろう。つまり、②—〔一〕の末から②—〔二〕前半部が対象となる。ここでは、宇佐郡内の限られた範囲ではあるが、また神幸を伴っていることに注目するべきであろう。まずはその小神幸を伝承に沿って追い、続いてその意味するものを考えることにしたい。

(一)「比志方荒城潮辺」の条

宇佐の馬城嶺に再顕現した後、②—〔一〕の終末部に至るが、「是大菩薩者、比志方荒城潮辺移坐、爾時家主上祖辛嶋勝乙日大御神之御許参向、長跪候㆓其命㆒、爰大御神成㆓詫宣㆒、遂請㆓御命㆒」とある。

まず、馬城嶺から「比志方荒城潮辺」に移坐したということであるが、この場所は、中野氏も指摘される[10]乙咩社（後の宇佐宮行幸会八箇社の一、地図9参照）が鎮座する所と見るのが妥当であろう。「比志方」は今日の宇佐神宮の所在する山、つまり菱形山（小椋山、亀山）の北方という意味になろうか。乙咩社（現宇佐市上乙女、写真25参照）

（写真25）乙咩社

は黒川沿いの宮本にあり、「荒城」から転じたと考えられる「荒木」という地名も近くにある。(11) 現在、北の海岸線は後退しているが、古代には、この辺まで波打ち際が迫っていたものと考えられ、まさに「潮辺」であっただろう。地図9を見ても、駅館川の河口西側から海岸を西に向って、「神子山新田」、「高砂新田」、「順風新田」、「乙女新田」と並んでおり、江戸時代の新田開発により大きく海岸線が後退したことを知るのである。(12)

この場所に大御神が移坐したというので、早速「辛嶋勝乙日」（乙目か）が参向し、跪いて大御神の命を待ったところ、託宣があって奉仕を請われたという。ここにいう辛嶋勝乙目は、『辛嶋氏系図』によると、氏祖素盞嗚命より十二代目に「辛嶋勝乙目（敏達天皇御宇、為二祝職一奉二仕尊神一）」と見え、これを敏達朝（五七二～五八五）としており、辛嶋氏女性神官の初代となっている。

(二) 「酒井泉社」の条

この後は②―〔二〕に移り、その冒頭に「大御神潮辺堀二出

（写真26）泉社の泉水

泉水一御浴、在二郡之西北角一、大御神坐二其処一御口手足洗浴、爾時豊前国特坐神崇志津比咩神以奉二酒一矣、曰レ茲今号二酒井泉社一」とある。

大御神が現泉社（現宇佐市辛島、地図9参照）の地に移り、ここに泉水を掘って口手足等洗浴されたという。泉社（後の宇佐宮行幸会八箇社の一）には今もその泉水だと称するものがある（写真26参照）。ただ「潮辺堀二出泉一」と記されている。「潮辺」には解し切れないものがある。恐らくこれは、先述の「此志方荒城潮辺」を現乙咩社の地と見たが、この「潮辺」を②―〔一〕から②―〔二〕に文章が移行したここでも、つい用いてしまったのであろうか。地図9を見ても、現乙咩社から見ると、泉社は真南に直線距離にして約三・七五キロメートル地点にあり、とても「潮辺」という表現は当らない。むしろ、その後に「在二郡西北角一」とある語句が現泉社の地であることを示してくれる。これは宇佐郡内の西北角ではなく、郡衙の西北と解するべきであろう。郡衙跡は定かでないが、駅館川左岸（西岸）の樋田或は閤《こう》の辺りに求められており、「郡瀬」という言葉もあるから同地域の川に近い所であったと考えられる。[13] だとすれば、まさに「西北角」の表現が妥当となるであろう。

さて、この泉水に大御神が坐す時、「豊前国特坐神崇志津比咩神以奉二酒一矣」とあることが注目される。崇《たか》志《し》津《つ》比咩《ひめ》神に就いて「豊前国特坐神」と冠しているが、特坐神を『建立縁起』では「モトヨリイマスカミ」と振り仮名を付している。ところが後世の『託宣集』巻三では「豊前国持坐之神奈志津比咩」（傍点は逵）と記して、「豊前国を持ち坐す神、奈志津比咩《なしつひめ》」と読んでおり、若干の相違が見られる。いずれにしてもこの神が如何なる神であるのか、『延喜式』巻一〇神名下の豊前国六座中には見えず判然としない。『辛嶋氏系図』では、先述の辛嶋勝乙目の次に、

――辛嶋勝古津米　推古天皇五年、為㆓祝職㆒奉㆓仕尊神㆒　酒井勝志津米　孝徳天皇大化四年、為㆓禰宜㆒奉㆓仕尊神㆒

酒井泉社地之事

八幡大神宇佐御降臨無之以前、於㆓此所㆒有㆓奇異㆒、格別之勝地也、八箇社共ニ同。

とあり、更に酒井勝志津米より七代目に、

――勝志奈布米　任㆓禰宜㆒宝字三年八月二十一日、正六位下

豊前国持(独カ)座之神奈志津比咩、辛嶋勝志奈布(米脱)諸共、酒井泉於㆓社地㆒沕テ、奉㆑造㆓神酒㆒、仍号㆓酒井泉社㆒、

と見える。これによれば、推古朝（五九二〜六二八）・孝徳朝（六四五〜六五四）の頃に泉社の地は「有㆓奇異㆒、格別之勝地」であり、天平宝字三年（七五九）頃、「豊前国持座之神奈志津比咩」が志奈布米と共にこの地の泉水を汲んで酒を造り、大御神に奉っているという『託宣集』と近似の記載をしている。しかし、年代の面で特に後者は妥当性を欠く。いずれにしても、崇志津比咩神（奈志津比咩神）は豊前国に「モトヨリイマス」神であり、辛嶋氏が以前から奉じてきた女神であると考えられよう。

この女神が、この地の泉水で造った酒を大御神に奉ったということ（これにより後にいう酒井泉社の呼称も起ったという）は、極めて重要な意味をもつであろう。この点に就いては後述する。

㈢「宇佐河渡有社」より「鷹居社」の条

（写真27）瀬社

（写真28）鷹居社

次に「従レ彼宇佐河渡有社移坐、同郡之東北角也」とある。「宇佐河渡有社」とは瀬社（或は郡瀬社ともいう）のことで、現宇佐市樋田にあり、駅館川に架かる瀬社橋の西詰河岸に存在する（後の宇佐宮行幸会八箇社の一、地図9・写真27参照）。郡衙の東北に位置し、この地に大御神が移坐したという。

続く「従レ彼鷹居社移坐、爾時大御神於二其処一化二成鷹一御心荒畏坐、五人行三人殺二人生、十人行五人殺五人生給」の条は極めて重要である。瀬社の地より現鷹居社（後の宇佐宮行幸会八箇社の一、地図9参照）に移坐したという。この地は現宇佐市上田に属し、同じ駅館川の右岸（東岸）台地上にある(14)（口絵写真⑦参照）。また、後の鷹居社には「鷹居瀬社」という呼称もある(15)ことを付記しておく。ここに移った大御神は鷹と化し、「五人行三人殺二人生、十人行五人殺五人生給」と表現される如く、まさに荒御魂として振舞う。これは一体何を意味するのであろうか。重大な事情が背後にあると考えられるが、この点に就いても後ほど述べることにしたい。

これを受けて、「爰辛嶋勝乙目倉橋宮御宇天皇御世、自二庚戌一迄二壬子一并三歳之間、祈禱和二大御神心命一、立二宮柱一奉二斎敬一、曰以名二鷹居社一、辛嶋勝乙日(目カ)即為二其祝一焉、同時以二辛嶋勝意布売一為二禰宜一也」と、漸く鷹居社の創立と奉斎に至ったことを記す。辛嶋勝乙目が、崇峻三年（五九〇）より同五年（五九二）までの三年間、懸命に祈禱した結果、大御神の荒御魂が和御魂と化したので、初めて社殿を建立（写真28参照）し、乙目が祝、意布売が禰宜となって奉斎したという。ここで鷹居社の創建を崇峻五年としているが、これに就いては考察を要するので、後述に譲る。

四、鷹居社創祀と社殿建立に就いて

これまでに、辛嶋氏系伝承、つまり②—〔一〕・②—〔二〕の内容に関して、鷹居社創祀に至るまでの部分を追い続けてきた。ここで八幡神を初めて社として祀った鷹居社の出現そのものに就いて、考察を加えることにしたい。

㈠　創祀・創建年代に関する三説

まず、鷹居社創祀・創建年代を文献上に求めて行くと、三つの説にまとめることが出来る。

A．欽明戊子年説……①で見られたもので、欽明朝に大御神が宇佐馬城嶺に顕現し、「爾時大神比義、歳次戊子、始建二鷹居社一而奉レ祝之、即供(任歟)二其祝一」とあり、欽明朝の戊子年は二十九年（五六八）となる（その他、『東大寺要録』巻第四・諸院章第四・八幡宮条、『宮寺縁事抄』一本等にも同様の年代が見られる）。

B．崇峻五年（壬子・五九二）説……②—〔二〕に見られたもの（先に扱い済み）。

C．和銅五年（壬子・七一二）説……『託宣集』巻三・鷹居瀬社条に「四十三元明天皇御宇、和銅五年壬子。依神勅。初度造営也」と見える（その他、『託宣集』巻五、『大日本史』一四本紀四、『宇佐八幡宮縁起』上、今永文書『大

神氏系図』[16]、『宇佐宮大神氏系図』[17]等も同年代を掲げる)。

このように、五六八年・五九二年・七一二年と三説は大きく隔たりをもつ。これをどのように考えればよいのであろうか。次に項を改めて考察する。

(二)　創祀と社殿建立

寺院の成立を考える場合、「創建」・「創立」・「建立」等の語があり、これらは堂宇が建てられ、本尊が安置されて、まさに寺院そのものの成立を意味する。ところが神社、就中古社の場合、厄介な問題があることを念頭に置かなければならない。つまり、「顕現」(或は「始現」)・「創祀」・「社殿建立」はそれぞれ別となっていることが多い。「顕現」は神が初めて現われることであり、「創祀」はその神を初めて祀ることを意味する。従って、「創祀」＝「社殿建立」とはならない。「創祀」がまずあって、その後時を経て「社殿建立」に至るのが、古社の場合の通常である。

本章の「はじめに」で『託宣集』巻五の文を引用したが、鷹居社に於いても、創祀後社殿建立まで相当の時が経過したことを物語っている。そこで先に示した創祀・創建年代に関する三説を考えると、A説は大御神の顕現後すぐ鷹居の地に社殿を建立して祀ったことになり、自然ではない。特にその時期が欽明朝であるとするのは容認し難い。何故ならば、欽明朝は他文献にあって八幡神顕現の時期であり、そこに創祀と社殿建立という全ての要素を重ね合わせていることは、後世の意図としか考えられないからである。また、この欽明朝顕現説(これにも欽明十二年・二十九年・三十二年の三説あり)自体首肯し難い。何となれば、八幡神の顕現は大神比義のなすところとなっており、この比義なる人物の伝承化は時の経過と共に著しく進み、伝承では五〇〇歳もの長寿であったことになっている（本編第二章の図表3参照）のである。結局、諸伝承と関連する史実から考えて、比義の宇佐での活動期は六世紀末期から七世紀前半であり、欽明朝顕現説が後世の仮託であることは既に前章で述べた。

かくの如くA説は自ずと退くことになり、どうやらB説とC説が生きるようである。ところが、この両説の間にも人為の臭が漂う。崇峻五年（壬子・五九二）と和銅五年（壬子・七一二）を並べて見ると、いずれも干支が「壬子」であり、その間の隔たりは一二〇年で干支二巡に相当する。B説は既に②—〔二〕で見たが、辛嶋勝乙目が崇峻三年（五九〇）より同五年まで祈禱した結果、大御神の心が和したので「立㆓宮柱㆒」てて社殿建立に至ったというが、その後の記事は大きな矛盾をきたしている。つまり、乙目が祝、意布売が禰宜となって奉斎したという。二人が「同時」の語を以って結び付けられているが、『辛嶋氏系図』に於いて、乙目は敏達朝から崇峻朝に位置付けられているのに対し、意布売（米）に就いては、「元明天皇御宇、為㆓禰宜㆒奉㆓仕尊神㆒」と註記され、明らかに後代の人である（他文献からも明らか）。従ってB説はそのまま容認し難い側面をもつので、暫く保留する。

一方C説であるが、先引の如く『託宣集』巻三では「初度造営」とあり、他の文献にも全て初めて社殿建立を示す語が見られ[18]、和銅五年が社殿建立の年であることを示している。また、他の古社に於ける社殿建立の動向から見ても矛盾を感じない。従って、この年を鷹居社社殿建立年代として差支えなかろう。

ならば、保留しておいたB説との関係はどうなるか。まず考えられることは、和銅五年から干支二巡遡らせて設定された可能性が強いということであろう。しかし、先述した比義の宇佐での活動時期を重ね合わせて考えると、これは全くの人為ではなさそうである。要するに、「五年」に拘泥することなく、〝崇峻朝（五八八〜五九二）〟と解すれば首肯出来る。つまり、敏達朝（五七二〜五八五）の或る時期に八幡神を馬城嶺に顕現させ、崇峻朝の或る時期に鷹居の地に創祀して、和銅五年に社殿を初めて建立したと見るのが妥当であろう。

五、辛嶋氏系創祀伝承が示唆するもの

鷹居社の創祀と社殿建立の時期が把握出来た今、伝承の背後にある意味を考える段階に至った。就中辛嶋氏系伝承には、多くの示唆的な内容が含まれており、これに対する考察こそ不可欠となってくる。

(一)　二つの神幸の背景

八幡神に関する伝承中現存最古と考えられるものが、『建立縁起』所収のものであることは既に論じた。[19] しかも、『建立縁起』には、大神氏系伝承と辛嶋氏系伝承の二系統が併記されており、殊の外興味深い。大神氏系伝承、つまり①では、八幡神は応神霊であり、欽明朝に宇佐馬城嶺に顕現、それを大神比義が鷹居社を建て、祝となって奉斎したことをのみ記す簡潔なものであった。要するに、大神氏系伝承は結論的なことのみを記し伝える。

一方辛嶋氏系伝承、つまり②―〔一〕・②―〔二〕は詳細にして具体的であり、簡潔な①には書き得ない様々な裏面の動向を反映させながら記しているところに特徴がある。しかもその内容は、鷹居社創祀に至るまでの部分が神幸の繰り返しとなっており、大別すれば大和神幸と宇佐辛国小神幸となる。八幡神の成立を考えるに当り、辛嶋氏系伝承は最も重要な鍵を握っていると考えるのである。

そこで、これまでの考察（前章も含めて）を踏まえて、二つの神幸のもつ意味と背景を以下に考察する。「宇佐郡辛国宇豆高島」、つまり稲積山に天降った新羅神（辛嶋氏の奉ずる神）が、突如大和に神幸する。ここで新たなる神霊（応神霊）を付与され、紀伊国を経て帰還し、宇佐郡馬城嶺に新たに生まれ変わった神、つまり八幡神として顕現する――大神氏系伝承が「大御神者、是品太天皇御霊也」と述べている部分に対応するものとして、大和神幸伝

承があるといえよう。大和神幸伝承はかくの如く解され、その背後に、大神氏が辛嶋氏を服従・協力させ、辛嶋氏のもつ朝鮮系巫覡の呪力を取り込んでいった史実を読み取ることが出来よう。これを大神氏系伝承では、結論的なことのみを簡潔に述べているのは、むしろ当然といえる。

馬城嶺に顕現した八幡神は、その後宇佐郡内の、特に駅館川より西の各地を小神幸する。現乙咩社の地から現泉社の地、更に現瀬社の地へと、これは全て辛嶋氏の所謂「辛国」の地であることに注目するべきであろう。この小神幸は大神氏による〝八幡神示威の神幸〟と解することが出来よう。現泉社の地に於いて、辛嶋氏の奉ずる女神と考えられる「豊前国特坐神崇志津比咩神」が大御神に酒を奉った条の如きは、このことをよく象徴している。

要するに、宇佐小神幸は、大神氏による辛嶋氏服従化の最終段階を反映するものと把握出来よう。その過程で、時として大神氏への反抗もあったようで、それが現鷹居社の地に於ける「五人行三人殺二人生、十人行五人殺五人生給」の表現となって伝わったと解される[20]。この反抗が、辛嶋氏の一部の者によるのか、原初信仰の保持者である宇佐氏の残存者によるものか、俄に判断は出来ないものの、いずれにしても、大神氏の動向に対する何程かの反抗があったことを示唆せしめる。大神氏系伝承では、この小神幸過程に就いて全く触れていないのも、これまた当然といえよう。

(二)　大神・辛嶋両氏合同祭祀の実現

以上の経過を踏まえて鷹居社創祀に至るわけであるが、大神氏系伝承では、これを欽明朝に馬城嶺顕現があり、その直後に大神比義が鷹居社を建てて祀ったと記していた。しかし、先述の如く、このまま認めるわけにはいかず、敏達期に馬城嶺顕現があり、崇峻朝に鷹居社創祀があって、和銅五年（七一二）に初めて社殿の建立に至ったと見ることが妥当であるとした。

鷹居社の出現は極めて大きな意味をもつ。『建立縁起』では（①・②―〔二共〕）「鷹居社」とあるが、『託宣集』や『大神氏系図』・『宇佐宮大神氏系図』をはじめとする諸文献には、「鷹居瀬社」と見える。重松明久氏が「鷹居瀬社というのは駅館川右左岸に鎮座する鷹居と瀬社の合併社名である。（中略）瀬社はいうまでもなく辛島氏の酒井泉社に近い。瀬社は大神氏の辛島氏への接近妥協の産物といえるのではなかろうか。対蹠的に鷹居社は地域的偏在性によるためか、今日荒廃し切っているが、かつては大神氏の応神八幡神の祭祀遺跡として、枢要な霊社としての栄光を誇っていたものと思う」と述べられた(21)のは、当を得た見解であるといえよう。ここに、大神氏による辛嶋氏の服従・協力化が成功を見たのである。

『建立縁起』に収める大神氏系伝承（①）では一切辛嶋氏の人物名は見られず、一方、辛嶋氏系伝承（②―〔一〕・②―〔二〕）では大神氏の人物名は一切見られない。しかし、鷹居社創祀は、社名も「鷹居瀬社」なる合併社名を一方で用いると共に、大神・辛嶋両氏による合同祭祀が成立したことを意味するのであり、これを物語るかの如き所伝が『託宣集』巻五に収められている。(22)合同祭祀の成立を以って、所謂八幡神という特異な神の成立をも意味することになるであろう。(23)

六、むすび

伝承というものは同一の形で留まり続けることは少ない。伝承を所持する者の立場によっても内容を異にするし、時の流れと共に潤色・改作・融合等が加わり、常に変化する。これまでの八幡神論者の多くが、伝承中の或る系統、或る時期の伝承を単独に取り上げて（伝承の全体像中での位置付けをなさずに、いわば都合のよいものだけを取り上げて）、この神の性格や成立を論じてこられた。しかし、伝承を踏まえるならば、伝承そのものの系統と変遷を充分に分析・考察することが前提であり、この前提を欠く論は、全くのナンセンスであることを既に論じた。(25)

かくの如き立場に於いて、前章と本章では、八幡神鷹居社創祀に関して、現存最古の八幡神伝承中辛嶋氏系伝承にのみ見られる内容を重視し、内容そのものと背後にある意味を考察した。大神氏系伝承では、八幡神が応神霊であること、欽明朝に馬城嶺顕現、大神比義が鷹居社を建ててこれを祀ると、いたって簡潔であるが、一方の辛嶋氏系伝承は詳細かつ具体的である。以下に、この辛嶋氏系伝承を踏まえて考察した結果を示す。

「宇佐郡辛国宇豆高島」（稲積山）に天降った新羅神（辛嶋氏の神）が大和に神幸し、新たなる神霊（応神霊）を付与され、新たなる神（八幡神）として宇佐馬城嶺に顕現する。その後、辛嶋氏の勢力圏である「辛国」（駅館川西岸の地）の各地を小神幸していく。これは大神氏による〝八幡神示威の神幸〟と解され、大神氏による辛嶋氏服従化の最終段階を反映するものと把握出来、この間に辛嶋氏または宇佐氏による反抗もあったようである。

この経過を踏まえて、鷹居社（或は鷹居瀬社）創祀と社殿建立が位置付けられ、時期的には、敏達朝（五七二～五八五）に馬城嶺顕現、崇峻朝（五八八～五九二）に鷹居社創祀、和銅五年（七一二）に社殿建立を見たと考えられる。また、鷹居社の創祀により、大神・辛嶋両氏による合同祭祀が実現し、ここに所謂八幡神なる特異な神が成立したと見ることが出来よう。

〔註〕

（1）　この解状に対する弘仁十二年（八二一）八月十五日の官符が『東大寺要録』巻第四・諸院章第四・八幡宮条に収められている。これによると、解にいう「右大御神者、是品太天皇御霊也」の部分が符では「件大菩薩是亦太上天皇御霊也」となっているが、他は悉く同文である。また解文は『宮寺縁事抄』第一本にも引かれている。

（2）ここでは、註（1）で示した弘仁十二年八月十五日の官符とは別に収められているもう一つの伝承をいう。

（3）この辺の詳細な考察に就いては、第一編第二章参照。

（4）詳細は、第一編第一章参照。

（5）辛嶋氏が新羅系渡来氏族なることは先学の指摘されるところである——例えば、中野幡能氏著『八幡信仰史の研究』（増補版）上巻（昭和五十年五月）序論・第一章、上田正昭氏「渡来の神」（同氏著『古代の道教と朝鮮文化』、平成元年十一月、所収）、重松明久氏「宇佐託宣集よりみた八幡神信仰の展開過程」（中野氏編『宇佐神宮の研究』、平成七年八月、所収）等。

（6）本編第一章参照。

（7）辛嶋氏はシャーマンの家系であることは、その後の八幡神に奉仕する同氏の女禰宜の果たす役割からして明らかである。朝鮮半島のシャマニズムは、今日も体系化されたものとして存在することが報告されている。その実態は北部と南部で多少異なるようであるが、辛嶋氏のシャーマニズムが、どうやら南部の系統に属しているようである——崔吉城氏「朝鮮のシャーマニズム」、金泰坤氏「韓国巫俗の神観」（以上二稿、桜井徳太郎氏編『シャーマニズムの世界』昭和五十三年九月、所収）参照。

（8）第三編第三章参照。

（9）『神道大系』神社編四七「宇佐」所収。

（10）中野氏著『八幡信仰史の研究』（増補版）上巻（前掲）第二章、同氏著『宇佐宮』昭和六十年十月第二章、同氏著『八幡信仰』昭和六十年六月第二章。

（11）乙咩社境内からは五世紀の方形周溝墓が検出されている。

（12）この辺の地形・地名の詳細に就いては、日本歴史地名大系第四五巻『大分県の地名』（平成七年二月）「豊前国」宇佐市条参照。

(13) 右掲『大分県の地名』「豊前国」宇佐市条「閤村」の項では、「地名は閤＝役所の意に由来するともいわれる。（中略）村の西端、石田村の四日市村境にある瓦塚は近年の発掘調査により宇佐郡衙跡ともみられており、あるいは同郡衙と関連した地名か」と記している。一方、樋田には後述する「郡瀬社」（瀬社）があり、郡衙の近くに瀬があったと解される。
　尚、『託宣集』第三・酒井条に「豊前国宇佐郡菱形山西北角大泉」とあるのは、「在㆓郡西北角㆒」を後に固定化する八幡宇佐宮の所在地である菱形山中心の見方に改めていることがわかる。

(14) 現鷹居社の東に接して弥生時代の集落遺跡である高居遺跡があり、当社境内も同遺跡地内に含まれる。

(15)『託宣集』巻三ではこの間の事情を、「有宇佐郡大河。化鷹渡瀬東岸之松。又飛空遊西岸之地。故云鷹居瀬社」と記し、大御神が鷹と化して東岸の松林（鷹居の地）と西岸の郡瀬の地を行き交ったことから、後にいう「鷹居瀬社」の呼称が起ったという。後世、瀬社と鷹居社が密接な関係をもつのも、この伝承に起因すると考えられる。

(16)『大分県史料』三〇所収。

(17)『神道大系』神社編四七「宇佐」所収。

(18)『託宣集』巻五では「初立宮柱」とあり、『大日本史』一四本紀四では「造鷹居社」、『宇佐八幡宮縁起』上では「依神託、以勅定令造神殿」、『大神氏系図』と『宇佐宮大神氏系図』では共に「初奉造斎殿」とある。

(19) 第一編第二章参照。

(20) 中野氏はこれを「辛嶋氏と大神比義が、劇しい闘争をした」としておられる——同氏著『八幡信仰史の研究』（増補版）上巻（前掲）第二章。また、同氏は最近の講演に於いても、「非常に厳しい紛争神話が残って」いると述べておられる——同氏「八幡信仰の源流」（『神道宗教』第一六二号、平成八年三月）。

(21) 重松氏前掲論文。

(22)『託宣集』巻五「鷹居瀬社」条に、
一。元明天皇元年和銅元年戊申。

豊前国宇佐郡内。大河流今号宇佐河。西岸有勝地。東峯有松木。変形多瑞。化鷹顕瑞。渡瀬而遊此地。飛空而居彼松。是大御神之御心荒畏坐。往還（近）之類。遠近之輩。五人行即三人斃。十人行。即五人斃。于時大神比義又来。与辛嶋勝乙目両人。絶穀三箇年。精進一千日。依奉祈之。御心令和之給。和銅三年不見其躰。只有霊音。夜来而言。

とあることが注目される。

(23) これに就いて、飯沼賢司氏は、「『八幡』という神は大神氏と辛嶋氏の信仰が合体したとき、初めて八幡としての性格を形成したのであって、それは大神比義と辛嶋勝乙目が共に八幡に奉仕した鷹居社に始まる」とされる。しかし氏は、八幡神の成立をこれだけで説明できないとされ、もう一つの要素として「八幡宮弥勒寺の初代別当法蓮とのかかわり」を挙げ、放生会を重視される――同氏「八幡神成立史序論」（『大分県地方史』第一四六号、平成四年六月）、同氏「宇佐宮放生会を読む」（『大分県地方史』第一六一号、平成八年三月）。このように二段構え的な論を展開されるが、一方で本編第一章で紹介した如く、「八世紀初頭の対隼人政策の中で政治的に作りだされた神であった。その成立時点から隼人を平定する軍神」であったとされ、また、「八幡神は、八世紀初頭に突如登場した神であり、きわめて政策的な、軍事的な神であった」とされる――同氏「奈良時代の政治と八幡神」（古代王権と交流8『西海と南島の生活・文化』、平成七年十月、所収）、同氏「女性からみた『道鏡事件』――宇佐宮における女祢宜託宣と亀卜の対決――」（シリーズ比較家族8・田端泰子・上野千鶴子・服藤早苗各氏編『ジェンダーと女性』、平成九年三月、所収）。

(24) 第一編第二章。

第四章　僧法蓮と「豊国」
――法蓮伝承の検討を中心に――

はじめに

八幡神の成立に深く関わった人物の一人として法蓮なる僧が存在した。これまでに法蓮に触れた研究は多くあったが、法蓮像そのものに迫る研究は少なかった。それは、彼の名が正史に褒賞記事として二度記されているのみで、他は悉く地域の文献、それも伝承化された記事の中にあるということに拠るところが多い。

このような情況下に、近年、豊国在住の研究者より思い切った所説が発表されており、注目に値いする。この所説は後に紹介するが、地元に多く存在する伝承を退け、専ら中央に結び付けて考えようとするもので、示唆に富む一面も多いが承服しかねる面もまた多い。このような場合、やはり、伝承そのものを子細に検討することが極めて重要であると考える。

一、法蓮研究の動向

その研究動向に眼を向けよう。従来の流れに立つ所説と新たな視点に立つ最近の所説の骨子を把握し、問題の所在を見極めたい。

法蓮を語る場合、常に重視される史料が四つある。それを最初に示しておこう。

〈『新撰姓氏録』第二〇巻・和泉国神別天神条〉

巫部連ハ采女臣同祖、神饒速日命六世孫、伊香我色雄命之後也。雄略天皇御躰不預。因レ茲、召二上筑紫豊国、奇巫一、令二真源椋率レ巫仕奉一。仍賜二姓巫部連一。

〈『日本書紀』用明天皇二年（五八七）四月二日条〉

是日天皇得レ病還二入於宮一。群臣侍焉。天皇詔二群臣一曰。朕思三欲帰二三宝一。卿等議之。群臣入レ朝而議。物部守屋大連与二中臣勝海連一。違レ詔議曰。何背二国神一敬二他神一也。由来不レ識二若レ斯事一矣。蘇我馬子宿禰大臣曰。可二随レ詔而奉一レ助。詎生二異計一。於レ是皇弟皇子皇弟皇子者穴穂部皇子。即天皇庶弟。引二豊国法師一闕レ名入二於内裏一。物部守屋大連耶睨大怒。

〈『続日本紀』大宝三年（七〇三）九月二十五日条〉

施二僧法蓮豊前国野卌町一。褒二毉術一也。

〈『続日本紀』養老五年（七二一）六月三日条〉

詔曰。沙門法蓮、心住二禪枝一。行居二法梁一。尤精二毉術一。済二治民苦一。善哉若人。何不二褒賞一。其僧三等以上親。賜二宇佐君姓一。

（いずれも傍点は逵）

㈠　従来の流れ

先述の如く、これまでの研究中、法蓮像そのものに迫る研究は少なく、内容的にも、法蓮が宇佐氏出身の僧であり、辛嶋氏がもたらした朝鮮系巫覡信仰と融合した特異な呪力を有する僧として把握されてきた。この面での具体的かつ代表的な研究はやはり中野幡能氏によるものであろう。

氏の所論の要点を示そう。まず「豊国奇巫」は新羅系のシャマンであり、これと仏教が融合して「豊国法師」となる。このような流れを受けて「宇佐氏の法蓮」が登場するとされる。[1]

しかし、氏の法蓮像は近年に至って大きく変化する。その代表的な所論が「法蓮の『野四十町』について」[2]（平成四年九月の講演を基に成稿）である。ここで氏は、法蓮の二度にわたる褒賞に就いて見解を示され、「野は未墾地」を指し、その後に宇佐君姓を賜わったのは、法蓮の開墾が進んだこと、人民救済及び大隅の治安回復の功績によるものであるとされる。「三等以上親とは、開墾に従事した人々のことではないだろうか」と述べられる。続いて、「野四十町」の所在を求められ、まず、宇佐氏勢力が宇佐郡向野郷より西（八面山をとりまく地域）に移動したことを指摘し、その地域の中に、後の宇佐宮八箇社の一となる大根川社（宇佐郡佐野）の存在することに着目される。また、相原廃寺や塔の熊廃寺もあり、これらの社寺に関わる人々こそ「三等以上親」、つまり「宇佐氏族」ではないかとされる。

また氏は、「野四十町」受領の頃の背景として、宇佐国造が五二七年の磐井の乱に加担し急速に衰えたらしいとされ、「法蓮による四〇町の受領は（中略）宇佐氏復興の唯一の機会であったとみられる」と述べられる。尚、氏は、昭和五十七年頃より以降、豊国奇巫――豊国法師――法蓮の流れの中に、道教の影響が大であることを強調されるようになった。[3]

(二)　最近の動向

これに対し、新しい視点で大胆に法蓮研究を進めておられるのが考古学者の後藤宗俊氏である。氏はまず、「雄略朝（豊国奇巫入内）――用明朝（豊国法師入内）――大宝・養老期（法蓮褒賞）という流れは、（中略）むしろ逆の流れ、すなわちはじめに法蓮があり、これをふまえて、用明朝の豊国法師の記事が造作され、さらにこれをふまえて豊国奇巫の記事が雄略朝のこととして巫部連氏の本系に書き込まれた可能性さえ考えられる」とされ、五〜六世紀の「卓越した仏教文化の所在を豊国管内で実証しうる可能性」が極めて低く、「この地方の仏教文化の成立は、名実ともに七世紀から八世紀はじめ」とされる。(4)

続いて氏は、法蓮そのものに考察を向けられ、最初の所論を発表、(5)一四年後にこれを再考された。(6)ここでは再考の方に焦点を当てて取り扱う。氏の結論は四点であった。第一、奈良時代前期の仏教界は、民間私度僧の出現、民間布教の動向、寺院外での活動、道教や伝統的巫術等による呪法と僧の活動、追随する民衆の動向等に、「政府は危機感を強め、厳しい統制を行う一方、強烈な国家仏教政策を推進しつつあった」とされ、こうした中でなされた法蓮の褒賞には「僧としての法蓮の基本的性格が窺われ」、「政府の信任あつく、わりあい折り目正しい僧のイメージ」が描出されるといわれる。従って、「『彦山流記』『託宣集』に語られる山岳修験の祖というイメージとは整合しないように思われる。これら伝承の僧のすがたは、むしろ律令政府が徹底して忌避し弾圧しようとした僧のあり方に近い」とされる。

第二、「法蓮の医術も、当然律令政府が僧尼令や養老元年の詔によって容認し推奨する医術の範疇にあった」と考えられ、「僧尼令は僧尼が道教系の巫術も行うことを厳しく禁じているので」、彼の「医術は道教に基礎を置くものとは考えがたい。いわゆる民間巫術の類でもなかったと思われる」と述べられる。

第三、法蓮が「豊前国野四十町」を賜わったことから「直ちに法蓮の本貫を豊前とするのは問題がある。その可能性は十分考えられるが、一方で法蓮と豊前のかかわりは大宝の行賞以後のものである可能性も考えておくべきであろう。養老五年の行賞で、その三等の親、つまり彼の一族が（はじめて）宇佐の姓と君のカバネを受けたという意味は後者のケースの方が理解しやすい」とされる。

第四、法蓮と宇佐国造との関係に就いて、「この賜姓がなされるまでに、有姓・有カバネの豪族としての宇佐氏（宇佐君）はこの地方にはなかった可能性がある。いずれにせよ大化前時代からの在地首長宇佐国造と平安時代以降の宇佐氏とを系譜的に直結する考えは、基本的に再検討を要する」と述べられる。

しかし、後藤氏も最近に至って、右の所論をかなり修正しておられる。(7)その最大の特色は、法蓮を中央の官僧とし、本来豊前出身ではなく、褒賞後に宇佐入りしたとされることと、彼の山岳修行を認めておられることであろう。具体的に見よう。「法蓮が道昭・行基・弁基・神叡など同時代の錚々たる高僧たちのひとりとして地歩をもつ高僧であり、（中略）飛鳥寺東南禅院にかかわる瑜伽・唯識論の禅を身につけた看病禅師であった可能性」を求められた。また、「法蓮の仏教において、正統な官僧としての面立ちと、多くの伝承に伝えられるような山岳修業者の側面が見えることはその意味で当然のことといえよう」とされ、「彼が宇佐・国東の山岳仏教の始祖として語られるのも、これらの伝承もあながち虚構とはいえないように思われる」と、前論とはかなりの変化を示された。この中央官僧の世界に考えを発展させられた基調は、南法華寺（壺坂寺）出土の倚坐独尊塼仏の「ふみかえしと見られる塼仏」が、法蓮ゆかりの宇佐虚空蔵寺跡から出土したことにあるらしい。

更に、法蓮の宇佐入りに就いて、まず「彼が医術を賞されながら、還俗はせず僧として生涯を全うしたらしいこと」に注目される。また、法蓮が渡来系氏族の出身である可能性を強調され、「法蓮の宇佐入りは一族をともない、その集団のある種の技術や特技が、宇佐入りの目的に」、つまり、「隼人征討、八幡神の遷座と大規模な造営、そして神宮寺としての弥勒寺建立。それは当初からの一つの壮大なプロゼクトとして折り込まれていた」と考えられる。(8)

㈢ 問題の所在

これら両氏の研究動向を踏まえて、ここでは法蓮研究に関する問題の所在を明らかにしておこう。

①法蓮伝承が、豊前はじめ北九州には実に多く存在するが、大和及びその近辺には皆無に等しいことを、どのように解するか。
②豊国奇巫・豊国法師・法蓮の三者を、流れ或はその逆と見るか否か。
③法蓮の「毉術」「禪枝」とは、どのようなものとしてとらえるべきか。
④法蓮は、果たして中央の官僧で大変な高僧であっただろうか。
⑤法蓮と宇佐国造に就いてどう考えるか。
⑥褒賞記事はどのように位置付けられるか。
⑦八幡神及び宮寺とどのように関わったか。

以上、七つを主要課題として、冒頭に述べた如く、伝承の検討を中心に考察を進めていきたい。

二、法蓮伝承の検討

両氏をはじめ、多少とも法蓮の考察に関わった論者も、その伝承を系統的に考察して取り上げられることは殆んどなかった。私が伝承そのものの検討を重視するのは、潤色と改作等が繰り返された結果として現存する伝承を、系統的に考察することにより、素朴な原形をかなり浮上させ得ることが多いからである。しかも、その原形に近いものには、少なからず史実の反映と考えられるものが潜んでいる。私はそのような観点から、過去に伝承の検討を多く試みて来た(9)。

奇しくも五来重氏が彦山の開創伝承に触れられて、「このような後世に成立した縁起を、『日本書紀』にないとか、正史に矛盾するからといって否定するのはきわめて容易である。それは容易であるが故に幼稚園児でもできる歴史の処理だともいえる。ほんとうの歴史学は、正史に矛盾することをおそらく知りながら、どうしてそのような荒唐無稽の説を立て、縁起をつくるのか、という疑問に挑戦するところからはじまる。（中略）歴史の真相はむしろ書かれざる部分にあるのだという、きわめて反常識的な拗ねた歴史観にわれわれをみちびいてゆくかもしれない。しかしそうでなければ宗教史や修験道史、そしてその拠りどころとなる社寺縁起は処理できないだろうとおもわれる(10)」と述べておられることは、まことに印象的である。

(一)『彦山流記』と『鎮西彦山縁起』

法蓮伝承を収める文献として最も著名なものは、建保元年（一二一三）の奥書をもつ『彦山流記』（以下、『流記』と略記）であろう。

彦山（英彦山、一二〇〇メートル）は東北九州を代表する霊山として知られている。この山に関わる縁起類中現存最古のものが『流記』である。奥書には「建保元年癸酉七月八日」とあるが、佐々木哲哉氏の解題に「原本の成立を示す『建保元年』に疑念が持たれている。即ち、建保改元は建暦三年（一二一三）十二月六日のことで、それからすれば奥付にある七月八日は改元以前のこととなる。事実、山内に遺る磨崖刻銘の中にも、その疑念を裏付けるものがある。あるいは、奥付のほかに文中でも、『然今一人趣檀那之請、粗抄㆓出此要項㆒、委如縁起文云々』と記しているように、先行する縁起のあるところから、それに近づけようと古く見せかけたと考えられるが、原本の書体等から推して、紀年の時期をさして下るものではあるまいと推定されている」と記しておられる。(11) 一三世紀初期の成立と見て支障なかろう。

『流記』の内容中、最も多くの紙幅を割き、しかも最も注目されるのが「第一般若窟（又号玉屋）」の条であろう。この部分が所謂法蓮の修行譚であり、法蓮伝承を代表するものである。その内容の概略を示そう。甲寅年（安閑天皇元年とされる）、彦山権現が衆生を利せんがために摩訶陀国より如意宝珠をもって日本国に渡り、当山般若窟に納められる。住侶の法蓮上人がこれを聞き（一六〇余年後のことという）、「籠居十二年間一心不乱一字一句無二散心一読二誦金剛般若経一。十二年間如法如信只一巻読得」と神冥の法楽に備えた。この間に白髪の翁が時々やって来て上人に奉仕した。「上人問レ翁云、何処来。翁云、此御山辺候者也。上人又云、汝奉仕心懃、師檀契約非一世二世事、曠劫多生約束也、我此宝珠於二行出一者、无二是非一可レ与レ汝云々。翁聞二此言一悦去了。其後如レ願巌窟清水流出、付二彼水一倶利迦羅含レ珠来吐二出之一。上人悦豫心満二五体一随喜涙浮二双眼一、合二定恵掌一指二出左袖一、信楽衣表納二无価宝珠一畢」という。

上人はその後、当山上宮、宇佐の八幡宮に詣で、「豊前路自二霊山一廿余町許下有二三町許坂一」、その坂中に先の翁が来て、かの宝珠を乞う。しかし上人は、自分が多年にわたり身命を捨てて修行した結果得たものを、渡すまいとする。翁は先の約束をもち出して悔しがる。翁は再びやって来て宝珠を乞う。上人は邪心で翁に与えるというが、袖を見れば宝珠がなくなっていた。「爰上人忽発二悪心一顕二強盛忿心一、誦二火界咒一結二火印一投二翁迯去前一。般若智火炎焔熾四方山悉焼レ之、翁進不レ堪速帰来。（中略）翁向二聖人一云、実我八幡大菩薩也。吾日本国為二静謐一令成二鎮守一忽得二此珠一日本一州併可二利益一云々。又慈尊出世為二結縁一立二伽藍一号二弥勒寺一為二神宮寺一、分二宮領八十庄一可レ為二彼供田一、件寺別当可レ奉レ成二上人一也、契約従二今身一至二仏身一互可レ助二行化一云、大菩薩得二此珠一宇佐宮宝殿自納レ之云々。爰大菩薩与二法蓮上人一同心」の契りを結んだとする。

『流記』の同条にはこの話の後に注目するべき二つの事柄を記している。第一は、養老の隼人征伐後に、法蓮は「高原嶽坐二修日想観一之時、彼嶽紫雲聳二大宰府一差覆」ったという。「高原嶽」は香春岳かと見られている。大宰府はこの奇瑞を奏上した。「推古天皇御宇経二奏聞一之間、鎮西被レ下二勅使一被レ召二法蓮上人一、彼落付処公原云、法蓮為二許容一温構処湯迫云、不日令二参洛一験无双行徳秀発、法蓮賜二和尚号一畢。其後猶鎮西下向籠二居般若窟一、申二宝珠出現悦一給」と記しており（時代的に辻褄が合わないものの）、重要だと思う。

第二は、「法蓮和尚豊前国々分寺領上毛郡山本奉レ安二置虚空蔵菩薩一勤行之、件本尊者金銅像国分寺宝蔵納レ之、至レ今在レ之云々。然則弥勒寺別当者法蓮和尚末弟、従二彦山一尤補二任彼職一、法蓮和尚者弥勒化身也云々」とあることであろう。論者が山本に虚空蔵菩薩を安置したことに就いて云々するとき、後述の『八幡宇佐宮御託宣集』（以下、『託宣集』と略記）巻五の記事を引用することを常としているが、それに先行する記事をここに見るのである。

以上、『流記』に見られる法蓮伝承の内容を概観したが、注意するべきは、『流記』が先行する縁起に基づく抄出であるという点である。『流記』の成立が一三世紀初めであるから、先行縁起は常識的に考えて平安時代に存在したことになろう。してみると、その所収内容、就中最も重きを占める法蓮伝承は先行縁起より以前に成立しておらねばならぬ。彦山に於ける法蓮伝承の原形は、奈良時代末期から平安時代初期の頃に成立していたと考えられよう。これまでに法蓮を論じた研究者の眼差は悉く『続日本紀』の二度にわたる褒章記事に厚く注がれた。『続日本紀』の成立は延暦十六年（七九七）である。その前後に彦山に於ける法蓮伝承の原形は成立していたと考えられるのである。

次に『鎮西彦山縁起』（以下、『彦山縁起』と略記）に移る。ここでも佐々木氏の解題(12)に依拠して当縁起に就いての概略をまず述べよう。その奥書に「右旧本頗虫食錯簡故與同志者令改正畢、彦山伝灯大先達宗賢坊祇尭書　元亀三年三月十一日」とあって、ここでも旧本のあったことを知るのであるが、既に散佚しており、それらが同一のものか別個のものかも判然としないという。要するに当縁起の成立は元亀三年（一五七二）、一六世紀末である。

さて、当縁起中の法蓮伝承も、開創伝承について多くの紙幅を割いている。その内容は、『流記』の内容を踏まえつつも更に多くの史料・伝承を導入し、一段と多彩なものになっていることが目につく。『流記』には見られなかった内容を左に列挙しよう。

○法蓮の二度にわたる褒章記事が組み入れられていること。

○「蓮者姓宇佐氏。宇佐郡小倉山苦修練行、兼精二方薬一善治二衆病一矣」とあること。

○彦山の霊窟に宝珠があり、これを得る必要のあることを八幡大神に教えたのは小倉山に鎮まる「北辰」神であり、更に彦山の霊窟には先に法蓮法師が居しており、この法師に奉仕して宝珠を求めるよう教えたのは「香春」神であるとしている。

○法蓮と八幡大神の和解した場所が「下毛郡諫山郷猪山頂」、つまり八面山としており、その時の様子を次のように記す。「翁不レ獲レ已化二金色鷹一随二一黄犬一飛二還猪山石上一乃作二人語一曰、吾是八幡也、昔為二人君一伝二三種器一安二撫万姓。今成二霊神一。得二一顆珠一護二百玉一。願見二許與一。我得二此珠一置二宇佐宮一以為二地鎮一。当下建二梵刹一安二弥勒像一、分二割神祖一請レ師為レ主酬二其恵一遠期中龍華上。蓮立二石側一和解與レ珠。因号二此石一為二和與石一。変応鷹犬竝化二石像一今猶存二乎猪山頂一焉」と。和解内容そのものは『流記』にあったが、猪山々頂での儀式化された形はなかった。

○山本に虚空蔵菩薩安置の記事に続けて、「桓武帝延暦中有レ勅建二造豊前山本郷鷹栖山観音一。詔レ蓮為二開山第一祖㆒、寺東有㆓礼拝石㆒、伝言八幡大神来㆓降其上㆒日礼㆓法蓮㆒」とある。

以上の五点からも、当縁起の法蓮伝承は、新たな要素を導入して膨らんでいることが知られよう。尚、宝珠と関連して後世の高弁上人や安覚の話が記されており、これに伴い仁安三年（一一六八）や承元元年（一二〇七）という年代が出てくる。これらの年代のやや後に、先行の「旧本」なるものが存在していたことを物語ることになろうか。(13)

㈡『八面山縁起』

八面山（六五九メートル、地図10参照）は大分県下毛郡三光村の南部と本耶馬渓町の北部にまたがって存在し、山容は航空母艦型の見事なメーサ状をなして、八方から眺めても形がほぼ同じに見えるところから「八面山」の名がある。古来、猪山・箭山（弥山）・屋山等の呼称が存在した。先述の彦山と宇佐・国東の山々との中間にあり、両者の宗教・文化を繋ぐ霊山である。

この山の宗教・信仰、及びそれらを集大成した『八面山縁起』も広く世に知られていない。ここでは伊藤勇人氏の翻刻されたもの(14)に拠り、必要な事柄に触れておく。当縁起は序文の奥書に「于時天和弐年孟春　宇佐社僧恵海法師謹拝書」とあり、本文末に「于時天和弐年二月日」と重ねて記していて、天和二年（一六八二）二月、宇佐宮社僧の恵海によって記されたことがわかる。後述の『託宣集』はじめ多くの文献に所収されている諸伝を導入して書かれたようである。

序文の内容で本章に関して注目されるのは、「西顧高五六丈有余之大石碣焉。則号㆓和與石㆒。昔有㆘八幡皇太神與㆓法蓮上人㆒於㆓此石許㆒和與因㆖矣」と和与石を特筆していることと、「遠眺鷹社三角之宝池水泓澄神明威光鎮映㆑

（地図10）八面山と北麓地域及び屋形谷

浪。古記云、八面山者薦社之奥院。皇太神常御遊行之勝地也」とあることであろう。和与石に就いては前項で取り上げたが、薦社（別名大貞八幡、大分県中津市大貞）と三角池（御澄池、地図2参照）が特筆されており、しかも、それらの奥院に当るのが八面山だとしていることは重要である。この点に就いては後に触れる。本文で和与石が特に項目を設置して詳述されているが、内容は先述の『流記』・『彦山縁起』、後述の『託宣集』等の記事を踏まえて記されているので、これ以上言及しない。

㈢『託宣集』

『託宣集』は、宇佐宮弥勒寺講代及び学頭職を勤めた神吽が、正応三年（一二九〇）に起筆し、八三歳となった正和二年（一三一三）八月頃に稿了となった（巻三序と巻一六の跋によって知られる）。鎌倉時代末期の成立である。源平争乱時以来八幡宇佐宮寺は破壊と荒廃の中にあり、往古の文書・旧記も失われた。神吽は可能な限り各所に散在する旧記・古伝の類を集め、編纂までに実に二十年以上を費やす慎重な姿勢を貫き、完成した本書の内容も、必然的にこの時点で存在した旧記・古伝の集大成に向ったのである。(15)

『託宣集』に於ける法蓮伝承は主として巻五に集中する。まず彦山伝承は、最初に『彦山縁起』とほぼ同様の内容が、続いて「一云」として『流記』の内容が記されている。この他、法蓮が弥勒寺別当になったこと（これのみ第六巻に所収）、山本に虚空蔵菩薩を安置したこと、高原嶽に日想観を修したこと等、ほぼ『流記』の内容を踏まえている。『託宣集』所収法蓮伝承で、これまでの諸書に見られなかった内容を上げておこう。

○養老四年（七二〇）、八幡神軍の隼人征伐に際し、「豊前守将軍奉請大御神。祢宜辛嶋勝波豆米為大御神之御杖人女官名也。立御前。行幸彼両国。此時彦山権現法蓮。華厳。覚満。躰能等。倶値遇。同成計之給。自仏法者蕩悪心。

自海水者浮龍頭。自地上者走駒犬。自虚空者飛鷁首矣。隼人大驚甚惶」と、法蓮等も参加したこと。
○その後の放生会に於いて、「十五日潮半満之時。大菩薩出御于浮殿。法蓮和尚等導師已下勤行。唱放生陀羅尼。令誦大乗経文」と、和間浜で法蓮等が勤行していること。

四　その他の伝承

以上の他に、地域的に興味深いものを若干取り上げておく。

まず、宇佐郡院内町（地図11参照）に集中的に存在する。当町は宇佐市の南方にあり、標高三〇〇から五〇〇メートルの丘陵地が続く山間地帯に位置し、宇佐平野を北流する駅館《やつかん》川の上流地に当る。つまり、当町東部を南から北に流れる恵良川と安心《あじむ》院町方面より流れてくる津房川が三又で合流して駅館川となる。当町の中心部は恵良川に沿った長い谷であるといってよい。この谷間に法蓮伝承が多く存在する。代表的なもの三箇所（地図11参照）のみ取り上げておく。
○高並神社（百社宮、同町下船木）――菟道稚郎子（菟道大明神）が宝性山上に垂迹し、その神託を受けた法蓮が社殿を建立して奉斎したことに始まると伝え、また、左手の坂道を登ると山上に法蓮の墓があるという。
○龍翔寺跡（同町高並）――寺は法蓮の開基と伝え、寺跡の横に「法器塚」なるものがあり、法蓮の鈴・錫杖・独鈷等の法器が埋められたという。この塚の銘文や『豊鐘善鳴録』、『神社寺院明細帳』によると、法蓮は弘仁年間（八一〇～八二三）に高並の山麓の一堂で没したと記されている。
○香下神社（妙見神社、同町香下）――神社の背後に妙見山（四四四メートル）があり、養老三年（七一九）、法蓮が和尚山で修行中、妙見山上に三神瑞光を感得してこの山頂に祀ったという。社殿は本来山の中腹にあったが、大

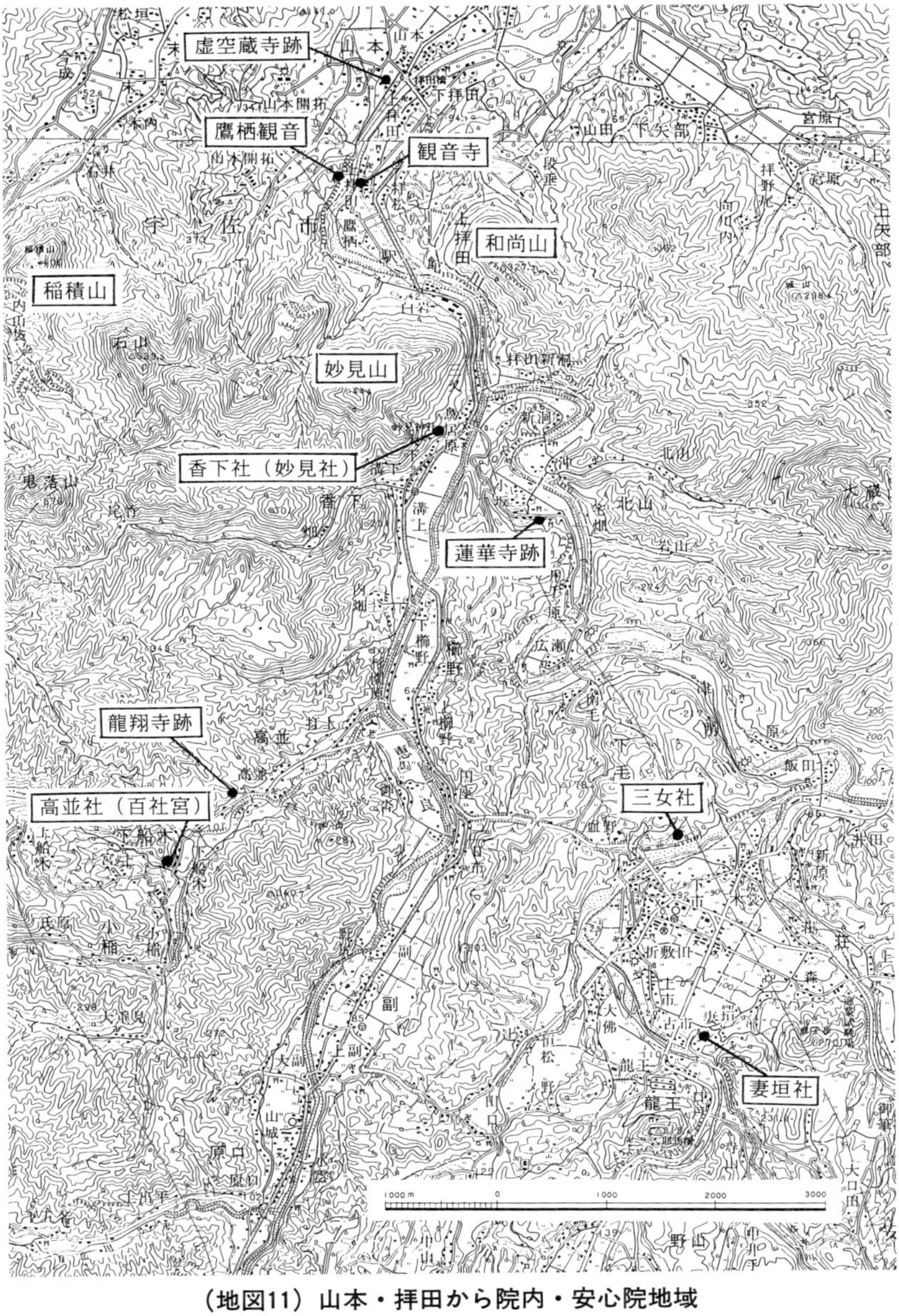

（地図11）山本・拝田から院内・安心院地域

正四年（一九一五）、現在地に移された。

先述の如く、三又で二河川が合流し、駅館川となって少し北流すると宇佐市の山本に出る（以下、地図11参照）。まず西岸断崖の岩窟に投入堂があり、これが『彦山縁起』に記されていた山本の鷹栖観音である。川の対岸（東岸）は宇佐市上拝田で、ここにも法蓮伝承が存在する。まず川に面して（川をはさんで鷹栖観音に向き合う位置に）曹洞宗観音寺（現無住）があり、法蓮開基を伝えている。その後方の和尚山（三二七メートル）頂上には、法蓮が鷹栖観音を礼拝したという大石（座禅石）があるなど、この辺の地名である「拝田」もこのような事情から起ったという。この地点から川を更に北流すると、西岸の虚空蔵寺跡（宇佐市山本）に至るが、既に『流記』・『彦山縁起』・『託宣集』に記していたのでここでは取り上げない。要するに、院内町の谷間から川に沿って宇佐市の拝田・山本まで伝承の分布が連なることを一応重視しておこう。

あと一つ、下毛郡耶馬渓町平田田ノ尻に久福寺がある。山号を巌洞山と称し曹洞宗の小寺院。背後の山はまさに岩山で、その断崖に大中小三つの岩窟があり、最大のものには投入堂があり、聖観音を安置する。先述の鷹栖観音を彷彿とさせ、当寺も法蓮の開山と伝えている。(16)

以上述べた要点に他の記事を交えて年表にまとめた（図表4）ので参照されたい。

三、法蓮像の追求――正史と伝承の間――

主要な法蓮伝承を直視するとき、中央の官僧にして高僧というイメージは一向に得られない。それどころか、『託宣集』巻五に、「流浪行者法蓮聖人」、『豊鐘善鳴録』五に、「自称流浪行者」とさえ記している。(17)彼が中央の高僧であったならば、大和及びその周辺にも多くの伝承があってよい。それが悉くないのであるから、豊国に伝わる

時　代	世紀	記　　　事　（含伝承）	伝　承　関　係　文　献
奈良	8	大宝 1〜3?(701〜703?・託 5)　彦山での八幡大神と法蓮（流記、縁起、託 5） 大宝 3(703)　法蓮に野四十町が施される（続紀） 和銅 5(712)　八幡鷹居社に社殿を造る（託 5、大神系） 霊亀 2(716)　八幡神小山田遷座（託 5、大神系） 養老 4(720)　隼人征伐、薦枕、法蓮も参加（託 5） 養老 5(721)　法蓮、その三等以上の親に宇佐君姓を賜う（続紀） 神亀 2(725)　八幡神小椋山遷座、日足に弥勒禅院（建、託 6）、初代別当に法蓮（流記、縁起、託 6）、南無会に薬師勝恩寺（託 6） 天平 3(731)　八幡宮、官幣に預る（建、東要 4、託16） 天平 6(734)　八幡宮、第二殿に比売神を祀る（託 2） 天平10(738)　二箇神宮寺を小椋山の境内に統合移建＝弥勒寺の出現（建、託 6） 天平神護 1(765)　八幡神大尾山遷座、宇佐公池守造宮押領使（建、託7・8） 天平神護年中(765〜766)　宇佐公池守、中津尾寺建立（宮文28、託3） 宝亀 2(771)　宇佐公池守、少宮司（東要 4、託10） 延暦 1(782)　八幡神小椋山再遷座（建、託10・11）	？ （法蓮伝承の原形） 延暦16(797)『続日本紀』
平安	9	弘仁 14(823)　八幡宮第三殿に大帯比売を祀る（建、託3）	
	10	（以下余白）	（先行縁起）
	11		
	12		
鎌倉	13		建保 1(1213)？『彦山流記』 （先行旧記）
室町	14		正和 2(1313)『託宣集』
	15		
安土	16		元亀 3(1572)『鎮西彦山縁起』
江戸	17		天和 2(1682)『八面山縁起』

<註>表中の託は『託宣集』、流記は『彦山流記』、縁起は『鎮西彦山縁起』、続紀は『続日本紀』、大神系は『大神氏系図』、建は『宇佐八幡宮弥勒寺建立縁起』、東要は『東大寺要録』、宮文は『宮成文書』を示す。

（図表 4 ）法蓮記事及び関連文献年表

伝承の考究は一層重要性を増すであろう。

㈠　根源としての彦山伝承

法蓮伝承の根源は彦山にあった。特に『流記』には先行縁起が平安時代に存在し、そこに所収された伝承（現存『流記』のそれと大きく変わらないだろう）の原形は更に遡り、奈良時代末期から平安時代初期には形成していたと考えられるからである。その有力な裏付けとして、『流記』所収法蓮伝承には『続日本紀』に見る二度の褒賞記事は引かれておらず、後代の『彦山縁起』に至って引かれていることを重視したい。従って、『流記』所収伝承は原形に近い古い内容を多く留めていると見られ、これを踏まえて論じられた方々の見解は大いに拝聴せねばならぬ。

五来氏は、彦山が朝鮮半島に近く、容易に往来出来たので、「密呪や神仙術をまなんで医療にすぐれた行者を輩出し」、「それが豊国法師であり、法蓮であった」とされ、『続日本紀』の褒賞記事を引いて「呪医として民の病苦を済」い、「しかも『禅枝早茂、法梁惟隆』の語が示すように禅行（山中修行）の徒の集団の頭梁として、彦山修験を統率していた。そして法蓮みずから玉屋谷の般若窟に住み、その他の修行者も彦山四十九窟といわれる洞窟を寺として住んだ。彦山修験の特色はこの洞窟寺院と密教および陰陽道による呪医だったことによる。その呪医としての新知識を得るためにも朝鮮や中国におもむく必要があり、それは渡来僧開創説の根拠になったものとおもわれる」と述べられる(18)。

大和岩雄氏には更に突っ込んだ考察が見られる。「豊国法師が内裏に入った五八七年（用明天皇二年）から二十年後の六〇八年（推古天皇十六年）に、隋の煬帝は裴世清を倭国に派遣している」。「『隋書』倭国伝に、『竹斯《つくし》国に至り、又、東して秦王国に至る』とある。筑紫国の東にある豊国は、秦氏の国の意の『秦王国』といわれていたから、

（中略）奇巫や法師に『秦王国』の意味の『豊国』を特に冠したのであろう。天皇が重病になると、都の巫が医師でなく、特に豊国（秦王国）の巫や医師が内裏へ呼ばれた」。「巫は『奇巫』であり、医師は『日本書紀』初見の『法師』で、特に『豊国』が冠されているのであろう」と、まず、豊国に対する見解を示される。

続いて氏は『流記』の内容に就いて、「彦山の『護法（守護天童・金剛童子――大和氏註）是弥勒化身也』と書き、また『彦山岳有石材木、是弥勒化身』とも書くように、仏教化した日子信仰は弥勒信仰になり、日子・天童の降臨が弥勒の降臨となっている。この弥勒信仰は新羅から入って、日子山信仰を弥勒信仰に変えている」。つまり、彦山の「木石すべてが、弥勒の化身といわれたので」、法蓮に就いても『流記』や『託宣集』は弥勒の化身と記す。「花郎のこもる洞窟を新羅では『弥勒堂』という（季穀『東遊記』）から、彦山第一窟にこもった法蓮は弥勒仙花（花郎）でもある。（中略）宇佐八幡宮の神宮寺が弥勒寺で、弥勒寺の初代別当」は法蓮である。「彦山と宇佐八幡宮を結ぶのが香春岳である」。即ち、「香春岳は新羅の神、彦山は新羅の仏の山なのは、これらの山が秦王国の人たちの山岳信仰にとっての聖山だったからである」と述べられる[19]。

両氏のご指摘の如く、朝鮮半島、就中新羅の道教・仏教が融合した信仰が早くから渡来人によってもたらされ、独特な宗教的土壌を培っていたのが豊国（大和氏のいわれる秦王国）であり、その山岳信仰の拠点の一が彦山であった。本編第一章で述べた如く、早くから香春岳と彦山は密接な関係をもっていた。『流記』に見られる彦山での法蓮伝承は、道教的色彩の極めて強いもの[20]であり、また豊国の山岳修行者に相応しい伝承であるといえよう。

(二) 院内から山本・拝田

先に紹介した如く、院内町から宇佐市の山本・拝田にかけて、一筋の川に沿いながら法蓮伝承が多く存在してい

（写真29）虚空蔵寺塔後

た。このうち、山本に虚空蔵菩薩を安置したことに就いては『流記』に記されており、信憑性も高く、現在、虚空蔵寺跡（写真29参照）を留め、既に発掘調査も行なわれており、[21] 法蓮と虚空蔵寺に就いて論者は悉く容認している。山本への法蓮の足跡は認めてよかろう。山岳修行者の虚空蔵菩薩信仰は七世紀後半から八世紀にかけて盛んであった[22]ことを考慮すると尚更である。

少し上流の山本鷹栖観音と対岸拝田の観音寺及び和尚山の伝承中、鷹栖観音と和尚山の「礼拝石」に就いては『彦山縁起』に見えるが、鷹栖観音に関して「桓武帝延暦年中」の勅によるとすることに疑問がある。伝承が後世に改作される際の常道は古い時代に遡らせることであり、疑問は深まる。ただ、観音もまた山岳修行者の信仰対象の一つであった。[23]

更に上流の院内町に存在する多数の伝承は、如何ように解するべきであろうか。先に紹介したのは三箇所であったが、この谷間に一〇数箇所の伝承地があるという。[24] また、この地域の社寺に見る信仰形態には特異な面が強いともいう。[25] しかし、この地域の伝承は決め手に乏しく、特に注目される「法器塚」に就いても法蓮の没年を弘仁年間としており、愈々疑問が深まる。

個々の伝承を云々するのではなく、法蓮伝承の全体像から見た場合、この谷間の地形とその伝承分布からして、法蓮の足跡があったかも知れないが、むしろ彼の弟子あたりが関わり、法蓮信仰と伝承を産み出したと見る方が妥当かも知れない。いずれにしても、鷹栖より上流に就いては、法蓮の足跡を云々することは難しい。

㈢　八面山と三角池

次に、法蓮と八幡大神の契りに就いて考えたい。その場所を、『流記』は「豊前路自二霊山一廿余町許下有二三町許坂一」と記し、『彦山縁起』は「猪山石上」としている。後者は八面山のことであるが、前者の記述も八面山辺の坂を指しているものと考えられる。『流記』所収契りの内容が、法蓮と八幡大神（大菩薩）との契約という形をとっているが、重要な史実の反映と考えられる。

つまり、八幡大神は大神氏の表徴として描かれていると見られよう。大神氏は宇佐の地に入り、先入していた朝鮮系シャーマンの一族辛嶋氏を取り込み、鷹居社に初めて八幡神の合同祭祀を実現していた[26]。この後、八幡神は小山田遷座を経て更に小椋山に遷座、本格的な八幡宮の造営となるわけであるが、この過程で大神氏は、再興への地歩を固めつつあった宇佐氏をも取り込む必要があった。契り伝承での法蓮は再興宇佐氏の表徴として描かれていると解されよう。即ち、八面山での契りの伝承は、大神氏と宇佐氏の和解というよりも提携した史実の反映と見るべきである[27]。

大神氏と宇佐氏の提携は、他にもう一つ重要な伝承を遺している。『託宣集』巻五に見られる著名な伝承で、三角池に群生する真薦を刈り取り、これを以って八幡神の御験としての薦枕を作って、隼人征伐に向う神軍の先頭を行く神輿に乗せようというのである。ここでは大神諸男とこの池（聖域）に奉仕する宇佐池守との間に取り交わされる神秘的な伝承となっているが、それは両者の提携を反映しており、その後に続く隼人征伐には、先述の如く法蓮も加わることを記す。

契り伝承と三角池伝承は、一見別個のように映じるだろうが、実は裏腹の関係にあり、所も八面山とその北麓丘陵上の三角池であることが注目される。先に第一編第三章に於いて、『託宣集』巻五の三角池伝承記事を子細に検討し、併せて付近の地形の詳細な考察と池畔の薦社に伝わる絵縁起（三幅）を参考にして、三角池の往古に於ける存在意義と「池守」なる者の存在に就いて考究した。

その概要のみ記しておこう。山国川と犬丸川に挟まれた緩やかな丘陵上に大貞の地（地図4参照）があり、そこには広大な杜と豊かな湧水による沢があった。沢は八面山からの豊かな伏流水が湧出して出来ていたものと見られる。周囲の杜には各種の樹木や薬草等が鬱蒼と生い茂っていた。沢の形状は、南からの幾本かの清流が合して出来ており全体として三角形をなしていて、その良水が真薦をよく成育させたのである。このような杜や沢は往古に於いて神聖視され信仰された。

大貞の杜と沢の場合、神体山としての八面山信仰の中で理解するべきもので、八面山々頂の磐座に神が宿り、山麓の各所にこの神を降ろし迎えて祀る神聖なる祭祀の場が存在した。大貞の杜と沢はその一つであり、丘陵地域に於ける八面山信仰の拠点として、まさに神聖なる境域を形成していたと見られる（承和年中〈八三四～八四七〉に社殿が建立されても、池を内宮、社殿を外宮と称したのもこの伝統による。また、『八面山縁起』に「古記云、八面山者薦社之奥院」と記していたのも往古の名残りと解されよう）。その聖域に奉斎し、聖域を守る立場の「池守」なる者が存在していた。隼人征伐の頃、ここに「宇佐池守」として宇佐姓の者がいたのは何故であるか。これに就いては後述する。要するに、『流記』所収契り伝承は『託宣集』所収三角池薦枕伝承と共に、大神・宇佐両氏の重要な関係を反映するものとして重視されるべきであろう。

㈣　日足と小椋山

『流記』所収の契りを具体化したとされるものが、八幡神小椋山遷座と神宮弥勒寺の成立であろう。これを裏付けるのは『宇佐八幡宮弥勒寺建立縁起』[28]（以下、『建立縁起』と略記）の記事である。「神亀二年正月廿七日、切二撥菱形小椋山一、奉レ造二大御神宮一、即奉レ移レ之、遷坐日不詳也、（中略）又創而奉レ造二御寺一号二弥勒足禅院一、在二菱形宮之東之足林一」とあり、神宮寺の創建は神亀二年（七二五）、八幡神の小椋山遷座（小山田社より）と時を同じくしていたことがわかる。しかし、ここには法蓮の名が見えない。これは『建立縁起』のこの部分が辛嶋氏の所伝に拠っているため、辛嶋氏以外の人名を一切記していないことによる[29]。しかも、創建当初の場所を「足林」と記すが、『託宣集』の記事により「日足林」（小椋山の東南東、地図1参照）であることがわかる。

　これを『託宣集』では巻五と巻六の二箇所に記す。巻五では『流記』所収契りと殆んど同様の内容を記しているが、巻六には神亀二年正月二十七日の託宣として、「神吾礼為導未来悪世衆生仁。以薬師。弥勒二仏天為我本尊須。理趣分。金剛般若。光明真言陀羅尼所念持也」と記し、続く記事に、「神託之趣。奏聞之間。依勅定被造寺安置仏像。号弥勒禅院。大菩薩御願主也。在菱形宮東方日足林。即鋳懸鐘一口。高二尺三寸。又奉造御堂安置本尊。号薬師勝恩寺。大神比義建立也。在同宮辰巳方南無江（会）之林。弥勒寺初別当者法蓮和尚。大菩薩得如意（宝）珠之時。依御約束也」とあり、日足の林に弥勒禅院、南無会の林（小椋山の東南、地図1参照。引用文には「南無江」とあるが、一般には「会」の字を用いる）に薬師勝恩寺のあったことが知られ、二箇寺が神宮寺として建立されたらしい（これらの寺跡地は見当がつけられているものの、学術的調査はなされていない）。しかし、薬師勝恩寺のことは『建立縁起』に見えず、その主体は弥勒禅院にあったと考えられる。

　神亀二年の小椋山遷座当初に於ける八幡宮は大神を祀る一殿に過ぎなかった。しかし、『建立縁起』によると天平三年（七三一）正月には官幣に預っている。『託宣集』巻二では、この年に第二殿を造り比売神を祀るべく託宣が発せられ、同六年（七三四）に社殿が完成し、八幡二殿の形式になったと記す（因みに第三殿に大帯比売を祀り三殿形式となるのは弘仁年間である）[30]。

八幡宮が二殿形式となって七年後の天平十年（七三八）、日足の弥勒禅院と南無会の薬師勝恩寺が境内地（小椋山西北麓）に統合移建され、八幡神宮弥勒寺となるのである[31]（ここでも『建立縁起』は、大神の託宣により日足の弥勒禅院を移したことのみを記しており、『託宣集』巻六も託宣文と弥勒禅院の移建をまず記し、同巻最末に及んで、同時に薬師勝恩寺も移建したと記している）。

弥勒寺跡の発掘調査は過去に二度実施され、主要堂塔の規模や配置等に就いて報告された[32]。その結果、弥勒寺境内の地割そのものが、神亀二年の遷座に伴う大造営の当初計画に組み込まれており、当初から宮寺形式への志向のあった可能性の大きいことが指摘され、弥勒寺伽藍が薬師寺式伽藍配置による堂々たる規模をもつことも確認された。かつて宇佐国造が聖地として仰いだ御許山（六四七メートル）の北麓に、独立した小丘陵の小椋山が存在する。小椋山そのものが御許山を神体山とする信仰拠点の一つであるが[33]、このような地に官社として、また、宮寺形式として大規模に造営された。小椋山上の八幡宮社殿の配置、西北麓の弥勒寺伽藍の配置には、非常な無理を敢えてしながら、中央の奈良を強く意識したこと等に就いて、別章で論じるので[34]これ以上論及しない。

ここまで来れば、法蓮伝承は史実の中に吸収された感が強い。しかし、そこには『流記』所収の契り、『託宣集』所収の三角池薦枕伝承（大神氏と宇佐氏の提携が反映された伝承）の実現化を見るのである。

四、褒賞記事の位置付け

以上、行なってきた伝承の考察を踏まえながら、『続日本紀』に見る二度の褒賞記事に就いて、どのような位置付けが妥当であるか考えたい。

㈠「毉」と「禅」

これまでの伝承の考察を通して、法蓮が中央の官僧で高僧という要素（或はそれを反映していると考えられる要素）は見当らない。また、奈良及び近辺に法華伝承は悉く見られないことも含めて、彼のイメージは豊国の山岳修行僧である。山岳修行の大半は若い頃から熟年にかけてであり、『流記』所収彦山での修行がこれに当ると考えられよう。ここでの修行が道教的色彩の濃いものであることは先に述べた。そのような色彩の強い土壌はほかならぬ豊国であった。ここに法蓮の豊国出身者としての可能性がまず浮上する。

二度の褒賞記事は、いずれも法蓮の「毉」術を褒めており、特に「毉」という文字を敢えて使用していることに注意を要する。「毉」は加藤常賢氏の『漢字の起源』（昭和四十五年十一月）によると、「古代において病気を治癒するものは巫覡であった。彼らはお祈りをし、あるいは魔術を行なったことであろう。であるから『巫』にしたがったのである。『巫咸初めて醫と為る』（世本・説文）とあるのはその証である。『毉』は『巫毉』と連言して、もとは巫覡がお祈りして病気を治した」と記しておられる。このような巫覡が輩出していたのは豊国であり、中野氏のいわれる豊国奇巫──→豊国法師──→法蓮という流れではなく、大和氏のいわれる如く、奇巫・法師・法蓮は同列に解することが妥当であろう。

また後藤氏は、法蓮の『毉』術を道教系のものではなく仏教系のものであるといわれ、むしろ、伝承に見られる法蓮の呪術は政府による禁圧の対象であったとされる。しかし、新川登亀男氏の詳細な考察(35)は、大宝令制定後も天平初年頃までは、「『道術符禁』の駆使がまだ国家問題として把握され得ていなかったのであり、その限りにおいて、保留されていたのである」と指摘しておられ、また、和田萃氏が薬猟と『本草集注』を中心になされた考察[36]では、七世紀後半から九世紀頃、仙薬や石薬に対する関心が高く、貴族層を中心に実際に服用する傾向もあったと指摘される。これらのご指摘も併せ考えるとき、法蓮の「毉」術が道教系のものであり、それは豊国での修行によって培われたと解するべきであろう。

二度目の褒賞に於いては、「毉」術と共に「禪枝」も対象となっている。後藤氏はこの禅を飛鳥寺（法興寺）の東南禅院で道昭から学び、これが「まさに法蓮の修業時代にあたる」といわれる。しかし、これを物語る根拠はない（先述の如く中央には伝承すら皆無に等しい）。「禪」は禅院で学ぶしか道がないというものではなく、山岳修行を「禪行」という如く、山岳で「禪行」を重ね禅師といわれた人々も多かった（勿論、都の内外の官寺に居する官僧が寺院の禅院を修行の場とすることもある）[37]。法蓮は、『流記』に見られる如く彦山で「禪行」を重ねた。これが彼の修行の根幹であった。

(二)「野四十町」と「賜宇佐君姓」

法蓮は一度目の褒賞で「豊前国野四十町」を施された。野は中野・後藤両氏共指摘される通り未墾地である。しかし、後藤氏は僧の褒賞として異例なこととされる。そこには、法蓮を中央の官僧にして大変な高僧と考えられる前提がある。地方の山岳修行僧法蓮とすれば、異例ではなく大変名誉なことであろう。

その「野四十町」はどの地域に相当するのか。これは中野氏が指摘される地域がほぼ妥当であると考える。つまり、八面山北麓の宇佐郡西部の一部から下毛郡にかけての地域であり、中野氏はこの地域中の大根川社（地図10参照）を重視されるが、私はそれ以上に三角池を重視する（後述）。また、新川氏が、「法蓮らに賜与された野は、湯薬たりうる雑穀・蔬菜類、たとえば葛、蕨、薦などをこの場合は含むそれらの生産に向けて開発され、また地域の特殊性として、神事にかかわる草木の育成にも開発が期待されたものと思われる。このうち薦と葛は、とくに豊前国の中男作物として貢進されるものであり、防壁（立薦《たつこも》）、韓薦、折薦、そして黒薦などが著名であった（『延喜式』主計上）。韓薦は、渡来系の産物であろうか。いずれにしても、下毛郡野仲郷の地の薦や宇佐郡葛原郷の地の葛は、野・原の開発にともない、食用として、薬として、日常的かつ神事上の調度加工品として、そして貢進物として多様な用途をもっていたのである。さらにまた、豊前国の郷名に限って言えば、筑城郡の桑田郷、下毛郡の麻生郷などは、桑や麻の栽培にかかわる命名かもしれない（野麻はヤマ・山の単なる音表記かもしれない）。これは日向・大隅・薩摩の各国に関することではあるが、桑・麻の風雨による被害（台風か）で、調庸の貢進ができないこともあり、調庸という徴税の側面と野・原のあらたな開発とのしくみも充分に考慮しておかなければなるまい（続紀天平神護二年六月丁亥条、宝亀六年十一月丁酉条）」と述べられる[38]ことは、重要なご指摘というべきであろう。

法蓮二度目の褒賞は、「詔曰」の書き出しのもとに、彼は心が禅定の域に達しており、その行ないは仏法にかなっている。また「毉」術に優れ民の苦しみも救済している。実に立派であり、このような人物を褒賞せずにはおかれようか（「善哉若人。何不二褒賞一」）、よって「其僧三等以上親。賜二宇佐君姓一」というものであった。これが、中央の官僧にして高僧に対する詔であろうか。法蓮は「若人」でもあり、「何不二褒賞一」は、地方修行僧の目覚ましい行為に対する特別な表現であろう。それ故に「詔曰」といった形をとっていると解されよう。この詔が出された養老五年（七二一）は隼人征伐の翌年に当る。

「賜二宇佐君姓一」に就いて、法蓮が無姓であったが故といわれる後藤氏の見解は正しいと考える。氏の法蓮に対する見解の出発点となっているのは、考古学者として豊国の遺跡（特に古墳）を調査考察し続けてこられたことにある。つまり、宇佐国造一族のものかといわれる「川部・高森古墳群は、四世紀前半とされる赤塚古墳から、六世紀中ごろの鶴見古墳まで、一つの地域に、あたかも有力在地首長の系譜を示すように、前方後円墳が並ぶ」（地図1参照）が、それ以後、これに連なるような古墳はこの地域から姿を消すことに注目される。そして六世紀といえば、継体天皇二十一年（五二七）の筑紫国造磐井の乱と無縁ではなかったであろうとされながら、どのように関わったか明言を避けられる。[39] しかし、この乱を境に宇佐国造は急速に衰退したことは間違いないだろう。むしろ、衰退したというより、国造家本流は跡絶えたのではないか。僅かな残存一族または傍系一族が数箇所の奥地に隠棲したのではないだろうか。[40] この段階で無姓になったと考えられる。

しかし、養老五年の時点で法蓮が無姓であったことは後藤氏の中央官僧説の強力な根拠となり、褒賞後に国家から重要な使命を負わされて宇佐入りしたという説に発展した。繰り返し述べた如く、法蓮の二度にわたる褒賞を機に宇佐氏は再興を果たしたと見るのが、やはり自然であろう。[41] 宇佐君姓を賜わった「三等以上親」とは具体的にどのような人々を指すのか、中野氏は前記「野四十町」相当地域で開墾に従事した人々とされ、河野泰彦氏は「鷹神社を祀る豪族」が有力とされる。[42]

『託宣集』巻一四に面白い伝承が見られる。欽明朝に、東方（御許山）に金色の光があり、諸司を遣わして尋ねたところ、「住下毛郡野仲郷有宇佐池守云翁。年三百歳。問之。答云。従此之東住宇佐。有大神比義云翁。年五百歳。可問之。又尋行問之処。答云。従此之東住日足浦有大神波知云翁。年八百歳。可問之」とのことで、大神波知が御許山の霊事を語る。続いて「或記云」として異説を紹介する。「下毛郡薩知翁二百歳問之。我不知。従之東住宇佐。年五百歳翁大神比義可問之」と。ここに見える「薩知翁」は「佐知翁」であろう（現三光村佐知〈地図2参照〉の翁の意)。神吽は「私云。薩知翁者池守事歟」と註記している。この伝承は、欽明朝云々を論外として、宇佐郡から下毛郡にかけて「翁」の表現を以ってする有力者が、宇佐には大神氏、下毛には宇佐氏のあったことを暗示している。しかも池守が「佐知翁」と称されていることは、佐知を拠点にした一族が宇佐君姓を賜わり、三角池に奉斎しつつ成長し、「宇佐公池守」を世に送り出したことを示唆せしめる。(43)

五、法蓮と八幡神及び宮寺

八幡神には本来的に仏教要素が存在した。本編第一章で述べた如く、その源流としての新羅神自体が道教と仏教を融合させていた。この神が豊前各地で「ヤハタ」神として祀られ、その巫覡が「豊国奇巫」、「豊国法師」等と称され、蘇我氏からも注目されていたという。(44)後に八幡神を一層仏教色の強いものとしたのが、法蓮を中心とした宇佐仏教徒である。法蓮と八幡神及び宮寺との関わりを次に考察する。

(一)　法蓮仏教の特質

法蓮仏教の内容を論じたものは見かけない。本章で行なった伝承の分析を通して、法蓮仏教の内容を構成する要素を集めることから始めよう。まず経典としては『金剛般若経』を読誦し、修した法としては、「火界咒」、「日想観」がある(以上、『流記』)。また、所行としては、上毛郡山本(現宇佐市山本)に虚空蔵菩薩像を安置、「弥勒の化身」といわれる(以上、『流記』)。更に日足の弥勒禅院(薬師・弥勒の二像安置)の初代別当となり(『託宣集』巻六)、養老の隼人征伐には弟子達を率いて従軍し、その後の放生会で導師を勤め、放生陀羅尼を唱え大乗経文を読誦した(『託宣集』巻五)こと等が見られ、褒賞記事では、「毉」術をもち「禪定」の域に達していた(『続日本紀』養老五年六月三日条）という。

これらを踏まえて考えるに、法蓮の仏教は、弥勒信仰・虚空蔵信仰・薬師信仰が主たるものとなっていたようである。中でも弥勒信仰は中核であったと考えられ、彦山での修行により形成したと見てよい。本編第一章で述べた如く、彦山は香春岳と密接な関係があり、その開創伝承には朝鮮の檀君神話と弥勒信仰の結合が指摘されている。弥勒信仰は『弥勒上生経』・『弥勒下生経』・『弥勒成仏経』を所依経典とし、中国北魏時代には儒教の孝道思想、道教の神仙思想に融合、朝鮮半島、とりわけ新羅に於いて花郎信仰と結び付いた(45)。このような状況で極めて強い道教色を伴って日子山（彦山）に入り、〝弥勒の山〟と称されたのである。伝承に、法蓮をして「弥勒の化身」といわれているのも、故なきにあらずであろう。

その他の虚空蔵信仰や薬師信仰も山岳修行僧の多くが信仰したものであり、日想観を修し、火界呪を用い、放生陀羅尼を誦し、「毉」・「薬」の術を備え、禅定の域に達していたというのである。そこから想起されるものは、徹底した修行に打ち込み、強い呪力をもった典型的な初期仏教徒の山岳修行者の姿であり(46)、中央の官僧にして大変な高僧で飛鳥寺の禅院で禅を修学したという僧の姿ではない。

(二)　八幡神及び宮寺との関わり

法蓮は、本編第一章で述べた「豊国奇巫」・「豊国法師」の線上に繋がる者ではあるが、彦山中での修行を通して徹底し、仏教色と道教色を兼ね備えた道士的な僧である。この法蓮が八幡神及び宮寺にどう関わっていくのであろうか。

先に、八面山での八幡神と法蓮の契り伝承及び三角池の薦枕伝承は、大神氏と再興への地歩を固めた宇佐氏の提携を示す史実の反映であることを述べた(47)。この辺に、法蓮仏教が八幡神に関わる鍵が秘められていると考えられよう。つまり、八幡宮祭祀の実権を掌握した大神氏は、もとより仏教的要素を内蔵する八幡神に、法蓮の強力な呪力を伴う仏教を取り入れ、仏教的な神（仏神）としての特異な神格に高める必要があったのであろう（後に八幡大菩薩へと発展する第一のステップがここにあったといえよう）。

それを具体的な形として出現させたのが、神亀二年（七二五）、弥勒禅院の創建である（『宇佐八幡宮弥勒寺建立縁起』『託宣集』巻五・巻六）。「弥勒」と「禅」から成るこの小神宮寺は、初代別当法蓮の仏教がもつ重要な要素の結集した姿であろう。弥勒禅院がもう一つ存在した小神宮寺である薬師勝恩寺と統合移建され、小椋山の境内に成立する神宮弥勒寺の根源的要素であったことはいうまでもない。また、本来仏教行事である放生会を始行するに当って、法蓮が勤行したということは、法蓮の理論付けにより、八幡宮寺の一大神事としてその基礎を固めたと考えられよう(48)。

六、むすび

以上、法蓮伝承の検討を中心に私見を展開した。特に『流記』所収伝承の原形は古く、奈良時代末期から平安時代初期まで遡り得る可能性の大であったことは重要である。豊国に多く存在する伝承を、彼が褒賞後に宇佐入りし、更にその後に仮託・創作されたと考えることは、極めて不自然であり、無理があろう。

法蓮は豊国出身でなく、中央の官僧で大変な高僧とし、道昭・義淵・神叡・弁基等に結び付けていく（寺院としても、飛鳥寺・龍蓋寺〈岡寺〉・比蘇山寺・南法華寺〈壺坂山寺〉等(49)）。その上で、法蓮の褒賞を二度共異例と解し、彼が渡来系氏族の出身とする説を踏まえ、「彼のような高僧がなぜ宇佐に来たのか」という理由として、隼人征伐・

八幡神小椋山遷座と弥勒寺建立という「一つの壮大なプロゼクト」に、彼とその集団のもつ「技術と特技」が折り込まれていたからだとする所論――これまた、まことに無理な論理の構築といわねばならない。

法蓮に関する二度の褒賞記事に彼を中央の官僧に仕上げる要素は何もない。豊国の修行僧として褒賞を受けた名誉ある記事であり、豊かな伝承に覆われた彼の象徴的な事象と解されよう。かつて国造として宇佐平野にあり、御許山を神体山として仰ぎ信仰した宇佐氏、(50)六世紀半ばに本流は跡絶えたと考えられるが、残存または傍系の一族が隠棲から再興したものと考える。『託宣集』巻五の裏書に、何故か宇佐池守を説明する中で、「於豊前国宇佐郡神山仰霊威。在宇佐之故為其姓。常住野仲郷霊池。蒙神命為池守之故。号其名」と記されており、中々に意味深長で興味深い。再興宇佐氏の一員である法蓮は、彦山での修行を通して、弥勒信仰を中心に道教的な強い呪力を有して、禅定の域に達した仏教徒であった。優れた「毉」・「薬」術を兼ね持ち、豊国の世界に活動していた。大神氏はこれと提携し、八幡神の「仏神」としての神格を愈々強め、成立途上の宮寺にも、具体的に宮と寺とが一体であることを示し、かつ神社放生会を宮寺の一大神事として世に認知させようとしたのである。

〔註〕

（1）中野幡能氏著『八幡信仰史の研究』（増補版）上巻（昭和五十年五月）第一章。同様な内容は同氏著『八幡信仰』（昭和六十年六月）第二章、『宇佐宮』（昭和六十年十月）第一章にも見られる。

（2）中野氏「法蓮の『野四十町』について」（『豊日史学』第五七巻・平成五年三月、後に同氏著『八幡信仰と修験道』・平成十年二月、所収）。

（3）中野氏「八幡宇佐宮と弥勒寺の成立」（『大分県史』古代編Ⅰ、昭和五十七年三月、所収）、「八幡神と弥勒信仰」

（『宗教研究』第二五五号、昭和五十八年三月）、「宇佐八幡信仰と道教」（『歴史読本』第三三巻第二四号、昭和六十三年十二月）、「日本における花郎文化」（『豊日史学』第五八巻、平成六年三月）等――以上全て同氏著『八幡信仰と修験道』（前掲）に所収。

（4）後藤宗俊氏「豊国法師及び豊国奇巫について」（『大分県地方史』第一三二号・昭和六十三年、後に同氏著『東九州歴史考古学論考――古代豊国の原像とその展開――』・平成三年二月・第三章に所収）。

（5）後藤氏「僧法蓮について――『続日本紀』の法蓮関係記事をめぐって――」（『大分県地方史』第七六号・昭和五十年、後に同氏前掲書第三章に所収）。

（6）後藤氏「僧法蓮考」（『大分県地方史』第一三三号・平成元年、後に同氏前掲書第三章に「僧法蓮再考」と改題されて所収）。

（7）後藤氏「沙門法蓮についての覚書」（『大分県地方史』第一六一号、平成八年三月）。

（8）尚、後藤氏は、この修正された所論の骨子を（自ら勤務される別府大学附属博物館で開催された「宇佐虚空蔵寺とその時代展」に寄せて）「法蓮・その仏教と人間像」(上)・(下)として『大分合同新聞』（平成七年十一月十二日号・同十九日号）に掲載、地元住民にも披露された。

（9）例えば、拙稿「中世に於ける室生山内の変質」（拙著『室生寺史の研究』、昭和五十四年十一月、所収）、「長谷寺縁起考――古縁起の系統と新縁起の形成――」、「『泊瀬の上の山寺』考――草創期長谷山寺の性格――」、「報恩法師行状考――報恩伝承の位置づけを中心として――」、「清水山寺草創伝承考――諸伝承の分析と系統的位置づけ――」、「清水寺縁起考――寺院史的立場より――」（以上五稿、拙著『奈良朝山岳寺院の研究』、平成三年二月、所収）。それに第一編第二章、本編第二章・第三章等。

（10）五来重氏「彦山の開創と熊野信仰」（山岳宗教史研究叢書一三『英彦山と九州の修験道』、昭和五十二年十二月、所収）。

（11）佐々木哲哉氏〈解題〉「彦山流記（高千穂家蔵）」（山岳宗教史研究叢書一八『修験道史料集〔II〕西日本編』、昭和五十九年一月、所収)。
(12) 佐々木氏〈解題〉「鎮西彦山縁起(英彦山・高田家蔵)」(右掲書所収)。
(13) 本章で使用した『彦山流記』や『鎮西彦山縁起』は、山岳宗教史研究叢書一八『修験道史料集〔II〕西日本編』(前掲)に拠った。
(14) 伊藤勇人氏「八面山と神社」(大分県文化財調査報告第七一輯『八面山の文化財』、昭和六十三年三月、所収)。
(15) 詳細は重松明久氏解題「『宇佐託宣集』の成立」(同氏校注訓訳『八幡宇佐宮御託宣集』、昭和六十一年十一月、所収)を参照されたい。
(16) この項は、日本歴史地名大系第四五巻『大分県の地名』(平成七年二月)豊前国条、及び後藤正二氏「院内町の神社・寺院」(『院内町誌』、昭和五十八年十一月、所収)、川野良蔵氏編『高並志稿』(明治四十三年十一月)を参考とし、現地踏査と併せて記述した。
(17) 奈良市北方に「法蓮」という地名がある。『奈良坊目拙解』に、かつて興福寺僧の法蓮なる者が居住していた所と記す。仮にこの法蓮が当該人物であったとしても、中央の高僧伝承としてはあまりにもお粗末であり、さしたる問題にはならない。
(18) 五来氏前掲論文。
(19) 大和岩雄氏「彦山・秦王国・新羅花郎」(上田正昭氏編『古代の日本と渡来の文化』、平成九年四月、所収)。
(20) 今枝二郎氏からも(道教研究の立場より)、『流記』に見える「八角水精」・「籠居十二年」等、道教が重んじる数字が使われていること、神仙の修行する山は岩山であり岩窟が拠点となるが、彦山はまさにそのような山であり、法蓮が読誦したという『金剛般若経』は仏教経典でありながら極めて道教に関わりが強いものであること等、ご教示を賜わった。
(21) 大分県文化財調査報告書第二六輯『法鏡寺跡・虚空蔵寺跡――大分県宇佐市における古代寺院跡の調査――』(昭和四十八年三月)参照。

(22) 拙稿「比蘇山寺の成立」（拙著『奈良朝山岳寺院の研究』〈前掲〉所収）参照。
(23) 拙稿「長谷山寺の創建」、「『泊瀬の上の山寺』考──草創期長谷山寺の性格──」、「子嶋山寺の成立」、「報恩法師行状考──報恩伝承の位置づけを中心に──」、「清水山寺の成立」、「清水山寺草創伝承考──諸伝承の分析と系統的位置づけ──」（以上六稿、拙著『奈良朝山岳寺院の研究』〈前掲〉所収）参照。
(24) 竹折勉氏著『豊国の傑僧　法蓮』（昭和六十三年三月）等に拠る。
(25) 後藤正二氏前掲論文。
(26) この詳細に就いては、本編第二章・第三章参照。
(27) 詳細は第三編第三章参照。
(28) 『大日本古文書』家わけ第四「石清水文書之二」所収。『神道大系』神社編四七「宇佐」所収。奥書には承和十一年（八四四）六月十七日の日付をもつ。承和十一年には疑問視する向きもあるが、この年より大きく降るものではない。
(29) 記事内容に就いては註(26)参照。
(30) 『建立縁起』には、第三殿の完成は同十四年（八二三）四月と記されている。
(31) 以上、詳細は第三編第一章参照。
(32) 第一回の調査報告は、大分県文化財調査報告書第七集『弥勒寺遺跡』（昭和三十六年三月）として公表。第二回の調査報告は、第一回調査を踏まえながらまとめられ、大分県立風土記の丘歴史民俗資料館報告書第七集『弥勒寺──宇佐神宮弥勒寺旧境内発掘調査報告書──』（平成元年三月）として公表された。
(33) 第一編第一章参照。
(34) 第三編第三章参照。
(35) 新川登亀男氏「日本古代における仏教と道教」（野口鉄郎氏編『選集　道教と日本』第二巻「古代文化の展開と道教」、平成九年三月、所収）。
(36) 和田萃氏「薬猟と『本草集注』──日本古代の民間道教の実態──」（同氏著『日本古代の儀礼と祭祀・信仰』中

巻・平成七年三月・所収、後に右掲書(35)にも所収される）。

(37) 難波俊成氏「日本古代の国家と仏教——禅師制に主点を置いて——」（『私学研修』第八九号、昭和五十七年三月）参照。

(38) 新川氏「豊国氏の歴史と文化」（古代王権と交流8『西海と南島の生活・文化』、平成七年十月、所収）。

(39) 後藤氏「大和国家の成立と二豊の在地首長」（『大分県史』古代編Ⅰ・昭和五十七年、後に「大和王権と二豊の在地首長」と改題して同氏前掲書第二章に所収）。

(40) 第三編第三章参照。

(41) 新川氏が、「法蓮に施された野四〇町は、狩猟場を含む野・原の地であり、医術と天皇家（太上天皇、皇子らと後宮内廷を含む）と戦乱などに何らかの関係と原因をもつ破格の功への褒賞であった可能性がある。そして、この町数は、県主とか国造の認知（予定）を促す性格のものであったらしく、事実、法蓮の三等以上の親に宇佐国造にふさわしい宇佐君姓が賜与されたのである。これは、父系・男系としての宇佐君を確定するとともに、のち尾張宿禰大隅の賜（功）田に対する措置と同じように、三世に伝える上功田の扱いに准じることをも意味するのであろうか（田令功田条）。いずれにせよ、あらたに定立された宇佐国造家の指標として豊前国の野四〇町が認識されたことは間違いないところである」と述べられる。拝聴に値する見解であろう——同氏「豊国氏の歴史と文化」（前掲）。

(42) 河野泰彦氏は、宇佐氏が「豊前の沿岸首長として、磐井軍側に協力して、毛野の軍勢を妨害したのであろう」といわれる——同氏「宇佐国造について」（『大分県地方史』第一六五号・平成九年三月）。ただし、氏の法蓮観は後藤氏説に追従される。また、「鷹神社を祀る豪族」という表現は妥当でない。本文で述べた如く、養老の段階では社殿なく、聖地三角池のみがあったのである。

(43) 第三編第三章参照。

(44) 泉谷康夫氏「宇佐八幡宮の成立について」（『愛知学院大学文学部紀要』第三〇号、平成十三年三月）。

(45) 速水侑氏「弥勒信仰の成立」（同氏著『弥勒信仰——もう一つの浄土信仰——』、昭和四十六年九月、所収）、田村

圓澄氏「漢訳仏教圏の仏教伝来」（同氏著『古代朝鮮仏教と日本仏教』、昭和五十五年六月、所収）参照。

(46) 初期仏教徒の山岳修行に関する中央（吉野山等）に於ける実相に就いては、拙稿「奈良朝山岳寺院の実相」（『論集日本仏教史』第二巻「奈良時代」、昭和六十一年三月、所収）、拙稿「仏教徒の山岳修行と山岳寺院の発生」・「奈良朝山岳寺院の歴史的意義」（拙著『奈良朝山岳寺院の研究』〈前掲〉所収）参照。

(47) 更に詳細は、第三編第三章参照。

(48) 詳細は、第三編第二章参照。

(49) 以上のうち、比蘇山寺・壺坂山寺に就いては拙著『奈良朝山岳寺院の研究』（前掲）に於いて論じた。また龍蓋寺に就いては、拙稿「龍蓋寺（岡寺）草創考」（『京都精華学園研究紀要』第二七輯、平成元年十一月）で論じた。

(50) 第一編第一章参照。

第三編　宮寺としての発展

第一章　八幡神宮寺の成立

第二章　初期八幡放生会と行幸会

第三章　八幡神職団宇佐氏の成立

第四章　八幡神の大安寺・薬師寺への勧請

第一章　八幡神宮寺の成立

はじめに

八幡神が本来的に仏教要素を内蔵しており、応神霊付与の後、八幡宮祭祀の実権を掌握した大神氏は、再興の地歩を固めつつあった宇佐氏と提携し、法蓮仏教を取り入れ、八幡神の「仏神」としての神格を愈々濃厚なものとしていった（以上、第二編各章で論じた）。

従って、この神が神仏習合を常に先導することになるのも、自ずと頷けよう。八世紀という時期は、神仏習合の具体的現象が、神宮寺の出現によって始まることは周知のことであろう。しかし、他の神々と異なり、極めて特異な成立事情と性格及び発展過程をもつ八幡神に就いては、その神宮寺もまた、他の神宮寺とは相当に異なる性格や発展のあり方を有するのも当然といえよう。

本章では、まず、宇佐に於ける八幡神宮寺の成立を考究し、併せて、初期神仏習合史の上に的確に位置づけたい。

一、鷹居から小山田・小椋山へ

第二編第三章で述べた如く、八幡神の鷹居社創祀は崇峻朝（五八八～五九二）と考えられ、和銅五年（七一二）に社殿の創建を見た。崇峻朝、つまり、六世紀末に大神氏が宇佐に入り、辛嶋氏の奉じていた神（新羅神）に応神霊を付与し、辛嶋氏を服従協力させることに成功した。

㈠　鷹居の地

八幡神を初めて社に祀った地が鷹居（現宇佐市上田高居）であった（地図1参照）。この地がどうして選ばれたのであろうか。同章で述べた如く、鷹居社創祀は大神・辛嶋両氏による合同祭祀の実現を意味した。従って、辛嶋氏の居住域（駅館川左岸〈西岸〉、つまり宇佐郡辛国）と大神氏の居住域（駅館川右岸〈東岸〉）の接点部が望ましいことになる。その意味で、鷹居の地は大神氏居住域の駅館川辺の丘陵上にあり、対岸の辛嶋氏居住域中最も同川に近い瀬社がわずか上流に望める位置にある（口絵写真⑦参照）。両氏の合同祭祀実現に格好の地であるといえよう(1)。

『八幡宇佐宮御託宣集』（以下、『託宣集』と略記）巻五によると、霊亀二年（七一六）、「此所波路頭仁志弖。往還乃人無礼奈利。誂此等牟礼波甚愍志。小山田乃林仁移住世牟度願給布者」との託宣により小山田の地に遷ることになったという。

ここでは、鷹居の地が「路頭」にして往還の人々が無礼であるから小山田に遷るとしているが、これはむしろ、『宇佐八幡宮弥勒寺建立縁起』（以下、『建立縁起』と略記）に「大御神於㆓其処㆒化㆓成鷹㆒御心荒畏坐、五人行三人殺二人生、十人行五人殺五人生給、爰辛嶋勝乙目倉橋宮御宇天皇御世、自㆓庚戌㆒迄㆓壬子㆒幷三歳之間、祈禱和㆓大御神心命㆒」とある伝承との関わりに於いて考えた方がよい。

つまり、大神氏により応神霊を付与された新たなる神（八幡神）に、当初抵抗する者がいたらしいことを反映した記事と見られる（恐らく辛嶋氏の一部の者、または宇佐氏残党の一部か）。この意味で、八幡神にとって居心地のよい場所ではなかったであろう。続く辛嶋勝乙目による三年間に及ぶ祈禱の結果、漸く大御神の心が和らいだというのは、この抵抗が治まったことを意味しよう。そこで、大神氏居住域の落ち着いた所へ移ろうということになったと解される。

（二）小山田遷座

先述の如く、霊亀二年（七一六）、八幡神は小山田の地（現宇佐市北宇佐小山田）に遷座した（『建立縁起』には遷座年は記していない）。小山田社は御許山西北麓尾根の突端部丘陵上にあり（地図1・写真30参照）、大神氏にとっては、鷹居社に比して手の内に入った感があったであろう。『建立縁起』には、「従二鷹居社一小山田社移坐、即禰宜辛嶋勝波豆米立二宮柱一奉二斎敬一矣、元正天皇、養老四年、大隅・日向両国有二征罰事一、大御神託二波豆米一宣、隼人等多殺報、毎レ年放生会可レ修レ之、云云、又大御神託二波豆米一宣、吾今坐小山田社其地狭溢、我移二菱形小椋山一云云」とある。

（写真30）小山田社

小山田社の時期に、かの養老の隼人征伐があり、八幡神軍が出動した。それにしても、小山田社の境内は託宣にもあるように極めて狭い（鷹居社より遥に狭い）。託宣ではこの狭さが次の小椋山遷座の理由となっているが、その内実として、八幡宮の志向するものが大きく転換しようとしていたのである。

二、八幡神宮弥勒寺の前身

『建立縁起』は前引部に続いて、「曰レ茲天璽国押開豊桜彦尊御世、神亀二年正月廿七日、切二撥菱形小椋山一、奉レ造二大御神宮一、即奉レ移レ之」と記す。かくして、神亀二年（七二五）、現社地である小椋山（小倉山・亀山・

菱形山）に遷座したのである（地図1参照）。

　この小椋山遷座に当り、境内外に神宮寺が創建されたのである。『建立縁起』に、

　創而奉レ造ニ御寺一号ニ弥勒禅院一、在ニ菱形宮之東之足林也、

と簡潔に記されているのがそれである。また『託宣集』では、まず巻五に、

日本不静湏我成鎮守天護我朝。良牟。吾於波号八幡湏。於此玉者只与我江給江。我為令結縁于慈尊出世仁。建立弥勒寺志天擬為神宮寺湏。法蓮於奉成彼寺別当天。当報此玉恩志者。

とあり、これを受ける形で、巻六には、

　聖武天皇二年。神亀二年乙丑正月廿七日。託宣。

神吾礼為導未来悪世衆生仁。以薬師。弥勒二仏天為我本尊湏。理趣分。金剛般若。光明真言陀羅尼所念持也。

神託之趣。奏聞之間。依勅定被造寺安置仏像。号弥勒禅院。大菩薩御願主也。在菱形宮東方日足林。即鋳懸鐘一口。高二尺三寸。又奉造御堂安置本尊。号薬師勝恩寺。大神比義之建立也。在同宮辰巳方南無江（会）之林。弥勒寺初別当者法蓮和尚。大菩薩得如意（宝）珠之時。依御約束也。

とある。

　つまり、『建立縁起』・『託宣集』の双方から日足《ひあし》（小椋山の東南東）の林に弥勒禅院が建立され、『託宣集』により、もう一つの南無会《なむえ》（小椋山の東南、引用文には「南無江」とあるが、一般には「会」の字を用いる）の林に薬師勝恩寺があったことが知られる（こちらは『建立縁起』にみえない）。この二箇寺が神宮寺として建立されたと考えて

よかろう（日足・南無会の位置に就いては地図1参照）。しかし、『建立縁起』に薬師勝恩寺の記載がないことや、『託宣集』巻五の方の記載等より考えられることは、その主体が弥勒禅院にあり、薬師勝恩寺は付加的なものであったと考えられる。中野幡能氏は、これらの寺跡が確認されていると述べられる(2)が、推定場所はあっても明確な寺跡は確認されていないはずである。

(二)　二箇寺出現の背後的事情

ところで、この二箇寺の建立が如何なる事情のもとになされたのか、先引の史料では充分理解出来ないし、また、他にこれを物語る直接史料がない。ただ、第二編第四章で扱った『彦山流記』（ここに見る法蓮伝承の原形は極めて古いことを考察した）に、八面山に於ける八幡大神と法蓮の契り伝承が記されていたことを注目する必要があろう。この中で、大神は漸く宝珠を得て、「吾日本国為二静謐一令レ成二鎮守一忽得二此珠一日本一州併可二利益一云云、又慈尊出世為二結縁一立二伽藍一号二弥勒寺一為二神宮寺一、分二宮領八十庄一可レ為二彼供田一、件寺別当可レ奉レ成二上人一也。契約従二今身一至二仏身一互可レ助二行化一」と誓っており、少なくとも弥勒禅院はこの契りの実現ということになる。しかし、『託宣集』巻五では、この伝承が少し変化する。

八幡大神は、文武天皇五年（大宝元年・七〇一）、済度のため渡唐し、帰朝後、小椋山の北辰神に(3)「我礼一所仁住坐志天。法界衆生利益乃願乎発佐牟者」と語ったのに対し、北辰神は「従此利西方彦山仁神坐須。名言権現須。有十万金剛童子利。中其権現天。以宝珠天。一切衆生乎度志給江止者」という。また香春大明神も「彦権現乃御前仁如意宝珠候也。可申之給」といった。これを聞いて大神は彦山へ行く。ここに法蓮聖人が来て、自分も如意宝珠は未だ見ていないので、如来に見せしむべく請うて修法を続け、ついに得る。大神はこれを請うが、法蓮は与えようとしない

（大神は一度珠を奪って逃げるが、法蓮の法力で四方に火を放たれ、逃げ路を防がれる。仕方なしに戻って珠を返す）。以下は『彦山流記』と同様な内容が続く（勿論、『託宣集』成立時の思想を反映した文章になっているが）。

これら伝承に見られる如く、二箇神宮寺の出現は八幡大神と法蓮の契りによることになり、他の神宮寺の場合に見られる神身離脱思想は出てこない。しかし、これと近い形で、神と仏の協力により小規模なものとして出現する。従って、八幡神宮弥勒寺も前身二箇寺に関しては、他の神宮寺のもつ一般的特質を強く所持しての創建であったとみてよいであろう。(4) 尚、二箇寺が弥勒と薬師を本尊としたことは、弥勒は未来仏であり、薬師は現在仏であるという観点から捉えられることが多い。しかし、ここは、法蓮の彦山に於ける修行以来の骨子であることを見逃すべきではない。

三、八幡神宮弥勒寺の成立

弥勒禅院・薬師勝恩寺という前身二箇神宮寺を受けて、現宇佐神宮境内に跡地を遺す八幡神宮弥勒寺が出現する。その経緯や伽藍にみる特質・背後的事情に就いて、ここで論ずることにしよう。

(一)　小椋山境内地への統合移建

神亀二年（七二五）、八幡神が小山田の地より小椋山に遷座したことは先述した。それ以前、小椋山には註（3）で述べた北辰神が祀られていたようであり、(5) 八幡神がこの山に遷座しても当初は一殿に過ぎなかったであろう。今日の宇佐神宮上宮社殿は、第一殿に八幡大神、第二殿に比売大神、第三殿に大帯比売を祀る三殿形式であるが、『託宣集』巻三の記事を信ずるならば、第二殿に比売神を祀るべく託宣が発せられたのは天平三年（七三一）、社殿が出来て鎮座したのが同五年（七三三）である。『建立縁起』によると、天平三年正月には官幣に預っている。この段階で八幡二殿の形式が完成したことになる（因みに第三殿に大帯比売を祀り三殿形式となるのは弘仁年間である）。(6)

このように小椋山の八幡宮が二殿形式となった七年後の天平十年（七三八）、日足の弥勒禅院と南無会の薬師勝恩寺が境内地に統合移建され、八幡神宮弥勒寺となるのである。『建立縁起』には、

同（天平）九年四月七日、依二大御神之発願一、始三自二五月十五日一移二来足禅院一、建二立宮之西一、則今弥勒寺是也矣、

とあり、『託宣集』巻六には、

聖武天皇十四年。天平九年丁丑四月七日。託宣。

我礼当来導師弥勒慈尊乎欲崇布。遷立伽藍奉安慈尊利。一夏九旬乃間。毎日奉拝慈尊牟者。依大神願奏大政官。始自十年五月十五日。従日足禅院十三年之後。移来建立之。今弥勒寺是也。九旬御入堂事在後、可見矣。

とまず記され、かなりのスペースを隔てて、同巻最末に、

薬師勝恩寺者。弥勒禅院同時。天平十年五月十五日。自日足浦移来建立之。今金堂是也。大菩薩毎年正月初三ケ夜間。飛霊行於金堂。奉祈金闕万歳。勤御願於宝壇。奉護宝祚億載。衆僧謹奉行御修正也。

と記されている。ここでも、薬師勝恩寺のことは『建立縁起』にみえない。

要するに、天平九年（七三七）四月に託宣が発せられ、翌十年（七三八）五月、前身二箇寺が小椋山西北麓の境内地に統合移建されて弥勒寺が成立した。この際、日足の弥勒禅院は講堂となり、南無会の薬師勝恩寺は金堂となったのである（地図2参照、特にA地点）。

尚、八幡神及び八幡信仰史に関するこれまでの研究で、中心的な存在となってこられた中野氏は、この間の事情

に就いて不思議なお説を繰り返し展開される。つまり、鷹居社の時期、付近に建立された虚空蔵寺と法鏡寺（地図1参照）は、本来宇佐氏・大神氏の氏寺であったが、二箇寺はやがて鷹居社・小山田社に対する神宮寺的なものとなった。更に神亀二年（七二五）、八幡神の小椋山遷座に伴い、神宮寺との距離が生じたため、二箇寺は統合されて日足の弥勒禅院になったといわれるのである。しかしながら、このお説は、奇妙にも論を構成している個々の部分にどれ一つとして裏付けが認められず、残念ながら論として成立し難い（従って、この説に就いての詳細は全て註釈で取り扱うことにする）[7]。

(二)　弥勒寺の伽藍配置

では、小椋山境内地に成立をみた八幡神宮弥勒寺の伽藍に就いて考察を加えよう。とはいっても、他の神宮寺と同様に明治初年の神仏分離により、当寺も建造物は全て除去され、現在は跡地が存在するのみである。従って、考察は跡地を中心としたものとなる。

弥勒寺跡に関する学術的な調査は、過去二度実施された。第一回は、昭和二十九年（一九五四）から三十五年（一九六〇）にかけて大分県教育委員会が実施し、金堂・講堂・東塔・東大門等の跡に及んだ[8]。第二回は、昭和五十六年（一九八一）十二月より五十七年（一九八二）八月まで予備調査を実施した上、五十八年（一九八三）から六十三年（一九八八）まで、一次から七次に至る本調査が実施された。調査主体は大分県教育委員会、調査員は県立宇佐風土記の丘歴史民俗資料館・県文化課・宇佐市教育委員会の三者によって構成され、事務局は資料館に置かれた。この第二回調査では、寺域の北限を区切る遺構と考えられる北大溝、寺域東限関係の遺構（築地基壇状遺構・棟門状遺構・東門遺構）が確認され、しかも、これらが創建当初のものと考えられることから、弥勒寺々地を含めた八幡宮寺全体の造営計画の中に、交通路を含んだ地割構想のあった可能性が強まったことは注目に値する[9]。

この発掘調査によると、弥勒寺伽藍は地図12に示されている如く、南大門・南中門・金堂・講堂を南北軸線上に配し、金堂前面の東西に二基の三重塔を置くという、所謂薬師寺式伽藍配置を規範とする堂々たるものである（ただし、中門に発して講堂に取り付く廻廊の遺構は確認されていない）。創建時を中心とした第一期伽藍には、以上の他に付属する堂舎が次第に出来ていったが、それらの多くは特に西参道より北に集中しているのが特徴であろう。第二回調査報告書では、応永期復興時の史料を参考に確認出来る建造物を盛り込み、第一期伽藍の全容を図にまとめている[10]（図表5参照）。尚、宇佐神宮には社殿及び弥勒寺を立体的に表現する古絵図類が多く所蔵されている。中でも最も古く内容的にも優れたものとして『応永古図』[11]があり、図表5と関係させて見ると甚だ興味深い。

第一期伽藍の主要堂宇の規模は次の通りである（報告書記載の数値通りに紹介する）。講堂＝桁行三三メートル、梁行一四・二メートル、基壇東西約三八メートル、南北一九・二メートル。金堂＝五間四面、基壇推定東西二五・五メートル、南北一五・五メートル。東三重塔＝初層一辺長五・四メートル、基壇一辺長一一・九五メートル。これらを見ると、まさに堂々たる伽藍であることが理解出来るであろう。

(三)　鎮護国家の宮寺

天平十年（七三八）、小椋山境内地に八幡神宮弥勒寺が成立した背後には、如何なる事情があったのか。この問題は単に弥勒寺に限定されるのではなく、小椋山に整いつつある八幡宮社殿とも密接不可分の関係にある。この極めて重視すべき問題に就いて以下に考察を展開する。

この問題に関して、これまでに文献を踏まえながら論じられたものはあるが、小椋山の境内及びその周辺の関連

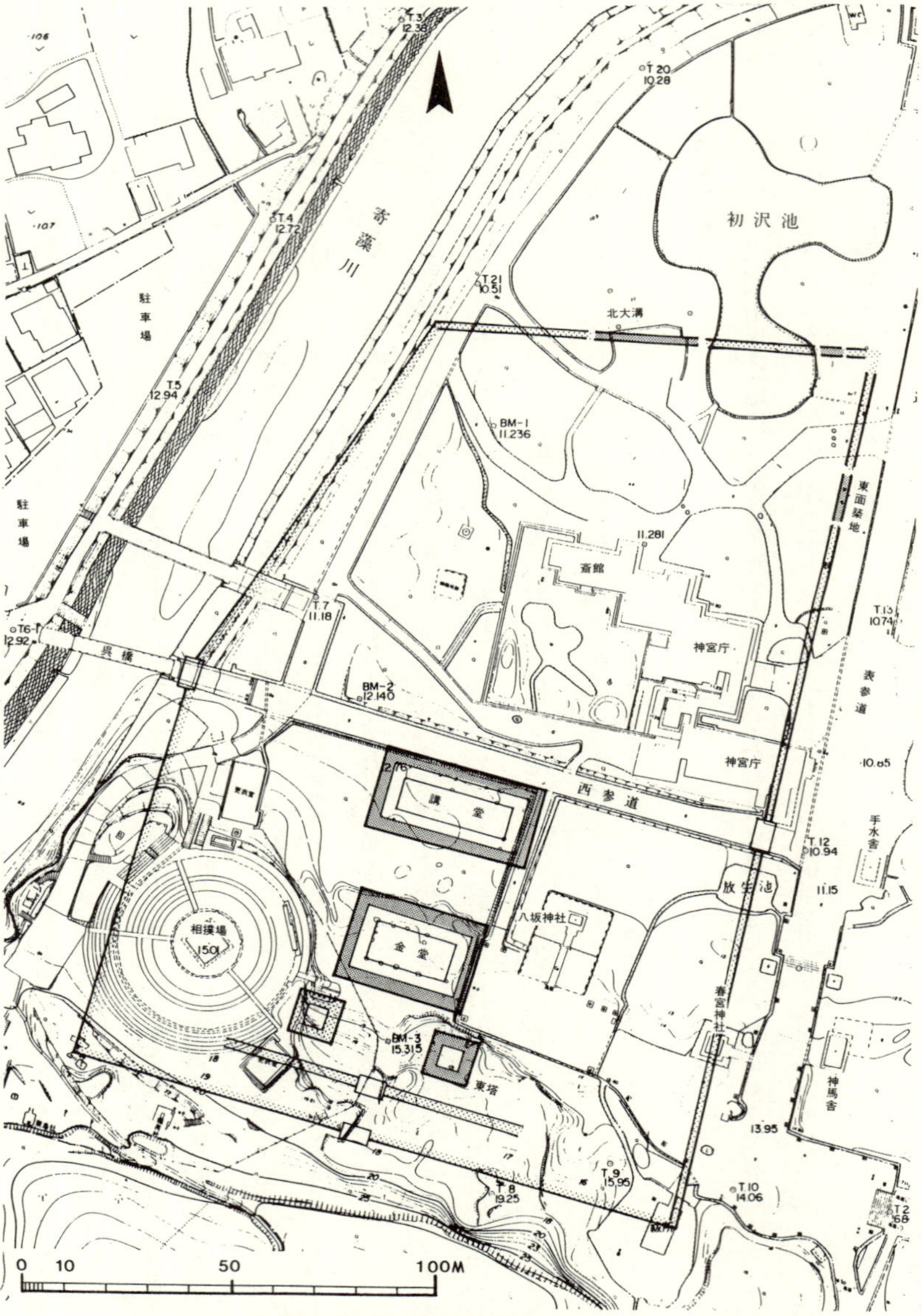

（地図12）創建期弥勒寺伽藍配置復原図（第２回報告書より）

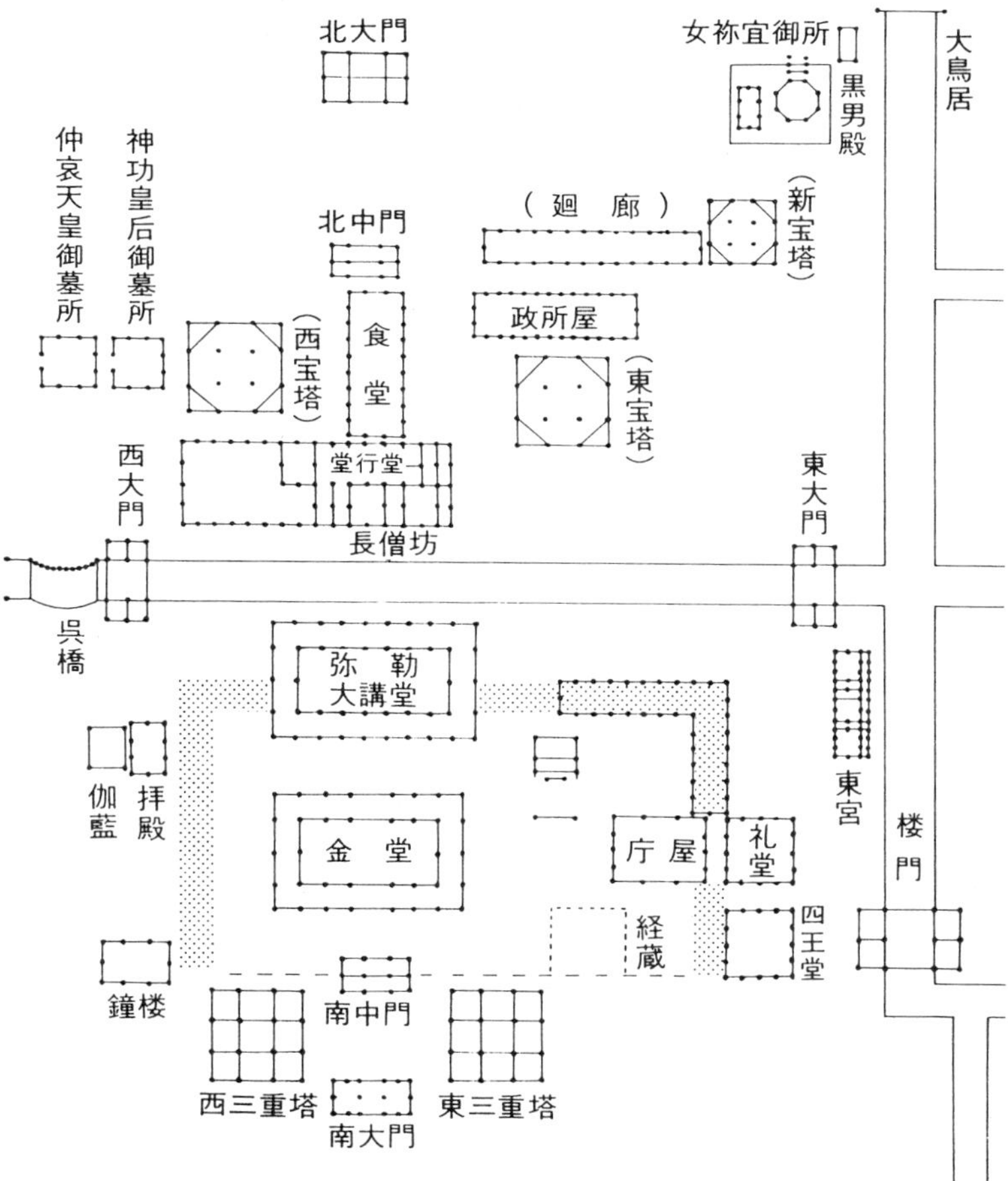

（図表５）古代弥勒寺の伽藍（第２回報告書より）

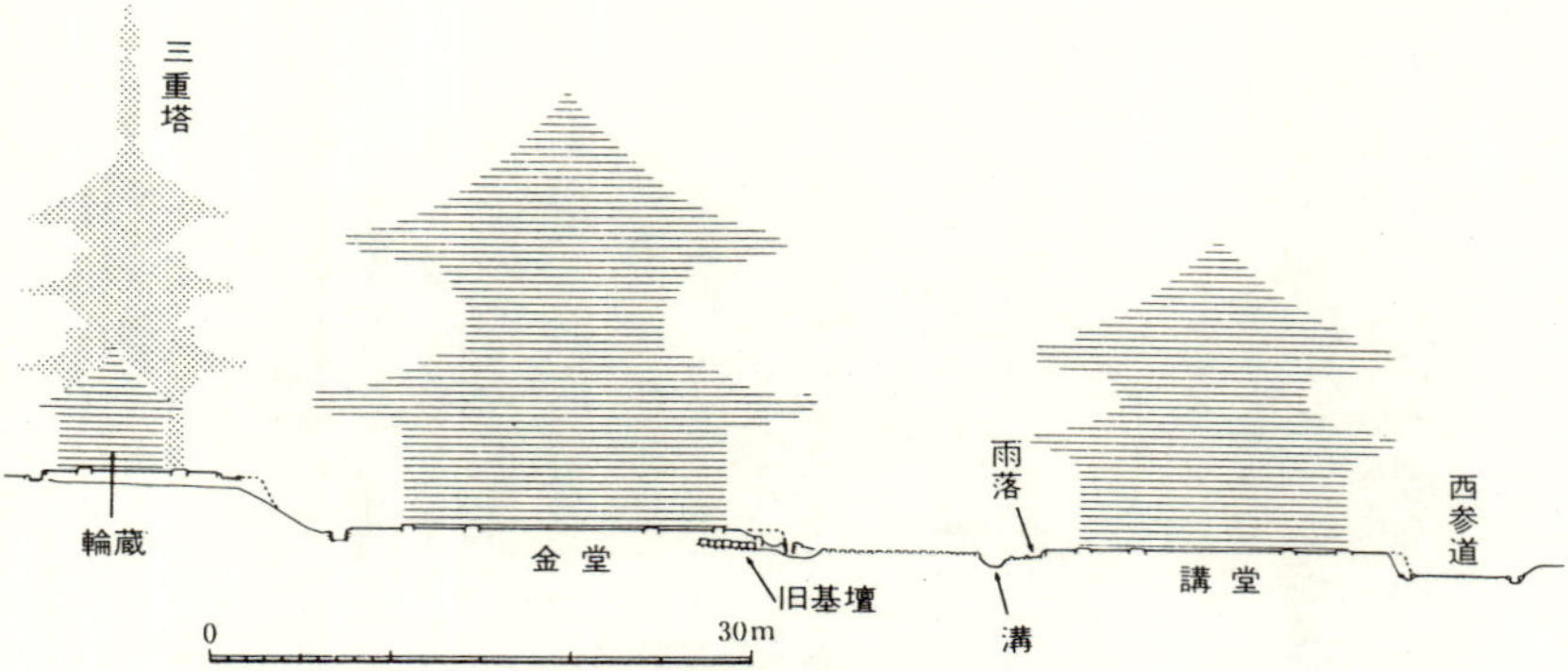

（図表6）弥勒寺境内の地形断面（第2回報告書より）
（伽藍は土田充義氏監修による応永期の推定復原）

する霊地を踏まえて、本格的に論じられたものは未だ管見に触れない。ここでは現地を着実に踏まえながら勿論文献も無視することなく進めたい。まず、弥勒寺跡の調査結果を踏まえて考察課題を導き出してみよう。

A. 薬師寺式伽藍配置を導入したのは何故か。また、このことは必然的に南向きとなるが、そのため、南側の東西両三重塔は丘陵の裾部にのっかり、更にその南に南大門・南中門があり、これらは丘陵裾部を一層奥に入り込む形になっている（地図12参照。等高線の入り具合に注目してほしい）。しかも、両塔から金堂へ、金堂から講堂へと、地形的に緩やかな高低差を雛壇状に造成して堂宇が建てられていた（図表6参照）。また、平面的にみても、伽藍の中枢部である両塔・金堂・講堂が、全て西参道以南に集中し、西参道以北のかなり広大な部分に、付属的堂宇が比較的ゆったりと集中している（地図12・図表5参照）ことが一目瞭然である。以上の事柄を総合するとき、何か特別な事情があって、無理を承知の上で実施している感が強い。

B. 金堂に比して何故講堂の方が大きいのか。これと関連して、「弥勒寺」と称しながら、何故弥勒は講堂に安置されていたのか。[12]

以上の二点であるが、就中Aが最重要であるといえよう。Aに対して、第二回調査報告書は極めて示唆に富む指摘をしておられる。つまり、小椋山遷座による社殿の造営に際して、今日の表参道・西参道に相当するものが出来ていたと考えられ、八幡宮造営計画中に交通路や弥勒寺の寺地も割り当てられていた可能性が高いことを、まず指摘される。続いて同報告書は、「講堂址の北には、北大溝までの間に約一五〇〇〇㎡に及ぶ安定した地盤の空間があり、西参道より北側に講堂を置けば無理なく堂塔が配置され、伽藍のスケール感をさらに強調することができたと思われる。にも拘らず現況の堂塔配置をとった、否とらざるを得なかった背景には、薬師寺式の伽藍配置を予定した伽藍の金堂・講堂間が既存の地割り線によって分断されることを回避する必要があったからではなかろうか。つまり、弥勒寺の造営に着手した天平年間には、主要交通路としての『勅使街道』が既に存在し、それに連続する『西参道』を弥勒寺及び宇佐宮の主要参道の一つとして使用せねばならない状況が出来ていたと考えるのである」としておられることは、極めて妥当な考察である。尚、ここに指摘されている勅使街道、つまり官道に就いては、その後の平成二年度に、大分県教育委員会文化課と県立宇佐風土記の丘歴史民俗資料館によって、「宇佐への道」調査が実施され、その報告書も刊行されている。これによると、下毛郡から直線で八幡宮西参道に至る古代の官道を推定された。[13]

報告書の考察は、八幡宮に対する単なる神宮寺として弥勒寺が存在したというのではなく、小椋山での造営が、宮と寺を一体化させた「宮寺」を目指したものであることを示している。従って、Aの問題は、この「宮寺」の観点より、考察を更に深めることによって解明し得るものと考える。

そこでまず、報告書の指摘が勅使街道と大きく関わっていることから、朝廷と八幡宮の関係より考察を始める。小山田社時の養老四年（七二〇）、隼人の反乱に際して、八幡神の託宣により、豊前国司宇奴首男人は神輿を作り、大神朝臣諸男が三角池の真薦で御験としての薦枕を作って神輿に乗せた。宇奴首男人は八幡神を奉じ、禰宜辛嶋波豆米を御杖人として日向・大隅に赴く。また、彦山権現、法蓮・華厳・覚満・躰能等の仏教徒もこれに合流し、隼人の城を落したという（『託宣集』巻五、尚、『続日本紀』〈以下、『続紀』と略記〉には隼人反乱の記事を収めるが八幡神軍の征伐記事はない）。この後放生会が修される（『建立縁起』・『三宝絵』下二六、『扶桑略記』六、『託宣集』巻五他）。この征伐は八幡神の成立と発展の上で常に注目されてきたが、(14) ここではそれに触れない。少なくともこの征伐を契機に、朝廷の政治的意図が強く関わってくることは見逃せない。続いて翌五年（七二一）六月三日、沙門法蓮が毉術によりその三等以上の親に宇佐君姓を賜う（『続紀』）。

そして神亀二年（七二五）、八幡神の小椋山遷座（先述）を経て、天平三年（七三一）、八幡神が官幣に預かり（先述）、同九年（七三七）四月、八幡宮が初めて『続紀』に登場する。つまり、伊勢・大神・筑紫住吉・香椎と共に新羅無礼の奉告を受けている。翌十年（七三八）には日足・南無会の二箇神宮寺を小椋山の境内地に統合移建して弥勒寺が成立した（先述）。同十二年（七四〇）十月九日、藤原広嗣の反乱に際し、大将軍大野東人をして八幡神に祈請せしめ（『続紀』）、更に封戸二〇と神宝及び造寺度僧を八幡宮に奉っている（『東大寺要録』四・諸院章第四、『託宣集』巻六）。

以上の流れを受けて、次に示す『続紀』天平十三年（七四一）閏三月二十四日条を読むとき、極めて興味深いものとなってくる。

奉二八幡神宮秘錦冠一頭。金字最勝王経。法華経各一部。度者十人。封戸馬五疋一。又令レ造二三重塔一区一。賽二宿禱一也。

また、これに関連して『正倉院文書』（『大日本古文書』）にも、同じ日付で、

紫檀軸十八枚奉請八幡神宮最勝王経十巻法華経八巻借着大僂炭経 発智論者

とみえる。まず注目されるのは、両史料共、「八幡神宮」という呼称を用いていることであろう。また、『続紀』の

記事に就いては、一箇月前に当る同年三月二十四日条にみる所謂国分寺・国分尼寺建立の詔との関係が考えられよう。詔にいう「宜レ令下天下諸国各敬造二七重塔一区一。并写中金光明最勝王経。妙法蓮華経各一部上。朕又別擬写二金字金光明最勝王経一。毎レ塔各令レ置二一部一」という趣旨、及び僧寺の場合、封戸五〇、水田一〇町を与え、僧二〇人を置く（尼寺には水田一〇町、僧一〇人）ということと、閏三月二十四日条が極めて近似しており、詔の趣旨の線上にあると考えてよかろう。つまり、朝廷は弥勒寺をして国分寺に準じた、或はそれ以上の鎮護国家の寺として期待を寄せたことが考えられる（勿論、豊前国分寺は別に出来るが）。この後は、八幡神の大仏造立への協力、そして上京へと、華々しい動向が続く。

八幡神は仏教と習合を強めながら発展を続ける神であった。しかも、常に国家守護の神としての性格を強めており、隼人征伐、藤原広嗣の乱鎮圧、対新羅問題等に貢献してきている。その頃、奈良の朝廷の護国思想は仏教による鎮護国家思想を主軸として展開していた。ここに、八幡神が本格的な社殿と神宮寺を備え、両者一体としての宮寺を出現させることこそ、朝廷の意を実現させるに相応しい。

かくして、神亀二年（七二五）の小椋山遷座は、単なる遷座ではなく、宮寺を目指した大造営を意味したのである。それはまた、これまでの社寺造営とは異なり、平城京での社寺造営に倣って進められるものである。周知の如く、平城京は藤原京を継いで唐都長安に倣った南向きの堂々たる都として成立し、京内及びそれに伴う隣接の社寺も南向きを指向した（古代寺院が南向きの伽藍配置を有したことは当初からであるが）。

(四)　南面する宮寺

まず、小椋山上に八幡神の社殿が南向きに建てられるのであるが、ここに第一の無理が生じてくる。宇佐に於け

（写真31）表参道

（写真32）南大門からの急階段

る原初信仰は、既に詳論した如く御許山を神体山とした信仰であった。御許山は宇佐平野の南に位置する山であり、北に広がる平野から崇拝するのが古来の信仰ラインである。御許山の北麓地帯には、山上の神を迎え降ろして祀った跡と考えられる聖地がいくつもあることを指摘した[15]。小椋山もその一つであった（地図1参照）。一般には、古来の信仰ラインを踏まえて成立した古社の場合、方位に関係なく神体山を背にして、前面に平坦地が広がる形で存在する。小椋山に社殿を造るなら、御許山（南）を背にして前面（北）に宇佐平野が広がる形こそ自然である。しかるに、小椋山に造立された社殿は南向きで御許山に対したのである。地図1・地図2を改めて参照されたい。現宇佐神宮上宮社殿が南向きになっている（遅れて出来た西麓の下宮社殿も同様）ことを明確に読みとることが出来るであろう。小椋山の北には広大な境内地があり、更にその北には平野が広がっていて、表参道（写真31参照）も北から通じており、南側は僅かな平地を隔てて御許山である。地形上、どう見ても南側は裏の感が強い。このような地形の上に敢えて社殿を南向きにしていることは、無理をしているとしか考えられない

（写真32参照）。つまり、これは古来の信仰ライン（北の平野から南の御許山を拝する）を敢えて逆にして、平城京の社寺に倣って南向きの社殿としたことによると考えられよう。

一方、平城京側にも、かつて景山春樹氏が指摘された興味深い事例がある。[16]それは春日社であって、周知の如く現在の春日社本殿（四神を祀る）は南向きであるが、若宮は西向きとなっている。平城遷都以前のこの地は、東の御蓋山を神体山として、西方の田園地帯から信仰されていた。現三条通りを東に向って一の鳥居から二の鳥居へと進む参道、これがほぼ古来の信仰ラインである。従って、現在は若宮こそ古来の信仰の名残を留めているのであり、その祭礼である「おん祭」は、山宮（奥宮、山上の磐座）――里宮（本社）――田宮（御旅所）を結ぶ古来の祭祀形態を今に伝える。平城遷都に伴い、中臣氏の一派である藤原氏がその勢力を持ち込んできた。その際に、平城京の守護神というより藤原氏の守護神として、古来神体山信仰の祭祀の場であった御蓋山麓に自らの氏の信仰を持ち込み、堂々たる社殿を、平城京に合わせて南向きに造営したことが理解される（若宮だけが古来の名残りを留める形で残った）。八幡宮社殿が南向きであることに就いて、隼人の方を向いているとする説が出されている。[17]しかし、私は、そこまで隼人に結びつける考えはとらない。

かくの如く、小椋山の八幡宮が、地形上の無理を押し、古来の信仰ラインとは逆の形で、敢えて平城京の社寺に倣って南向きの社殿を造営したことが理解出来よう。同様のことが弥勒寺に就いてもいえる。朝廷の鎮護国家の理想に直接結びつく弥勒寺の伽藍は、今や平城京で脚光を浴びている伽藍様式こそ相応しい。初期の平城京寺院にあって、飛鳥より右京六条二坊の地に移建された薬師寺は注目を集めた一つであり、薬師如来を金堂に安置しようとする弥勒寺にとっては、模範とするべき最適の対象であっただろう。ところが、小椋山境内の宮寺としての地割りは早くも進められ、先述の如く、弥勒寺の寺地には真中を横断する形で勅使街道に連続する西参道が設定され、西参道以南に主要堂塔を集める必要があった。しかも、薬師寺式伽藍配置を導入するのであるから、当然南向きである。ここに第二の無理が生ずる。西参道以南は緩やかながら高低差をもつ土地であり、南限には丘陵が迫っている。この制約の多い土地に堂々たる主要堂塔を配置しなければならない。これはまことに苦しい。まず、土地を雛壇状に造成し、西参道の南に講堂、その南に金堂を、建物の大きさに比してその間隔を可能な限り詰め[18]、その南に東西両塔、更に南に南中門・南大門と続き、東西両塔より以南は完全に丘陵裾部にのっかってしまう窮屈な結果となった（これでは、南大門から南中門へという正規の通路が、最初から形式に過ぎないものになっていたであろう）。

以上でAの問題は一応解明出来たと思う。次にBの方を考えておく。前身二箇寺が小椋山境内地に統合移建されるとき、弥勒禅院の後身が講堂、薬師勝恩寺の後身が金堂となった（先引『託宣集』巻六）。寺号を「弥勒寺」としたこと及び講堂の方が金堂に比して大きいことは、日足弥勒禅院以来のウエイトによるものと考えられる（しかし、寺地の形状を改めて考えるとき〈地図12〉、金堂西側にも丘陵の裾が迫っており、金堂にこれ以上の規模をもたせることが困難であったのかも知れない）。また、薬師が金堂に、弥勒が講堂に安置されたのは、前者は如来であり、後者は菩薩であるから当然であろう。

要するに、小椋山での造営は、二つの無理を押してまで、全て平城京の動向に合わせ、堂々たる社殿と伽藍を一体とする宮寺を目指すものであった。それはまた、鎮護国家の理想に応えようとする、壮大な計画のもとに進行されたものであることも理解出来よう。

四、八幡宮寺に於ける弥勒寺の位置

このようにして成立した八幡神宮弥勒寺が、その後どのような発展を示し、宮寺の中で如何なる位置を占めるようになっていくのか、ほぼ奈良時代末までの動向を考察する。

㈠　弥勒寺主導の方向

弥勒寺の前身である弥勒禅院が法蓮を初代別当とし、薬師勝恩寺が大神比義の建立であり、二箇寺がやがて統合移建されて弥勒寺となったことを伝える『託宣集』巻五・六の関連記事は、甚だ興味深い一面を秘めていた。二の㈡で既述した如く、応神天皇霊を八幡神として顕現させた大神氏が、宇佐仏教徒を代表する法蓮を取り込むことに懸命となっている。託宣を最大の特色とする八幡神には、常に道教色の濃い仏教の呪力を必要としたからであろう。

八幡神顕現以来終始主導権を握ってきたのは大神氏である（大仏造立完成時まで）。大神氏が、八幡神を朝廷の鎮護国家の理想に応える神に成長させるには、宇佐仏教徒の呪力は必要不可欠であった。その意味でも、八幡神の神宮寺は他の神宮寺の如きものではなく、宮と寺とを一体化させた一段と強力な仏神を目指すものでなければならない。小椋山境内地に弥勒寺が成立したとき、先に引用した『続紀』天平十三年（七四一）閏三月二十四日条の記事が、官社八幡宮に奉られた形をとるとはいえ、内容は全て弥勒寺に寄せられたものであることは一目瞭然であり、朝廷との繋がりは実質上弥勒寺が中心となっていることを示唆せしめる。

その後の史料を辿ると、天平十八年（七四六）、天皇不豫に際しての祈禱に験があったとして、八幡大神を三位に叙し、神封一〇〇戸、度僧五〇口、水田二〇町が奉られ（『東大寺要録』四・諸院章四、『建立縁起』）、天平感宝元年（七四九）六月二十三日、聖武天皇は弥勒寺学分として綿・稲・墾田一〇〇町を献納している（『益永文書』、『託宣集』巻六）。また、翌月に当る天平勝宝元年（七四九）七月二十二日、豊前国八幡神戸の人より毎年一人を得度せしめ、弥勒寺に入らせることにした（『類聚三代格』巻二、『託宣集』巻六、『到津文書』他）等とある。これらは、全て八幡神が大仏造立に積極的な協力をしている時期に相当する。朝廷の弥勒寺に対する期待の如何に大きいかが察せられると共に、八幡神の大仏造立への協力、続く八幡神の上京、大仏礼拝という異例にして著名な史実も、実現には、実質上弥勒寺の力が大きく働いた結果ではないかと考えられる。

かくの如く、小椋山に成立した宮寺は、宮として神職団を有し、寺に僧団が存在し、組織上は神職団に主体を置きつつ、両者一体となって八幡神を奉じている形に受け取れるが、次第に弥勒寺主導の方向が強まっていったと考えてよかろう。

㈡　比売神宮寺の出現

小椋山遷座より四十年余り経過して、新たに比売神宮寺が文献上に登場する。『続紀』神護景雲元年（七六七）九月十八日条に、

始造二八幡比売神宮寺一。其夫者便役二神寺封戸一。限二四年一令レ畢レ功。

とあるのがそれである。「比売神宮寺」なる名称はここにみる記載が唯一であって（勿論、この記事を受けて『日本紀略』同年月日条にみられるのは別として）、従来、弥勒寺と混同されたり、比売神宮寺の存在そのものを疑う傾向も強かった。しかし、『宮成文書』二八号や『託宣集』巻三に、天平神護年中、宇佐池守が馬城嶺（御許山）の麓の中津尾に中津尾寺（観音寺）なる伽藍を建立したとみえる。これに基づいて中野氏は、当寺が弥勒寺とは別の比売神（第二殿）の神宮寺であり、天平神護年中に宇佐池守の建立になる中津尾寺こそこれに当るとされ、宮佐古山栄興寺はその後身であるとされた[19]。妥当な見解であるといえよう。

中津尾寺跡は、学術的な調査による確認を得ていないが、宇佐神宮南側に存在する宮佐古（宮迫）坊跡地の最も

奥まった所に、その推定場所がある。地図2を参照されたい。御許山の北麓に張り出した尾根である大尾山と宮山の谷間に僅かな平地（勿論、北から南に向って緩やかに高くなる傾斜地）があり、そこに、西から西谷・中谷・東谷と呼ぶ三本の道が北から南に通じる。ここが、かつて八幡神宮の坊集落が存在した宮佐古坊跡（地図2中のC地点）である。弥勒寺関係の院坊は同寺北大門の北側にあった（地図2中のB地点）のに対し、宮佐古の坊は八幡供僧として一線を画していたようである。[20]中津尾寺跡と推定される場所は、中谷を南に登りつめた所、つまり、大尾山と宮山の谷間の最奥部近くで、宮山より小さく突き出した小尾根（中津尾山）の麓に存在し、山裾を掻き削って造成したと思われる小平坦地である（地図2中のD地点）。この場所に立つと、坊跡地の広がりが一望出来、真正面に、小椋山上に建つ上宮社殿の屋根が木の間に見え隠れしている。

比売神宮寺の出現に就いて、本章で掘り下げた考察をする予定はないが、従来の所論の主なるものを略述し、弥勒寺との対照から若干触れておきたい。比売神宮寺、つまり中津尾寺が建立された時期は、八幡神が上京し、大仏を拝した著名な出来事の後、天平勝宝六年（七五四）十一月に起る厭魅事件後の時期に相当する。この事件に関わった薬師寺僧行信は下野薬師寺に配流され、大神杜女と田麻呂は除名された上、杜女は日向に、田麻呂は多褹島に配流された。また、八幡神に賜わった封戸・位田も朝廷に返却された（以上、『続紀』天平勝宝元年十一月十九日・十二月十八日・二十七日・同二年二月二十九日・同六年十一月二十四日・二十七日・同七年三月二十八日各条他）。この時、八幡神も伊予国宇和嶺に遷ったという（『建立縁起』・『託宣集』巻七）。かくして、八幡神顕現以来主導権を握ってきた大神氏が失脚した。その後、天平神護元年（七六五）閏十月八日、八幡神は宇和嶺より大尾山に遷座し（『託宣集』巻八他、地図1・地図2参照）、翌年四月十二日、比売神に封戸六〇〇が奉られ（『続紀』他）、同年十月二日、大神田麻呂・杜女が日向に召還され、田麻呂は豊後員外掾に任ぜられて（『続紀』他）、大神氏が復帰する（因みに、八幡神の小椋山再遷座は、宝亀十年〈七七九〉に託宣があり、改造工事を経て延暦元年〈七八二〉であったという——『建立縁起』・『託宣集』巻一〇他）。この間に比売神宮寺（中津尾寺）の建立があったのである。

中野氏は、「八幡神宮神職団が国家の政治に干渉しすぎて大神氏が失墜したあと旧来の原始八幡宮神職団である宇佐・辛嶋両氏、特に宇佐氏が、旧勢力を挽回しようとした結果、旧神職団の氏族神である比咩神を強く打出すために比咩神宮寺の創建になったものである。」と述べられる。(21)

一方、最近では飯沼氏が、「この天平神護から神護景雲にかけての造営は、小倉山を中心とした本来の境内地の直ぐ外側でなされていることが注目される。なぜ、小倉山に本殿が修造されずに、大尾山に新たに八幡宮が造られ、比売神宮寺が新造されたのであろうか。小倉山を中心とする境内地は、宮や寺が大神氏の主導で造営された。（中略）新興勢力である宇佐氏には、境内地は、古き因縁のあり過ぎる場所であり、大神田麻呂と大神社女が帰還した今、ここに宇佐氏の勢力を扶植することは不可能であった。それより、シャーマンである辛島氏と結託して、造営押領使という地位を使い、新たに別の地に宮を造営することによって宇佐宮の主導権を確保しようとしたと考えられる。」と述べられる。(22)

両者間には、八幡神や比売神、更に宇佐氏に対する考えが異なるので、この点に関してここで深く考察する余裕を持たない。唯、宇佐氏が（勢力挽回か新興勢力かは本編第三章で論じる）八幡宮の主導権を握ろうとしていることは事実としてよい。その際、飯沼氏が指摘される如く、宇佐氏が、従来の境内地の外である大尾山や中津尾に宮と寺を造っていることは、注目に値する。

比売神宮寺の出現によって、八幡宮に二つの神宮寺が存在することになった。これを、中野氏は「他の大社にはみられない事柄」とされるが、(23)必ずしもそうではなく、大神神社には三つの神宮寺が存在した等の例もある。(24)第二の神宮寺として出現した比売神宮寺は、後世にもそれなりの存在となっていくが、むしろ、裏面の世界を形成し、在地の山岳宗教と結び付いて別の形で八幡神を流布することになる[25]（「比売神宮寺」なる寺号が文献上に一度しか登場せず、また、「中津尾寺」なる寺号も限られた期間しか登場せず、宮佐古山栄興寺と呼ばれるようになっていくのも、この動向を暗に物語っているといえよう）。しかし、このことは、却って弥勒寺の存在の大きさを示す結果となっていることに注目するべきであろう。

五、初期神仏習合史上に於ける意義

これまでの考察により、八幡神宮寺の成立とその性格に就いて、ほぼ明らかに出来たと思う。これを受けて、次に、八幡神宮寺が初期神仏習合史上に刻した意義を求めておきたい。

(一)　宮寺形態への指向

先述の如く、八幡神宮寺も前身二箇寺の時期には、他の神宮寺にみられる一般的特質に通じるものをもっていた。しかし、天平十年（七三八）、小椋山境内地に統合移建されることによって、その性格は一変した。八幡神の遷座と共に、境内は宮と寺のための地割りがなされ、そこに、敢えて地形上からくる二つの無理を押して、宮も寺も平城京の社寺に倣い南向きに建立され、宮寺一体となって、鎮護国家の理想に応えようとする一大造営であった。この段階で、弥勒寺は、初期神宮寺の中で特異な形態を示すものになっていった。

この面から宮寺形態への指向が出てくる。小椋山に成立した八幡宮は、宮と寺を一体としていることに於いて、まさしく宮寺を目指すものであった。しかし、宮には神職団が、寺には僧集団が併存し、形式の上から神職の奉斎する宮のもとに統括される観を呈している。従って、宮寺を目指しつつも、組織の上では必ずしも一体となり切っておらず、所謂僧侶が宮寺の頂上に立つ宮寺形態にまでは至っていない。

この点に関して中野氏の理解は少し異なる。つまり、「神亀二年に八幡宮小倉山の造立にしても弥勒寺は社地に入ってはいなかった。こうして天平に始めて社地に入った弥勒寺はやはり、薬師寺様式を破らず、整然と東西塔金堂講堂経蔵鐘楼を有した規格の中の寺院であり、いわば神社と寺院が接近したにすぎなかった」。しかるに、宇佐宮別宮として承和三年（八三六）の建立を伝える豊後国由原宮は、「柞原山上にあくまで神社が主体をなしている。その社をとりまく上宮・下宮・今宮・神宮寺の弥勒寺それに摂末社や諸堂宇があり、その間に諸院坊が混然としている。これは正に叡山でもなければ天平の宇佐宮でもなしに、全く新しい神社様式、いうならば『宮寺様式』が生まれたのである」と述べられる。(26)

これをみる限り、氏の宮寺様式論の尺度は、境内地に神祇的な建造物と仏教的な建造物が存在する混然一体化にあるらしい。しかし、ここには仏教伽藍の時期的趨勢の捉え方が欠如している。弥勒寺が薬師寺式伽藍配置を導入したのは、先述の如くこの期の趨勢に合わせたのであり、「規格の中」にあるのは当然である。(27)由原宮、更に石清水八幡宮の造立時は、奈良時代に於いて裏面の世界にあった仏教徒の山岳修行が表面に出て、平安時代初期の新仏教を誕生させた。(28)これにより、伽藍も山岳の地形に応じたものとなり、平地伽藍の規則性が破られる。平安時代初期のこの趨勢が背後にあることを忘れてはならない。三の(二)で述べた如く、弥勒寺跡の発掘調査は、小椋山遷座時より勅使街道を一つの重要ポイントとして、宮と寺の地割りを同時に進めていることを物語り、あくまでも天平期の形で、宮と寺を一体化させる宮寺を出現させたと解するべきであろう。

従って、小椋山の八幡宮は、やがて平安時代の由原宮・石清水八幡宮へと発展する、本格的な宮寺形態(29)への指向が打ち出されたものとして注目されよう。ここに、八幡神宮弥勒寺の成立が、初期神仏習合史上に刻した第一の意義を見出すのである。

(二) 八幡大菩薩の顕現

神仏習合現象は地方社会から神宮寺の建立という形で始まり、思想的には神身離脱の思想を伴っていた。小椋山の八幡宮が宮と寺を一体化させ、鎮護国家の仏神として急成長する過程で、地方に発生した神仏習合を中央に持ち込む結果を生む。それは、八幡神の大仏造立への協力、上京と大仏礼拝という一連の動向にある。この時、中央に於いて、就中宮廷祭儀に於いて、また、伊勢神宮に於いても神仏隔離の動きのあったことは、かつて高取正男氏が指摘された(30)。朝廷では、八幡神の動向に対して、「神は仏法を悦び受く」という考え方より、「神は仏法を尊び護る」という新たな神仏関係の観念を成立させた。つまり、仏典に説く護法善神の思想を以ってこの動向を説明付けたのである。中井真孝氏は、これを神仏隔離の動きに対する有効な反論として重視される(31)。

護法善神思想による説明付けは、結果的に地方で発生した神仏習合を中央にも定着させることになった。この思想は、奈良時代末期から各寺院に鎮守（地主神や護法神を祀る）を出現させる背景となっていく。最初の鎮守が東大寺鎮守八幡宮（現手向山八幡宮）であったことは周知の通りであろう(32)。

この頃から神仏習合の思想面が徐々に前進しつつあった。つまり、神に対する菩薩号の奉献である。一般的には九世紀頃に現われるが、八幡神の場合はもう少し早かったらしい。延暦十七年（七九八）十二月二十一日の太政官符（『新抄格勅符抄』所収）に、「八幡大菩薩宮幷比咩神封一千四百十一戸」とあり、大同三年（八〇八）七月十六日の太政官符（『類聚三代格』巻一所収）にも、「応㆑令㆘㆓国司㆒出㆗納八幡大菩薩宮雑物㆖事」と見える（文中にも「大菩薩」の語を二度使用)。また、『続日本後紀』天長十年(八三三)十月二十八日条に、「縁ニ景雲之年八幡大菩薩レ告(下略)」とあり、「景雲之年」とは「神護景雲」年間(七六七～七六九)のことであることはいうまでもない。更に、『託宣集』巻一〇には、光仁天皇八年、つまり宝亀八年(七七七)丁巳五月十八日の託宣として、「以明日辰時天沙門土成。可受三皈五戒志。自今以後波禁断殺生志弖可放生。但為国家尓有巨害之徒出来良牟時者。不可有此限須。可無疑念志」の記事を見る。これを八幡神の出家とする見解もあるが、(33)要するに、奈良時代後半(八世紀後半)に於いて、八幡神に菩薩号が奉献され、「八幡大菩薩」の称が成立していたことは疑う余地がない。

更に平安時代に於いて、八幡神は愈々具体的な鎮護国家の仏神として成長する。天応元年(七八一)、八幡神に「護国霊験威力神通大菩薩」の号を奉り(『東大寺要録』四・諸院章第四)、延暦二年(七八三)には、この号に「自在王」を追加(『建立縁起』、『東大寺要録』四・諸院章第四)して、「護国霊験威力神通大自在王菩薩」としたのである。つまり、一段と強力にして具体的な鎮護国家の仏神の顕現であるといえよう。八幡神に対する菩薩号の奉献は、『華厳経』や『法華経』・『自在王菩薩経』等の仏典に基づくものであり、それはまた、弥勒寺僧集団がなした仏典研究の一大結実であった。八幡大菩薩の顕現は、仏典による神仏関係の理論付けを愈々促進させることになり、やがて本地垂迹説が起る引金となっていく。(34)

八幡神の中央進出を理論付けることによって生まれた護法善神思想、その線上に出現する諸寺院の鎮守、八幡大菩薩なる新たな仏神の顕現と、これらの動向を八幡宮寺側で主導したのは弥勒寺僧集団にほかならない。ここに、八幡神宮弥勒寺の成立が、初期神仏習合史上に刻した第二の意義を見出すのである。

六、むすび

八幡神宮寺に就いて触れた先学の研究は、実に多くある。然るに、それらは悉く観念的扱いであったり、漠然と神仏習合を搦めて論ずるものであった。本章に於いては、現地遺跡を確かに踏まえつつ、初期神仏習合史の上に明確な位置付けをなすべく心掛けた。

もとより八幡神は特異な神であるが、とりわけ、その発する託宣に大きな特徴があった。しかも、それは、他の神々の託宣と異なり鎮護国家の仏教政治を目指す国家に対して、積極的な協力を打ち出すものである。[35] そこに、仏教的要素は常に欠くべからざるものであったことが理解出来よう。

八幡神は養老の隼人征伐を機に国家神として急成長を始める。その時期は、奈良時代がスタートを切ったばかりであり、また、地方社会から最初の神仏習合現象である神宮寺の出現（思想的には神身離脱の思想を伴う）が始まろうとしている時期でもあった。中央では国家仏教の全盛期を迎え、鎮護国家の理想は聖武天皇によって愈々高められ、国分寺・国分尼寺造立、大仏造立に凝集されていく。国家との関わりを強め、成長を続けようとする八幡神にとって、この鎮護国家の理想を的確に受けとめ、それに応え協力することこそ最重要事であった。その実現のためには、自らの中に仏教的な核を位置付け、仏神としての性格を濃厚にすることが必要である。

神亀二年（七二五）、早くも神宮寺（二箇寺）を境内外にもったが、この時、小椋山の境内地は、次の躍進を目指した計画のもとに着々と整備されていた。やがて八幡神は官幣に預り、天平十年（七三八）、前身二箇神宮寺は統合移建されてこの境内地に弥勒寺が成立する。小椋山での大造営は宮と寺を一体化させる宮寺を目指すものであり、後の本格的な宮寺形態（由原宮や石清水八幡宮）への指向を打ち出したことは大いに注目される。しかも、その大造営が全て平城京の社寺に倣い、宮も寺も、地形上からくる無理を押して、敢えて南向きに造営されたことも併せて注目されるべきである。

かくの如く、仏教的核を内蔵した八幡宮寺は、その後、実質的に弥勒寺主導で展開するのも当然であろう。八幡神が、聖武天皇の悲願である大仏造立に積極的な協力をなし、中央進出を達成出来たのも、裏面に於ける弥勒寺の力が大きかったことを考えねばならない。中央では、この動向に対して護法善神の思想で理論付け、その線上にやがて諸寺院の鎮守が出現する。八幡神の中央進出は、結果的に中央社会にも神仏習合を定着させ、仏典による神仏関係の理論化が愈々促進される。

その後、天平勝宝六年（七五四）の厭魅事件、天平神護三年（七六七）の道鏡事件と不祥事が続く中で、八幡宮寺は鎮護国家の理想に応えるべき、より強力で具体的な仏神たる八幡大菩薩を顕現させる。これこそ弥勒寺僧集団の仏典研究が結実したものであり、やがて起る本地垂迹説の引金ともなっていく。

以上の如く、八幡神宮弥勒寺の成立は、一方に於いて、宮寺という新たな指向の核心となり、他方に於いては、神仏習合の現象面にも思想面にも多大な影響を及ぼし、習合史上に重要なる意義を刻したのである。

〔註〕

（1）第二編第三章の註(15)で示した『託宣集』巻三の伝承は、この意味で興味深い。

（2）中野幡能氏著『八幡信仰史の研究』増補版（昭和五十年五月）下巻第一章。

（3）現在、宇佐神宮上宮本殿（口絵写真①参照）第一殿北西側に末社「北辰神社」として祀られている。宇佐神宮内にあってかの八幡造の建物は上宮本殿三棟と北辰神社だけである。小椋山の北辰神は八幡神の当山遷座より以前から祀られていたという。中野氏は、小椋山の北辰神を極めて重視され、宇佐氏の信仰と渡来系辛嶋氏の信仰が融合したものと考えられる。更に氏は、「宇佐氏の祭る宇佐の北辰社の場合も本邦北辰社中最も顕著なものであり、かつまた八幡発生時の鍛冶翁伝承とも考え合せると北辰社の信仰は官社八幡宮創祀以前の問題であり、固有宗教と仏教道教との融合過程における重要な意味をもつものでなければならぬ」とされ、北辰神を小椋山の地主神とも見ておられる——中野氏註(2)に同じ。

(4)　この点、菅原征子氏が、八幡宮の隼人征伐の後に始まる放生会に就いて、「八幡神の託宣による放生会開始の理由」を、一に「殺生戒を犯した自らの贖罪」、二に「殺害の生類（隼人）を救うため」とされる。前者は「神自らが衆生として救済される」ことを意味し、「奈良時代の」思想であり、後者は「神が菩薩行によって他を救済する」ことを意味し、「平安時代以降に成立する」思想であることを指摘されているのは興味深い——同氏「養老の隼人の反乱と宇佐仏教徒」（『日本歴史』第四九二号、平成元年六月）。

(5)　現在の宇佐神宮上宮の外廊内に三つの小社が祀られている。第一殿の西に春日、第一殿の西北に北辰、第三殿の東に住吉の三社である。

(6)　『建立縁起』には、第三殿の完成は同十四年（八二三）四月と記されている。

(7)　中野氏のこの点に関する所説を、氏ご自身の文章で示そう——「『託宣集』にみる如く金堂は大神氏、講堂は宇佐氏によって立てられたという事は一方、鷹居社時代に造立された虚空蔵寺、法鏡寺の統合に外ならない。というのは、この二寺院は宇佐氏と大神氏の氏寺であり既に神宮寺的存在であったからである」（『八幡信仰史の研究』増補版（前掲）上巻第二章）。「虚空蔵寺の建立は宇佐祖比咩神を祭った豊川社の近くにあり、（中略）豊川社の神宮寺であったろうと考えざるをえない。それに対して法鏡寺は大神比義の建立といわれているが、（中略）本尊仏は薬師如来になっている。しかし大神比義建立と伝えられることからすると八幡宮鷹居社小山田社のいわば神宮寺であったろう。というのは神亀以前の朝廷の祈請は仏教的であり、常に法師の褒賞が行なわれることからすると既に八幡宮に神宮寺を有していた事を物語るものである」（同書、上巻第二章）。「仏教的神道が、宇佐における虚空蔵寺・法鏡寺に現れた事は既に単なる血縁的祖先追福の氏寺ではなしに比咩神なり八幡神なりの神宮寺的立場をとっていたのではないか」（同書、下巻序）。「神亀二年（七二五）八幡宮が小椋山に移ると、神宮寺との距離ができて来るので、日足に移したのであり、移すためには、霊亀二年（七一六）五月の廃寺併合の方針に則った（中略）ものであろう。そのためには両寺を一ヶ寺にしようとして弥勒禅院として、奈良初期に現れた弥勒下生の信仰に基づいて弥勒禅院と号せられたのであろう。（中略）そして日足林の初期弥勒禅院は弥勒菩薩を本尊にしたようであるが、まだ完全には法鏡寺が一体化しきれなかったのか、南無会林には勝恩寺という寺を大神氏が建立したらしく、薬師如来を安置していたようであり、その寺院址も発見され、かつまた弥勒禅院の別当は法蓮を宛てたようである」（同書、下巻第一章）。「いま一つ重要なことは虚空蔵寺・法鏡寺は放生会の際の放生導師として歴史時代に続いて奉仕してきたのである。つまりこの二寺は弥勒寺の末寺となって存続したのである。この事実は宇佐氏の虚空蔵寺、大神氏の法鏡寺という伝説と共に弥勒寺に統合されたということであろう。いいかえると私寺より官寺に転換したのである」（同氏著『宇佐宮』、昭和六十年十月）。「これが（弥勒禅院のこと―逵註）非公式だが神宮寺の始まりになるのである」（同氏著『八幡信仰』、昭和六十年六月）。

以上が中野氏説の大要である。以下に私見を簡潔に述べておく。①鷹居社の時期、近くに虚空蔵寺と法鏡寺が出来、これが既に神宮寺的存在であったとされるが、そのような根拠はない。神社の近くに寺院があれば、単純に神宮寺或は神宮寺的と考えることは当を得ない。また、朝廷の祈請が仏教的であり、法師の褒賞があったから八幡宮に神宮寺が存在したといわれるのも、奇妙である。②虚空蔵寺と法鏡寺が統合されて日足の弥勒禅院になったとされるが、これは大問題である。神宮寺的存在であったが故という第一の理由は、先述の如く成り立たぬ。小椋山遷座に伴い「神宮寺との距離ができて来るので」という第二の理由も、先述の如く距離の問題ではない。都で「廃寺併合の方針」が出され、それに則ったとされる第三の理由は、全く関係のないことである。都の動向を視野に入れて考えるべくは別の面にある（本文で後述）。③氏は、虚空蔵寺を宇佐氏の、法鏡寺を大神氏の氏寺であるとされながら（これには異論もある。例えば田村圓澄氏は虚空蔵寺を大神氏、法鏡寺を辛島氏、相原廃寺を宇佐氏とされる――同氏「宇佐八幡と古代朝鮮」〈同氏著『古代朝鮮仏教と日本仏教』、昭和五十五年六月、所収）、一方でこれらは鷹居社・小山田社の神宮寺或は神宮寺的なものであったとされ、更にそれが統合されて弥勒禅院という新たな神宮寺になったといわれるのは、何としたことであろうか。氏には氏寺と神宮寺の区別がないらしい。両者は建立の趣旨からして異なるものである。④虚空蔵寺の本尊は寺号通り虚空蔵菩薩であるとされるのは当然であるが、問題は法鏡寺の本尊を薬師如来とされることにある。『託宣集』巻五では如意輪観音とあり、『宇佐宮法鏡寺縁起書上写』（法鏡寺文書）には「本尊薬師観音」とあり、薬師とは断定出来ない。また、法鏡寺跡の発掘調査からも本尊を証明する遺物は出ていない（大分県文化財調査報告第二六輯『法鏡寺跡・虚空蔵寺跡――大分県宇佐市における古代寺院跡の調査――』、（昭和四十八年三月。また、これ以後の追加調査に於いても、これを証する遺物は出ていないという）。本尊を異にする両寺が統合されて、更に別な本尊の弥勒禅院になるとは考えられない。また、両寺が弥勒寺の末寺となって存続したといわれるが、統合されたのであれば末寺云々はあり得ないであろう。⑤弥勒禅院は「非公式だが神宮寺の始まり」であるとされるが、神宮寺に公式・非公式はない――かくの如く、残念ながら氏の所論（神宮寺に関する限り）は、あげていけば切りがないほど曖昧さと矛盾に満ちているといわねばなるまい。

（8）この結果は、大分県文化財調査報告書第七集『弥勒寺遺跡』（昭和三十六年三月）として公表された。

（9）この結果は、第一回調査結果を踏まえながらまとめられ、大分県立宇佐風土記の丘歴史民俗資料館報告書第七集『弥勒寺――宇佐神宮弥勒寺旧境内発掘調査報告書――』（平成元年三月）として公表された。

（10）この図は、『応永復興期の指図』を基に、中世の建造物を除いて、中門・東西三重塔付近を伽藍中軸線にほぼ対象になるよう改変を加えて作成されている。

（11）この図は度重なる災禍によって荒廃した宇佐宮及び弥勒寺が、応永二十五年（一四一八）から永享三年（一四三一）にかけて、大内氏の援助のもとに行なわれた記録的な大造営の結果、復興されたいわば全盛期の姿を描いたものとされる。図は、色彩の上からも鮮やかであり、画面のほぼ一杯に宇佐宮社殿と弥勒寺伽藍の全容をかなり立体的に描き出す。画面の上下左右の僅かな余地に、御許山をはじめ、宇佐宮八箇社の一部（田笛社・鷹居社・小山田社・瀬社〈或は泉社か?〉、大尾社、鉾立宮、宮迫、百体社、鷹社等、八幡神ゆかりの各社や霊地を描いて、八幡神の世界を示そうとしている。つまり、この図は、宇佐宮寺の境内図でありながら、若干宮曼荼羅の要素が加味されているといえよう。尚、この図を基にした精密な宇佐宮寺立体模型が作られ資料館に展示されている。

(12)　土田充義氏は、弥勒寺伽藍の問題を次の二点とされる。①薬師寺（奈良）伽藍と比較して各堂塔間が接近していることを指摘し、「それは寄藻川がすぐ近くを流れているという地理的理由によるのかもしれない」と述べられる。②金堂が奈良時代の他の金堂と比較して、「梁間寸法と桁行寸法が接近して正方形に近い。更に桁行中央間が一八・五尺（天平尺）もあることは異常である」とされ、「それは大きな仏像を安置するために特に中央間を広くして高くする必要があったためだろう」と述べておられる――同氏「宇佐弥勒寺の伽藍と堂塔の復元」（田村圓澄先生古稀記念会編『東アジアと日本』考古・美術編、昭和六十二年十二月、所収）、この論文は、後の同氏著『八幡宮の建築』（平成四年四月）の第三章第三節として所収されている。

氏の指摘される①に就いては、本文内Aの課題の範囲である。②に就いては本章の問題とは直接関係しない。

(13)　大分県立宇佐風土記の丘歴史民俗資料館編『宇佐大路――宇佐への道調査――』（平成三年三月）。

(14)　最近では、菅原氏「養老の隼人の反乱と宇佐仏教徒」（前掲）、飯沼賢司氏「八幡神成立史序論」（『大分県地方史』第一四六号、平成四年六月）、同氏「奈良時代の政治と八幡神」（古代王権と交流8『西海と南島の生活文化』、平成七年十月、所収）が特に注目される。また、鷹枕に就いては、段上達雄氏「鷹枕考――記号としての御験鷹枕の考察――」上・下（『大分県地方史』第一四四・一四五号、平成四年一月・三月）が最近のものとして注目される。

(15)　第一編第一章参照。

(16)　景山春樹氏「古代信仰史の類型」（同氏著『神体山』、昭和四十六年十月、所収）、同氏「春日の神々とその姿」（同氏著『神像――神々の心と形――』、昭和五十三年五月、所収）。

(17)　土田氏は、弥勒寺伽藍が「宇佐宮本殿と揃えるために、平行して南を向けている」とされ、「宇佐宮が大和朝廷の南九州支配の前線基地としての役割を荷うことと関係していると思われる。つまり、神を南九州に向けることから、参道を背に向ける結果になった」と述べられる――同氏前掲論文。また飯沼氏は、「これは明らかに大隅国を向いているると考えるべきであろう。常に八幡神は隼人の国を見つめているのである」と述べられる――同氏「奈良時代の政治と八幡神」（前掲）。

(18) 平城薬師寺の場合、金堂・講堂の基壇間距離は三〇メートル以上あるが、建物の平面規模に於いて薬師寺と比して遜色のない弥勒寺でありながら、両堂基壇間が僅か一四メートルしかないのである。

(19) 中野氏著『八幡信仰史の研究』増補版（前掲）下巻第二章。

(20) 弥勒寺北大門北の院坊群や宮佐古坊集落の様子は、到津家所蔵「宇佐宮古図」（江戸時代）によって偲ぶことが出来る。

(21) 中野氏著『八幡信仰史の研究』増補版（前掲）下巻第二章。

(22) 飯沼氏「八幡宮における二つの『比売神』成立の意義」（『大分県地方史』第一四八・一四九合併号、平成五年三月）。

(23) 中野氏著『八幡信仰史の研究』増補版（前掲）下巻第五章。

(24) 大神神社には大御輪寺・浄願尼寺・平等寺の三箇寺が存在し、合わせて三輪の神宮寺と称せられる――景山氏「三輪の神宮寺」（『神道史研究』第三一巻第四号、昭和五十八年十月）、同氏「大神神社を中心とする神仏習合とその文化」（大神神社史料編修委員会編『三輪流神道の研究』、昭和五十八年十一月、所収）参照。

(25) 中野氏著『八幡信仰史の研究』増補版（前掲）下巻第二章・下巻第四章、同氏「八幡神の二元的性格――仁聞菩薩発生をめぐる史的研究――」（同氏編『八幡信仰』、昭和五十八年七月、所収）参照。

(26) 中野氏著『八幡信仰史の研究』増補版（前掲）下巻第三章。

(27) 最近に於ける伽藍配置の研究として、森郁夫氏が「天武五年に仁王経・金光明経が誦されて以来、天武六年に一切経が一度飛鳥寺で誦せられただけで、持統末年までに仁王経・金光明経でほとんど占められている。このような鎮護国家の経典を重用することが薬師寺式伽藍配置を生み、一段落した後の聖武朝に至ってより強大な国家として盛んだった唐の伽藍配置が採用されて大安寺式伽藍配置が成立したのであった。この後に造営された官の寺々は、回廊の外に塔を置いた形をとる」と述べられることは、大いに参考となるだろう――同氏「わが国古代寺院の伽藍配置」(『学叢』第一三号、平成三年三月)。

(28) 拙稿「奈良朝山岳寺院の実相」(『論集日本仏教史』二〈奈良時代〉、昭和六十一年三月、所収)、拙稿「仏教徒の山岳修行と山岳寺院」・「奈良朝山岳寺院の歴史的意義」(二稿共、拙著『奈良朝山岳寺院の研究』、平成三年二月、所収)。

(29) 中野氏の註(26)の論考、更に最近の飯沼氏「権門としての八幡宮寺の成立――宇佐弥勒寺と石清水八幡宮の関係」(十世紀研究会編『中世成立期の歴史像』、平成五年五月、所収)等参照。

(30) 高取正男氏「神仏隔離の論拠――日本宗教の重層構造――」(同氏著『神道の成立』昭和五十四年四月、所収)。

(31) 中井真孝氏「神仏習合」(『講座日本の古代信仰』一、昭和五十五年六月、所収)。

(32) 第四編参照。

(33) 例えば飯沼氏「宇佐宮放生会を読む」(『大分県地方史』第一六一号、平成八年三月)。

(34) 拙著『神仏習合』(昭和六十一年八月)参照。

(35) 菅原氏は、奈良時代に発せられた八幡神の託宣例を分析検討し、従来の神々の託宣と比較しておられる――同氏「宇佐八幡の仏教的性格について」(『仏教史学研究』第三三巻第一号、平成二年七月)参照。

第二章　初期八幡放生会と行幸会

はじめに

豊前国宇佐に成立した八幡宮寺の神事中、最も重要かつ特殊な神事として放生会と行幸会があったことは、大方の周知するところであろう。八幡という神の成立そのものが極めて複雑であるだけに、八幡神と八幡宮寺の成立を考える上に於いても、この二大神事の考察は避けて通るわけにはいくまい。

本章では、これら二大神事の成立過程と内容上特徴をなしている事柄に就いて、特に初期（始行時）の形を考えながら、史的な意義を求めていきたい。

一、放生会の成立

放生会の成立に触れた論考は多いが、この問題を真正面からとらえた論考は決して多くない。中野幡能氏[1]、有川宜博氏[2]、橋本操六氏[3]、桜井好朗氏[4]、飯沼賢司氏[5]等のものが挙げられよう。これらを踏まえつつ、まずは八幡宮に於ける放生会の起源と儀礼化の過程を考えることから始めたい。

(一)　**放生会の起源と儀礼化**

放生会の起源を示す文献上の記事は実に多い（全てが平安時代以降の文献であるが）。飯沼氏は、その始行年代を、

『宇佐八幡宮弥勒寺建立縁起』（以下『建立縁起』と略記）、『三宝絵』、『八幡宇佐宮御託宣集』（以下『託宣集』と略記）、『宇佐年中行事』、『源頼信告文』、『広幡八幡大神大託宣幷公家定記』、『政事要略』、『八幡大菩薩因位縁起』、『宮寺縁事抄』、『八幡宇佐宮縁起』、『宇佐宮斎会式』、『宇佐宮年記』、『宇佐宮年中行事案』等の文献を子細に検討され、養老二年（七一八）、養老四年（七二〇）、養老六年（七二二）、神亀元年（七二四）、神亀三年（七二六）、神亀四年（七二七）、天平元年（七二九）、天平十六年（七四四）、天平宝宇元年（七五七）、天平宝宇五年（七六一）、天平神護二年（七六六）、宝亀八年（七七七）の十二説にまとめておられる。(6)

これらの諸説に対して、中野氏は養老四年（七二〇）説をとられ（しかし、さしたる根拠は示しておられない(7)）、有川氏は「遅くとも八幡神が石清水に遷座する貞観元年（八五九）頃までには成立していたのではないか」「放生行為が既に行われていたとしても、九世紀前半に至ってそれなりの意義づけがなされ放生会として組織化されたということであろう」とされる。(8)

飯沼氏は、有川氏の所論を踏まえ、更に詳細な考察を加えた上で、「宇佐の放生会は、虚空蔵寺の法蓮らの僧侶によって、民衆や天皇を病や災害から護る医療行為として始まり、やがて、対隼人神として同じく宇佐の地で、大神氏と辛島氏が祀る八幡神とが結合してゆくなかで、法会として拡大され、八世紀末の八幡大菩薩の登場とともに、八世紀末から九世紀にかけて弥勒寺と八幡宮の両者が行う、宮寺の祭会として確立した」と述べられる。

またその他として、新川登亀男氏は、「養老四年にはじまった征隼人の終息段階で、放生に関する詔が出されている」（続紀養老五年七月庚午条）。八幡宮での放生会が魚介類を中心とし、養老五年の放生が禽獣を主とするものであったという違いからも明らかなように、両者の放生をみだりに混同してはならない。しかし、斬首・獲虜あわせて一四〇〇余人といわれる征隼人の終結化（続紀養老五年七月壬子条）と、なお大宰府での喧噪がつづく（『類聚国史』一七三・養老五年七月庚午条）最中での放生詔であることを考えるなら、征隼人とこの放生には深いかかわりがあったとみるべきである。そして、八幡宮放生会起源譚も、まったくの虚構ではなく、おそらく養老五年の放生詔がなければ生じようのないものであったとしなければならない」と述べられ(9)、養老五年の放生詔との関わりを重視される。

これらとは相当に異なる見解もある。波多野晥三氏の見解を紹介しておこう。氏は、豊前に秦部姓の多いことから、「築城郡綾幡、桑田郡などの織幡神として最初に八幡神を祀った人々も秦部かと思えるし、豊姫神を奉じて製銅を業とした人々もまた秦部を姓とする者であったろう」とされ、「この織幡八幡の霊代としての鏡が、採銅所の部民の手で造られ奉納されたとして、決して不合理な話ではなかろう。また秦部が職業としての立場で、桑を植え、養蚕を行い絹縑を製作したことで、そのために失われた蛹を供養する行事があったとしてもおかしくはない。そういう原初的行事が、後の宇佐八幡で行われる放生会の前駆的な姿であったとはいえないものだろうか」と述べられる。そして、「八幡神の隼人征伐は決して武力や妖術をつかって、隼人の鎮圧に貢献したのではなかろう。武力での対決は征討軍の責務で、彼らを鼓舞激励することはあったとしても、八幡神とその一行は、戦闘で荒廃した原野で教化活動や医療を施して、民心の安定、秩序の回復に積極的な活動を行ったのであろう」とされ、「してみると放生会の起源と、この神の隼人行とは無縁のものとなるが、隼人征伐は当時大和朝廷にとっては緊急な大事件であり、この神の隼人行を放生会の起源とすることは、その起源を地方的なものから国家的なものへと飛躍させる絶好の機会で、その見地から巧妙な結合がはかられたのであろう。しかし放生会は神託に関係なく豊前西部の渡来集団の手で行われていた織幡八幡の行事で、それが大神、辛島二氏に祀られる八幡社の行事として引継がれ、宇佐でも当初から行われていた行事なのである。もしそうでなければ、宇佐の放生会に田川、京都、築城などと豊前各地の人々の参加は起り得ないし、納得のいく説明も不可能であろう」と述べられる。[10]

およそ物事の成立に於いて、最初から整った形で出発することは殆んどなく、原形的なものがまず現われ、次第に形を整えていくのが通常であろう。その意味に於いて、有川・飯沼・新川各氏の所論は、まず、奈良時代に何らかの放生行為があり、次第に放生会としての形が整ったとされる点、大筋で首肯できよう。しかし、飯沼氏が最初の放生行為は法蓮を中心とする仏教徒によってなされ、八幡宮は関係しておらず、八世紀末の八幡大菩薩の登場以後に、八幡宮と弥勒寺の両者が行なう祭会として確立したといわれることには、俄かに首肯しかねる。そこには、八幡宮そのものの成立に関する氏特有の見解[11]が背景となっている。従って、この問題をここで論評することは本章の目的を混乱させることになるので、ここでは触れない。また、波多野氏説に就いては、築城郡辺りでの秦部の信仰が、「織幡神」であったとされ、蛹を供養する儀礼があったのではないか、それが後の八幡放生会の「前駆的な姿」であったのではないかとされることには疑問が残るものの、豊前各地の人々が八幡放生会に関わる理由が、渡来集団の東進以来の信仰にあるとされる点は拝聴に値いする。尚、中野氏説には極めて特異な面があるので、関係箇所で詳細に取り上げる。

要するに、八幡放生会の始行に関する諸説中、私はやはり養老四年（七二〇）説をとる。何故ならば、この説が一般的に取り上げられることが多いことと、この説を支える文献も、『建立縁起』、『三宝絵』、『政事要略』、『源頼信告文』、『扶桑略記』、『宮寺縁事抄』、『託宣集』、『広幡八幡大神大託宣并公家定記』、『八幡大菩薩因位縁起』等、その数量も多く、平安時代に成立する文献も悉くここに集中しているからである。

就中、承和十一年（八四四）七月十七日の日付をもつ『建立縁起』[12]には、「辛嶋勝家主解状」からの引用として、「元正天皇、養老四年、大隅・日向両国有二征罰事一、大御神詫二波豆米一宣、隼人等多殺報、毎レ年放生会可レ修レ之」

とあり、また、永観二年（九八四）成立の『三宝絵』二六「八幡放生会」条には、「辛嶋の勝氏がたてまつれる古記」からの引用として、「『養老四年に大隅日向の両国に軍兵あり、祈申によりて、大神公家の軍と共にあひ向て戦し給しかば、祢宜辛嶋勝波豆米、つかまつるそのあたをうちたひらげてかへり給ぬ。』爰に託宣ありて、の給はく、『隼人等おほくころしつ、其罪をうしなはむがために放生会を毎年に行ふべし』」とあることが注目される。

つまり、「辛嶋勝家主解状」と「辛嶋の勝氏がたてまつれる古記」とは同様のもののようであるが[13]、隼人征伐による多数殺生の報により放生会を修すべしの託宣に基づくとしている。一〇世紀頃、辛島勝氏にこのような伝承が存在したことは、奈良時代よりの伝承とみることが可能であろう。一方、有川・飯沼両氏共に着目されている平安時代初期成立の『日本霊異記』に、放生に関する説話が七つもあり[14]、既に奈良時代の民間に於いて放生がなされていたことを物語っている。併せて先に引いた『三宝絵』二六の文は更に続けて、「これによりて諸国にいはゝれ給へる所々はかならず海辺河畔也。みな放生会をおこなふ」と記していることも興味を引く。

勿論、養老四年（七二〇）当時に於ける放生会の規模・内容を知る術もないが、ここに始まった原形（「会」という いい方もなかったかも知れない）が次第に整いをみせ、奈良時代末期から平安時代初期にかけて、儀礼化が進んだと考えられ、先述の十二説の年代は、その過程を物語るものであろう。

(二)　内容上の特色

八幡放生会の具体的内容を記す文献は、『託宣集』を始めとする中世以降のものである。旧暦八月一日から十五日まで行なわれるこの神事内容を、中野氏は、『八幡宇佐宮応永御造営記』、『八幡宇佐宮放生会之記』（北和介文書）に基づいて、「①豊前田川郡の豊姫社の神人が豊日別宮に銅鏡を納める。②豊日別宮の神人がこの銅鏡を奉持

（写真33）現和間神社浮殿

して宇佐に向う。豊前上毛・下毛郡の安曇社の神人は二団となり、③一団は舟によって和間浜に向う。④傀儡を有する楽人は陸路中津郡豊日別社の神人団と共になって宇佐凶首塚に向い、⑤ここで宇佐宮の神職社僧と合体して宇佐郡和間浜に向う。⑥宇佐宮境内郷の神人の舗設した準備で、⑦宇佐宮神職社僧によって放生供養の儀礼が行なわれる」と、要点を七つにまとめておられる（写真33参照）。

氏の結論としては、「もともと宇佐宮放生会は、田川・京都郡等から宝鏡御正体を宇佐宮に収める儀礼であり、この儀礼に最も関係のある上毛・下毛郡の船は舞楽で原始的な儀礼ができていたのであり、この原始的儀礼に放生儀礼が付加されたのが奈良時代の放生会である」とされる[15]。

一方、飯沼氏も、『宇佐宮斎会式』を中心に『宇佐年中行事』、『託宣集』等に基づいて詳細に放生会内容を復元された。その結果、「(1)養老の対隼人戦の再現の側面――→相撲・傀儡子舞・法華経講説。(2)放生・殺生禁断の側面――→殺生禁制・蜷の神事・放生陀羅尼。(3)御霊会の側面――→細男の舞。(4)境界祭祀の側面――→御祓会との関係。(5)銅鏡の奉納儀礼の側面」の五側面を指摘される。

飯沼氏所論の最大の特徴は、中野氏所論への批判から出発している点にある。つまり、「中野氏の目ははじめから、放生会儀礼の方向には向いておらず、放生会の最後に行われる銅鏡奉納を中心に放生会の意味付けを試みようとしている。しかし、儀礼の中では、むしろ銅鏡奉納儀礼の方が付加的なものであり、放生会の全体の儀礼を分析し位置付けなければ、儀礼の意味を読み誤る危険がある」と、厳しく指摘される[16]。

両氏の分析の如く、放生会内容には複雑な要素が含まれている。立場を異にするとはいえ、両氏の問題とされる神鏡（銅鏡）奉献儀礼と他の放生儀礼を、どのように考えるか、ここが最大の問題点であろう。

二、放生会内容の史的背景

中野氏が「放生会」に就いて書かれたものを読むと、必ず田川郡香春の採銅所清祀殿で長光家が御正体としての銅鏡を鋳造することに始まり、勅使参向、豊日別宮入御から宇佐への奉献までを詳細に述べられる。読者にとって、「放生」が後の方になってやっと出てくるというのは、いかにも不自然な感がある。氏が重視されるこの神鏡奉献の問題から考えることにしたい。

㈠ 神鏡奉献の意義

放生会儀礼の内容を記す最古の文献は、正和二年（一三一三）成立の『託宣集』である。その巻五に、八月十四日と十五日を中心とした記事を見るが、最終部分に「捧御幣今者豊前国司。率式人奉官幣」とのみあって、神鏡奉献のことは全く出てこない。これを以って、有川氏は「『託宣集』の成立した時点では、銅鏡奉上は放生会の儀式として成立していなかったか、若しくは行なわれていたとしても放生儀礼とは明確に区別されていたことが理解される」と述べられる[17]。橋本氏も、「豊日別宮・長光家史料は、享保年間に作成、或は書き直されたことは確実で、その背景には行幸会の再興を企画した到津公著の作為があったと考えられ、その内容は検討に余りあるものであろう[18]」とされ、「放生会の根源を銅鏡奉上儀礼とする説には否定的にならざるを得ない」と、中野氏説を批判されていることは見逃せない。また、桜井氏は、「銅鏡奉上は、古い鍛冶翁伝承に根ざしており、山から神があらわれるという儀礼であって、海から神が出現する放生会とは、もともと別な祭儀であった」と述べられることも注目されよう。[19]

さて、この儀礼に就いての詳細は、中野氏が『長光家文書』や『豊前志』等の文献を考証して論じられ、放生会儀礼の中心をなすものと位置付けられるが、神鏡が香春岳（現福岡県田川郡香春町）の採銅所で鋳造されて宇佐の八幡宮に奉献されるということは、この奉献がかなり古く、単独で行なわれていたことを示唆せしめる。

第二編第一章で述べたが、必要事を要約しておこう。『豊前国風土記』逸文に、「昔者、新羅国神、自度到来、住㆓此川原㆒、便即名曰㆓鹿春神㆒。又郷北有㆑峯、頂有㆑沼潤卅六、歩許、黄楊樹生、兼有㆓龍骨㆒、第二峯、有㆓銅幷黄楊龍骨㆒、第三峯、有㆓龍骨㆒」とある。香春岳は一の岳・二の岳・三の岳からなり、産銅は三の岳であるから、文中の「第二峯」に銅有りというのは「第三峯」の誤りである。「新羅国神」が渡ってきてこの地に住みつき「鹿春神」（香春神）と称したというが、これは単なる神の渡来ではなく、この神を奉祀する新羅系渡来集団の来住を意味することはいうまでもない。

『新羅国神』はやがて三の岳に祀られ、渡来集団は採銅・造寺造瓦等の技術を持ち、次第に居住範囲を豊前東部に拡大していった。『隋書』倭国伝に筑紫の東に「秦王国」のあることを記していることからも、[20]彼等渡来集団は秦氏及び秦系諸氏族によって構成されていたと考えられよう。[21]この香春三の岳麓の採銅所で鋳造された神鏡が宇佐の八幡宮の御正体として奉献されるということは、八幡神が「新羅国神」から出発することの証でもある。秦系諸氏族で宇佐の地に入ったのは辛嶋氏であり、五世紀の頃と考えられる。彼等は駅館川（旧宇佐川）左岸（西岸）に住みつき、ここを「辛国」と称し、自らの神を奉じていた。その信仰は道教と仏教が融合した独特なものであった。辛嶋氏は女禰宜（シャーマン）を出す一族として知られる。

六世紀には、大神氏[22]が駅館川右岸（東岸）に入住して新たな神霊をもたらし、辛嶋氏を服従協力させ、馬城嶺（御許山）に八幡神を顕現させる。時を経て鷹居社にこれを創祀した。ここに大神・辛嶋両氏による合同祭祀が実現したわけである。以上の過程は、『建立縁起』の大神氏系伝承・辛嶋氏系伝承を検討することによって把握され、詳細は既に別章で論じた[23]。時期的には、馬城嶺顕現が敏達朝（五七二～五八五）、鷹居社創祀が崇峻朝（五八八～五九二）、鷹居社に社殿創建が和銅五年（七一二）となる。

大神・辛嶋両氏による合同祭祀実現の過程を象徴するものが、『託宣集』巻五に「辛国乃城尓始天天降八流之幡天。吾者日本神土成礼利」とある記事であろう[24]。神鏡奉献の淵源が、八幡神を鷹居社に奉斎した時期（霊亀二年〈七一六〉の小山田社遷座までの時期）、就中、社殿の出現した和銅五年（七一二）以後に求めることが、一つの可能性として考えられる。神鏡を奉献することは、辛嶋氏にとって、八幡神が自ら奉ずる神であることの証としての意義をもつ。また、大神氏にとっては、辛嶋氏の服従協力の証となるであろう。新羅系渡来集団の信仰には道教的色彩が強く、鏡は特別の意味をもったという[25]。しかし、以上のことは一つの可能性として推論するに過ぎない。

次に、大神氏の系図中「田麻呂」に付載される記事が注目される。

A.『宇佐宮大神氏系図』（『神道大系』神社編四七「宇佐」所収）には、

（上略）聖武天皇七年天平二年、奉レ申レ顕二吾社神徳一、同三年辛未正月廿七日、被レ立二勅使一被レ献二官幣・神服以下神宝一、六ケ年一度于レ今不レ絶、同五年、奉レ祈顕二尊神一、長御今号（験脱カ）二薦御験一、是也、（以下略）

とあり、今永文書の『大神氏系図』（『大分県史料』第三〇巻、『宇佐市史』上巻、所収）もほぼ同文である。

B.小山田文書の『大神氏系図』（『大分県史料』第七巻所収）では、

（上略）天平五年、田麻呂思惟。親父諸男養老四年於二下毛郡大貞三角池一、蒙二神告一、雖レ奉レ顕二神輿之御験一、無二永世尊崇之御験一。今我欲奉レ祈レ顕二于当宮三所之御神体一、致レ信於二本宮一運二歩于彼池一、摧（マヽ）二一心一経二百日一之処、忽蒙二霊告一。奉レ顕二尊体一、奉レ縫二裁御衣一。至二後裔一、当社御験幷御衣之事小山田社司之重職也。依之兼帯御装束所云云。（以下略）

と記され、Aとは少々異なる。

Aでは、天平三年（七三一）に勅使が派遣され、官幣と神服以下の神宝を賜わり、同五年（七三三）に薦の御験を長期的なものとしたということである。普通には、神体（霊御形・霊代・霊体・御形・御正体・御体ともいう）は神霊（ここでは「尊神」）のよる神聖な物体であり[26]、神宝はそれに付属するものである。神体には神衣を以ってする古風な例もあるので、天平五年以前に於いては、「神服」が神体として扱われていたのかも知れない。いずれにしても、この伝承から神鏡の存在を考えることは難しい。

Bでは、「御神体」・「尊体」と「御験」が登場する。「御験」は「養老四年於二下毛郡大貞三角池一、蒙二神告一」というから、後述（行幸会の項）する三角池の真薦によって作られた薦枕御験のことである。一方、「御神体」・「尊体」に就いては、「無二永世尊崇之御験一。今我欲奉レ祈レ顕二于当宮三所之御神体一」というから、「永世尊崇」の御神体を欲したのである（「当宮三所」とあるが、田麻呂の頃は二所である。また、文中御神体と御験を同様の如くに用いている）。Aと同様の内容であるが、Bの方が具体的であろう。しかし、御神体としての神鏡の存在は語られていない。専ら薦枕御験を語っている。A・Bを通じて、大神氏の伝承中に、御神体としての神鏡は存在していなかった。

降って、『三代実録』元慶二年（八七八）三月五日条に「詔令下二太宰府一採中豊前国規矩郡銅上。宛二彼郡倭夫百人一。為二採銅客作児一。先潔清斎戒。申二奏八幡大菩薩宮一」とあり、『太宰管内志』豊前之八（宇佐郡一）では、この記事に対して『宇佐宮記』の記事を引き、「金銅御重ハ豊前国従二田川郡採銅所一掘二出銅一納二当宮一封レ之、而御験之御重とす是を以て御覆絹を抑へ奉る行幸会毎御執行封しかへ奉べし」と割註記している。ここにきて、神鏡奉献は真実味をもってきた。『宇佐宮記』による註記末尾に、放生会ではなく行幸会毎に「封しかへ奉べし」と記されていることが注目される。

　これらを通して考えると、文献上、神鏡奉献は九世紀末から始まった可能性をもつが、仰々しい儀礼ではなく、また、度々行なわれたものでもなかろう。神鏡が御正体（御神体）である以上、放生会の中心儀礼ではなく、別個の、むしろ秘したる形で行なわれたと考えられる。それが、いつの段階から放生会儀礼の最後に付加されたのか知る術もないが、必ずしも、『託宣集』成立の段階で付加されていなかったとは断言できないであろう。

　中野氏も後になって配慮されたのか、『宇佐神宮斎会式』の解題に於いて、「ことに放生会に豊前国田川郡採銅所より、銅鏡が奉納されることは、採銅所側では強く主張されているが、宇佐側ではこれを示す史料は殆んどない。その中にあって本書の放生会の項は勘注となっているが、その十五日の祭に『次国司奉官幣之時、採銅所銅三両《面》備進之』とある『銅三両《面》備進之』は採銅所の唯一の記事である」と述べておられる(27)。

(二)　放生儀礼の意義

　放生会儀礼内容の特徴に就いて、先に中野・飯沼両氏のまとめられたものを紹介した。中野氏の方はここでも神鏡奉献に関する要素を極端に重視される(28)ので、これを除外し、精緻に儀礼全体を復元された上で、特徴となる要素を導き出された飯沼氏の方(29)に基づく。

　飯沼氏の指摘される五項目の要素中、「(1)養老の対隼人戦の再現の側面」、「(2)放生・殺生禁断の側面」の二つこそ、宇佐放生儀礼の核心であることはいうまでもない。この二側面を中心に考えてみる。まずは(2)の方から取り上げよう。

中野氏が、「もともと放生は仏教の不殺生戒に由来し、捕えた魚鳥を山野池水に法を修して放つことで、一種の慈悲行であり、その法会が放生会であった」（以上、『仏教辞林』に基づく）と述べ、その拠る経典として、『梵網経』・『金光明経』・『六度集経』を上げておられるのは的確であり、この点は飯沼氏もそのまま従っておられる。

史上に現われる放生の初見は、『日本書紀』天武天皇五年（六七六）八月十六日条に「是日詔㆓諸国㆒以放生」とあり、同年十一月十九日条にも「詔㆓近㆑京諸国㆒而放㆑生」とあることを以ってする。その後も、殺生禁断・放生に関する国家的行為は『続日本紀』を通してその事例多くを認め得る。加えて、先に紹介した如く、有川・飯沼両氏が指摘される『日本霊異記』中にみる民間の放生に関する奈良時代の伝承七例がある。これらを踏まえると、七世紀後半から八世紀にかけて、殺生禁断・放生は、国家及び民間に至るまで、信仰史上の趨勢になっていたことが理解できる。八幡放生会は、このような趨勢の中で始められたのであり、養老四年（七二〇）の託宣と放生会の始行というのも首肯できよう。

次に「(1)対隼人戦の再現の側面」は(2)と裏腹の関係にあり、放生会始行の託宣がこの戦いを契機とする以上、放生会儀礼の中心的な内容となるのは当然であろう。始行時の八幡放生会がどの程度の規模と内容であったか、それを示す史料はないが、対隼人戦再現要素の骨子は最初からあったと考える。後世各地に出現する八幡宮の放生会とは異なり、宇佐の八幡放生会にのみ見られるこの要素を、全てが後の付加とは考え難いからである。

要するに、中世以降の諸文献に見られる八幡放生会の内容から、遡って始行時の奈良時代を考えることは難しい。しかし、神鏡奉献は放生会儀礼とは本来別のものであったことを、一応確認できたと思う。一方、対隼人戦を再現しながら殺生禁断・放生を行なう儀礼の骨子は当初からあった。その仏教的要素は法蓮を中心とする宇佐仏教徒が積極的に勤仕したのである。田村圓澄氏が、「八幡大神の要請による放生会」を『華厳経』に説く菩薩の修行の一つである「代受苦」に例えられ、「八幡大神の盛名とその行動が、平城京の宮廷や貴族の注目を集めることとなり、さらに民衆救済の先頭に立つ八幡大神の存在に、重みが加えられることになった。（中略）八幡大神にとって仏教は、また放生会は、不可欠の存在であった」と述べておられるが[30]、まさに八幡神と仏教は当初から不可分であったのである。『託宣集』巻五に「凡厥当会儀式。昔者大菩薩。法蓮和尚等御勤行。今者公家幷宮寺之勤役」とあるのは、頷ける記述といえよう。

鷹居社創祀以来、八幡宮祭祀の実権を握る大神氏が、法蓮や漸く地歩を固めつつあった宇佐氏との提携を強めていったことは、既に別章で論じておいた[31]。

三、行幸会の成立

八幡宮の二大神事のもう一つは行幸会であるが、この方は、諸論考に於いて放生会ほど触れられることが少ない。ましてや、これを真正面から論じたものは更に少なく、中野氏[32]や伊藤勇人氏[33]・段上達雄氏[34]のものが注目される程度である。これらを踏まえつつ、行幸会に就いての考察に移る。

(一)　行幸会の起源と儀礼化

行幸会の起源に就いても古来諸説がある。中野氏は、『永弘文書』、『宇佐宮神官所持日記』に基づき天平勝宝元年（七四九）説と天平神護元年（七六五）説を上げられるが、氏の特別な見解はない[35]。これに対し、伊藤氏の考察は詳細を極める。氏は、『宇佐宮年中行事案』（『到津文書』所収のものと『永弘文書』所収のもの）、同異本、『宇佐宮年中行事及検校次第案』、『託宣集』、『宇佐宮行幸会根本幷再興次第』、『宇佐宮寺御造営幷御神事法会御再興日記』等に基づき、①天平勝宝元年（七四九）説・②天平勝宝三年（七五一）説・③天平神護元年（七六五）説・④天平神護元年潤（マヽ）十月十八日・弘仁二年（八一一）説・⑤弘仁八年（八一七）説の五説を上げられる[36]（このうち、④は『宇佐宮行幸会根本幷再興次第』〈『到津文書』〉によるもので、天平神護元年に神託を受けて四箇年ごとの巡幸を始めたが、弘仁二年以降は六年ごとの卯と酉年の式年となったことを伝えるものである。従ってこれは、むしろ弘仁二年以前に起源があったことの補強となる記事であり、割愛すべきではなかろうか）。段上氏もほぼ同様の史料を用い、同様の五説を上げておられる[37]。

まず、これらの説に検討を加えられたのは伊藤氏であり、諸説は「ともに確証がなく、これを推測せしめる史実も知られていない。とはいえ、全くの虚構でもあるまい」とされながら、弘仁十四年（八二三）に神輿の造進・御殿の修理・御装束の改換等の年次が重なっていることを考え合わせ、この年が「最も蓋然性に富」むと述べられた。これに対し段上氏は、「弘仁十四年は、現在知られる行幸会の形に整備された時期であると考えた方が良いのではないだろうか。（中略）。確証はないとはいえ、天平勝宝年間の行幸会創始は、元年にしろ三年にしろ、八幡神入京の直後でもあり、伝承として最も明確であり、行幸会が創始されるにふさわしい時期でもある。（中略）行幸会は、最初から完成した姿で創始されたのではなく、次第に整備されていったと考えられる」と述べられる。

放生会の項でも述べた如く、儀礼の始行からその後の発展は、徐々に形を整える性格をもつので、ここでは段上氏の見解に全面的な支持をおくりたい。この儀礼に於いても、当初から「行幸会」の名称があったか否か疑問が残る。単に「八箇社巡幸」とでも称していたかも知れぬ。

(二)　内容上の特色

行幸会は当初四年に一度行なわれていたが、弘仁二年（八一一）より六年に一度（卯・酉の年）の式年遂行となった[38]。儀礼の内容に就いては、中野氏が『応永御造営日記』、『奈多八幡宮縁起』等に基づき、段上氏が『宇佐宮行幸会記録』、『行幸会次第』等に基づき、それぞれ内容の復元的考察をされ、特色（或は要素）を指摘された。両氏の指摘されたものは、表現を異にするがほぼ同内容であるので、ここではそれらをまとめて示すと、次の四つになる。

①下毛郡野仲郷の三角池に群生する真薦を刈り取り、薦枕に作って、これを御験として八幡宮に納める。
②新御験を神輿に載せ、八箇社（八幡神縁故の霊地）を巡り、再び八幡宮に納める。
③旧御験を豊後国安岐郷の奈多宮に納める。
④旧御験を、奈多宮より豊予海峡を越えて、伊予国宇和郡矢野山宮に納める。

行幸会の根本が薦枕御験にあることはいうまでもない。特に、この薦枕御験に就いて、次にそれが八箇社を巡幸すること、更に御験が更新すること、これらの意義を考究することが課題となるであろう。

四、行幸会内容の史的背景

この課題を受けて、ここでは、薦枕と更新の意義、八箇社巡幸の意義の二項として考察する。特にその背景にある大神・宇佐・辛嶋の三氏との関わりまで言及したい。

(一)　薦枕と更新の意義

『託宣集』巻五に薦枕出現に関する著名な伝承を見る。まず、その記事の要旨を示そう。養老三年（七一九）、隼人が反乱を起こし、翌四年に至り、豊前守宇努男人が官符を賜わり、八幡神輿を造りつつある時、大神諸男が何を以って八幡神の御験として神輿に載せ奉るかと思案した上、三角池に向う。この池は「勝境」、「林間之宝池」と記され、林間にあって滾々と湧き出る豊かな水が沢をなし、幾本もの流れが合して三角の形状をなしていた。沢を取り囲む杜には、各種樹木が生い茂り、薬草や真薦も繁殖し、果実も多く、禽獣も多く集まっていた。まさに霊池である。この霊池に、神の誓によって池を護る常随の者として宇佐池守（寿三百余歳）がいた。諸男は池守よりこの池と群生する真薦の神秘を聞かされ、誠心を以って行幸の御験を祈り申すと、遂に霊告を得る。諸男は真薦を刈り、別屋を造らせ、七日参籠して薦枕を造り奉った（長さ一尺・径三寸）。豊前守はこれを八幡神の御験として神輿に載せ、禰宜辛嶋波豆米が神の御杖人として御前に立ち、隼人征伐に向ったという。

この伝承は、これまでに幾多の人々によって取り上げられ、養老の隼人征伐に際し、大貞三角池の真薦で作った薦枕が八幡神の御験として登場したということが、ほぼ常識化している。尚、三角池や後に成立する薦社、及び池守に就いて、これまでに本格的な考察がなされなかったので、私は別章に於いて、現地の地形、文献、絵縁起等を踏まえて、八面山信仰の中で、この聖地と池守に就いて考察した。[39] 従って、それらのことに関しては省略する。

薦枕に関して、まず伊藤氏は、「真薦によって新造される御枕は言うまでもなく就寝の用具である。このような御枕が、御神体とされる理由は奈辺に存するのであろうか。今その類例を求めるに、大嘗祭において、日継の皇子が天皇の資格を体得されるために悠紀・主基の両殿に設けた御寝所に物忌みされるが、そのとき被るのは真床覆衾であって、これも就寝の用具である。つまり、真床覆衾をかぶることによって天皇の資格を得られることと、御枕に就寝して八幡神の聖霊を体得することとは、同一の現象と推察される。この薦枕は、八幡神の霊性を帯びるための神座であって、大地より湧き出づる霊水で生育した真薦を八幡神の霊質に見立てる古代論理に由来するものと解釈される」と、述べられた(40)。

これを更に詳しく論じられたのが段上氏である。薦と真薦が生命の誕生に関連する意味をもち、枕は霊の容器と考えられ、真薦が薦枕に加工されて八幡神の御験となることは相応しい。また、八幡神の薦枕御験は、大嘗祭に用いられる神枕である「坂枕」と共通する性格のものであり、双方共に真薦で作られる。また、薦枕は「坂枕」と形態を異にするが、元和三年（一六一七）の史料では、当時の宇佐宮が薦枕を以って「坂枕」と称していた事実もあるという。氏はまた、大嘗宮正殿と八幡宮本殿とには構成上の類似点があることを指摘される。更に、薦枕創出以前から、三角池では豊作を祈願する稲作農耕儀礼としての湿原祭祀が行なわれていたとされ、薦枕を御験とすることにより、農耕神的要素も八幡神に付与され、在地豪族であった宇佐氏の農耕儀礼が重層的に取り込まれたと述べられる(41)。

伊藤氏の見解と民俗学面の成果を駆使した段上氏の見解に、薦枕御験の意義は尽くされている感がある。しかし、これを受けて新たな問題が飯沼氏より提起された。つまり、「薦の枕と坂枕の共通性や薦の枕の置かれる本殿と大嘗会本殿との共通性は、八幡神と天皇霊を重ね合わせていることをよく示している。したがって、天皇霊すなわち八幡神＝応神天皇霊という考えが登場してこないと薦の枕は成立しないということになる」として(42)、薦枕御験の成立は、八幡神がいつから応神霊と考えられるようになったかという問題に絡むことになった。

八幡神と応神霊の結び付きに就いて、中野氏は『三輪高宮家系図』を重視して、鷹居社創祀の段階で中央から大神氏が応神霊を持ち込んだとされ(43)、本位田菊士氏は、天平十二年（七四〇）以後の八幡神が中央進出をなす過程に求められ(44)、最近では金光哲氏が院政期ではないかとの見解を出される(45)等、諸説がある。飯沼氏によると、八幡神の変遷を、幡の神（『続日本紀』天平勝宝元年〈七四九〉十一月条）→大菩薩→太上天皇霊（神功霊、『東大寺要録』）→応神天皇霊（『建立縁起』所収「大神清麻呂解状」）とされ、その過程を政治史の観点から考察されるが、紙数の関係から省略する。従って氏は、薦枕御験が、養老の隼人征伐時は勿論、八幡神上京の時点にも存在せず、平安時代初期に八幡神＝応神霊の考えが成立して以後の出現であるとされる(46)。

八幡神と応神霊の結合がいつの時点からなされたのかという問題が、薦枕御験の鍵を握ることになってしまった。私はかねてより、中野氏とは異なる論拠に基づき、八幡神に応神霊が付与されるのは鷹居社創祀の段階であると考えている。その論拠は、『建立縁起』中の辛嶋氏系伝承にある。既に別章で論じたので要点のみに留めるが、「宇佐郡辛国宇豆高嶋」（稲積山と考える）に天降った（顕現した）神（辛嶋氏の神、つまり新羅神）が、突如、宇佐から瀬戸内を経て大和の膽吹嶺（宇陀郡と考える）に至り、紀伊国を経て再び瀬戸内を通り、宇佐馬城嶺（御許山）に再顕現する。これ以後全く新たな神として辛国内の各所を巡り、最終的に鷹居社に祀られるという内容である。前半の大和神幸は大神幸であり、後半の辛国内の神幸は小神幸であることがわかる。宇佐馬城嶺再顕現以後全く新たな神となっていることは、新羅神が大和神幸中に新たな神霊を付与されたことを意味する。後半の小神幸は、辛国（辛嶋氏の居住域）内への大神氏による新たな神（応神霊としての八幡神）の示威と解されよう。以上の伝承内容が、鷹居社創祀以来八幡宮祭祀の実権を握った大神氏系の伝承には見られず、大神氏に服従協力させられた辛嶋氏系伝承に見られることが重要である(47)。

以上の考察から、八幡神への応神霊付与は鷹居社創祀の段階に求められる。従って、三角池薦枕伝承が、『託宣集』巻五の記事通りでなかったにせよ、骨子は史実として容認できよう(48)。最近は頓に伝承を後世の仮託として葬り去る傾向も強いが、伝承は伝わる過程で徐々に変化したり、他要素を加えることがあっても、後世の人間が一から創出することは可能であろうか。また、八幡神と応神霊の結合が仮りに平安時代であるなら、それまでの大神氏の存在は何と理解するのか、改めて問い直さなければならないであろう。

再び薦枕御験に戻そう。行幸会が式年遂行の神事であることは、御験の更新に関係する。この意義に於いて中野氏の見解は見られないが、段上氏は、薦と真薦が生命の誕生に関連する意味を有し、その要素と、農耕神的な要素によって御験ができており、御験の更新は神霊の再生を意味すると指摘される。古代の神祇信仰には神霊の更新を「御阿礼」として、新たな若々しい神霊を迎え祀る観念が存在した。御験の更新もこの観念と基盤を一にしていると解釈できよう。

(二)　八箇社巡幸の意義

次に薦枕御験の巡幸に就いて考察する。行幸会儀礼の中心は、先述の如く新旧御験の更新であり、附随して御装束の更新も行なわれ、それに伴って御験の巡幸が行なわれることにあった。その準備には二年を要する大規模な神事であったという[49]。中野氏は中世後期の儀礼を復元されたが、伊藤氏は各時代の執行例を精緻に考察され、特に近世初期（元和二年〈一六一六〉）の儀礼は極めて詳細に復元されている[50]。氏による元和の復元に基づいて、巡行部分及びこれに関連する部分のみを、まず確認しておく（□内は八箇社、以下、地図13参照）。

七月一日　薦社（現中津市大字大貞）の三角池で御薦刈神事→真薦を宇佐へ送る
七月二十八日　小山田貞氏（御装束所惣検校）、この日より御鵜羽屋に参籠すること百日
十月二十二日　小山田貞氏、この日より七日間断食し、御験を顕わす
十月二十八日　御験を下宮一殿に遷す

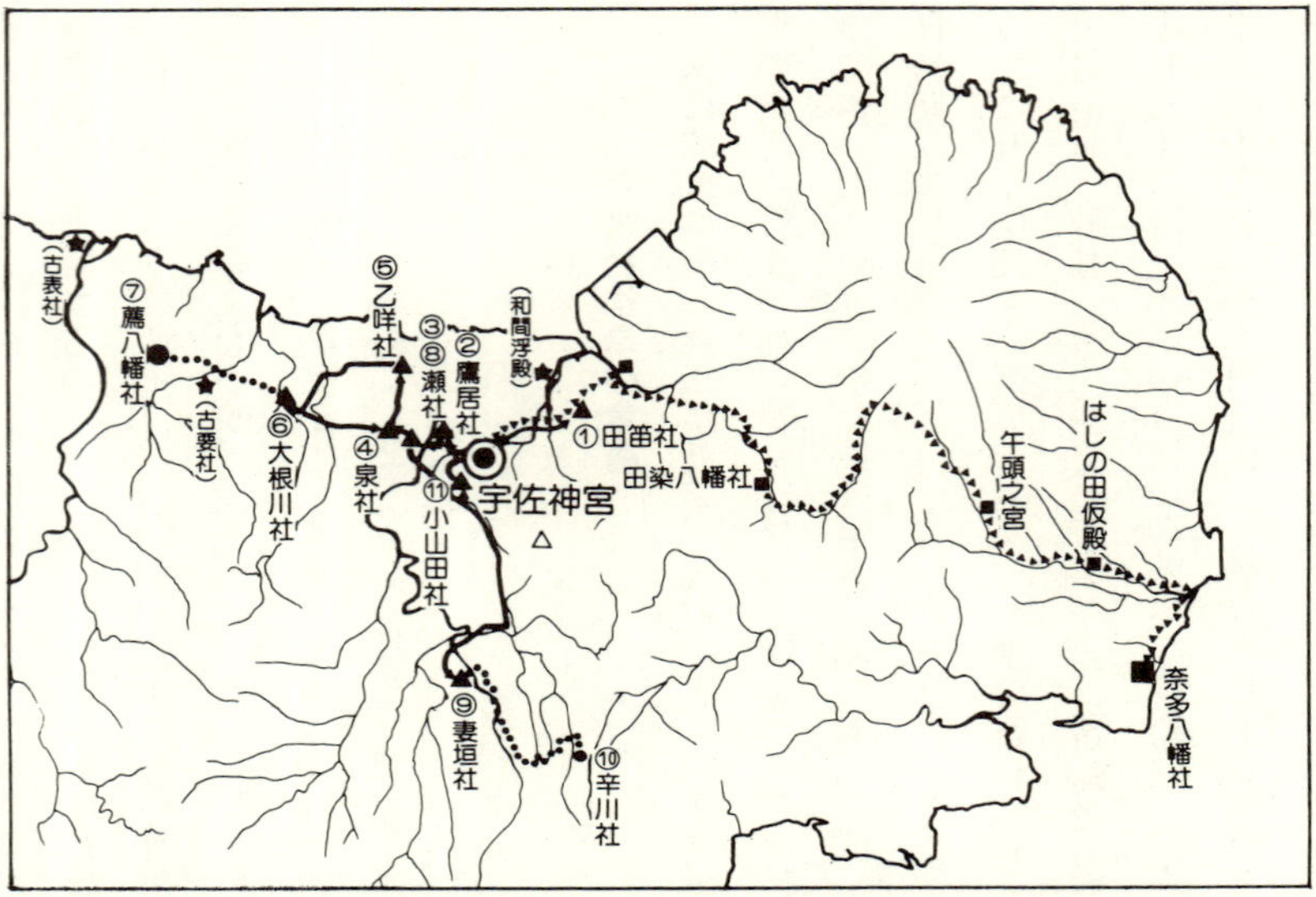

（地図13）行幸会巡幸図（大分県立宇佐風土記の丘歴史民俗資料館編『八幡大菩薩の世界』より）

十一月三日　三基の神輿御出門→田笛社（現豊後高田市大字界字田笛、写真34参照）→鷹居社（現宇佐市上田高居、写真28参照）→瀬社（現宇佐市樋田字瀬社、写真27参照）泊

十一月四日　瀬社→泉社（現宇佐市辛島字泉、写真26参照）→乙咩社（現宇佐市下乙女字宮本、写真25参照）→大根川社（現宇佐市大字佐野字大根川、写真35参照）→（大神宝は鷹社へ）→瀬社泊

十一月五日　瀬社→妻垣社（現宇佐郡安心院町大字妻垣、写真36参照）（御仮殿）泊

十一月六日　妻垣社（御仮殿）→（大神宝は辛川社〈現速見郡山香町大字久木野尾字唐川〉へ）→妻垣社（本社）→妻垣社（御仮殿）泊

十一月七日　妻垣社（御仮殿）→小山田社（現宇佐市北宇佐小山田、写真30参照）→宇佐本宮泊

十一月八日　宇佐宮下馬場にて尊神（旧御験）・神宝を奈多社司に渡す→若宮八幡社（現豊後高田市大字高田字御玉）泊

十一月九日　若宮八幡社↓田染八幡社（現豊後高田市大字真中字宮田）(泊)

十一月十日　田染八幡社↓弁分の牛頭之宮（現東国東郡安岐町大字朝来字宮園）(泊)

十一月十一日　牛頭之宮↓はしの田仮殿（現東国東郡安岐町大字瀬戸田字恵良）(泊)

十一月十二日　はしの田仮殿↓奈多宮（現杵築市大字奈多字亀山、写真37参照）へ

※（奈多宮より後の旧御験に就いては、時期により様々な伝承がある。例えば『宇佐行幸会私記』(51)に、「神輿奈多ノ御社ニ入御ナラセ玉ヘバ、元ノ御躰ハ虚舟ヲシテノセ奉リテ、御机ノ上ニ居置奉ル、一御机ハ奈多ノ御社ノ前、海上二町ハカリアリ、三ツノ大岩アリ、此上ニ御舟ヲスヘ奉レハ、満シホノマニ〳〵ヒカレサセ玉ヒテ、□予ノ国宇和郡ニ着セ玉フ」とある。この伝承では、旧御験を奈多宮前の海に流すと、まず、浜辺の海中大石〈写真38参照〉に寄りつき、満潮時にここから離れ、潮流に乗って対岸の宇和島に流れ着いたという。また、現愛媛県八幡浜市にある矢野山八幡宮〈写真39参照〉が旧御験の最終的な落ち着き先とする伝承もある）。

（写真34）田笛社

以上で確認できることは、行幸会の巡幸が前半の新御験の巡幸と後半の旧御験の巡幸から成り立っており、最も重要視される前半の新御験の巡幸が八箇社(52)に限られているということが注目されよう。八箇社は八幡神縁故の地というが、縁故の地はその他にもありながら(53)、八箇社だけが新御験巡幸の対象となっていることには、特別な意味があると考えなければならない(54)。

（写真35）大根川社

（写真36）妻垣社

（写真37）奈多宮

（写真38）奈多浜辺海中大石

（写真39）矢野山宮

中野氏は、特有の「原始八幡」論（「応神八幡」論との対）から論じられる。つまり、国造宇佐氏が弥生・古墳時代に成長し、小国家統合の結果形成された「大宇佐国」（宇佐国と山国の統合）の神が、統合以前の小国家の祭祀遺跡（これが後の所謂八箇社）を訪問していた農耕儀礼に起因するとされ、その後、いつの頃からか豊後国東部の一部が統合または連合され、更に大きな宇佐国が成立、奈多宮との統属関係が生じ、奈多とのつながりで伊予八幡宮との関係が生まれたとされる。つまり、行幸会儀礼は「大宇佐国」統合の儀礼であり記録であったと述べられ、薦枕御験は本来宇佐祖神比咩大神の御験であったが、後に大神氏によって応神天皇の御験にすりかえられてしまったと述べられる。[55]

段上氏は、「想像を逞しくすれば、隼人の乱に出兵した八幡神の出身地、すなわち宇佐地方の軍勢の供出範囲を表すもので、当時の八幡神を奉戴する古代氏族群の居住範囲ではなかっただろうか」と述べられ、後半部に就いては民俗学的な興味深い見解を述べられるが、ここでは省略する。[56]尚、この後半部に就いて、伊藤氏は、「奈多行幸会は南北朝以前に執行された例がなく、室町時代に入って始めて行われたものと推察される」と述べておられる。[57]

中野氏の論は甚だ奇妙である。宇佐国と山国が統合されて「大宇佐国」が成立したとされることにも疑問を残すが、それはさておき、行幸会に於ける八箇社巡幸が、かつての宇佐国造時代の祭祀遺跡を巡るものとされる見解には、首肯しかねる。何となれば、行幸会の始行された奈良時代にあって、そのようなことを実現できる可能性は全くないからである。また、段上氏の見解のように、ここでも隼人征伐に結びつけることには疑問がある。

奈良時代初期には、既に論じた如く、八幡宮祭祀の実権は大神氏の握るところであり、辛嶋氏が早くからこれに服従協力していた。その頃の宇佐氏は、下毛郡を中心に再興への地歩を着々と固めていたのである。大神氏もこれを無視できず、法蓮を中心とする宇佐仏教徒と宇佐氏に対し、提携の策を打ち出していた。[58]従って八箇社は、大神・辛嶋・宇佐三氏のそれぞれの勢力圏に分布しているのが実状であった。

宇佐氏が八幡宮神職団に始めて食い込んだのは、天平勝宝六年（七五四）十一月の厭魅事件による大神氏の一時的失脚時である。つまり、宇佐公池守が造宮押領使・大宮司としてであった。行幸会が始行された直後の時期である。大神氏は間もなく復帰するが、その後は大神・宇佐両氏による宮司職をめぐる熾烈な争いの時期に突入する。[59]

行幸会に於ける八箇社の巡幸は、大神・宇佐・辛嶋三氏の八幡神縁故地を新御験が巡幸するのであって、今や八幡宮が三氏の提携の上に成立していることを世に示したものと解されよう。尚、巡幸後半部に関しては、伊藤氏が指摘される如く後世の付加と考えられるので、ここでは論外とさせていただく。

五、むすび

八幡宮の二大神事である放生会と行幸会に就いて、特に初期の形態と意義を考察した。それは、八幡神の成立とも関わる重大な問題であるが、初期なるが故に満足できる史料に乏しく、決して充分な考察とはならなかったと思うが、可能な限りの試みをなしたつもりである。

八幡放生会の起源は養老四年（七二〇）に求められ、次第に整いをみせ、奈良時代末期から平安時代初期にかけて儀礼化が進んだと考えられる。放生会内容には複雑な諸要素を見出せるが、中野氏がことのほか強調される（儀礼の中心として）神鏡奉献は、九世紀末に始まった可能性が強く、全く別個の、しかも大々的な儀礼ではなかったであろう。また、放生儀礼の中心をなす要素、つまり、対隼人戦を再現しながら殺生禁断・放生を行なう内容の骨子は当初よりあったと考えられ、八幡宮と法蓮を中心とする宇佐仏教徒の提携で行なわれたと解される。また、放生会に豊前各地の人々が参加するのは、隼人征伐の故事によるのみでなく、新羅神（「ヤハタ」神）以来の伝統によるところもあることを忘れてはならないであろう。

行幸会に就いても、その起源を天平勝宝元年（七四九）に求め、次第に儀礼としての形を整えたと考える。行幸会の核心は薦枕御験の更新と八箇社巡幸にある。薦枕には生命の誕生の意味、農耕神的要素、大嘗祭の「坂枕」に共通する性格、これを納める八幡宮本殿と大嘗宮正殿との類似点が指摘されている。八幡神は鷹居社創祀の段階から応神霊を付与されており、薦枕御験は養老の隼人征伐時に出現した。薦枕御験の更新は神霊の更新を意味する。この御験が八箇社を巡幸する意義は、大神・宇佐・辛嶋三氏の八幡神縁故地を巡るのであって、八幡宮が三氏提携の上に成立していることを世に示すところにあった。

尚、両神事のその後と現代の姿に就いては、要領よくまとめられた入江英親氏の著(60)を参照されたい。

〔註〕

(1) 中野幡能氏著『八幡信仰史の研究』(増補版)上巻(昭和五十年五月)第五章第二節、同氏著『八幡信仰』(昭和六十年六月)第二章、同氏著『宇佐宮』(昭和六十年十月)第六章。
(2) 有川宜博氏「宇佐宮放生会創設試論」(『九州史学』第五八号、昭和五十年十二月)。
(3) 橋本操六氏著『放生会道』(大分県文化財調査報告第四九輯、「歴史の道」調査報告書、昭和五十六年一月)。
(4) 桜井好朗氏「宇佐放生会について――『八幡宇佐宮御託宣集』再読――」(同氏著『中世日本文化の形成――神話と歴史叙述――』、昭和五十六年四月、所収)。
(5) 飯沼賢司氏「宇佐宮放生会を読む」(『大分県地方史』第一六一号、平成八年三月)。
(6) 飯沼氏前掲論文。
(7) 中野氏前掲論文。
(8) 有川氏前掲論文。
(9) 新川登亀男氏「豊国氏の歴史と文化」(古代王権と交流8『西海と南島の生活・文化』、平成七年十月、所収)。
(10) 波多野晥三氏「古代における宇佐」(九州歴史資料館編・開館十周年記念『大宰府古代文化論叢』上巻、昭和五十八年十二月、所収)。
(11) 飯沼氏「八幡神成立史序論」(『大分県地方史』第一四六号、平成四年六月)、同氏「奈良時代の政治と八幡神」(古

代王権と交流8『西海と南島の生活・文化』〈前掲〉所収）等に見られる見解。

(12) 承和十一年（八四四）という年代には疑問がもたれている。平野博之氏は詳細な検討の結果、当縁起の作成は、寛平元年（八八九）から寛弘六年（一〇〇九）の間、むしろ寛弘六年に近いある時期に辛嶋氏によってなされたと推定される――同氏「承和十一年の宇佐八幡宮弥勒寺建立縁起について」（竹内理三氏編『九州史研究』、昭和四十三年、所収）。

(13) この点は既に有川氏が指摘しておられる――有川氏前掲論文。

(14)『日本霊異記』上巻第七・三〇・三五、中巻第五・八・一二・一六。

(15) 中野氏著『八幡信仰史の研究』（増補版）上巻（前掲）第五章第二節。

(16) 飯沼氏「宇佐宮放生会を読む」（前掲）。

(17) 有川氏前掲論文。

(18) 橋本氏前掲書。

(19) 桜井氏前掲論文。

(20) 大和岩雄氏「彦山・秦王国・新羅花郎」（上田正昭氏編『古代の日本と渡来の文化』、平成九年四月、所収）。

(21) このことは更に、『正倉院文書』の大宝二年（七〇二）の戸籍（「豊前国上三毛郡塔里太宝二年籍」、「豊前国上三毛郡加目《（自カ）》久也里太宝二年籍」、「豊前国仲津郡丁里太宝二年籍」）によって裏付けられる。

(22) 詳述は避けるが、大神氏も渡来氏族だとする説がある――松前健氏「渡来氏族としての大神氏とその伝承」（『日本のなかの朝鮮文化』第四三号、昭和五十四年九月）。

(23) 第二編第二章・第三章参照。

(24) 田村圓澄氏は、この記事を「『城』は軍事的施設ではなく、『村』の意味であろう。つまり韓（辛）国の人の住んでいる部落に、八流の幡を天降し、八幡神は初めて日本の神になることができた、というのである。『辛国城』に『辛嶋』（宇佐市辛島）を比定することもできよう。宇佐八幡は大神比義の祈請にこたえ、宇佐の地に出現した。とすれば、宇佐八幡は元来、韓国（辛国）の神であったことになる」と述べておられるのは、正しい解釈といえよう――同氏「宇佐八幡と古代朝鮮」（同氏著『古代朝鮮仏教と日本仏教』、昭和五十五年六月、所収）。

(25) 田村氏前掲論文。和田萃氏「鏡と神仙思想」・「鏡をめぐる信仰」・「鏡をめぐる伝承」（同氏著『日本古代の儀礼と祭祀・信仰』中巻、平成七年三月、所収）。

(26) 宮地直一・佐伯有義両氏監修『神道大辞典』（昭和十二年七月）による。尚、同辞典によると、神体の形式は「時と場合、祭祀の性質により異な」り、「最初は一定の形をなすに至ら」ず、原始時代では、山・霊石・樹木等に求めた。歴史時代では、鏡（最も事例多し）・石・剣・鉾等に、中世以降には仏像を神体とするものも現われる。その他、榊や神衣を以ってするものも古風な例としてあるという。

(27) 中野氏「（解題）宇佐神宮斎会式」（『神道大系』神社編四七「宇佐」、平成元年三月、所収）。

(28) 中野氏註(15)に同じ。

(29) 飯沼氏註(16)に同じ。

(30) 田村氏「八幡大神の仏教帰依」（同氏著『古代日本の国家と仏教――東大寺創建の研究――』、平成十一年五月、所収）。

(31) 第二編第四章、第三編第三章参照。

(32) 中野氏著『八幡信仰史の研究』（増補版）上巻（前掲）第五章第三節、同氏著『八幡信仰』（前掲）第二章、同氏著『宇佐宮』（前掲）第六章。

(33) 伊藤勇人氏著『行幸会道』（大分県文化財調査報告第五二輯、「歴史の道」調査報告書、昭和五十六年二月）。

(34) 段上達雄氏「薦枕考――記号としての御験薦枕の考察――」上・下（『大分県地方史』第一四四号・第一四五号、平成四年一月・三月）。

(35) 中野氏著『八幡信仰史の研究』（増補版）上巻（前掲）第五章第三節。

(36) 伊藤氏前掲書。

(37)　段上氏前掲論文。
(38)　『太宰管内誌』豊前之十所引『宇佐宮記』、『宇佐宮行幸会根本幷再興次第』（『到津文書』）、『宇佐宮寺御造営幷御神事法会御再興日記』第二巻（『小山田文書』）、『託宣集』巻四等。
(39)　第一編第三章参照。
(40)　伊藤氏前掲書。
(41)　段上氏前掲論文。
(42)　飯沼氏「八幡神と神輿の成立」（『歴史評論』第五五〇号、平成八年二月）。
(43)　中野氏著『八幡信仰史の研究』（増補版）上巻（前掲）第二章。ただし氏は後に、中央の大神氏ではなく北部九州の大神氏であると修正される――同氏「三輪高宮家系図と大神比義」（『大美和』第七六号、昭和六十四年一月）、同氏「（解題）宇佐宮大神氏系図」（『神道大系』神社編四七「宇佐」〈前掲〉所収）。
(44)　本位田菊士氏「宇佐八幡宮の創祀と大神氏」（『続日本紀研究』第一二二号、昭和四十年三月）。
(45)　金光哲氏「八幡神と応神天皇」（『鷹陵史学』第二六号、平成十二年九月）。
(46)　飯沼氏は、天平勝宝元年（七四九）の八幡神入京に際して、「筆者自身も最近までは、紫色の輿に乗った大神杜女は『御験』を抱いていたと考えていた」。「しかし、紫色の輿は『もっぱら乗輿』と注記されており、人を運ぶ輿であり、鷹の枕のために造られたというより、女禰宜用の輿と解釈される」と述べ、「紫色の輿には鷹の枕は乗せられていなかったと考えている。実は禰宜自身が依代であったと推定される」。「それゆえに、八幡女禰宜大神杜女は、天皇らが集う東大寺へ輿のまま入ることを許されたとみるべきである」と述べられる――同氏註(42)論文。また氏は、別論「女性史からみた『道鏡事件』――宇佐宮における女禰宜託宣と亀卜の対決――」（シリーズ比較家族8、田端泰子・上野千鶴子・服藤早苗各氏編『ジェンダーと女性』、平成九年三月、所収）でも同様のことを繰り返し述べておられる。
(47)　第二編第二章・第三章参照。

(48)　伊藤氏は、「八幡神が官社八幡宮へと発展した契機は隼人の平定にあったが、その根源をなすのは三角池の真薦であった。行幸会の中核をなすものも同じく真薦にあった。従って、八幡信仰の起点が三角池にあることは、否定しがたい事実といわねばならない」と述べられる――同氏「薦社覚書(一)」(『真薦』第一号、昭和六十三年九月)。また、田中卓氏は、『託宣集』巻五の記事を、『政事要略』、『万葉集』、『続日本紀』、『和名類聚抄』、『八幡宇佐宮御神領大鏡』等の文献考証を通して、この記事を史実と認められた上で、「このやうに『託宣集』を検討してくると、宇佐八幡宮の二大行事の一つである放生会も、また薦神社の三角池の真薦で作った御枕を神験として宇佐宮に納める行幸会も、養老四・五年の隼人平定に起源をもつことは明らかであらう」と述べられた――同氏「『八幡宇佐宮御託宣集』の信憑性――特に薦神社の創祀をめぐつて――」(『真薦』第二号、平成五年二月、後に「豊前国薦神社の創祀――『八幡宇佐宮御託宣集』の信憑性をめぐつて――」と改題され、同氏著作集第一一巻の一『神社と祭祀』〈平成六年八月〉所収)。

(49)　中野氏註(35)に同じ。

(50)　伊藤氏前掲書、伊藤氏著『奈多行幸会道』(大分県文化財調査報告第六〇輯、「歴史の道」調査報告書、昭和五十七年三月)。

(51)　『大分県史料』二九「益永文書」。

(52)　八箇社及び巡幸に関係する神社等の解説は、伊藤氏前掲二書に詳しい。

(53)　例えば、『託宣集』巻三「日本国御遊化の部」参照。

(54)　神の巡幸(神幸)には、「(一)もと神を迎へ奉る古儀に出て毎年或は周期にさながら之を繰返すもの、(二)歴史の事実、祭神の事蹟にかたどるもの、(三)疫病消除の神事が恒例化せるもの、(四)神慮を慰む趣旨に出づるもの、(五)祭神縁故の地域や氏子区域に渡御せらるるもの」等があるとされる。八箇社巡幸は(五)に相当すると考えられる――『神道大辞典』(前掲)。

(55)　中野氏著『八幡信仰史の研究』(増補版)上巻(前掲)第一章、第五章第三節。

(56) 段上氏前掲論文。
(57) 伊藤氏著『奈多行幸会道』(前掲)。
(58) 第二編第四章参照。
(59) 第三編第三章参照。
(60) 入江英親氏著『宇佐八幡の祭と民俗』(昭和五十年十月)。

第三章　八幡神職団宇佐氏の成立

はじめに

宇佐に成立した八幡宮の神職団は、当初、大神・辛嶋二氏によって、奈良時代後半からは大神・宇佐・辛嶋の三氏によって構成される。しかるに、研究動向に於いて、宇佐氏に関する研究は極めて乏しく、奈良時代後半以降に於ける宇佐氏の神職団への進出を、新興勢力と見る傾向が強い。これには、八幡神を国家によって意図的に造られた神と解する動向が関係しているように思える。

しかし、八幡神が宇佐の地に成立し、宇佐の地であるが故の要素（後に各地に勧請されて成立する他の八幡宮と比して）も持ち合わせることを考えると、地元氏族である宇佐氏の考究は必要欠くべからざるものとなろう。

一、妻垣山と御許山

宇佐平野から南方を望むと、御許山の山姿が印象的である。また、この平野を北流する駅館《やっかん》川上流には安心院《あじむ》盆地があり、その南端に妻垣山が豊かな繁みを見せている。これらの山は、両地域に於ける原初の信仰を培ったであろう。

(一)　安心院盆地と妻垣山

（写真40）三女社

（写真41）妻垣山

駅館川を上流に遡り、山本・拝田を過ぎ三又の地点で川が分岐する。右は恵良川で院内町の谷に向い、左は津房川で、これに沿って進むと安心院盆地に至る（地図11参照）。「宇佐山郷」と称されるこの盆地には、南端に妻垣社（写真36参照）、北端に三女社（写真40参照）と南北相対するように二つの女神を祀る神社があり注目される。

特に妻垣社は、盆地から望む限り独立した山である妻垣山（二四一メートル、写真41参照）を背にしており（社殿は南向きで、実際は山に向き合っている）、この山が古来盆地住民の信仰を集めた神体山（神奈備・三諸）であったことが、容易に推測出来る。『宇佐八幡宮弥勒寺建立縁起』（以下、『建立縁起』と略記）に、「比咩大御神前住《名》ニ国加都玉依比咩命一也、又《今日》住ニ都麻垣比咩大御神一也、本坐ニ宇佐郡安心（院、脱字カ）別倉東方高岳一也」と記されており、また、『八幡宇佐宮御託宣集』（以下、『託宣集』と略記）巻三にも、「安心院都麻垣者。比咩大神之御在所也」と記されている如く、妻垣山は比咩神の鎮まる山であった。(1) 神体山信仰という祭祀形態は古墳時代に確立されたものであり(2)、地域の豪族が中心となって祭祀を執り行なったものである。

比咩神の鎮まる妻垣山の祭祀を司ったのは、『日本書紀』（以下、『書紀』と略記）神武天皇即位前紀甲寅年十月条に見える「菟狭津彦、菟狭津媛」（『古事記』中巻では「宇沙都比古、宇沙都比売」と記す）であると考えられ、これが宇佐氏の祖とされている。

このことが何故に安心院盆地に結び付くのか。『書紀』同条によれば、東征に出発した神武天皇が椎根津彦の案内で宇佐に立ち寄った際、菟狭津彦・菟狭津媛がこれを出迎え、「乃於㆓菟狭川上㆒。造㆓一柱騰宮㆒。而奉㆑饗焉」とある。[3] ここにいう菟狭川は現駅館川であることは周知の通りであり、その川上というのであるから安心院辺と見るのが妥当であろう（『太宰管内志』豊前之十一では、現宇佐神宮の近辺として三つの文献により三箇所を示しているが、これは後世宇佐神宮と結び付けて考えた結果であろう）。

妻垣の地名に就いて『安心院町誌』は、「菟狭津媛を侍臣天種子命に嫁がせ、垣を廻らして結婚の式を挙げられたのが都麻垣となったという地元の古伝承と、上代男女相会し歌謡で応酬した妻定めの古俗の転化とする二説がある。いずれにせよ比咩大神は宇佐宮奉斎以前に安心院の里に生まれ別倉東方高岳、すなわち妻垣山（共かぎ山）に在しましたとの古伝があった」と記す。[4] 飯沼賢司氏はこれらの伝承を平安初期の成立とされる。その前提として、比咩神自体を、「全国の数多い比売神の中でも、単に『比売神』と呼ばれる神は、八幡以外にほとんど見られない。大抵は、『比売』の前に必ず、地名なり、名が付く。『比売神』では、女神ということを示したに過ぎない。したがって、比売神は何かということになり、諸説が生まれる原因はここにある」と述べ、「辛国から到来したといわれる八幡神は、異方の神であり、隼人対策の軍神として生み出された非在地神である。それに対して、比売神は、政策的な神ではあるが、あくまでも在地神の糾合された神であり、八幡神には果たせ得ない、九州北部の神々を糾合する役割を与えられた神であったと推定できる。それ故に、宇佐の神でもあり、豊国の神でもあり、宗像三女神でもあり、玉依姫でもありえたのである」と述べられる。[5] この所論は、これまでに何度も紹介した如く、氏の、八幡神が対隼人政策の中で政治的に造り出された神と考えられることが、背景として存在することはいうまでもない。従って、「九州北部の神々を糾合する役割を与えられた神」として諸説を統合しようとされる。それにしても、この神格は奇妙であるといわざるを得ない（「比咩神」の前に地名や名が付いていないこと以上に奇妙である）。宇佐に発祥した比咩神、宇佐の比咩神と素直に解釈するべきであろう。宇佐氏の発祥は、菟狭津彦・菟狭津媛を象徴として、比咩神が鎮まる妻垣山を仰ぎ祀るこの盆地に求めることが相応しい（後世山麓に社殿が出来、比咩神を含めた八幡三神を祀る妻垣社が出現する。尚、三女社に就いては次項で触れる）。

(二) 宇佐神話の成立と御許山

駅館川の流れに沿って北に下ると宇佐の平野が広がる。この平野から南方を望むと、ここにも神体山として古来地域住民の信仰を集めてきた御許山（馬城嶺・六四七メートル、口絵写真②・写真1参照）の山姿が印象的である（地図1参照、特に地図中の①②地点から仰ぐ山姿は最も美しい）。宇佐平野に於ける原初の信仰が御許山の神体山信仰であったことは、既に別章[6]で詳論したことであり、ここでは省略する。

上流の安心院盆地に居し、妻垣山を神体山として仰いでいた宇佐氏は、次第にこの平野にも進出し、やがて、平野部に於ける御許山の信仰でも中心となって、妻垣山以来の比咩神を祀っていったと考えられよう。そこで注目されるのは『書紀』神代上に見る天の真名井の誓約条に於ける第三の一書である。天照大神は素戔嗚尊の十握剣を食し、瀛津嶋《おきつしま》姫命（またの名を市杵嶋《いちきしま》姫命）・湍津《たぎつ》姫命・田霧《たぎり》姫命を生む。次に素戔嗚尊が種々の所作の中から六男神を生む（本文、第一・第二の一書は共に五男神）。これに続いて、「故日神方知㆔素戔嗚尊元有㆓赤心㆒。便取㆓其六男㆒。

以為二日神之子一。使レ治二天原一。即以二日神所生三女神一者。使レ降二居于葦原中国之宇佐嶋一矣。今在二海北道中一。号曰二道主貴一。此筑紫水沼君等祭神是也」と記している。[7]

即ち、天照大神の三女神、所謂宗像三神の降臨先を第三の一書は「宇佐嶋」としている。嶋は山を意味し、宇佐を代表する山は御許山をおいて他にはない。「宇佐嶋」を妻垣山と見る説等もあるが、ここは御許山と見るのが妥当であろう。『先代旧事本紀』（以下、『旧事本紀』と略記）天神本紀には、この三女神が天孫降臨を供奉する神々の一つとして、「天三降命　豊国宇佐国造等祖」と記し、先項で引用した『書紀』神武天皇即位前紀甲寅年十月条にも、菟狭津彦・菟狭津媛の名の前に「菟狭国造祖号」と冠され、更に『旧事本紀』国造本紀は、「宇佐国造　橿原〔神武〕朝。高魂尊孫宇佐都彦命定二賜国造一」と記す。

これを要するに、安心院盆地に発した宇佐氏が次第に宇佐平野に進出、勢力を拡大し、御許山の祭祀も執り行なっていた。大和政権が成立すると、逸速くその勢力下に入り、「宇佐国造」に任じられたものと解されよう。その段階以来、宇佐氏の所有した素朴な伝承は、次第に中央の神統譜に組み込まれ、高魂尊――天三降命――菟狭津彦命・菟狭津媛命という系譜が誕生したことを意味する。更に、先の即位前紀甲寅年十月条末尾には、「是時勅以菟狭津媛。賜二妻之於侍臣天種子命一。天種子命。是中臣之遠祖也」と記しており、宇佐国造家が中臣氏との関係をもつに至ったことを述べる。[8]

これは、まさしく宇佐神話の成立であり、天照大神の三女神、つまり天三降命は御許山の比咩神信仰に結びつき、山頂の三柱石（三巨石）は三女神として、宇佐国造が奉斎することになったのである。[9]

先項で保留しておいた安心院の三女社に就いて、ここで触れておく。当社は名の如くまさしく天三降命を祭神とする社であるが、結論を先に示せば、天三降命が御許山に結び付いた後に創祀されたものと考えられる。先述の如く、安心院盆地に於ける信仰は妻垣山に始まる。後世の諸文献が妻垣社に就いて多くを語るのに対し、三女社を語ることは少ない。また、後の宇佐宮行幸会八箇社にも、妻垣社は含まれるが三女社は含まれない。

二、衰退・隠棲期

宇佐国造の勢力圏は、宇佐郡を中心に（就中向野郷が中心と見られる）北は上毛郡から東は豊後国国東郡の一部まで及んだという[10]（地図1参照）。駅館川東岸の宇佐台地上にある川部・高森古墳群（四世紀前半の赤塚古墳から六世紀中頃の鶴見古墳まで、六基の前方後円墳を中心に、あたかも一族累代の墓を思わせる如くに並ぶ）は、宇佐国造一族の墓域であり、六基の前方後円墳はその首長墓と見られている。しかし、六世紀中頃の築造とされる鶴見古墳を最後に、これに匹敵する古墳がこの地域より姿を消す。つまり、宇佐国造はこの頃を境にして急速に衰微したらしい。

(一)　国造家の衰退

六世紀の九州といえば、直ちに想起されるものが筑紫国造磐井の乱[11]であろう。『書紀』継体天皇二十一年（五二七）六月から翌年にかけて見られるもので、「磐井掩㆓‐據火豊二国㆒」とあるように、火国（肥前・肥後）及び豊国（豊前・豊後）をおさえてというのだから、宇佐国造もこれに荷担[12]して破れ、著しく衰微したと考えられる。先に川部・高森古墳群が六世紀中頃の築造とされる鶴見古墳を最後に、これに匹敵する古墳がこの地域から姿を消すと述べたことが、このことに符合する。

宇佐氏に就いて考えるとき、ここが大きな鍵となり、冒頭でも述べたように、奈良時代後半以降の八幡神職団に進出する宇佐氏を、再興と見るか、新興と見るかの分岐となる。『書紀』同条によると、磐井の子葛子は、父の罪に連座して誅せられることを恐れ、糟屋屯倉を献じ死罪を贖ったとあり、筑紫君は以後も存続する。また、安閑天皇二年（五三五）五月条によれば、あたかも筑紫君の旧領を包囲するが如くに八箇所の屯倉が設置され、磐井に荷担した火（肥）君も存続した。しかし、宇佐国造に就いては定かでない[13]。

従って、この段階で宇佐氏絶滅を考えられる方々もいるが、しかし、戦乱に破れた氏族（支族も含めて）の完全なる絶滅を考えることの方が難しいのではなかろうか。乱を境に宇佐国造は急速に衰微したことは間違いない。むしろ、衰微・衰退というより、国造家本流は跡絶えたと考えられる。僅かな残存一族や傍系支族が数箇所の奥地に隠棲したと見るのが妥当であろう。何故ならば、後の宇佐一族にあって、その伝承に極めて注目すべきものを有する者達が含まれるからである。

(二)　安心院盆地と院内谷・屋形谷

宇佐国造が有したかつての勢力圏には、豊国北部から下毛郡にかけて勢力を拡大しつつあった秦系辛嶋氏が侵入し（勢力圏西部には五世紀の段階で）定着していく。続いて六世紀後半と考えられるが、大神氏もこの地に入り、最終的には、駅館川を境として、東に大神氏、西に辛嶋氏が居することになった。このような状況の中で、敏達朝（五七二〜五八五）に八幡神の馬城嶺顕現、崇峻朝（五八八〜五九二）に鷹居社創祀（同社社殿の建立は和銅五年〈七一二〉）を見る。特に鷹居社の創祀は大神・辛嶋両氏による合同祭祀の実現を意味するものであった[14]。宇佐の平野部は両氏によって占拠された感がある。

一方、磐井の乱後、宇佐国造に関わる僅かな残存一族や傍系支族は数箇所の奥地に隠棲したと見たが、その奥地として考えられる主たる地は、安心院盆地と院内谷・屋形谷であろう。安心院盆地は、先述の如く駅館川（宇佐川）上流に所在する盆地であり、妻垣山の比咩神信仰を中心とした宇佐氏発祥の地である。ここに残存諸族が隠棲するのは当然のことであろう。後にこの中心氏族として活躍する安心院氏が宇佐氏であることは、註(8)で示した宇佐氏諸系図でも確認出来る。

次に院内谷（地図11参照）であるが、先述の如く、駅館川上流の三叉で川が分岐し、右手を恵良川という。この川に沿った谷が院内谷（現院内町）で、平地は川に沿った僅かな部分しかなく、両岸には山々が迫り、枝谷が幾つもあって、隠棲地として格好である。この地の最大の特色は、後に「宇佐君姓」を賜わる法蓮関係の伝承が集中して存在することであろう。

まず注目するべきは、川が分岐する三叉の近くに小坂という所があり、ここに蓮華寺跡がある。旧蓮華寺は行基が養老二年（七一八）に開創したと伝える。現在は蓮華寺跡の一画が整備されて、五輪塔・宝塔二〇基程が集められており、その中心の形のよく整った五輪塔の地輪部に、元徳三年（一三三一）の陰刻銘が存在し、全文の判読は困難であるが、宇佐宮関係者によるものであるらしい。中野幡能氏は、後の八幡神宮弥勒寺の初代別当が法蓮であり、その後の別当職も彼の子孫であるといわれ、その住坊が宮迫（小椋山の南にある僅かな平地、地図2参照）東谷に所在した「小坂坊」であったことに着目される。そして、「法蓮は虚空蔵寺が建立されて、その座主となっても小坂の寺へ留ったものではあるまいか。小坂蓮華寺は後に独立寺院に発展したもので、その前身に於いては座主坊であったのではあるまいか。そこで法蓮の子孫はその坊が宇佐へ移っても小坂坊と称したのであろう」と述べられ[15]、更に最近の著では、「法蓮の祖先になる大塚古墳群の人物がこの小坂村を開いて代々この地に居住していたのではあるまいか」「蓮華寺は所謂法蓮の誕生寺になる可能性がある」ともいわれる[16]。ここに氏が、小坂蓮華寺と宮迫の小坂坊との関係に注目されたことは重要であり（大塚古墳群や誕生寺云々はさておき）、法蓮と小坂蓮華寺との間に深い関係の存在した可能性は強い。

その他、院内谷には法蓮の宝器塚や墓と称するものを始め、多数の法蓮伝承が存在する。これらに就いては別章[17]に於いて取り扱ったので詳論を避けるが、個々の伝承の史実性という面では疑問も多いものの、院内谷にこれほど集中的に法蓮伝承が存在すること自体を重視するべきであろう。即ち、この谷に、これらの伝承を保有し、信仰にまで高めていた人々が、少なからず存在したということである。

続いて屋形谷に注目しよう（地図10、写真42参照）。この所は下毛郡本耶馬渓町に属する。宇佐市との境をなす地蔵峠・桜峠に源を発する屋形川に沿った谷間で、川は西屋形・東屋形・今行・下屋形の集落を流れて山国川に合流する。この谷は八面山（六五九メートル）の南麓に当り、北の中津市や三光村から仰ぐ八面山の山姿とは相当に異なり、多くの巨石や岩肌の露出する急峻な谷である。これまた隠棲の地として格好であり、宇佐残存支族が移り住み、これが次第に力を養い、鎌倉時代末期頃に屋形氏と名のったという（「文書目録并屋形氏系譜写」[18]）

（写真42）屋形谷

以上の三箇所を中心に、残存諸族とその子孫の苦しい隠棲生活が続いたことであろう。しかし、一〇〇年以上も経過する中で、次第に力を養った者達もいたであろうし、彼等を取り巻く環境も微妙に変化する。その中で、宇佐氏再興への地歩も次第に固まっていく。

三、佐知・三角池と野四十町

隠棲から再興への動向中、鍵となる人物として佐知翁（宇佐池守）と法蓮が注目を引く。いずれも多くは伝承の中にあるが、その伝承を冷静に見つめていくとき、実態が浮上するであろう。また、再興の基礎となった舞台は下毛郡が中心となることも興味深い。

(一) 佐知と佐知翁・池守伝承

特に屋形谷に居した一族の動きが著しかったようである。地図10を参照しても大方の見当がつく如く、ここで力をつけてくれば、必然的に屋形川に沿って下流へ移動することになる（勿論全ての者ではないが）。下屋形を過ぎれば川は山国川に合流し、更に下流に向うと佐知（山国川東岸、佐知の名は川の畔にあって「砂地」から起ったものという）[19]という、やや独立性をもった平地が広がる。ここに進出してくるのは自然な成り行きとして解されよう。この動きは後の屋形氏関係文書で確認出来る。[20]この地に根を下ろした一族がやがて佐知氏と名のることになった。山国川東岸沿いの古い自然堤防上に、縄文時代から中世にかけての住居遺跡として佐知遺跡があり、また、佐知上ノ原には五世紀から六世紀に至る一〇〇基以上の横穴墓から成る上ノ原横穴墓群（現状は殆んどが道路になっており、丘陵の端が一部残っているに過ぎない）がある等、或は佐知氏との関係も示唆するものであろうか。

佐知氏の頭首を「佐知翁」と称し（これは何代にも亘る称であったと考えられる）、下毛地域を代表する実力を有したようである。『託宣集』巻一四に興味深い伝承が見られる。欽明朝のある時、豊前守が、毎朝、東方（御許山）に金色の光がさしているのを見て奇異を感じ、諸司を遣わして尋ねたところ、「住下毛郡野仲郷有宇佐池守云翁。年三百歳。問之。答云。従此之東住宇佐。有大神比義云翁。年五百歳。可問之。又尋行問之処。答云。従此之東住日足浦有大神波知云翁。年八百歳。可問之」とのことで、大神波知が御許山の霊事を語る。続いて「或記云」として異説を紹介する。「下毛郡薩知翁二百歳問之。我不知。従之東宇佐。年五百歳翁大神比義可問之」と。ここに見る「薩知翁」は「佐知翁」であろう。神吽は「私云。薩知翁者池守事歟」と註記している。この伝承は、欽明朝と傍註を付していることを論外として、宇佐郡から下毛郡にかけて「翁」の表現を以ってする有力者が、宇佐には大神氏、下毛には佐知氏（宇佐氏）のあったことを暗示し、しかも佐知翁は宇佐池守であるとしていることも重要であろう（ただし、ここに見る「宇佐池守」を後述の「宇佐公池守」と混同してはならない）。

『秋吉系図』[21]には、他の宇佐氏関係系図には見られない伝承が納められている。まず、鸕鷀草葺不合命に始まり、その御子とされる四神、つまり、彦五瀬命（姥嶽大明神）は大神姓祖、稲飯命（日向国高知穂大明神）は漆島[22]（辛嶋）姓祖、三毛入野命（豊前国石体大明神）は宇佐姓祖、神日本磐余彦命は丹部姓祖であると記す。うち、三毛入野命の子孫として「佐知翁」が記され、その傍註文中に、八幡神の顕現に就いて述べる中で、「比時大神比義翁五百余歳宇佐池守翁三百余歳也」とし、更に「延喜式云、八幡宮司職者以㆓宇佐大神之二姓㆒補㆑之云、然而丹部・宇留島・大神・宇佐之四姓至㆓于今㆒雖㆑為㆓神人㆒大宮司者宇佐姓而佐知翁之後胤、祝部者大神姓而比義翁之後胤連㆓綿千歳㆒不㆓敢断絶㆒云」と記している。

　ここでも佐知翁は宇佐池守であるとしているが、この系図の興味を引く点は特に冒頭部にあり、鸕鷀草葺不合命の四子とされる神々を大神・漆島・宇佐・丹部各氏の祖に仰いでいることであろう。「一」の㈡で述べたように、宇佐神話が成立した時、高魂尊――天三降命――菟狭津彦命・菟狭津媛命なる系譜の成立を見た。しかるに、大神・辛嶋・宇佐の各氏が絡み合いながら八幡宮祭祀組織が成立（後述）すると、先の宇佐氏系譜が神武東征と大きく関わっていることにヒントを得て、神武（神日本磐余彦命）の四兄弟神（つまり鸕鷀草葺不合命の御子四神）を四氏の祖として仰ぐ形に、宇佐神話の再編成が一部に於いてなされたものと考える。

宇佐一族にあっては、勿論旧系譜を大切に維持する一方で、再編成された新系譜もある程度容認していたのであろう。何故ならば、その直接の祖を「三毛入野命」と御許山三柱石に結び付けて仰ぐことは、旧系譜にも関係し、また、下毛地域を舞台に力強く再興していった一族にとって、地域を象徴する神名でもあったからである。

さて、池守に就いては別章[23]で詳論した如く、野仲郷大貞に所在する聖地三角池の奉斎者のことであった。往古にあって、八面山北麓の地域（地図10参照）では、山頂の磐座に宿る神を各所の里宮に降ろし迎えて祀った（神体山としての八面山信仰）。それら里宮祭祀の代表的なものが大貞の三角池であった。その聖地は、当初、八面山からの豊かな伏流水が湧出する幾筋もの沢が合して大沢となり、しかもこの沢を各種樹木や薬草の鬱蒼と生い茂る杜が覆っていた。この聖地に奉斎し、聖地を護るのが池守である。池守は二百歳[24]、三百歳[25]、或は五百歳[26]と諸文献に散見するが、これは、「池守」が一人物ではなく、何代にも亘って存在したことを意味する。つまり、先述の「佐知翁」が何代にも亘る称であったことと重複するもので、換言すれば、何代にも亘って「佐知翁」が「池守」として三角池に奉斎したのである。佐知翁は、佐知に居住しながら大貞の三角池に出向いていたという伝承も紹介されている。[27]

その他、佐知に伝わる伝承として、兎跳び[28]（三光村土田に所在する「城の百穴」段丘崖下より少し上流で、山国川の幅が岩場によって最も狭くなっている所）、佐知鉾[29]、佐知屋敷等がある。ここでは佐知屋敷伝承地に就いて若干触れておきたい。その伝承地は二箇所あり、一は山国川に近い所（地図10中の①、写真43参照）で、現在、「佐知　静」

様宅があり、佐知姓であることと、近くに七所神社[30]があること等注目される。二はこれより東方の地点（地図10中の②、写真44参照）で、明治二十二年（一八八九）十二月建立の佐知翁記念碑[31]（実際の刻字は「宇佐公佐知翁墓」となっている）があり、その傍に宮地嶽神社と書かれた小祠がある――中世に於いて佐知屋敷が宇佐宮領であったことは『三光村誌』に詳述されているが[32]、往古の様子は知る術もない。ただ、先述の七所神社が西屋敷にあったものといわれるから[33]、東西二屋敷が存在したようである。しかし、これも往古からのことか否かは判断しかねる。

（写真43）佐知屋敷伝承地①

（写真44）佐知屋敷伝承地②

要するに、以上の伝承や地形の考察を踏まえて考えると、屋形――佐知――佐知翁＝宇佐池守――三角池の線が明確に描き出され、しかも、佐知翁＝宇佐池守は何代にも及ぶもので、その勢力は時と共に盛んとなり、東の大神氏も無視出来ない存在になりつつあったと解されよう。

㈡　法蓮と野四十町・賜宇佐君姓

宇佐諸族が各地の隠

棲から再興への地歩を固めつつある中で、重要な役割を果たすもう一人の人物として法蓮の存在がある。これに就いては既に別章[34]に於いて論じたので、ここではその概要を記すに留めたい。また、法蓮に関するこれまでの主要な論考[35]に就いても別章で大方は取り上げているので省略する。

前記「二」の㈡で扱った如く、院内辺りの出身の可能性をもつ法蓮は、青年期を彦山での修行に打ち込み、新羅系道教色の強い呪力と「毉」術を修得したと見られる（『彦山流記』、『鎮西彦山縁起』）。その毉術が褒められ、大宝三年（七〇三）には「豊前国野卌町」を施された（『続日本紀』）。『託宣集』巻五によると、養老四年（七二〇）の隼人征伐に弟子達を率いて参加し、その後の放生会にも和間浜で勤行したとある。これを受けるが如くに、養老五年（七二一）六月三日、詔により、「心住㆓禪枝㆒。行居㆓法梁㆒。尤精㆓毉術㆒。済㆓治民苦㆒」を以って「三等以上親」に「宇佐君姓」を賜わった（『続日本紀』）。

野四十町に就いて、野は未墾地であり、四十町の所在は八面山北麓の宇佐郡西部の一部から下毛郡にかけての地域（地図3参照）と見られ、これを開墾することによって、再興に向けて地歩を固めつつあった一族にとって、愈々強固な地盤の確立を意味することになるであろう。この開墾途上に、大根川社（現宇佐市佐野、後の宇佐宮行幸会八箇社の一、写真35参照）が創祀されたと考えられる。

かつて宇佐国造が急速に衰微し、僅かな残存一族及び傍系支族が数箇所の奥地に隠棲した時点で、姓を失い、「宇佐」の氏名も表に出せなくなったことであろう。養老五年（七二一）の法蓮二度目の褒賞で「宇佐君姓」を賜わったことは、野四十町の開墾も完成の域に達し、併せて毉術による民苦救済によるものと考えられ、宇佐氏再興が決定的局面を迎えたと解される。

㈢　八面山と三角池

一方、駅館川東岸の鷹居の丘陵に、先述の如く、崇峻朝（五八八〜五九二）に大神・辛嶋両氏の合同祭祀として八幡神が創祀されていた（鷹居社、社殿の建立は和銅五年〈七一二〉）。その頃から一〇〇年余りの間に相当すると考えられるが、大神氏と宇佐氏の間で八幡神の祭祀に関わる重要な二つの提携があったと見られる。つまり、それを反映していると考えられる二つの注目すべき伝承が存在することを見逃してはならない。

これに関する詳細な考察も既に別章[36]で行なっているので、本章に必要な範囲で記しておく。その一は八面山に於ける法蓮と八幡大神の契り伝承である。法蓮が彦山般若窟で厳しい修行を積んだ上に、彦山権現が衆生を利せんがために摩訶陀国よりもたらしたという如意宝珠を得る。この間、時々やって来て法蓮に奉仕していた翁が宝珠を乞う。しかし、法蓮は渡さなかった。その後、法蓮は彦山上宮、続いて宇佐の八幡宮に詣で、八面山の坂中に於いて先の翁に会う。翁は再びかの宝珠を乞うが果たされない。更に翁はやって来て宝珠を乞う。法蓮は邪心で翁に与えるというが、袖に入れておいたはずの宝珠がなくなっていた。怒った法蓮は火界呪を以って逃げる翁の行く手を阻む。翁は自身が八幡大神であることを明かし、「吾日本国為二静謐一令成二鎮守一忽得二此珠一日本一州併可二利益一云々。又慈尊出世為二結縁一立二伽藍一号二弥勒寺一為二神宮寺一、分二宮領八十庄一可レ為二彼供田一、件寺別当可レ奉レ成二上人一也、契約従二今身一至二仏身一互可レ助二行化一云、大菩薩得二此珠一宇佐宮宝殿自納レ之云々。爰大菩薩與二法蓮上人一同心」の契りを結んだとされる（『彦山流記』[37]）。

八幡神を顕現させたのは大神比義であるという[38]。右の伝承にいう八幡大神は大神氏の表徴と解され、やがて「宇佐君姓」を賜まう法蓮との契りは、大神・宇佐両氏の提携、就中大神氏が、八幡神祭祀の上で、法蓮の仏教（新羅系道教色の強い呪力を伴う）を必要不可欠とし、これを取り込んでいったことの反映といえよう。

その二は、先述の三角池に伝わる伝承である。『託宣集』巻五に見られる著名な条がそれで、三角池に群生する真薦を刈り取り、これを以って八幡神の御験としての薦枕[39]を作って、隼人征伐に向う神軍の先頭を行く神輿に乗せようということで内容が展開する。ここでは、八幡神の託宣を受けてやって来た大神諸男と、この池（聖地）に奉斎する宇佐池守（佐知翁）との間に取り交わされる神秘的な伝承となっているが、それは両者の提携を反映しており、その後に続く隼人征伐・放生会には法蓮も加わることを記す（先述）。

八面山での契り伝承と三角池薦枕伝承は、一見別個の如くに見えるが、実は表裏一体の関係にあり、所も八面山とその北麓丘陵上の三角池であることが注目される。要するに、一は法蓮の特異な仏教を、二は再興の地歩を固めつつある宇佐氏の勢力を、八幡神祭祀に取り込もうとする大神氏の提携策を反映するものと解されよう。

(四)　小椋山遷座と行幸会

鷹居社に祀られた八幡神は、霊亀二年（七一六）、小山田（現宇佐市北宇佐小山田）に遷座[20]、続いて神亀二年（七二五）一月二十七日、小椋山（現社地）に遷座する。[41]これまでの鷹居社・小山田社は決して規模の大きなものではなかったが、小椋山（地図1・2参照）に於ける八幡宮の造営は、規模・方位等の上でも（かなりの無理を敢えてして）、中央の平城京や社寺動向を意識してのものであり、しかも、当初から宮や寺を一体とする宮寺形式を目指すものであった。[42]

小椋山遷座は、他方に於いて再興宇佐氏にとっても大きな意義をもつ。第一は、小椋山に遷座されたそのこと自体である。小椋山（小倉山・菱形山・亀山）は御許山北麓にありながら独立した小丘陵をなし（地図2参照）、かつて宇佐国造が妻垣山以来の比咩神を御許山の神（やがてこれが天三降命に結び付き、三柱石の信仰となった）と仰いだ神体山としての御許山信仰の一大拠点であった。今も御許山北麓地域（小椋山周辺地）には、かつて麓の祭祀の場（里宮）であったと考えられる幾つかの場所が残存する。つまり、椎宮・鉾立宮・阿良礼宮・それに小椋山北麓の御霊水（地図1・2中の㋑㋺㋩㋥）がそれである。[43] 宇佐国造のかつての聖地に、八幡神の恒久的な神域を定めたことは、当時八幡宮の祭祀権を独占した大神氏も、地元の原初信仰と再興宇佐氏の勢力を無視出来なかった何よりの証左といえよう。

第二は、小椋山遷座と時を同じくして、山の東南東の境外地である日足《ひあし》（地図1参照）に、神宮寺の弥勒禅院が建立され、[44] 法蓮が別当となったといわれることであろう。[45] 弥勒禅院は、天平十年（七三八）に至り、小椋山西北麓の境内地に移建され、薬師寺式伽藍配置による弥勒寺となり、宮寺形式が完成する（この構想は小椋山での大造営の当初計画に折り込まれていた）。[46] ここに法蓮が神宮寺別当として加わり（伝承上からは、先の契りが実現されたことになる）、仏神としての八幡神の仏教色を、愈々濃厚かつ鮮明にしていくこととなる。

第三は、遷座から八年後の天平五年（七三三）、八幡宮の第二殿が造立され、比咩神を祀ったことである[47]（第三殿に大帯比売を祀り三殿形式となるのは弘仁年間である）。[48]『建立縁起』は第二殿造立の事は記さないが、比咩神に就いて、「二」の㈠でも引用したが「前住《名》二国加都玉依比咩命一也、又住《今日》二都麻垣比咩大御神一也、本坐二宇佐郡安心（院、脱）（字カ）別倉東方高岳一也」と記す。[49] また、『託宣集』巻四にもほぼ同様のことが記されている。第二殿比咩神は普通玉依比咩として説かれることが多い。しかし、それは後の解釈（神話的解釈）であり、神体山信仰としての安心院妻垣山以来の比咩神でなければならないことは自明であろう。御許山信仰の聖地である小椋山に八幡神を遷座させた以上、第二殿を造り妻垣山以来の比咩神を祀ることは必然であったといえよう。

第四は行幸会の実施である。周知の如く行幸会は、放生会と共に八幡宮に於ける最も重要な神事であった。その開始時期には異説もあるが、多くの文献に見える天平勝宝元年（七四九）と見ておこう。[50] 内容は、朝廷から神服・神宝等の貢進と共に、三角池の真薦で新しい御験薦枕を造り、御行幸として八箇社（鷹居社・瀬社・酒井泉社・乙咩社・妻垣社・小山田社・大根川社・田笛社――以上、地図1・10・11参照）を巡行する。新御験は八幡宮に奉納され、旧御験は最終的に豊後国奈多宮に納められるという。以上は後に整備された内容であるが、要するに、御験薦枕の更新と巡行が骨子であり、天平勝宝元年の段階で原形が成立し、平安初期にはかなり整い、[51] 当初四年に一度行なわれたが弘仁二年（八一一）より六年に一度と定められ、[52] 以後も整備が進んだと見られる。

行幸会実施の目的に就いても諸説あるが、要は三角池の薦刈り神事に始まる行幸会は、その巡行に最大の意味がある。八箇社の巡行は大神・辛嶋・宇佐三氏の縁深い所を御験が巡行するのであって、[53] 今や八幡宮が三氏の提携の上に成立していることを世に示したものと解されよう。

以上、第一から第四で指摘した事を通して、再興宇佐氏は八幡宮寺そのものの中にも、地歩を固めていったことが理解出来る。

四、八幡神職団への進出

八幡神の祭祀権は鷹居社創祀以来大神氏が握っており、辛嶋氏が従属的に協力していた。[54] 奈良時代後半まではこの状態が続き、宇佐氏が祭祀そのものに関与する余地はなかった。

(一) 宇佐公池守

先項で述べた行幸会開始の年とされる天平勝宝元年（七四九）は、同年中に二度も改元されるという重大な年であった。この年は天平二十一年として明け、完成の近づいた大仏の仏身に施す黄金が不足して苦慮する中で、八幡神の託宣通り陸奥国より黄金九〇〇両が献上された(55)。これを受けて同年四月に天平感宝と改元、七月に聖武天皇譲位、孝謙天皇の即位を見て、ここで再び天平勝宝と改元される。そして十一月十九日、八幡神が託宣を発し、上京して大仏を礼拝するという空前絶後の出来事が起り、この時、八幡大神に一品、比咩大神に二品を奉り、尼大神杜女に従四位下、主神大神田麻呂に従五位下を授け、翌二年（七五〇）二月十九日、八幡大神に封八〇〇戸・位田八〇町、比咩大神に封六〇〇戸・位田六〇町を奉ったのである(56)。この時点まで、大神氏による八幡神の祭祀権は不動であった。

八幡神・比咩神と大神杜女・大神田麻呂が至上の栄誉に浴して五年後の天平勝宝六年（七五四）十一月、薬師寺僧行信と右の両名等による厭魅事件が起り、行信は下野薬師寺に、杜女は日向に、田麻呂は多褹島に、それぞれ配流された。また翌年三月、八幡神は託宣を発し、封一四〇〇戸・田一四〇町を朝廷に返上したのである(57)。この後、大神氏不在の八幡宮は辛嶋氏によって護られるが、八幡神は小椋山を去り伊予国宇和嶺に遷ったという(58)。

ここで突如登場するのが「宇佐公池守」なる人物である。彼は、天平神護元年（七六五）、託宣により大尾山（御許山の北に張り出した尾根の一つ、小椋山の東、地図1・2参照）に宮を造って（写真45参照）八幡神を遷座させ(59)、続いて比咩神の神宮寺として御許山北麓に中津尾寺を建立する(60)。当時の宇佐公池守は、宇佐宮大宮司或は造宮押領使としての肩書である。

先に「三」の㈠で述べた如く、これまでに登場した「宇佐池守」（佐知翁）は、何代にも亘り聖地三角池に奉斎する者であったが、ここに登場した「宇佐公池守」はその最終段階に当る者で、厭魅事件後の八幡宮にとっての重大危機に際し、遂に神職団に進出し祭祀を担当するに至った意義は大きい。

（写真45）大尾社

㈡　宮司職への進出

しかし、配流されていた大神杜女・田麻呂は、天平神護二年（七六六）十月、召還され、田麻呂は外従五位下に叙されて豊後員外掾に任じられる[61]。大神氏が復帰してきたのである。そして神護景雲三年（七六九）九月、周知の如く、かの道鏡天位託宣事件が起る。八幡宮としては、相次ぐ不祥事に苦慮が続く中、祭祀権（宮司職）をめぐって宇佐・大神両氏の熾烈な争いが始まっていく。

詳細は省略するが、宝亀八年（七七七）七月、大神比義の子孫を以って祝・大宮司・禰宜の門地となし、宇佐公池守の子孫を以って少宮司副門地となす事が決定され[62]、一応の決着を見る。天応元年（七八一）、八幡神に「護国霊験威力神通大菩薩」の尊号を奉献し[63]、更に延暦二年（七八三）五月、先の尊号に「自在王」を加えて奉献する[64]という、所謂本格的な仏神としての八幡大菩薩の発現となる。この間の延暦元年（七八二）、八幡神は大尾社より小椋山に再遷座する（宝亀十一年〈七八〇〉より小椋山社殿の改造が行なわれていた[65]）。当時も両氏の争いは依然として続けられていたようであるが、弘仁十二年（八二一）八月、「以㆓大神宇佐二氏㆒為㆓八幡大菩薩宮司㆒」との決定があり[66]、遂に宇佐氏は八幡宮祭祀の上でも大神氏に肩を並べたのである。

これ以後宇佐氏の大宮司も出現するが、依然として大神氏の優位が続く。ところが長保年間（九九九〜一〇〇三）の大宰府と八幡宮の対立事件を境として宇佐氏が優位に立ち、特に天喜二年（一〇五四）、宇佐公則が大宮司となって以降、公相・公順・公基・公通と五代に亘って大宮司職を独占する。[67] 宇佐氏の優位は以後も続き、鎌倉時代以降は大宮司職の独占が決定的となり、一族は細分化しながら現在に至っている。[68]

五、むすび

宇佐の地に成立した八幡神を考究するとき、地元氏族である宇佐氏の考察は避けて通ることは出来ない。しかし、往古にあっては実録的な史料がなく（関連する一部考古資料は存在するものの）、考察を困難にしており、就中歴史の表面から姿を消した時は尚更困難を極める。宇佐国造―→衰微―→隠棲―→再興への始動という流れは、これに相当する。

しかし、所々に散在する伝承と地理的状況等を子細に考察することによって、意外にも浮上してくるものが多い。宇佐国造に就いては、原初の信仰系譜を把握することと宇佐神話の成立に鍵があった。衰微・隠棲期にあっては三箇所の奥地を中心としたことが把握出来たと思う。

再興への地歩を固めつつある時、その鍵となり注目を引いたのは、佐知翁＝池守と法蓮であった。前者は何代にも亘って聖地三角池に奉斎し、再興宇佐氏の象徴であり、後者は新羅系道教色の強い仏教（豊国的仏教）の代表的存在である。八幡宮の祭祀権を独占していた大神氏も、これを無視出来ず、必要欠くべからざるものとして提携する。ここに再興宇佐氏の活路が開けていく。

「宇佐池守」（佐知翁）の最終段階と考えられる「宇佐公池守」が八幡宮神職団に進出したのは、その端緒であった。以後、大神氏との熾烈な争いが続くも、最終的に大宮司職を始め、宇佐宮祭祀の主要部を握るに至ったことは、地元氏族としての強かさがあったといえよう。

冒頭にも記した如く、宇佐氏に関する研究は極めて乏しい。菟狭津彦・菟狭津媛伝承等も後世の仮託・造作として退け、奈良時代後半以降に於ける宇佐氏の神職団への進出を新興勢力と見る傾向が強い。最近の論考に於いても、泉谷康夫氏は、「菟狭津彦・菟狭津媛の物語りを構成する諸要素は、いずれも新しく、天智朝を遡るものはない。したがって、この物語りの成立は天智朝以降であると考えてよい」とされ、「菟狭国造の存在は極めて疑わしいといわねばならない。したがって、法蓮以前の宇佐氏の系譜を求めるのは、意味のないことである」と述べられる。(69)菟狭津彦・菟狭津媛の伝承が、『書紀』神武天皇即位前紀甲寅年条に見られる形となったことに就いて、氏のご指摘は実に意味深いものであるといえよう。

しかし、この伝承が、「天智朝以降」のある時点で一から造り出されたという性格のものではないと考える。伝承には必ずといってよいほど、まず原形が素朴な形で形成し、次第に変形・潤色・改作等が加わるものであろう。この伝承に於いても、『書紀』即位前紀に見る天皇や中臣氏との関係等は、当然なかったであろうが、地元豪族の祖として菟狭津彦・菟狭津媛の伝承を信じたことが原形であったと考えられる。神体山信仰の展開の中で、最初は単なる神霊として受け容れていたものが、男女二神（つまり、ヒコ・ヒメ）の信仰に発展する形は各地で見られる形態であり、「ウサツヒコ」・「ウサツヒメ」と地名を冠したいい方は、素朴でこの伝承の原形がむしろ古いことを示唆しているといえよう。(70)

〔註〕

（1）この比咩神は、後に八幡宮第二殿に祀られる比咩大神に連なるわけであるが、今ここでいう比咩神は素朴な単なる女神である。後に第二殿の神格をめぐって諸説あることと混同してはならない。

（2）この祭祀形態に就いては第一編第一章・第三章で詳論したが、最も明確に述べられたものとして、景山春樹氏著『神体山』（昭和四十六年十月）、同氏著『神像――神々の心と形――』（昭和五十三年五月）等がある。

（3）これを『古事記』は簡単に記すが、『先代旧事本紀』皇孫本紀は『書紀』とほぼ同様に記す。

（4）大隈亘氏「宇佐八幡と妻垣八幡」（『安心院町誌』、昭和四十五年十二月、所収）。

（5）飯沼氏がこの所論に至られた過程として、まず、比咩神をめぐる諸説を古文献と最近の説に求められ、これを十二説（「宗像三女神」、「玉依比売」、「海童の娘（海神）」、「豊玉比売」、「八幡示現以前からの宇佐の地主神・都麻垣に住む比咩神・宇佐の地主神・宇佐水沼氏の祖神・宇佐氏の祖先神」、「八幡神（応神）の妃」、「応神の妹」、「八幡の母」、「姫島の比売許曽神」、「ヒメコソ神すなわち蚕」、「仁聞菩薩」、「道教の仙女」）として列挙される。次に、『記紀』・『風土記』・『万葉集』・『延喜式』等の文献により、北部九州の古代の比咩神一覧表を作り、「比売神は全国的に見られるが、特に西国・九州・就中、九州北部は比売神の文化圏ともいうべき地域である」とされる。以上の如き作業に立脚して引用した所論を展開される。尚、氏は、「北九州の『比売神』の糾合神であった比売神は、大帯比売の登場によって、対新羅神としての性格を失う。その結果、比売神に八幡神の妻としての性格が与えられ、比売神の所在する安心院の社を妻垣社と呼ぶようになった。あるいは妻垣社がこの時期に成立したと考えられないだろうか」と述べられるが、ここでいわれる妻垣社の成立は、社殿なき妻垣社のことか、社殿の建立を見た妻垣社のことなのか、いずれを指すのであろうか――同氏「八幡宮における二つの『比売神』成立の意義」（『大分県地方史』第一四八・一四九合併号、平成五年三月）。

（6）第一編第一章参照。

（7）『古事記』上巻では、「多紀利毗売命坐二胷形之奥津宮一。次市寸嶋比売命者坐二胷形中津宮一。次田寸津比売命者坐二胷形之辺津宮一」と降臨先を宗像の三所に明確化している。また『旧事本紀』神祇本紀では、第三の一書を中心に記している。

（8）これを受けて伝存する宇佐氏諸系図はこの系譜を掲げる。例えば、到津家の『宇佐氏系譜』、『菟狭氏系図』（ここには高魂尊や天三降命は出ていないが、神武天皇が宇佐に至った時、彦が国造を賜わり、媛が天種子命に勅嫁されたことを記す）、羽倉敬尚氏蔵『宇佐八幡大宮司宇佐氏系図』（これは吉井良隆氏が紹介されたものである――同氏「宇佐八幡宮の創祀」、『神道史研究』第九巻第三号、昭和三十六年五月）、益永家の『総検校益永家系図』等。このうち、『菟狭氏系図』を除いて、天種子命と菟狭津媛との間に「宇佐都（津）臣命」が生まれたことを記す。

(9) 三柱石は、全てではないと思うが、この時点で揃えられたものであろう。頂上部一帯は厳重な禁足地となっているため実見は出来ない。入江英親氏によると、三巨石は磐境形式で、中央の石体が最も大きく、高さ幅共四・五メートル以上と推測され、向かって左方のものが最小で、高さ一・二メートル余りで多少人工を加えた形跡が見られるという――同氏著『宇佐八幡の祭と民俗』（昭和五十年十月）。

(10) 日本歴史地名大系第四五巻『大分県の地名』（平成七年二月）豊前国条参照。

(11) この乱に関して、近年の研究動向を踏まえながら分かりやすく論じたものとして、磯村幸男氏「磐井の乱」（『歴史と地理』第五一四号、平成十年六月）がある。

(12) 河野泰彦氏は、宇佐国造が「豊前の沿岸首長として、磐井軍側に協力して、毛野の軍勢を妨害したのであろう」といわれる――同氏「宇佐国造について」（『大分県地方史』第一六五号・平成九年三月、後に同氏著『「国造」の研究――大和王権と地域首長の関係を中心に――』、平成九年九月、所収）。

(13) 中野幡能氏は最近の著に於いて、（宇佐氏が）「筑紫君磐井が大和朝廷に叛旗を翻した時、これに味方したため、大和朝廷に罰せられ、宇佐盆地に隠退し、下毛郡大家郷を朝廷に献上したらしいので命脈だけは保っていた」と述べられるが、果たしていかがなものであろうか――同氏著『宇佐八幡宮放生会と法蓮』（平成十年十月）第二章。

(14) 第二編第三章参照。

(15) 中野氏著『八幡信仰史の研究』（増補版）下巻（昭和五十年五月）第一章。

(16) 中野氏著『宇佐八幡宮放生会と法蓮』（前掲）第二章。

(17) 第二編第四章参照。

(18)『屋形米二郎文書』（『大分県史料』第二巻所収）。

(19) 日本歴史地名大系第四五巻『大分県の地名』（前掲）参照。

(20) 前記「文書目録幷屋形氏系譜写」（註18）及び「大根河社惣検校宇佐屋形諸利申状」（『屋形三郎文書』、『大分県史料』第二巻所収）によって、鎌倉時代には大根川社惣検校に就いていたこと、また、註(31)によって、屋形谷にそのまま定着した者達もいたことが知られる。

(21)『秋吉文書』（『大分県史料』第一〇巻所収）。

(22) 漆嶋氏に就いては、恵良宏氏「宇佐八幡宮漆嶋氏とその一族――出自と家系を中心として――」（『皇学館大学紀要』第三〇号、平成四年一月）参照。

(23) 第一編第三章参照。

(24) 先に引用した『託宣集』巻一四の「或記云」中にある「薩知翁二百歳」。

(25) 先引『託宣集』巻一四。註(8)で示した宇佐氏関係諸系図、及び『秋吉系図』には「三百余歳」とある。

(26)『御薦社司相続系図』（『今仁恕子文書、『大分県史料』第二巻所収）。

(27)『三光村誌』（昭和六十三年六月）「佐知屋敷」の項に、天保九年（一八三八）四月の「御巡見御用御答頭書手控帳」（宇佐市大字赤尾、古寺誉知所蔵）に見えるものとして紹介している。

(28) この場所は川幅僅か一〇メートルに満たない。案内いただいた三光村小袋在住の小袋代治氏によると、兎が跳び越せる幅なのでこの名があり、昔、対岸に渡ろうとした旅人が賊に襲われた時、佐知翁が現われて旅人を救ったという伝承があるという。

(29)『下毛郡誌』（昭和二年三月）「佐知村」条に、「宇佐記によれば三角池守たりし佐知翁あり、此の翁の奉納せる宇佐宮宝たる佐知鉾」と、宇佐宮に佐知鉾を献じた話を収めている。

(30) 右『下毛郡誌』同条の続きに、「随分古き村にして古来は七株ありて一株各一社を有せしに、合祀して七社宮と祀り、次第に蕃殖して二十二株となり（現今の七社宮）の氏子とし、神元座と称し年月を経」て今日に至ると記す。

(31)『中津市史』（昭和四十年五月）上代史（中野氏担当）に、本耶馬渓町屋形の屋形三郎氏所蔵になる「佐知翁記念碑趣意書」（幕末）を掲げている。前文は「夫佐知翁屋敷之神霊者、往昔宇佐宮大宮司乃元祖天三降命与里十五世の孫池守翁乃旧跡也」で始まり、池守と宇佐宮の関係を述べるが、脱紙の故か以下の文を欠く。恐らく「宇佐姓庶流」の者が結集してこの碑を建立する旨が述べられているのであろう。末尾に、世話方人として池永伯嗜守・田染河内守・今行薩摩守・山袋美濃守・小袋筑紫守の五名の名があり、続いて金品を寄せた者の名（額・量と共に）が続く。名のみを上げると、宮成家・到津家・小袋美濃守・今行薩摩守・永弘出羽守・池永伯嗜守・樋田伊豆磨・益永周防守・樋田大隅守・樋田肥後守・乙(カ)咩若狭・平田弘平・薬丸豊後守・穐吉伊織・殿迫徳四郎・同増右衛門・屋形円(酔カ)解・同真次兵衛・同口之助・同又三郎・同《井ノ天迫》・同《徳地》・屋形道・屋形《西屋形》寿助・同　助の名が連なる。

(32)『三光村誌』（前掲）「佐知屋敷」の項は、『永弘文書』・『到津文書』より四文書を踏まえて記述している。

(33)日本歴史地名大系第四五巻『大分県の地名』（前掲）豊前国条佐知村の項。

(34)第二編第四章参照。

(35)中野氏著『八幡信仰史の研究』（増補版）上巻（昭和五十年五月）第一章、同氏著『八幡信仰』（昭和六十年六月）第二章、同氏著『宇佐宮』（昭和六十年十月）第一章。同氏「法蓮の『野四十町』について」・「八幡宇佐宮と弥勒寺の成立」・「八幡神と弥勒信仰」・「宇佐八幡信仰と道教」――以上、同氏著『八幡信仰と修験道』（平成十年二月）所収。及び註(13)の著書。

中野氏と対照的な見解をもたれるのが後藤宗俊氏で、「豊国法師及び豊国奇巫について」・「僧法蓮について――『続日本紀』の法蓮関係記事をめぐって――」・「僧法蓮再考」――以上三稿、同氏著『東九州歴史考古学論考――古代豊国の原像とその展開――』（平成三年二月）に所収。同氏「沙門法蓮についての覚書」（『大分県地方史』第一六一号、平成八年三月）がある。

(36)第二編第四章参照。

(37)法蓮伝承中、最も古いものは『彦山流記』所収伝承であり、その原形は奈良時代末期か平安時代初期にまで溯り得る可能性もある。この契り伝承も、後代の『鎮西彦山縁起』・『託宣集』巻五・『八面山縁起』にも所収されるが少しずつ内容も変化する。
(38) 第一編第二章参照。
(39) 薦枕に関する研究として、段上達雄氏「薦枕考――記号としての御験薦枕の考察――」上・下（『大分県地方史』第一四四・一四五号、平成四年一月・三月）が注目される。
(40) 『託宣集』巻三・五、『八幡宇佐宮縁起』等。尚、『建立縁起』は天智朝の遷座としている。
(41) 『建立縁起』、『託宣集』巻三・五・六、『八幡宇佐宮縁起』等。
(42) 本編第一章参照。
(43) 第一編第一章参照。
(44) 『建立縁起』。
(45) 『託宣集』巻五。尚、同巻六には南無会《なむえ》（小椋山の東南、地図1参照）にも薬師勝恩寺が大神比義によって建てられたと記す。
(46) 本編第一章参照。
(47) 『託宣集』巻三、『八幡宇佐宮縁起』等。
(48) 『建立縁起』には弘仁十四年（八二三）とある。
(49) 承和十一年（八四四）六月十七日の奥書をもつ『建立縁起』は八幡関係縁起中最も古い。ただこの縁起内容は、大神・辛嶋両氏に伝わる伝承で構成されており、宇佐氏関係の伝承は含まれない。第二殿造立のことを記さないのもそのためであるが、比咩神に就いての記事は除外しきれなかったのであろう。
(50) 『宇佐宮年中行事案』（『永弘文書』）、『託宣集』巻四、『宇佐宮記』、『八幡宮本紀』四、『宇佐宮現記』等。本編第二章参照。
(51) 長保五年（一〇〇三）八月十九日の「八幡大菩薩宇佐宮司解」（『石清水文書』、また『宮寺縁事抄』宇佐四にも所収）でこの様子がよく分かる。

(52)『太宰管内志』豊前之十、『宇佐宮寺御造営幷御神事法会御再興日記』（『小山田文書』）第二巻、『託宣集』巻四、『八幡宮本紀』四等。

(53)中野氏は、これを「旧宇佐国造が支配していた主要地域の八幡社を一巡する」と述べられるが、奈良時代半ばの実状に基づいて考える方がよいだろう――同氏著『八幡信仰史の研究』（増補版）上巻（前掲）第五章。

(54)この間の事情に就いては、第二編第二章・第三章参照。

(55)『扶桑略記』二、『東大寺要録』四、『建立縁起』、『託宣集』巻六等。

(56)『続日本紀』天平勝宝元年十一月〜十二月・二年二月二十九日条、『扶桑略記』二、『東大寺要録』四、『類聚国史』巻五、『建立縁起』、『託宣集』巻七等。

(57)『続日本紀』天平勝宝六年十一月・同七年三月条、『類聚国史』巻五・八七、『託宣集』巻七等。

(58)『建立縁起』、『託宣集』巻三・七。

(59)『建立縁起』、『託宣集』巻三・七・八、『広幡八幡大神大託宣幷公家定記』等。

(60)『建立縁起』、『託宣集』巻三・八、『広幡八幡大神大託宣幷公家定記』、『宮成文書』等。尚、詳細は本篇第一章参照。

(61)『続日本紀』天平神護二年十月二日条、『託宣集』巻七等。

(62)『建立縁起』、『広幡八幡大神大託宣幷公家定記』、『託宣集』巻一〇等。

(63)『東大寺要録』四。

(64)『建立縁起』、『東大寺要録』四、『宮寺縁事抄』御託宣、『託宣集』巻一一等。

(65)『建立縁起』、『託宣集』巻一〇・一一。

(66)『類聚国史』巻一九、『日本紀略』前編一四、『東大寺要録』四等。

(67)以上、詳細は中野氏著『八幡信仰史の研究』（増補版）上巻（前掲）第四章参照。

(68)大宮司家として宮成・到津・安心院・岩根・出光・吉松の諸氏、下宮社司番長職の永弘氏、大貞薦社社司職の池永氏、大根川社社司職の屋形氏、乙咩社社司職の乙咩氏、政所惣検校職の益永氏、奈多社社司職の奈多氏、猪山社社司職の稲用氏等が主なものである。

(69) 泉谷康夫氏「宇佐八幡宮の成立について」(『愛知学院大学文学部紀要』第三〇号、平成十三年三月)。

(70) 『古事記』中巻に見るこの伝承は、より簡潔であり、ウサツヒコが「国造」ではなく「其土人」と記されていたり、ウサツヒメが天種子命に賜妻せられる話もない。こちらの方が『書紀』よりも古い形であり、原形を考える上に参考となろう。

第四章　八幡神の大安寺・薬師寺への勧請

はじめに

周知の如く、八幡神は大仏造立に積極的な援助と協力をなすことにより中央への進出を成し遂げた。以後各時代を通じて全国各地に勧請され、八幡神を祀る神社が広く分布することになるが、八幡神勧請の初期の段階にあって、重要な役割を果たす人物として大安寺僧行教の存在を無視することは出来ない。

（写真46）手向山八幡宮（旧東大寺鎮守八幡宮）

行教に先行する勧請例としては、まず『東大寺要録』によると、天平二十年（七四八）、大仏鋳造の間に於ける鎮守として勧請されたとある。[1]大仏の造立が完成すると、かの八幡神の上京・大仏礼拝という著名な一件があり、[2]その後間もなく東大寺鎮守八幡宮（現手向山八幡宮、写真46参照）が成立したものと考えられる。[3]続いて高雄山寺の例がある。当山寺は、宝亀十一年（七八〇）、八幡神の託宣を受けて和気清麻呂が建立し、神願寺と号したが、天長元年（八二四）、勅により高雄山神護国祚真言寺と改め定額寺に定められ、同六年（八二九）、和気真綱・仲世等により空海に寄進されるに至ったという。また、当山寺には、空海が渡唐の際、船中に影向のあった八幡神影を写し奉った神影図が存在したともいう。[4] ここには「勧請」という表現は見られないが、当山寺に於いて、創建以来八幡神に対する厚い崇敬のあったことが読み取れる。勧請として考えてもよいであろう。

これらの動向に続いて行教の勧請がなされるのである。空海・最澄という神々を祀ることに極めて熱心な名僧の活躍した時期にあって、行教及びその足跡を尊重した薬師寺栄紹による八幡神勧請の様相、更には彼等の勧請が果たした史的意義を、以下に考察していく。

一、紀氏の系譜と八幡宇佐宮

行教が如何なる事情のもとに八幡神を崇敬するに至ったのか、これを知る直接史料はない。ただ、ここで一つの手掛かりとなるのは、彼が名門紀氏の出身であるということである。そこで、紀氏と八幡神（つまり八幡宇佐宮）との関係を考えてみよう。

(一)　紀氏系図の検討

紀氏の系図として、『群書類従』第五輯所収『紀氏系図』、『続群書類従』第七輯上所収『紀氏系図』及び『石清水祠官系図』、『尊卑分脈』第四編所収『紀氏系図』がある。これらを総合して、行教に直系する部分を略記し、併せて八幡宇佐宮に関係する大宰府の役職に就いた者にはそれを付記して示すと、次頁のようになる。

系図中の行教の父に当る「魚弼」は「兼弼」ともいう。[5] 紀氏は武内宿祢を祖とする伝承をもち、どの紀氏系図も実質上武内宿祢から始まっている。宿祢は神功皇后や応神天皇に仕えていたとされ、紀氏と八幡宇佐宮との深い関係の端緒が、まずこの点に求められよう。また、ここに掲げた抽出系図を一見すれば、麻呂から豊河まで、大宰府の役人を経験した者が実に多い[6]ことが理解出来る。これらの事柄により、紀氏が大宰府の役職を通じて八幡宇佐宮との接触が大いにあり、延いてはそれが、八幡神への強い崇敬へと発展していったことは充分に考えられる。この点に就いては、既に小倉暎一氏の着目された[7]ところでもある。

更に付記するならば、系図中に見える飯麻呂は天平十二年（七四〇）の藤原広嗣の乱に際し鎮定軍の副将軍を勤め、同年十月九日には大将軍大野東人と共に八幡神に戦勝を祈請しており、系図には出ていないが、この時、鎮定軍に「上毛郡擬大領紀宇麻呂」、「正五位下紀朝臣麻路」なる名も見られる[8]。また、宇佐側の史料では、かの和気清麻呂が豊前守であった頃、清麻呂と共に「正六位上介紀朝臣馬養」なる名が何度も出てくる[9]。

八幡神は、養老四年（七二〇）の隼人の反乱に際し神軍を以って鎮定したのを機に、急速に国家神へと成長し、

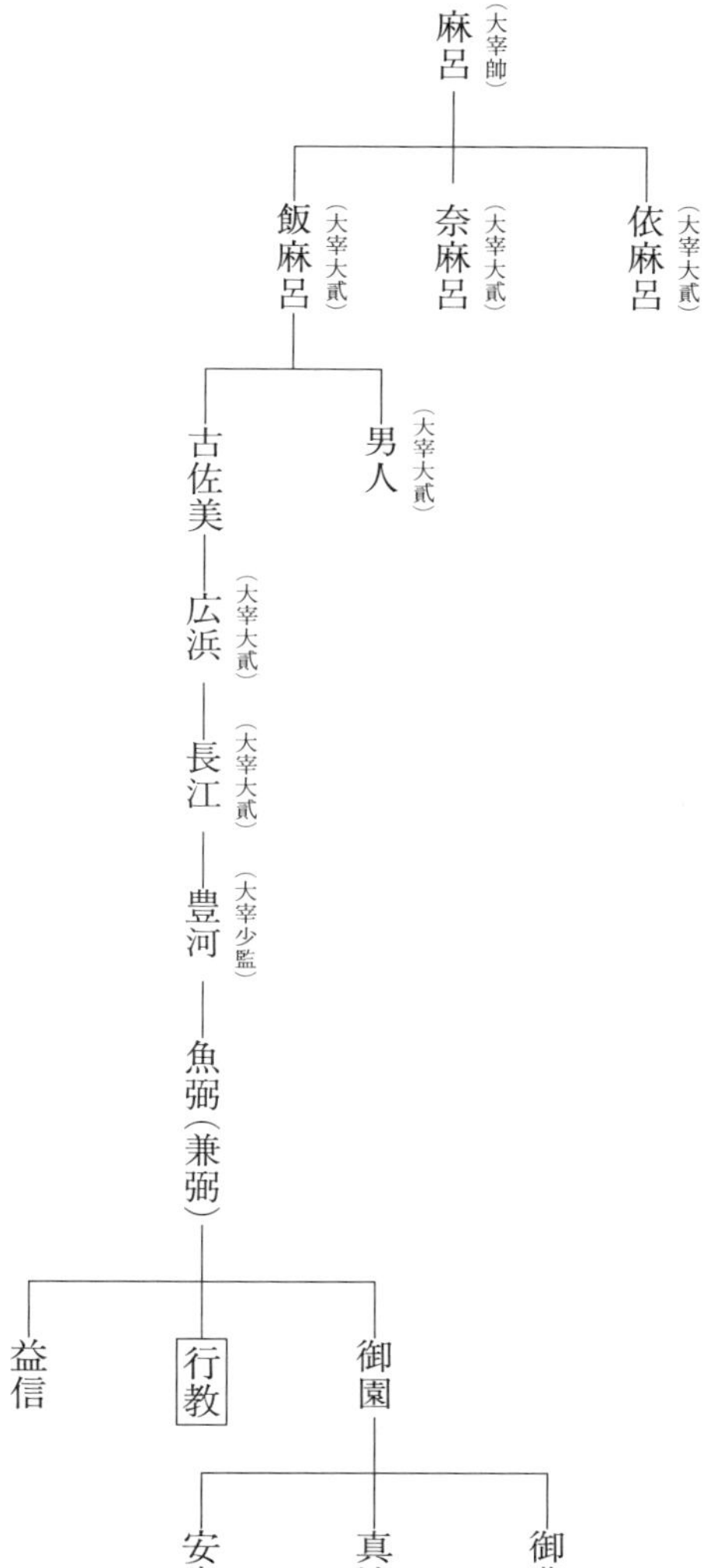

国家鎮護の神となり、皇室・貴族から厚い崇敬を寄せられる[10]。従って、大宰府の役職を通じて八幡宇佐宮に関わることの多かった紀氏にとって、八幡神への崇敬は家系の伝統となっていたことと考えられよう。

(二) 行教の崇敬

ここで、紀氏の出身である行教と八幡神崇敬に就いて触れておきたい。彼は山城守紀魚弼（兼弼）の子として備後に生まれ、大安寺に住した。生没年は不詳。師は行表[11]とも宗叡[12]ともいわれ明確でない。大安寺に於いては、三論及び密教を学び、貞観五年（八六三）正月に伝澄大法師位となっており、屈指の学侶であったと考えられる。同族には前掲系図中にも見られる如く、空海の高弟真済、東寺長者の益信、彼の弟子であり石清水初代別当となる安宗等がいる。

行教に就いて、その所伝に「道骨堅強。慎㆓修厥行㆒[13]」と記されており、また、八幡神崇敬に関して「常持㆓念寺之鎮守八幡大神㆒[14]」とか、「八幡大菩薩帰依之僧[15]」等と見られる。伝記のこのような事柄に対する表現には慎重な理解を要するが、八幡神に関する表現には、掛け離れたものを感じない。というのも、後述の彼による八幡神の大安寺への勧請、山城男山への勧請という事実が、これを裏付けるからである。

二、大安寺への勧請

まずは、行教による大安寺への八幡神勧請に就いて考察を始める。この問題は、従来、彼による山城男山への勧請を述べる中で、僅かに触れられる程度であったが、もっと重視されてよいと考える。

(一) 勧請をめぐる諸文献

大安寺への勧請を伝える主要文献史料を最初に紹介する。

① 『大安寺塔中院建立縁起』（応和二年〈九六二〉五月十一日付の奥書を伴う）

（前略）

右、当院者、寺僧行教入唐帰朝次、参詣筑紫豊前国宇佐宮、一夏九旬間罷籠、転読大般若経、□[至]于理趣分時、聞食八十億位大菩薩句義、金剛法門三咒秘密甚深奥義、感歎自挑御宝帳、招寄和尚宣、汝為我誦念経咒、染心冷思、与汝共上洛、擁護釈迦教跡、保護百王之聖胤云々、真俗言語無際限、和尚音人聞、大菩薩声人不聞、似和尚一言、両三弟子愁悩云、我等大師無由神社仁籠□[給]□[天]顚狂病付給云々、行教云、通言語、雖有貴約、未拝見御正体、世間又不信受歟、願垂示現、弥凝懇篤矣、詞未訖、和尚緑衫衣袖上仁釈迦三尊顕現、弥凝信、載頭頸上洛、途間御物語不断、既以大同二年歳次丁亥秋八月十七日、和尚本房寺中東室第七院石清水房幸落御畢、爰行教録状奏公家、降綸命令実検之処、袖上御暎放光見在、天皇大驚、召和気清麻呂、勅宣、朕聞汝特蒙八幡大菩薩冥憐、再侍朝廷、足為崇敬器、早与行教法師共可営造宝殿寺院等、清麻呂承勅宣、東脇立宝殿造、安御正体并三面御鏡、専財施、西脇建立堂樓、造仏神像、繕写一切経論、樓上絵安置八幡大菩薩御正体、下絵奉積一切経律論、居三十口碩学、転読上件経論置常修多羅供、勤法施代政、敢無他事、云夜云昼勤不怠、（下略）

これまでに、大安寺への勧請に触れた論者は、不思議なことに悉くこの史料のみを取り上げておられる。尚、文中に明らかな矛盾点があることに注意しなければならない。つまり、行教による勧請を大同二年（八〇七）としておきながら、天皇が大いに驚かれて和気清麻呂を召したとある。清麻呂はこの時点より八年前に当る延暦十八年（七九九）二月に没しているはずである。

② 『大安寺住侶記』（応和二年〈九六二〉五月十一日付の奥書、つまり、①の『塔中院建立縁起』と同年月日の奥書を伴う）

この文献は、大安寺の三面僧坊に住した僧侶を、坊の配置順に説明したものである（東室の南端より婆羅門僧正・行教和尚・行基菩薩・勤操僧正・行表和尚、北室の東端より栄好禅師・篇綱大徳・道慈律師・善議大徳・益信僧正、西室の北端より弘法大師・伝教大師・義真和尚・圓澄和尚・道璿律師の順で説明されている）。その中に於ける行教の説明部分として、

次二間行教和尚。是奉レ遷三八幡大菩薩二於当寺一之人也。此僧坊傍有二一閼伽井一。号二石清水一。大菩薩御影向之初。且御二此室一。詫宣于和尚一。以二独鈷一令レ掘レ之。雖二炎旱之天一霊水不レ渇。雖二霖雨之時一不レ増。平等法水湛浄。而遙通二男山石清水一。

とある。注目するべきは、東室の行教住坊の傍に閼伽井があり、これを「石清水」といったと記していることであろう。これは、①の文献に「東室第七院石清水房」とあったことに符合する。宇佐に於いても八幡神ゆかりの地には霊水の伴うことが多かった[16]。

③ 『七大寺日記』（平安末期頃の成立と考えられる。大江親通が嘉承元年〈一一〇六〉に南都を巡礼した後に記した紀行）大安寺条

僧坊跡（この頃既に僧坊が失われていたようである）の説明箇所があり、先の『住侶記』に拠って簡単に記したものと思われる。行教に就いての部分として、

次ハ行教和尚坊。中件行教和尚坊跡辺ニ有石井。是云石清水。于今井有之。今ノ八幡石清水之根本也。

と見える。

④　天永四年（一一一三）四月の「興福寺牒」（『朝野群載』巻一六・仏事所収）。

これは、興福寺が石清水八幡宮に対して「欲大安寺本宮神輿令入洛給御共被令供奉神民神宝等状」として発したものである。その中に次のような条が見られる。

（上略）大安寺本宮、与石清水宮寺者、雖其処異、同是大菩薩霊応之地也、其故者、行教和尚写御影於三衣、先奉崇大安寺中、後奉遷石清水上、（下略）

⑤　『七大寺巡礼私記』（平安末期の成立と考えられる。大江親通が保延六年〈一一四〇〉三月に南都を再び巡礼した後に記した紀行）大安寺条

この書に於いて親通は、前著『七大寺日記』よりも更に詳しく諸伝承を駆使しての記述を見せている。

（上略）八幡大菩薩廟（社カ）松西南二方有門戸、斯神殿者在東塔之北、抑行教和尚奉勧請大菩薩於本寺大安寺者、石清水遷宮之後也云々、又年代記云、斉衡二年八幡大菩薩随（従カ）宇佐宮移於大安寺御坐云々、要（案カ）行教和尚記云、貞観（元カ）八年八月廿三日、八幡大菩薩移山崎宮非（離カ）宮是也、自彼移男山峯云々、

（中略）

行教和尚坊辺有石井、是云四院之石清水、其井于今不失、口伝云、八幡石清水之根本是也、抑彼和尚者大納言紀古佐美之一門云々、

⑥　『諸寺建立次第』（鎌倉初期の成立と考えられる）大安寺条

行教和尚、筑紫宇佐宮ヨリ、八幡大菩薩ヲ奉負、此寺ノ石清水ノ傍ニ奉置、其後男山ヘハ令移給也、

⑦　『南都七大寺巡礼記』（室町初期の成立と考えられる）大安寺条八幡社の項

件社者在二東塔之北一。又親通之記云。大菩薩廟松有二西南二方門戸一。行教和尚奉レ勧二請大菩薩於本寺大安寺一也。

石清水男山遷宮者後也云々。斉衡二年。大菩薩自二宇佐宮一移二大安寺一御座。貞観九年八月廿二日移二山崎離宮一。是後移二男山一御座云々。

ここに「親通之記」、つまり⑤で示した『七大寺巡礼私記』を引用しているが、一部都合のよいように書き改めている。つまり、大安寺への勧請は斉衡二年（八五五）で、山崎離宮への移座が貞観九年（八六七）、男山への移座は更にその後としている。親通が別系統の所伝を「年代記云」「行教和尚伝云」として二つの文献を引用して紹介していた内容を、完全に独立させているのである。いずれにしても、①で示した『塔中院建立縁起』に見た所伝とは異なる系統の所伝が存在していたことは興味深い。

尚、当文献の三面僧坊の項（記事は僅か二行足らずで、具体的な記述はない）に付属するものとして、三面僧坊の配置図が載せられている（図表7参照）。ただし、ここに見られる各坊の僧名中、二人に就いて②で示した『住侶記』の僧名と異なる。「行表和尚」が図では「行長和尚」、「圓澄和尚」が図では「慈覚大師」と記されている（更に使用文字の相違として、「勤操僧正」が図では「勒操僧正」となっている）。また、行教坊の傍にあったという閼伽井が、図では行教坊の西北にあり、「口伝云八幡石清水根本是也」と親通が紹介していた口伝を用いて註記している。

⑧『榊葉集』（室町末期の成立と考えられる）冒頭の部分

大安寺。斉衡二年移坐。

ここにも斉衡二年の所伝が見られる。

⑨『大和志料』（明治二十七年〈一八九四〉、斎藤美澄の撰述）上巻大安寺条

八幡宮に関する記述はないが、大宮氏所蔵の大安寺伽藍古図を掲げているので、参考のために示しておく（図表8参照）。これによると、「石清水」なる井戸は、図表7の場所と異なり東室の東南方に描かれており、①で登場し

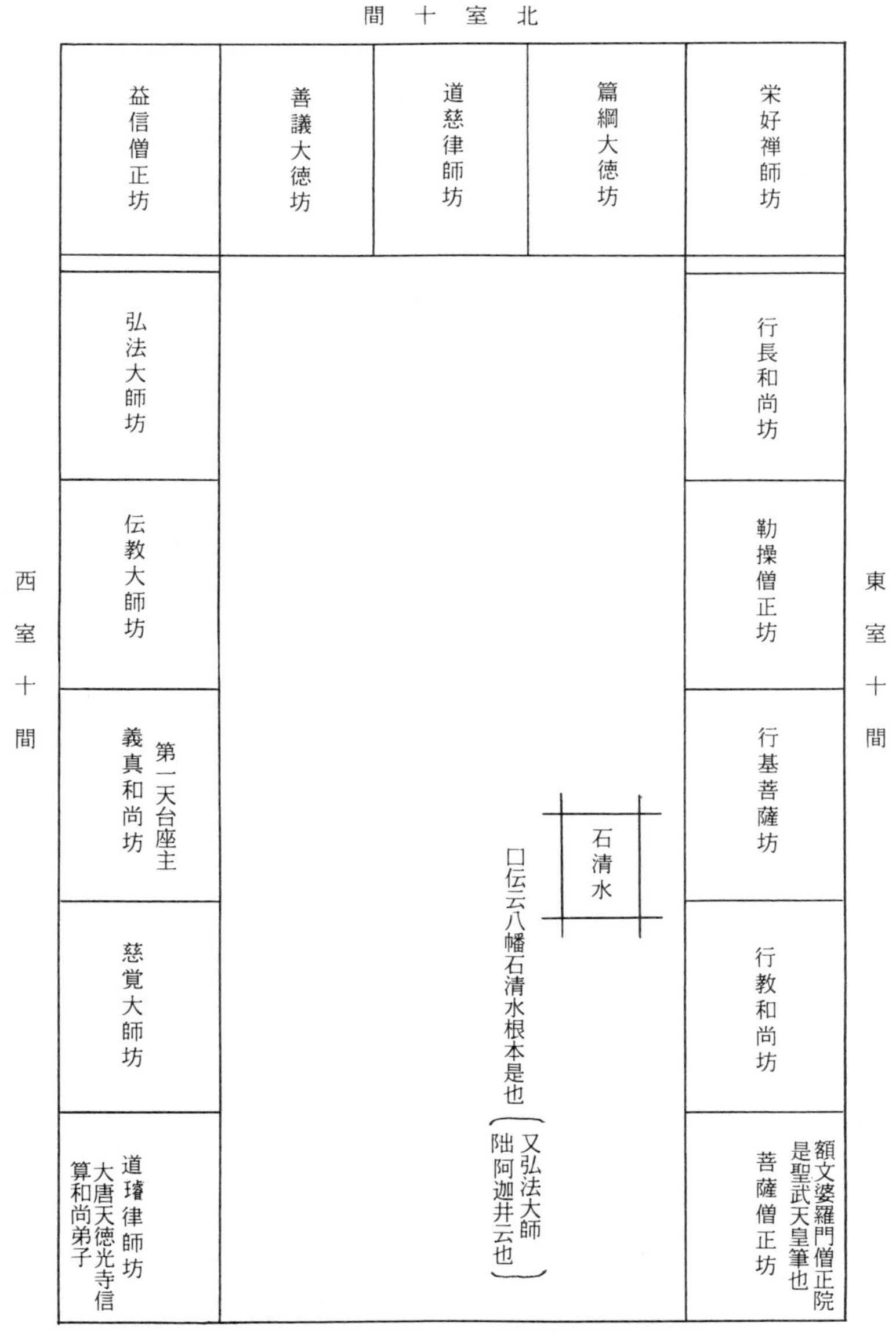

（図表７）大安寺三面僧坊配置図（『南都七大寺巡礼記』大安寺条に掲載のもの）

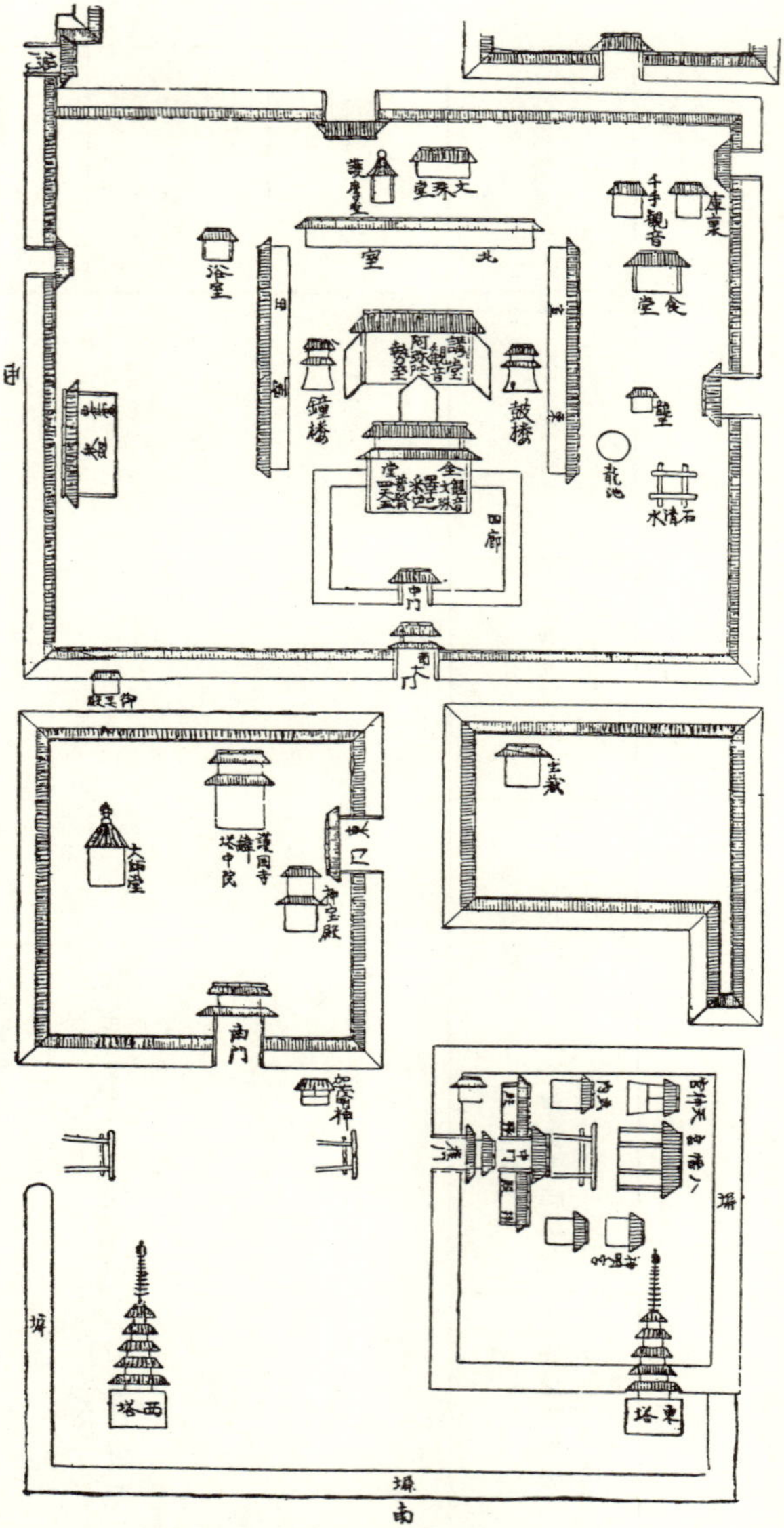

（図表８）大安寺伽藍古図（大宮氏所蔵、『大和志料』上巻大安寺条に掲載のもの）

た塔中院（南大門の西南）の様子もよく分かる。また、東塔の北側に八幡宮が西向きに存在していることも分かるであろう。

㈡　勧請をめぐる諸説

以上、大安寺への勧請をめぐる主要な文献を紹介した（近世以降の文献もあるが、ここでは省略した）。次に、勧請をめぐる先学の諸説を回顧しておきたい。

まず宮地直一氏は、『朝野群載』所収の「興福寺牒」、『塔中院建立縁起』、『榊葉集』の記事を引かれて、「年代に於ては互に出入せる所あれど、釈書、巡礼記等皆この説を襲ひ、何れも行教の勧請する所なりといふ。されど、これらの出典の年代が、当時を去ること甚だ遠きが為に、未だ俄にそのいふ所に従ひ難しと雖も、行教がもとこの寺より出でて石清水の遷座を遂げたる人なるを思へば、その自坊にも八幡を勧請したりとせんこと強ち否定すべきには非ざるが如し(17)」と、大安寺への勧請は否定出来ないとされた。

続いて西田長男氏は、『石清水八幡宮護国寺略記』(行教縁起)及び『石清水遷座略縁起』(平寿縁起)の二縁起を検討され、石清水八幡宮の成立を論じられる中で、『大安寺塔中院建立縁起』の文を引用して次のように述べられる。「これによると、『石清水』なる名は、もと行教の本坊大安寺中東室第七院の房号であったようにも思われる。しかし本縁起には信じ得べからざることの多く記されてあるところよりするに、上の房号は、おそらく石清水八幡宮勧請のことあって後に、その勧請者たる行教と大安寺との関係から著けられたものではあるまいか。また大安寺の八幡宮は、石清水勧請以前、すなわち大同二年八月十七日に行教によって勧請せられたものであるが、さらに託宣によってここから今の男山に移座せられたものであるという。この説は、これをたとえば、『続古事談』第四や『朝野群載』第一六に所収の天永四年の興福寺の牒に取られているが、その従いがたいことはいうまでもない(18)」と。大同二年(八〇七)、行教が八幡神を大安寺に勧請したことを認めておられるが、「石清水」なる名が大安寺に発するという所伝、大安寺より男山に移座したという所伝に就いては否定される。

次に中野幡能氏は、「『南都大安寺塔中院縁起』によると行教は大安寺中東室七院に住し、入唐帰朝の時、豊前宇佐宮に参詣し、一夏九旬の間参籠し、大同二年、大安寺鎮守として八幡宮を勧請した僧である。※行教が宇佐宮に遣わされるようになった原因は、大安寺に既に鎮守を勧請した実績を有していた事に起因するとも考えられる」(尚、引用文中の※印の所の註として、西田氏の前論を受けた形で「大安寺縁起に大安寺鎮守として勧請し石清水に勧請というのは誤りである」と記しておられる）と述べられ、[19] 大安寺への勧請を認めておられる。また同氏は、別の著書に於いても、『朝野群載』所収の「興福寺牒」、『大安寺塔中院建立縁起』、『榊葉集』の所伝を簡単に紹介し、「行教が大安寺八幡の鎮守の起源を伝えたものであろう」と記しておられる。[20]

更に村山修一氏も、行教が「大同二年（八〇七）大安寺鎮守として八幡神を勧請した。この経験によって彼は宇佐八幡宮へ遣わされるに至ったのかもしれない」[21]と、ほぼ中野氏と同様な見解をとっておられる。

もう一つ、小倉氏の所説がある。氏の大安寺八幡宮に対する見解は、他の誰よりも深く考察しておられる。つまり、『大安寺塔中院縁起』によれば、行教は入唐帰朝の途次宇佐宮に参詣し、大同二年大安寺鎮守として八幡神を勧請したとある。行教の入唐の真偽は別としても、紀氏と宇佐宮との関係から考えれば、また当時の神仏習合思想の隆盛という点からみても、行教の八幡神勧請はある程度信頼し得るものと思われる。現在大安寺東塔跡の北にある大安寺石清水八幡宮と呼ばれているものがこれであって、男山の石清水八幡宮の名称は『七大寺巡礼私記』によれば、『行教和尚坊辺有二石井一、是云二四院之石清水一、其井于レ今不レ失、口伝云、八幡石清水之根本是也』とあって、この大安寺石清水八幡宮の名によるものとされる。したがって真雅が行教をもって宇佐宮参同の僧に推輓したのも、この大安寺石清水八幡宮を創祀した業績にかかわるものであったとも考えることができる」とされ、更に行教が男山を八幡神勧請の地に選んだのは、元来この地に山寺が存在し、「しかも石清水寺と号していた事実から考え合わせると、大安寺石清水八幡宮と何らかの関連があったものと考えなければならない」[22]（傍点は小倉氏）と述べられるのである。そこには、行教による大安寺への勧請は勿論のこと、石清水なる名称に関しても大安寺の所伝を尊重される姿勢が強く見られる。

以上、五氏の所説を紹介したが、全体としては深く追究したものは少ない。その中にあって注目するべきは、西田・小倉両氏のものであろう。

㈢　所伝の分析と課題

では、先に紹介した諸文献に再び眼を転じ、その内容を分析し、考察の課題を探ってみよう。各文献の内容を主要項目別に整理すると次のようになる。

〈勧請の動機に就いて〉

行教入唐帰朝時、宇佐宮に於いて一夏九旬の参籠の結果感応する　……………………①

〈勧請年代に就いて〉

大同二年（八〇七）　……………………①

斉衡二年（八五五）　……………………⑤⑦⑧

〈行教の祀った八幡神に就いて〉

三面御鏡・仏神像・絵像　……………………①

絵像　……………………④

〈男山との先後関係に就いて〉

行教坊傍の井戸が石清水の名の起り（八幡石清水の根本も含めて）　……………………②③⑦

大安寺に勧請された八幡神が男山に移座（大安寺石清水が男山に通じるも含めて）　②④⑤⑥⑦

八幡神の勧請は男山が先であり、大安寺はその後　……………………④

これによると、大安寺への勧請の動機は行教が入唐帰朝時に宇佐宮で参籠したことにある。その勧請年代には二系統の所伝が存在し、当初、行教が祀っていたのは絵像（つまり神影図）その他であったということになる。更に所伝を通じて強く感じるものとして、男山石清水八幡宮に対する強い先後意識である。行教坊傍の井戸が「石清水」の名の起りであるといったり、大安寺の石清水が男山にも通じたというのも、また、大安寺に勧請された八幡神が男山に移座したのだというのも、全て大安寺が先であることを強調する所伝といえよう。ただ④の文献、つまり『七大寺巡礼私記』のみが、男山が先であり大安寺が後であるという別の所伝の存在することを併せ紹介している。

以上の分析により、自ずと考察課題が導き出せる。つまり、

・第一に、行教の八幡神勧請の動機に就いて、どう解釈するか。
・第二に、勧請年代に就いて、二系統の所伝が存在することをどう解釈するか。
・第三に、行教が当初祀った八幡神は、どのような形のものを対象としたか。
・第四に、「石清水」の名称を含めて、勧請に関わる男山との先後関係に就いて、どう解釈するか。

の四点となるであろう。

㈣　行教による勧請の様相

右の課題に基づいて考察に移る。まずは第一の課題、行教の八幡神勧請の動機に就いて考えてみよう。これに関する文献としては、先に示した如く、①つまり『塔中院建立縁起』のみである。同縁起に記されている行教の入唐に就いては、その事実を他に確かめる史料はないが、入唐したとすれば、その往途または帰途に宇佐宮への参籠は

大いにあり得る。何故ならば、これに近接する例として、空海・最澄の宇佐宮参詣が見られるからである。空海は、延暦二十三年（八〇四）七月六日、入唐の航海安全を宇佐宮に祈って肥前国田浦より発しており[23]、最澄もまた、同年、宇佐宮及び香春社に詣でて渡海の安全を祈願し、特に香春神のために神宮寺（法華院）を建立している[24]。行教が入唐したとすれば、二人の入唐時期の前後に相当するであろう。当時は、僧達の間で、渡海の前後に九州あたりで著名な神社に祈願することが、一つの風潮となりつつあったと考えられ、彼もその風潮を踏まえていたことになる。いずれにしても、彼が八幡神を深く崇敬し（紀氏の伝統も継承しながら）、宇佐宮に参詣し感応するところがあって大安寺への勧請となったのであろう。

第二の課題である勧請年代に関する二系統の所伝に就いては、第三の課題である行教が当初祀った八幡神との関わりに於いて考察することによって、解釈が容易になると考える。先に示した如く①及び④の文献により、行教が当初祀ったものは、三面御鏡（これは八幡三神を意味すると考えられる）・仏神像（これは①の文献にある行教の衣袖上に釈迦三尊が顕現したとあることによるものだろう）・絵像（八幡神影図であると考えられる）であったと見えるが、最初からこれらのものを全て揃えていたとは考え難く、神影図を中心に考えるのが妥当である。宇佐で感応あって、その八幡の神影を絵に描き（或は描かせ）、大安寺の自坊に掲げ祀ったのが最初であっただろう。やがて南大門南面西脇に塔中院が出来（図表8参照）、五間四面の御堂に丈六釈迦三尊像が安置され、三間二重の高楼上部に八幡神影図が掲げられた（以上、『塔中院建立縁起』による）。更に後になって、東塔北側に鎮守八幡宮の社殿が出来（図表8及び写真47参照）、ここを中心に八幡神が祀られるようになった[25]。

このように、大安寺に於ける八幡神の祭祀は三段階に発展したと見ることが出来る。これは大いに注意を要することであろう。そこで、文献上に見た勧請年代を考えると、大同二年（八〇七）と斉衡二年（八五五）という二系

（写真47）今も存在する八幡社（旧大安寺鎮守八幡宮）

統の所伝がある。凡そ社寺の勧請・創祀・創建等の年代を云々するとき、どの時点を以っていうか、屢々問題となるところであることを念頭に置く必要があろう。従ってここでは、『塔中院建立縁起』に見る大同二年に勧請あり、行教は当初自坊に八幡神影図を掲げて祀っていたと考えるべきであろう。その『塔中院建立縁起』に於いて、まだ鎮守八幡宮の存在に関する記載はなく、「営造宝殿寺院等」云々の表現はまさしく塔中院を指す。大安寺としては、まず寺院そのものの中の一院に八幡神を祀ろうとしたのである。それが斉衡二年、塔中院に釈迦三尊像を安置し、高楼に八幡神影図を移すという形となった。そして鎮守八幡宮の建立は更に後と考えられる。つまり、一二世紀半ば頃の『七大寺巡礼私記』に東塔の北に社殿があったことを記しており、更に遡って天永四年（一一一三）四月の「興福寺牒」に於いて「大安寺本宮神輿」云々と記しているのであるから、明らかに鎮守八幡宮が存在していたことを示す。要するに一一世紀前半には鎮守八幡宮が存在していたのである。従って、斉衡二年（八五五）の後より、即ち九世紀後半から一〇世紀末までの間に鎮守八幡宮が創建されたと考えられよう。

尚、大安寺への勧請とは直接関係しないが、空海の動向は殊の外注目される。冒頭に記した如く、彼が高雄山寺にあって八幡神を深く崇敬していたようであるが、加えて、大同二年と斉衡二年の中間に当る弘仁十四年（八二三）、彼は八幡神を東寺（教王護国寺）の鎮守として祀っている[26]ことは、極めて興味深い。

三、石清水八幡宮との先後論争

第四の課題である男山との先後関係に就いては、男山に八幡神が勧請され石清水八幡宮の成立をみた後、恐らく間もない頃から起ってきたと思われる、勧請をめぐる大安寺側との先後論争を無視することが出来ない。従って、第四の課題は、この論争との関わりに於いて考察する必要がある。

㈠　文献上に見る論争

この論争を如実に伝える文献として、『朝野群載』巻第一六・仏事に収める天永四年（一一一三）四月の興福寺及び石清水八幡宮護国寺が発した二つの牒を見る。一つは、先に示した④で、興福寺が石清水八幡宮に「欲大安寺本宮神輿令入洛給御共被令供奉神民神宝等状」として発せられたもので、八幡神の勧請は大安寺が先で、後に男山に移座したことを主張していた。

他の一つは、この「興福寺牒」を受けて同年同月十八日に、「石清水八幡宮護国寺牒」として興福寺宛に発せられたものである。これによると、

（上略）造立六宇御殿、同（貞観）二年行教和尚奉安置三所御体於当山之後、和尚為仏教鎮守、移奉崇大安寺、次薬師寺別当栄照大法師、同以奉勧請寺家焉、乍存彼證跡、何被称本宮哉、（下略）

と記しており、八幡神の勧請はまず男山にあり、その後に大安寺に移座し、更に薬師寺に勧請されたという證跡があるのに、何を以って大安寺を本宮と称するかと反論している。

また、石清水八幡宮側の文献である『当山本社末社堂塔寺院之事』宝殿造立事条に、男山への勧請及び宝殿造立

の縁起[27]を述べた後に、

（上略）石清水者、行教大安寺本房仁大菩薩相共令落付給之時、為御手水、召清水之処無水、而自房傍石、俄冷水流出、以之用御手水、仍自大安寺至当宮、号石清水之号云々、両説也、

と両説の存在することを記している。

これらの文献を踏まえて、江戸時代の延宝九年（一六八一）に撰された林宗甫の『和州旧跡幽考』巻四・添上郡・大安寺条に、

鎮守八幡宮あり。そのほとりに石清水の跡とて松一村あり。行教和尚宇佐八幡神を勧請の時、大菩薩本房につかせ給ひて、御手水のために清水をめしけるに水なかりければ、をのづからかたはらの石より冷水ながれ出けるより、御手水に奉る是を石清水の名のはじめとせり。平安京男山の石清水も大安寺よりつかはしけるとなり。然ども石清水の名は大安寺より已前男山にありといふ。大安寺には男山は後といふ二義たがひにあり石清水末社記。爰に天永四年四月、興福寺の大衆うつたふべき事ありて大安寺本宮の神輿をみやこにふり奉らんと評定しけるが、男山の石清水八幡護国寺は大安寺の末なり。此度神輿上洛に供奉なくばあるべからざるよしの牒状をつかはしけり。男山護国寺に是を披見して此義案外至極せり。夫行教和尚先男山に勧請して後大安寺にうつし、其後栄昭大法師薬師寺にうつす、其證跡をしりながら如何本宮とはかけるやとて一味同心はおもひもよらず。結句鬱憤のふくみけるとかや。くはしくは朝野群載にあり。いにしへより前後のあらそひ不明に侍りけると見えたり。

と記されていることは、まさに興味深い。平安時代以来、この論争は存在したのである。

(二) 論争に見る両者の姿勢

この論争に見られる大安寺が先とする主張は、大安寺を中心とした大和系の所伝を形成し、男山が先とする主張は石清水八幡宮系の所伝を形成したことはいうまでもない。最初に確認しておかねばならぬことは、大安寺より男山に移座したとか、男山より大安寺に移座したとか、これが論点の一つになっているが、両者の間に「移座」はなく、別々の勧請であったということである。

大安寺への勧請に就いては既に述べたが、同じ行教による男山への勧請に就いて略述しておこう。惟仁親王の即位（つまり清和天皇）を実現させた藤原良房が、その皇位の安泰を八幡神に祈願するため、貞観元年（八五九）、行教を宇佐に参向させ（これとは別に、良房の発起によって、天安三年四月一日〈この年の四月十五日に貞観と改元〉より宇佐宮弥勒寺に於いて三所権現の法楽に資せるための一切経書写が行なわれていた）、一夏九旬の参籠の結果感応があり、七月十五日夜半に「近都移座、鎮護国家」との託宣を得て帰途につき、八月二十三日、山崎離宮のあたりに至って、「可移座之処石清水男山之峯也、吾将現其処者」との託宣を再び受ける。行教がこのことを奏聞すると、直ちに宣旨が下り、木工権允橘良基を遣わして六宇の宝殿を造立せしめ、石清水八幡宮が成立する。つまり、宝殿造立工事が完成し、三所の御像を安置するのは翌貞観二年のことであっただろう(28)。これに見る如く、大安寺への勧請と男山への勧請は全く別であることはいうまでもない。

また、勧請及びその後の祭祀情況も大きく異なっていた。大安寺の場合、行教個人の自然な行為の中で勧請され、当初は自坊に於いて八幡神影図を掲げて祀るという、極めて慎しやかな私的を崇敬であった。塔中院が出来る段階で、漸く寺として祀る形となり、鎮守八幡宮の創建により鎮守として明確な位置付けを得たように考えられる。一方、男山への勧請は、政治的に意図され、行教が宇佐宮参向の使者として選ばれたのである。従って、勧請され奏聞があると、速やかに宝殿が建立され、石清水八幡宮の成立をみている。そこには、王城鎮護・朝廷守護と藤原良房の権勢が背後にあり、権威を裏付けとした八幡宮祭祀が予定されていたと解することが出来よう。

いずれも行教という大安寺僧による勧請でありながら、かくも情況の異なるものであったが故に、先後論争も起り得たわけで、論争中に見られる両者の姿勢にも大きく異なるものを生んだ。つまり、石清水八幡宮側は権威主義に立ち、自らの勧請を先として大安寺を無視する形をとり、延いては大安寺の方を男山からの移座ともいう。

一方の大安寺側は複雑であっただろう。山城男山に石清水八幡宮が成立し、護国寺と一体となって王城鎮護の八幡宮寺として脚光を浴び、時を追って権威を発揮してくる。しかも、その勧請は、大安寺に八幡神を勧請した実績の持主である行教とあれば、大安寺側としても黙視していられず、事ある毎に大安寺への勧請が先であったことを主張したであろう。しかし、石清水八幡宮側の権威主義の立場は一貫してこれを無視し、自らを先として譲らない。

大安寺側が執拗に自らの主張を続ける以上、その主張内容は次第にエスカレートし、所伝に潤色・改作が加わってくるのは事の成り行きであろう。先に指摘した如く、①つまり『塔中院建立縁起』と②つまり『住侶記』が、同じ応和二年（九六二）五月十一日という日付をもつあたり作為性が感じられ、また、『塔中院建立縁起』には、勧請の奏上に驚かれた天皇が和気清麻呂に宝殿を造らせたと、年代的に符合せぬ内容を挿入する結果となった。更には、②③④⑤⑥⑦の諸文献に見られたように、行教坊傍の井戸[29]（写真48参照）を以って「石清水」と称し、これが石清水の名の起りであり、延いては男山の石清水八幡宮も大安寺八幡神が移座したものであるとし、「大安寺石清水八幡宮」を主張することも、この論争の中で生み出された改作の可能性が強い。

四、薬師寺への勧請

南都寺院への八幡神の勧請は、大安寺に続いて薬師寺にその例を見る。以下に、その薬師寺への勧請に就いて考察を展開する。

(一) 勧請をめぐる諸文献

（写真48）もと行教坊傍にあったとされる井戸

ここでも、まずは薬師寺への勧請を物語る諸文献から紹介していくことにしよう。

Ⓐ 天永四年（一一一三）四月十八日の「石清水八幡宮護国寺牒」（前掲）

これは既に前項で紹介したので本文の引用は省略する。要するに男山に勧請された八幡神は大安寺に移座し、次に薬師寺別当栄紹（栄紹の「紹」の文字に就いて、諸文献間で「照」「昭」も用いられ、一定していない）が同寺に勧請したという。

Ⓑ 『薬師寺別当次第』（東大寺文書甲号外二十八号）

薬師寺別当次第　天〔武〕天皇即位九年建立之□後経九十余年別当始〔補〕□可尋之

大僧都 弘耀 宝亀　　大僧都 常詮 仁和寺

大法師 香揮（マヽ）　　大法師 栄紹 寛平元

大法師平海　三論真言律三宗兼　寛平五　任治一半　　大法師栄紹　寛平十六　任
僧都由性　昌泰　治十八　　威儀師小別当延誉　延喜十四　任治

（下略）

この別当次第の成立年代は不詳であるが、鎌倉時代の建治三年（一二七七）までの記事を収める。従って、この直後の一三世紀末頃の成立と考えられる。八幡神を勧請する「栄紹」は寛平元年（八八九）に別当職に就き、同五年（八九三）に「平海」が別当職に就くが、一年半後再び「栄紹」が別当職に就き寛平末までその職にあったものと思われる。二度目の「栄紹」の下に「寛平十六」と記されているのは明らかに誤りであり（寛平は九年まである）、寛平六年（八九四）に再任したと解するべきであろう。

Ⓒ『南都七大寺巡礼記』（前掲）薬師寺八幡宮条

件八幡者自㆓宇佐㆒影向、自㆓此所㆒又大安寺仁飛給云々。

これはⒶとは大いに異なる所伝である。また、以下の諸文献を一覧すれば理解出来ると思うが、要約して記すうちに、主要部分が抜けて思わぬ結果の表現となってしまったようである。

Ⓓ『榊葉集』（前掲）冒頭の部分

薬師寺。寛平年中為鎮守了。

ここで初めて、勧請年代として寛平年中（八八九〜八九七）が登場する。

Ⓔ『薬師寺濫觴私考』（延宝八年〈一六八〇〉、高範の執筆という）

イ・右文献前半部の記事

八幡宮

講式云。人皇十六代欽明天皇御宇。始顕二豊前国宇佐郡一而為二王城鎮護影向一。行教和尚三衣之袂而自二宇佐宮一来臨之時。於二此岡一垂二休息之儀一。故名謂二休息岡一可レ知此所者。冥衆影向之聖跡。而更非二凡夫領知之分一。仍其跡立二塔婆一奉二崇敬一。依レ之当寺別当栄紹大法師。寛平年中重勧二請大菩薩於此岡一。奉レ仰二吾寺鎮主（守カ）一矣。（下略）

ロ・右文献後半部の記事

鎮守八幡社。此所を休足の岡ともいふ。当時の別当栄昭。宇佐八幡菩薩を勧請して。朝野群載寺家の南薗に社を立ていはひける。宇佐縁起又休足の岡といふは、貞観元年行教和尚。大安寺に八幡菩薩をうつされし時。しはらく此所に休足あり、それ以来此名あり。縁起（下略）

前半部と後半部の記事とでは、少々内容が異なる。前半部では、行教が男山への勧請の途上、寺地南の丘で休息し、ここに塔婆が建てられ崇敬していた。別当栄紹が寛平年中に重ねて勧請して（宇佐からなのか。男山からなのか明確にしていない）、鎮守として祀られるようになったという。

これに対し後半部では、行教が貞観元年（八五九、これは先述の如く男山への勧請年代である）に宇佐から大安寺に勧請の途上、寺地南の丘で休息した。後に別当栄紹が鎮守として祀ったとしている。

Ⓕ『大和国添下郡右京薬師寺縁起』（この縁起は絵縁起の詞書であり、奥書に、享保元年〈一七一六〉、「東大寺別当兼華厳宗長吏安井門主　前大僧正道恕」の筆とある）

当寺の鎮守八幡大菩薩は。人皇三十代。欽明天皇の御宇に。初て豊前国宇佐郡にあらはれ給ふ。貞観年中に行教和尚。大安寺に勧請ありし時。此処にして神輿を休め奉りければ。そのあとを点して。社壇とせり。今神殿の地を休息岡といふ。そのいはれなり。其後。寛平年中に。別当栄照律師。雄徳山よりかさねて。この岡に勧請して。吾寺の鎮護と仰奉る。

ここでは、先のⒹ—ロの内容を継承している。ただし、薬師寺への勧請時期を「寛平年中」と、また、重ねての勧請は、雄徳山つまり男山よりなしたことを、それぞれ明記している。

Ⓖ『薬師寺古記録抜粋』（この文献の元になっている『古記録』には、「文化四丁卯年〈一八〇七〉十二月十七日。惣代法輪院行遍。御尋ニ付。奉二書上一候要用の願書也。不レ可レ有二散失一者也」という表が付されていたようである）

鎮守八幡宮三社中社三アリ西方左右各二間ニ二アリ、
回廊横九間半堅十二間半
楼門二間四面

宇多天皇。寛平八年御建立。享禄天正之兵乱に敗壊仕候得共。加二修理一候。

この文献で注目されることが二つある。一つは鎮守八幡宮の建築規模が記されていること。他の一つは、寛平八年（八九六）という絶対年代で勧請の時期（ここでは「建立」という表現になっているが）を明記していることであろう。

これ以後の文献は省略することにして、以上のⒶからⒼに紹介した文献内容を整理しておこう。薬師寺に関する諸文献は、成立年代の上から一段と後世のものが多い。その上、内容的にも、年代的な面に於いて、また、勧請の経路に於いて、大安寺や男山との混同が多く見られ、錯綜が目立つ。

〈勧請の経路に就いて〉

男山から大安寺へ、次に薬師寺へ……………………………………Ⓐ
宇佐から薬師寺へ、そして大安寺へ…………………………………Ⓒ
宇佐から男山への途上、薬師寺南の丘で休息、後重ねて薬師寺へ勧請……………Ⓔ—イ

貞観元年、宇佐から大安寺への途上、薬師寺南の丘で休息、後に社殿を建立…………Ⓔ―ロ
貞観元年、宇佐から大安寺への途上、薬師寺南の丘で休息、後男山より重ねて薬師寺へ勧請…………Ⓕ

〈薬師寺への勧請年代〉
寛平年中（八八九～八九七）…………ⒹⒺ―イⒻ
寛平八年（八九六）……………………Ⓖ

かくの如く、特に勧請の経路に就いては同じことを記している文献が一つもなく、全くの錯綜状態である。これに対し、薬師寺への勧請年代に就いては整っていることが理解出来よう。要するに、ここでは右の二つの事項をどう考えるかが考察の課題となる。

㈡　勧請をめぐる諸説

考察に入る前に、薬師寺への八幡神勧請に関して、これまでの所説を回顧しておく。まず宮地氏は、『薬師寺古記録』や『榊葉集』等の内容を紹介された上で、「但しこの古記・榊葉集、共に鎌倉以後の編纂になるものなれば、十分の信用を措き難きも、神体として祭られたる比丘八幡・神功皇后・仲比売の三像は、まがふ事なき平安朝中期の製作にして、又神功皇后像の服装より論ずるも、令制より五衣にいたる過度時代の制度を示すものたること疑なければ、随つてこの社の創立を以て寛平の頃におくこれらの記載は、正確なりと認むるを得べし」と述べられる。(30)この宮地氏の所論をそのまま受けておられるのが中野氏である。(31)

更に福山敏男氏は、天永四年の「石清水八幡宮護国寺牒」の内容を紹介された上で、次の如く述べられる。「宇佐八幡と奈良の諸寺との関係は東大寺では奈良時代にそれが発生し、大安寺では平安初期に発生し、それらをまね

て薬師寺も三番目に参加したというのが実情であろう。したがって、『薬師寺八幡宮縁起』や『八幡宮講式』（濫觴私考所引）に、はじめ行教が宇佐から八幡神を奉じて石清水に至る中途で薬師寺前の岡で休息したので、ここを休息の岡と呼び、その遺跡に塔婆を建てたという別当栄紹以前の物語を出しているのは、社地を『休《やすみ》が岡』といったことから考え出された地名説話である。別当栄昭（紹）が八幡神を寺の南園に勧請したとある（縁事抄諸縁起）のは奈良時代以来の花苑の地に社地を定めたことを語っている。その年代は『八幡宮縁起』や『榊葉集』に『寛平年中』と記すだけであり、正確な所伝は早く失われてしまったらしい。『薬師寺別当次第』によると、栄紹は寛平元年に別当に任ぜられ、同五年に平海がこれに代わったが、同六年には栄紹が再任し、寛平末年ごろまで在任したようである。したがって、栄紹が別当であった時といえば寛平年中にほかならないことがわかる」。また、現鎮守八幡宮の社殿に就いて触れられる中で、「中央の本殿にはもと著名な木彫彩色の僧形八幡・神功皇后・仲津姫命の三神像がまつられていた。各高さ一尺二三寸の小像ながら、平安前期の作風を示した優作であり、保存も良好で彩色文様もよくのこっている。当社の創設の時のものであろう」とも述べられる。[32] ここで最も注目されるのは、寛平年中が、まさに栄紹の別当在任期間と一致することを確認されたことであろう。ただ、氏が別当栄紹以前の休息の丘に関わる所伝を、「社地を『休が岡』といったことから考え出された地名説話」として葬り去られることには首肯し難い。

尚、景山春樹氏が、薬師寺鎮守八幡宮に就いて「そのいわれは宇佐から八幡神が東大寺大仏鋳造護持のために南都へ迎えられた時、一時ここに休在したという、そのいわれに基づいて薬師寺別当栄紹が寛平年中（九世紀末ごろ）ここに八幡宮を勧請したのである」と述べておられる[33]のは、かなりの誤解である。この場合、東大寺大仏造立時に於ける八幡神の勧請は一切関係のない事であろう。

(三) 行教による足跡と栄紹による勧請

これらを踏まえて、薬師寺への勧請に就いて考察する。まず、勧請の経路に関する課題であるが、先に示した如く、諸文献の伝えるところは様々であり錯綜状態にあった。しかし、それぞれの内容をよく検討すれば、薬師寺南の丘で休息したのは大安寺への勧請途上なのか、男山への勧請途上なのかということ、それに薬師寺が後に重ねて勧請するのは、宇佐からなのか、男山からなのかということ――要するに、この二つが根本的な問題であることが理解出来よう。

先に、行教が男山に八幡神を勧請して石清水八幡宮の成立する過程を略述した。彼は藤原良房によって（清和天皇の皇位の安泰を祈願するため）宇佐宮参向の使者として派遣されたのであり、その責務の重大性からいっても帰途に南都へ立ち寄ることなど考えられない。地理的に考えても、宇佐から難波方面を経て都に向けて直行するのが常識であろう。また、男山への勧請を伝える諸文献の記事も、貞観元年（八五九）、七月十五日夜半に最初の託宣を受けて帰途につき、八月二十三日、山崎離宮のあたりで再び託宣を受け、奏聞に至ったとしている[34]。かくの如く、行教が男山への勧請途上薬師寺南の丘で休息したということはあり得ず、そのような記載は、所伝として時間の経過の中で、混同・誤解せられた所産である。

従って、行教が宇佐から大安寺への勧請途上、薬師寺南の丘で休息したという所伝は極めて自然に理解出来る。地理的に考えても、宇佐から難波・生駒を経て南都に入り、薬師寺のあたりに到達するのは容易であり、薬師寺から大安寺へは六条大路を東進すればよい。必然的にこちらの経路が妥当な経路として考えられるであろう。

尚、細部に及ぶが、Ⓔ―ロとⒻの文献ではこの経路をとりながら、貞観元年（八五九）としているのは、男山への勧請年代と混同しているのであり、多言を要しないであろう。また、Ⓐの文献では男山から大安寺へ、次に薬師

（写真49）休息の丘

寺へと特異な記述が見られるのは、先述の大安寺と石清水八幡宮との先後論争中での言であり、論外とするべきものである。

かくの如く、大同二年（八〇七）、行教が宇佐より八幡神を大安寺に勧請する途上、薬師寺南の丘で休息（所謂休息の丘・写真49参照）した。これにより、当寺としては八幡神をこの時点で勧請したのではないが、思い掛けなく行教によって八幡神の足跡を得たことになろう。当寺ではこの場所を聖跡として崇敬していたらしい（Ⓔ—イの文献、つまり『薬師寺濫觴私考』に「講式云」として「其跡立㆓塔婆㆒奉㆓崇敬㆒」と記しているのは、史実を伝えている可能性が強い）。その後、別当に栄紹が就任するに至って、重ねて（或は改めて）八幡神を勧請して当寺の鎮守としたという。この場合の勧請が、宇佐からであるのか男山からであるのかという問題であるが、先に紹介した諸文献中これを明記しているのは、Ⓕつまり『大和国添上郡右京薬師寺縁起』に「雄徳山よりかさねてこの岡に勧請」とあるのが唯一である。雄徳山はいうまでもなく男山のことである。当寺が改めて勧請しようとするとき、既に石清水八幡宮が存在し、時を追って権威を示しているのであるから、今更宇佐からと考える余地もなかろう。ここは男山石清水八幡宮より勧請して薬師寺鎮守八幡宮が成立したと考えるべきであろう（写真50参照）。

（写真50）薬師寺鎮守八幡宮

次に、別当栄紹が改めて勧請し当寺の鎮守とした年代に関する課題に考察を移す。諸文献中年代を記している場合、寛平年中（八八九〜八九七）と寛平八年（八九六）の二種類のみであり、他の年代は一切記されていないのであるから、まず寛平年中は不動と見てよい。しかも、先に紹介した如く、福山氏の考察により[35]、栄紹の別当在任時期がまさに寛平年中と一致する（Ⓑによる）ことが明らかにされたのであるから、寛平年中とする所伝は正しかったことになる。更に、宮地氏や福山氏が指摘されるように[36]、当寺鎮守八幡宮には平安初期の作とされる三神像が存在することも、間接的にこれを裏付けることになるであろう。

また、Ⓖつまり『薬師寺古記録抜粋』のみが寛平八年なる絶対年代を明記していることに就いて、一言触れておく要がある。寛平年中が不動であるだけに、その範疇に含まれる年代であり、しかも当寺に伝わる古記録に基づいて記されているのであるから、寛平八年なる年代は大いに尊重されてよい性格のものであるといえよう。

(四)　八幡三神像の歴史的意義

薬師寺への八幡神勧請をめぐる諸先学の論中にも、何度も登場したのが、同寺八幡三神像である。僧形八幡神像（写真51参照）・女神像（伝神

（写真51）薬師寺八幡三神像（僧形八幡神像、飛鳥園写真）

（写真53）薬師寺八幡三神像（伝仲津姫像、飛鳥園写真）

（写真52）薬師寺八幡三神像（伝神功皇后像、飛鳥園写真）

功皇后像、写真52参照）・女神像（伝仲津姫像、写真53参照）の三像であるが、これまでに、美術史や風俗史の面から取り上げられることが多かった。最近、この三神像に就いて執筆された片岡直樹氏は、「三像はいずれも小像ながら平安初期木彫の力強い刀法によってつくられており、頭部・体幹部ともに充分な奥行があり、じつに堂々とした側面観をもつ。二体の女神像の豊かな髪や、着衣を通してうかがえる豊満な肉体、あるいは男神像の強く鎬立った衣文線の彫法などは典型的な九世紀一木彫成像の特色ということができよう。したがって、三神像の製作年代を八幡社が勧請された寛平年間頃とみることは明治以来現在に至るまでのほとんどの研究者に共通する認識となっている」と、これまでの研究成果を的確にまとめておられる[37]。

美術史面での研究成果は片岡氏のまとめに尽きるとして、このような像（薬師寺像にやや先行するとされる東寺八幡三神像も含めて）がこの時期に出現した歴史的背景を、もう少し考えておく必要があろう。薬師寺でも東寺でも八幡三神像の中心は男神像であるが、これを「僧形八幡神像」として表現することに注目しなければならない。奈良時代後半頃より神身離脱思想は徐々に発展し、その第一段階として神に菩薩号を奉献するという考え方が出てきた。即ち、神は迷える衆生の一として仏法の供養を受け、その功徳より進んで菩薩となり、更に悟りを開けば仏となる。その第一歩に当る菩薩の号を奉ろうというのである。神に菩薩号を奉献するということで最も早かったのは八幡神であり、既に奈良時代後半に「八幡大菩薩」の称が成立していたことは別章で論じた通りである[38]。「菩薩」という仏教的人格を付与することにより、神仏関係を一層明確化することにもなった。更にまた、これまで神祇は姿を見せないと信じられてきたが、仏教的人格の付与により造形的表現が初めて可能となった。仏菩薩像に対して、神像彫刻が出現する所以がここにあったことを注意するべきであろう[39]。先述の如く、八幡三神像の中心が「僧形八幡神像」として造形されたことの意味も理解出来よう。

神像彫刻の出現でもう一つ注意するべきことがある。片岡氏の同じ論考中に「霊木化現仏」説を取り上げ、注目しておられるが、それ以上に神像の彩色に注目されたい。かつて景山春樹氏が、薬師寺・東寺両八幡三神像、更に松尾大社三神像等の彩色の基調に丹朱のあることを着目され、「朱（あけ）の色は古代における神秘の色であり、僻邪の色でもある」といわれ、古墳時代以来の実例を紹介された上で、「古代祭祀における『朱のこころ』は、そのまま初期神像という造形（かたち）の中に生きつづけている。神像には丹朱を着彩することによって『神秘の生命力』が強く発揮し得られるとする信仰は、いわば古代のこころの連続である」と述べられた。[40] まことに興味深いご指摘であるといえよう。菩薩号奉献という仏教的人格の付与によって出現した神像彫刻であるが、そこには太古以来の神性を表わす丹朱が生きていたのである。

神仏習合を常に先導する八幡神の宮は寺と一体化し、「宮寺」を志向したことは既に述べた。[41] 八幡神の勧請を早い段階で実現した薬師寺に於いて（東寺も含まれるが）造形された八幡三神像は、神仏習合史上に於けるこの時期（平安初期）の動向である〝神に菩薩号の奉献〟を象徴するものであり、同時に太古以来の神性を具備するものであった。ここに薬師寺八幡三神像のもつ歴史的意義を見出すことが出来るであろう。

五、むすび

紀氏の出身である行教は、家系の伝統として八幡神への崇敬を継承し、更に自らも大安寺僧として、その崇敬を一段と深めたと考えられる。彼が大きく成長しようとする頃、空海・最澄を中心とした僧達が、入唐に当り渡海の安全を八幡宇佐宮に祈請するといった風潮が盛んになりつつあった。彼が入唐した事実は確かめ得ないが、入唐したとすればこの風潮はとりわけ強く意識されたであろう。いずれにしても彼が八幡神を深く崇敬し、大同二年（八〇七）、宇佐宮に参籠し感応するところがあって、大安寺への勧請となった。

大安寺に帰住した行教は、当初自坊に八幡神影図を掲げて祀っていた。斉衡二年（八五五）、塔中院が建立されるに至り、御堂に釈迦三尊像を安置し（宇佐参籠の際、彼の衣袖上に釈迦三尊が顕現したと伝えられることによる）、高楼に八幡神影図を移して、漸く寺として祀る形態が出来てきたと解される。そして九世紀後半から一〇世紀末までのある時期に鎮守八幡宮が建立されたと考えられ、鎮守として明確な位置付けを得たようである。このように、大安寺への勧請は行教個人の自然な行為の中で行なわれ、極めて慎しい私的な崇敬で出発しており、次第に寺として祀るようになって、最終的に鎮守として位置付けられたという経緯の存在するところに特徴があるといえよう（尚、大同二年と斉衡二年の中間に当る弘仁十四年〈八二三〉、空海は八幡神を東寺の鎮守として祀っている）。

行教が、貞観元年（八五九）、宇佐宮参向の使者として派遣され、山城男山に八幡神を勧請し、石清水八幡宮が成立（宝殿が完成し三所の御像を安置したのは翌二年と考えられる）して、愈々王城鎮護の宮寺としての権威を発揮するようになると、大安寺と石清水八幡宮との間で勧請をめぐる先後論争が始まった。論争は後世に至るまで続き、ここに所伝の潤色・改作が著しく加わる所以が発生したのである。

行教による大安寺への勧請は、薬師寺にも重要な足跡を遺した。つまりこの勧請の際、薬師寺南の丘で休息したことにより、当寺ではここを聖跡として崇敬し、寛平年中（八八九〜八九七）に至り、時の別当栄紹は改めて男山より八幡神を勧請して、薬師寺鎮守八幡宮の成立を見たのである（勧請年代を特に寛平八年〈八九六〉としている同寺古記録の記載は大いに尊重されてよい）。

八幡神の寺院への勧請は、奈良時代の東大寺大仏造立時を最初とするが、その後、高雄山寺、そして大安寺・東寺・男山・薬師寺・勧修寺[42]へと続く（このうち男山の場合は寺院への勧請ではないという見方もあろうが、男山には元来石清水山寺が存在していた〈これが後に護国寺に発展〉のであり[43]、寺院への勧請と揆を一にするところがある）。これらは奈良時代から平安時代初期の動向であるが、神仏習合史の上でも重要な位置を占める。つまり、大仏造立への八幡神の協力、更に上京という一連の動向の中で起った護法善神思想の延長線上に位置付けられるものであった[44]。以後、寺院の鎮守は広く定着し、地主神や護法神として様々な神が祀られるが、この過程でなされた行教や栄紹による八幡神の勧請は、空海・最澄等のこの面における事績と共に、極めて重要な意味をもつ先駆的な位置を占めるものといえよう。また、この時期に於ける神仏習合の動向に、もう一つの思想である神身離脱思想の一歩前進した形として、〝神に菩薩号の奉献〟があり、神に仏教的人格を付与することにより、姿なき神の造形が可能となる。薬師寺や東寺に於いて造形された八幡三神像は、このような背景のもとに歴史の舞台に登場したのである。

〔註〕

（1）『東大寺要録』四・諸院章第四・八幡宮条、『八幡宇佐宮御託宣集』巻一二。

（2）『続日本紀』天平勝宝元年十一月己酉・十二月戊寅・同月丁亥・同二年二月戊子各条、『東大寺要録』四・諸院章第四・八幡宮条等。

（3）東大寺鎮守八幡宮の成立に関して、『東大寺要録』では天平二十年（七四八）に勧請し、これが鎮守になった如くに記しているが、これを疑い、天平勝宝元年（七四九）の八幡神上京に際して新造した梨原宮から東大寺に遷したという考え方もある。しかし、天平二十年の方は鋳造中の守護神として勧請し、大仏完成後に改めて鎮守八幡宮として祀ったとも考えられよう。いずれにしても、八幡神上京後の間もない時期に現社地に鎮守八幡宮が成立したと考えてよかろう。

（4）『類聚三代格』二・年分度者条、『神護寺旧記』、『神護寺略記』等による。

（5）『群書類従』所収系図や『本朝高僧伝』所収行教伝等では「兼弼」としている。

（6）系図中の大宰府役職名は、『群書類従』所収系図には全くない。麻呂の大宰帥は『続群書類従』所収『紀氏系図』にのみ見られ、奈麻呂の大宰大貳は『石清水祠官系図』のみに、広浜の大宰大貳は『石清水祠官系図』と『尊卑分脈』所収系図に、豊河の大宰少監は『尊卑分脈』所収系図のみに見られる。他は三者に共通して記載がある。

（7）小倉暎一氏「石清水八幡宮創祀の背景――九世紀前後の政治動向を中心として――」（民衆宗教史叢書第二巻『八幡信仰』昭和五十八年七月、所収）。

（8）『続日本紀』天平十二年九月～十一月条、『託宣集』巻一四。
（9）『広幡八幡大神大託宣幷公家定記』、『託宣集』巻一〇。
（10）詳細は本編第一章参照。
（11）『石清水祠官系図』では「祖師大安寺行表弟子」としている。
（12）『続群書類従』所収系図及び『尊卑分脈』所収系図では、共に「宗叡僧正弟子大安寺和尚」と記されている。
（13）『東国高僧伝』巻第四「大安寺行教伝」。
（14）『本朝高僧伝』巻第四六「和州大安寺沙門行教伝」。
（15）『南都高僧伝』行教条。
（16）第一編第一章に於いて、宇佐宮の元宮（奥院・本社《もとやしろ》）である御許山の御霊水・現宇佐神宮のある小椋山北麓の御霊水を紹介した。
（17）宮地直一氏著『八幡宮の研究』（昭和三十一年）第三編第五章。
（18）西田長男氏「石清水八幡宮の剏立」（同氏著『神道史の研究』第二巻、昭和三十二年、民衆宗教史叢書第二巻『八幡信仰』〈前掲〉、各所収）。尚、氏は『続古事談』四もこの所伝を採用しているといわれるが、該当書の説話は、宇佐より男山への内容のみとなっている。
（19）中野幡能氏『八幡信仰史の研究』（増補版）下巻（昭和五十年五月）第二部第三章。尚、引用文中にある如く、氏は『南都大安寺塔中院縁起』と記しておられるが、そのような文献名はない。
（20）中野氏著『八幡信仰』（昭和六十年六月）第六章。
（21）村山修一氏「八幡神の習合的成長」（同氏著『本地垂迹』、昭和四十九年五月、民衆宗教史叢書第二巻『八幡信仰』〈前掲〉、各所収）。
（22）小倉氏前掲論文。
（23）『大師御行状集記』豊前国賀春山生木条第三九、『古事談』五・神社仏寺条、『高野見聞秘録集』、『山家要略記』、

(24)『神護寺文書』九、『弘法大師画像裏書』、『西行雑録』、『託宣集』巻一二、『石清水八幡宮幷極楽寺縁起之事』二等。

(25)『続日本後紀』承和四年十二月庚子条、『香春神社御縁起』四、『託宣集』巻一一、『叡山大師伝』弘仁五年春条等。

(26)周知の如く大安寺伽藍は平安時代後半に相当衰微が進んでおり、現状の何一つ建物の遺らない状態に至った（跡地は大安寺町となっている）。しかし、かつての鎮守八幡宮だけは、写真47に見る姿を東塔址の北側にとどめている。

(27)「太政官牒　教王護国寺　応以寂勝光院永代附当寺、御願致六箇鄭重紹隆事」（『東寺文書』楽一一之一九止）。

(28)ここでいう縁起は、『石清水八幡宮護国寺略記』（行教縁起）、『石清水遷座略縁起』（平寿縁起）のことである。

(29)『日本三代実録』貞観十八年八月十三日条、『石清水八幡宮護国寺略記』、『石清水遷座略縁起』、『宮寺縁事抄』一〇、『元亨釈書』第一〇感進二、『帝王編年記』巻一四、『東大寺八幡験記』、『託宣集』巻一一、『諸社根元記』上、『八幡宮宝殿幷末社等建立記』五等。

尚、八幡神の男山勧請、石清水八幡宮の成立に就いては、宮地氏前掲書第三編第三章、中野氏前掲書前掲章、西田氏前掲論文、小倉氏前掲論文、飯沼賢司氏「権門としての八幡宮寺の成立——宇佐弥勒寺と石清水八幡宮の関係——」（十世紀研究会編『中世成立期の歴史像』、平成五年三月、所収）等、多くの方々が論じておられる。

(29)この井戸と思われるものは、現状大安寺小学校前にある御霊神社（小祠が二つあるのみ）境内にあり、写真48に見る如く、ブロック積みの井桁となって厚板数枚を並べて蓋にしている。尚、この井戸の位置に就いて、本文で示した図表7と図表8で異なっていたが、伽藍跡地を踏査してみると、どうやら図表8の位置が正しいようである（『南都七大寺巡礼記』の著者は現地を確認せずに推定で場所を設定したものと考えられる）。

(30)宮地氏前掲書同編章。

(31)中野氏著『八幡信仰』（前掲同章）。

(32)福山敏男氏「薬師寺の歴史と建築」（同氏著『寺院建築の研究』上、昭和五十七年六月、所収）、同氏はまた「薬師寺の規模」（同書所収）に於いても同じ趣旨のことを簡単に述べておられる。

(33)景山春樹氏著『神像——神々の心と形——』（昭和五十三年五月）第五章。

(34) 註(28)に示した諸文献。
(35) 福山氏前掲論文。
(36) 宮地氏前掲書同編章。
(37) 片岡直樹氏「八幡三神像」(大橋一章・松原智美両氏編『薬師寺千三百年の精華――美術史研究のあゆみ』、平成十二年十二月、所収)。
(38) 本編第一章参照。
(39) 拙稿「山岳修行者の活動と神仏習合の展開」(逵編『日本の宗教文化』上、平成十三年二月、所収)参照。
(40) 景山氏前掲書。
(41) 本編第一章参照。
(42) 勧修寺への勧請は、『榊葉集』に延喜年中(九〇一～九二二)とある。
(43) 『石清水遷座略縁起』。
(44) 詳細は第四編補論参照。

第四編　補　論

補章　初期神仏習合と神宮寺及び八幡神

補章　初期神仏習合と神宮寺及び八幡神

はじめに

神仏習合に関して、これまでに多くの諸先学が考究され、多くの論考を発表してこられた。この数は枚挙に遑がない。しかるに、その大部分は、各時代・各時期に於ける習合現象そのものに対する論考であり、習合の発生に関する本格的な論考が極めて少ないことは不思議な現象といわねばならない。しかも、数少ないそれらの発生論が、後に詳述する如く、ある側面からの考究が主体となり、総合的な考究となると、皆無に等しい状態である。

現在、出版界は異常な程に日本文化に関わる出版物を多く出している。就中、山岳宗教や山岳信仰の類、古代の神祇・祭祀の類、それに神仏習合の類等に属するものが目立つ。日本の民族文化への関心と理解が深まることに於いて大いに結構なことではあるが、反面、研究者が出版界の動向に乗せられている感もしないではない。私自身の研究分野が、これらのいずれの動向にも大きく関わるだけに、複雑な心境をもって見つめている。中でも本章に直接関係する神仏習合に関する出版物に於いて、やはり現象の記述に終始し、その発生には説き至っていないのが実状であった。

しかるにここ数年、神仏習合に関する新たな見方、発生論に関する広く新しい視点での論考が続々と登場することになり、神仏習合の発生論は中国との関わりで論じられる方向にある。本章では、これらの動向を踏まえつつも、敢えて「日本に於ける」と冠して初期神仏習合の実相を考察する。また併せて、その中に於ける八幡神の果たした役割も捉えたいと考える。

一、発生論の動向

冒頭でも述べたように、最近の新しい動向が出現する以前では、決して多くない発生論の内容が、ある側面からの考察が主になっていた。まずは発生論の動向を、従来の流れと最近の動向に分けて、回顧することから始める。

(一) 従来の流れ

戦前に於ける神仏習合の発生に関する論考は特に少ない。明治初頭の神仏分離を受けての時期であることとも関係して（当時のイデオロギーの傾向も含めて）、この問題に正面から取り組むこと自体に制約もあったことが考えられる。その中にあって、いくつかの論考はあるもの(1)の、内容的には、習合現象の始まりを求めるだけであったり、習合現象の進展そのものは史実として説きながら、その都度敬神の些かも衰えていないことを強調したり、神祇と仏教を対立関係に置き、強力な神祇に対して仏教側から接近を計ったものである等との主張が目立つ。いずれの論考も、その詳細な考察には教示されること多いといえども、時代的な制約を脱することが出来ず、残念ながら今日的な発生論研究の中に取り入れ得るものは少ない。やはり、このような面での研究は、戦後の研究成果を待たねばならなかった。

戦後に於ける発生論に関わる本格的な考究は、仏教受容の面から火蓋が切られたといえよう。その最初は竹田聴洲氏の論考であ(2)った。氏は当代の造像銘等を検討された結果、殆んど全ての像が所生父母・亡夫亡妻等の近親者の霊の追善回向を直接の目的として造像されており、併せて六親眷族・有縁無縁の衆生の現当二世の安楽と、七世父母の冥福が願われている。このように「七世父母」なる表現が、常に近親者の追善を直接契機としつつ、その上に顕わされているという形をとっている点に、わが国民俗信仰に於ける死霊と祖霊の関係と共通の論理が見出されることを指摘された。更に氏は、「元来仏教が祖先信仰と結合する如きは仏教本来の立場からいへば一の矛盾である」とされ、「之こそは仏教といふ新外来文化の受容に対して冥々の中にとられた当代人の選択的態度の一の表はれであつて、正史に掲げられ、従来聖徳太子を中心として考へられたとは又別な飛鳥白鳳仏教の一面である。所生乃至七世父母追善の思想そのものは確かに大陸に於て成立し発展したものであるが、仏教伝来間もなく彼地仏教の言をば特殊な面に逸早く関心を寄せて之を摂取した我国当代民衆の態度そのものは飽迄も日本のものである」（傍点は竹田氏）と述べられた（尚、氏はこの見解を数年後に刊行された著書(3)の中でも簡潔に述べておられる）。

　竹田氏の画期的な見解は注目を集めたが、更に広い立場からこれをも吸収して立論されたのが高取正男氏の論考(4)であった。氏は竹田氏の所論に対して、「飛鳥仏教の基底に伝来の祖先崇拝――祖霊信仰があったというだけに終り、七世父母という言葉を借りてでも祖霊というべきものを回想しようとする伝来の考え方と、仏法――本来的にはそういった族的世界を克服したところにある、超越的神性と普遍的ロゴスとを認識しようとする方向とが並存・癒着していたというだけでは、仏教受容という事態の本質に迫りえないのではなかろうか」（中略）「ここにおける祖先崇拝――祖霊信仰的考え方は、いかに濃厚に存在しているとしても、かつてそれ自身が単独に存在していた時代、族的世界に即自的に跼蹐していた前代の人々のものとは明らかに内容的に異っている。同じく常に祖霊を回想するという考え方をもっていて、祖霊を超える神性を認めない限り、こういった造像銘はあらわれる筈もないであろう。それ故、このようなことは、当代の仏教の基底をなす伝来の信仰といっても、それは内容的には決して固定したものではなく、それを継承してきた人々の神観念・宗教意識のうちに一つの飛躍があったことを物語っている」と批判されることから論を展開される。

まず、祖霊信仰とは「単なる精霊信仰というには多くの昇華を経ているが、一方にそれを克服しきっていないものによって支えられている」と規定され、古代国家の形成に向って、当初の族長達は、疾風怒濤の中で常に共同体員の先頭に立って、自ら家内奴隷制を樹立しつつ原始蒙昧を破って、凶悪な精霊を圧伏し、平野に広大な水田を開拓する強烈な霊能の保有者であったとされる。また、これら族長に宿る霊能は「時に怒り、あるいは哭き、また悪にさえ働きかねないけれども、彼等族長をこの世で最も怜悧ならしめる程に個性的で強烈であったために、その霊は族長の死後も墳墓に留められ、彼の後継者やそれに従う人々によって、生産の過程、戦いの最中に絶えず回想されるようになる。」「ともあれ、自らも強烈な霊能を保有し、同時に強力な死者霊を背景に共同体員に臨む族長の出現、ここに原始古代社会に広く分布する、人間を『神』に祀る習俗――死者礼拝と、人間が『神』の言行を代理する人神（Man-God）の信仰の起源が、草昧な自然力・精霊崇拝の中に、それを克服するものとして成立してくる」と述べられる。

しかし、四・五世紀の部民支配の拡大の時期に至ると、族長的支配の強化拡大が指向される。「他部族との烈しい抗争の中で、族長たちの死霊は部族を守る守護霊的なものに上昇するが、同時に族長支配が再生産される限り、不断に繰り返される被征服者との血縁擬制により、敵対者との対決は妥協に変り、一個の人格神として凝結・個体化して表象され、部族の守護神、更には部族の解体と共に地域社会の守護神にまで昇華する道を阻まれてしまう。」「彼等が自己の支配の危機に際して伝来の信仰を昂揚しようとすればする程、獲得し依存せねばならない彼等なりの普遍世界と、そこにおける法＝ロゴスの認識であったことは間違いない。従って、やがてそこには、そのようなロゴスの綜括体としてのある種の理念的な神性が、彼等にとっての窮極の守護者、更には救済者として祈求されるに至るであろう。ともあれ、五世紀から六世紀に至る迄に、族長達によって領導され、進行して行った如上の経緯は、明らかに伝来の信仰の発展である。従って高度の理念的所産たる仏という外来の神性も、このような方向――如上の宗教意識が更に展開し、より明確化する過程に、それなりの意味で族長達によって受容されたのではなかろうか」と述べられる。

以上、個性豊かな着想と文章を以って論を進められる高取氏の見解は、出来るだけ氏の文を多く引用した（無理な要約は却って氏の意とされる所を誤伝する恐れがある）ので長くなる結果となったが、大いに注目される仏教受容論であるといえよう。氏はこの論を踏まえて、更に別稿[5]で八世紀に於ける神仏習合の端緒を詳論される。

つまり氏は、八世紀に於ける神宮寺創建等にみられる習合現象と習合思想の展開を、「仏教の地方普及の進展によってひきおこされたもの」として重視される。即ち、この時期にあって、「中央の貴族はともかくとして、地方の豪族は特殊の家筋として在地に君臨し、一般民衆の間には原始的な精霊信仰が温存され、伝来の氏族生活における祖霊信仰と密接に結びついていた。そのため地方豪族が奉祀するにいたった『仏』はなによりも荒ぶる神を圧伏するものとして受容され、そのもつ教理的な問題はむしろ背後に隠れていたであろう。そこでは『神か仏か』といった教理上の対立は発生する余地はなかった。地方民間にあっては少しでも自覚的な信仰を抱こうとする中央の貴族や僧団とは事情を異にしており、（中略）『神は仏法によって救われようとする』という思想が仏教の地方普及とともに自然に語り出されたことの根拠をなす」と述べられるのである。

次に堀一郎氏の所論を紹介しよう。まず、「日本人は、あらゆる神仏の信仰解説に頭を傾けはしたが、遂にその一を執つて他を斥ける態度は採り得なかつた。而して信仰の伝道はいづれも成功してしかも、一色に固定せしめる事は出来なかつた[6]」と受容の姿勢を述べ、「聖明王献仏の当時、神祇祭祀の内容は著るしい変化と分化を来しており、祭祀的統摂が最早や現実の政治力としては甚だしく稀薄化せられざるを得ない状態に立到つてゐたと考へられるのであるが、しかもその深く長い伝統の力と、国民の生活的関心の強さの故に、一度びこの新しき宗教文化を受容するに際して、直ちにこれが祭祀的な面に於て受容せられた事は、仏教本来のあり方から云へば一種の逸脱であつたかも知れぬが、そこに国民の切実なる生活的欲求が、この新しい仏教に対しても適応されて来たことは認めなければならない」(7)と、先述の竹田氏や高取氏の所論にも通じる主張をされる。

仏教受容面からの考察として、もう一つ、堅田修氏の所論(8)を紹介しておく。氏は、我が国の重層的信仰（氏は、この重層的信仰を端的にいえば神仏習合の現象にはほかならないといわれる）の観点よりこの問題をとらえられ、『日本書紀』の仏教伝来記事に「蕃神」とあることを重視し、これが「となりのくにからきた神として、うけとめられたということは、実にまれびと神と同様にとらえられたと考えられる。百済は海の彼方の国である。海の彼方の国は、沖縄の海上楽土、ニライ・カナイと同様に、常世国とうけとられていた」と述べられる。続いて、仏教渡来以前にも「となりのくにからの神」が南方、北方より様々に入り混り、重なり合って重層信仰を形成したことを指摘され、我が国民が「外来の神を峻拒して相容れないというのではなく、また新来の神を受け容れ、まつるために、旧来の神々を棄て去るということなく、同化、あるいは換骨奪胎はあるとしても、互に並存せしめていくのである。（中略）このような重層的信仰は、四囲海という我が国の地理的環境が海の彼方に祖霊の国を観想させ、海上から訪れ来るものは、まさに祖霊、まれびと神として受け容れ、もてなしまつるという宗教的観念を醸成してきたところに、その形成の素因があるといえよう」と結ばれる。

これ以外に、森田康之助(9)・柴田実(10)・荒川久寿男(11)・古田紹欽(12)・薗田香勲(13)・井澤正裕(14)等の諸氏による示唆に富む論考もあるが、本章の立場から直接的に特筆する内容とはなっていない。

次に、神仏習合の発生を律令国家成立過程（国家仏教の成立過程）の観点から考究されたものを扱う。その中心をなすのは田村圓澄氏である。氏の考究は、以下に紹介する三つの論考により次第に成熟の域に達しようとされている。まず昭和三十七年に発表された論考に於いて[15]、国家（天皇）の仏教受容の過程を略述（この点に就いて翌年別の論考[16]で詳論される）された上、神祇と仏教は国家の扱いとして同格となったが、両者の異質性の存在に着目される。「こうして鎮護国家を荷負する仏は、日本の国土擁護に任ずることになるが、注意されるのは、日本の神を、迷える衆生の一人と見なし、仏の立場から、積極的な救済の必要が説かれたことである。すなわち、律令体制の公的制度において同列・同格である神と仏も、しかしその本質において、神の仏に対する依存、つまり仏の救済なくしては、神の安定がありえぬとされる。神前読経や神宮寺建立の思想的根拠は、神仏同格の理念にあるのではなく、この理念の破綻の結果にもとづいていた」とされ、また、「律令国家が、上から興隆せしめようとした仏教（官寺）と、地方の神々が下から求めた仏教（神宮寺）とは異質であったのである。神宮寺は、個々の神々の私的な救済に結びつくものであり、律令国家の擁護を直接の任務とするものではなかった。従って、国分寺建立に象徴される国家仏教の隆盛期を迎えても、神宮寺建立はなお盛んにおこなわれるが、しかし神々の私的な解脱救済のための神宮寺と、律令国家の公的な国分寺とは、相互に内面的な関連をもたなかった（傍点は田村氏）」と述べられる。更に、八世紀以降、神宮寺の数は増し、地域的にも広く普及するが、氏寺と異なり、地域的な農耕生活に密着している点を重視し、「中央・地方の貴族・豪族の私的な仏教――祖先崇拝を基調とする氏寺、および農耕生活の安定を庶幾する神宮寺――をふまえて、鎮護国家の仏教の華が開いたというべきであろう」と結ばれるのである。

氏は、以上の立論に基づきながら、昭和六十年の神道宗教学会公開講演に於いて[17]、一段と整理された形で発生論を展開された。ここで、欽明天皇が仏教を受容しなかったことは、蘇我氏の仏教信仰を認めたことであり、神仏習合の第一段階（神仏共存の段階）が踏み出されたとされ、物部氏が打倒されたことにより、共存の原則が具体化するととらえられる。続いて天武朝の国家仏教成立に至って第二段階たる神仏同格になると考え、伝来以来仏教興隆の主導権を握っていた蘇我氏の滅亡により、天皇家がその主導権を完全に掌中にしたと述べられる。そして先に紹介した所論の如く、八世紀に於ける習合現象は、この同格の理念が破綻するところに発生するとされるのである。

ここで再び高取氏が登場する。氏は、先に紹介した仏教の氏族による受容、地方普及の論旨に立脚して、「天皇の名による僧団統制は、推古三十二年の僧綱設置の際、鞍部徳積の俗人官僚が僧と並んで任命されていることに明瞭に示されているように、大化改新前後、天皇が伝来の族長的権威を背景に、全族長身分層を官僚貴族に組入れ、それを基礎に全国支配を完了し、又、それをなしとげようとしていた時期に、蘇我馬子のやり方が一段と高い意味で拡大され、僧尼は天皇に隷属する僧団に編成され、仏法が天皇という地上の唯一最高の権威の支柱になっていったことを示している。このように見れば、六・七世紀における仏教は、それが族長貴族たちによって受容された限りは、（中略）前代以来彼等が獲得してきた宗教意識のより一層の展開と明確化の上に立っていた」とされる。[18]

次に神道学の分野から安津素彦氏の論考[19]がある。これは先に紹介した田村氏の国家仏教成立過程論に関係しているもので、安津氏によると、仏教公伝当時の神道と仏教の間柄は全く没交渉の状態に置かれており、「機能を異にしている神仏の両者とは、比喩的に云へば同じ土俵に登つてゐないやうなものであるから、交渉・接触する訳はない」とされる。用明朝に至って公的性格をもった仏教は次第に「国の大事」に係わり合う宗教に昇華し、「皇極天皇の御代に至つて仏教は雨乞の行事に加はることによつて間接的に祈年祭という国の大事の一翼をはからずも荷負うこととなつた。ここに至つて神道と仏教とは初めて共通の目標に向つて協力する。云つてみれば、相互に共通の広場に出合ひ、将に従前は無関係に置かれてゐた両者が茲で相目見え、神仏習合への第一歩を踏み出した」と述べておられる。

続いて、神仏習合の発生を思想面から論じたものを紹介する。その中心は中井真孝氏の所論であろう[20]。氏はまず、「仏教興隆が民族宗教に与えた影響は、神仏の全面的な衝突でもなく、混淆でもなく、神祇祭祀を発展せしめた点にあって、ここにはじめて、神仏の並立もしくは競合の関係を看守する」とされ、その競合を成り立たせている基盤は旱魃・疫癘等の災難、病気等の個人的不幸からのがれるための神仏双方への祈禱儀法を用いたことにあると指摘される。続けて、我が国の「仏教受容は、仏教本来の教義を理解し、実践することはきわめて稀で、延命長寿・現世安穏・五穀豊穣の祈願、祖先・死霊の追善などの形態をとり、神祇信仰とその宗教基盤を同じくした。（中略）またそうすることが仏教浸透の捷径であった」と、従来の諸説を確認し、「固有の宗教基盤の上に仏教が受容されたとき、古代人は神祇信仰よりすぐれた、一段と高度な呪術的魅力を仏教の中に見出したであろうといわれている。したがって神祇に対して一層の呪術的効果を期待すべく、従来の伝統的宗儀にかえて、仏教の宗儀を神祇にたむけることもありえるのではないか。八世紀も中葉になると、仏教の浸透はようやく普遍的となり、『神』『仏』両信仰の並立・競合の実を積み重ねるにしたがい、まずは宗儀の援用という形で神仏習合の端緒があらわれるのである」と述べられる。

更に氏は、大仏造立に関係する八幡神の一連の動きに対し、「神は仏法を悦び受く」という考え方より、「神は仏法を尊び護る」という経典に説く護法善神の教理による新たな観念が生み出されてくるが、これを、宮廷祭儀に於いて僧俗混在を忌避する神仏隔離の思想（伊勢神宮に於いても出てくる）への反論として出てくるところに留意される。「こうした神仏隔離の動きの背景には、『神道』と仏教の混淆が急速に進行する傾向に対して、伝統的な神祇信仰の形態と不可侵性を墨守しようとする、一種の『排仏』運動の勃発をよみとることができる。これは歴史的に強大な勢力を有した神社とその信仰圏に顕著であったと思われる。したがって別な観点から逆説すれば、神仏習合の思想は、国家の神祇祭祀の主流をなす『中央神』に相対する『地方神』において展開したといえるのではなかろうか」。この地方の社会では「疫病流行や天変地異、水旱不順や五穀不登など、いわば不可抗力な自然の暴威の根源を、神の忿りや祟りにもとめた伝統的な思想に対して、そのような災害は、神が宿業によって神の身（『神道』の報い）をうけたことの苦悩の現われであるとし、神もまた迷える衆生のひとりだとする仏教の見地から、神の苦悩をやわらげ、神身を離脱せしめるには、仏法による功徳を施さねばならず、神もまた仏法を悦び受くと考えられるにいたった」として、地方より神身離脱の思想による神仏習合が始まったことを説かれる。そして氏は、最終的に、神祇へ仏教宗儀を援用することに端を発した神仏習合は、一部に神仏隔離の動きをもたらせたが、仏教者側は、一方で護法善神の習合理論を以って駁し、他方では神身離脱の思想を以って、神仏習合を一層広めたと論じられる。

また、広い意味でこの分野に属するものとして、竹園賢了氏の論考[21]がある。氏は習合の動機として、①国民宗教として組織された神道では天皇が最高の祭司となったが、天皇は他の貴族と同様に仏教を熱心に信仰されたので、両宗教に就いて二者択一の態度をとれなかったこと。②中国で仏教が国家的に栄えたのは、国家の利福の祈願と死者の追福の儀礼としてであったこと。③そのような仏教儀礼が日本固有宗教の祈願と祖先儀礼とに完全に一致したこと。④印度固有の神である諸天は日本固有の神に相応すると日本人が考えたこと。⑤仏教は他宗教を排斥するような唯一神教でなかったこと――以上五点を挙げて論じておられる。

この分野では、他に笠井昌昭氏の所論[22]があり、神身離脱思想に関して、「飢饉や災害をもって神の祟りとし、その祟りは神が冥界に迷って苦しんでいることにあるとみなして、仏法をもってその神を救うことによって祟りを鎮め、民心を安んじようとする意図の働いていることが知られる。ここには在来の神祭りによってはもはや災害（神の祟り）を救うことはできず、仏教によって潤色された神祭りによってこそ人心を安んずることができる、とする新しい主張がみられる」と述べられていることが注目されよう。

以上の分類に入りにくいものを、ここで取り扱っておく。まず村山修一氏であるが、周知の如く、氏は神仏習合に就いて最も多くの論文や著書を発表してこられた方であるが、発生論に関しては本格的に扱ったものが見当らない。仏教そのものが理論的にではなく、優れた人格体を通じて直観的に受容され、相異なる宗教が、何ら衝突することなく、共存し得たのは、在来の神祇信仰がもつ多神教的性格と現世祈願的要素に基づくものであるからであり、習合現象の最大の素地は実にここにあるとされる[23]に留まっておられる。

また、中野幡能氏は八幡神の発生と関係させて原始神道と仏教の融合を論じられた[24]が、この中で、「少くとも五～六世紀の頃豊国に於ては氏族の司祭者とそのもつ原始神道と仏教が融合している事実がみられる」と指摘されていることは重要である。

最後に、これまでに登場した多くの方々が、発生論の上で、仏教徒による山岳修行及びその修行者の地方遊行を極めて重要なるものとしながら、共にわずかずつ触れておられることは、大いに注目されると共に、本格的に追求されなかったことが残念でもある（後述の如く、私はこれを極めて重視する）。以下にそれらを簡単に紹介しておく。

竹田氏は山と仏教との密接な関係（祖霊信仰と仏教の融合）を重視され[25]、高取氏は仏教の地方普及と習合を実地に推進したものとして、「民間遊行の僧侶や持経者」達の果たした役割を重視される[26]。堀氏も、封鎖的な小局地的信仰集団の間を幾度か来往し、或は土着した遊行的信仰伝達者として重視され[27]、村山氏もまた、仏教徒の山岳修行によって得られた呪力を重視し、民間での習合現象に遊行僧の活躍が無視出来ないものとされている[28]。更に中井氏も、習合思想が地域社会に定着をみせる要因として、一に地方民間に仏教が浸透し、従来の神祇信仰と並んで人々の精神生活に不可欠の存在となったこと、二に習合思想を説く僧が民間を周遊したことにあるとされる。[29]

尚、これらとは別に、薗田香融氏が、奈良時代を中心とした仏教徒による山岳修行の実態を、吉野比蘇山寺に於ける自然智宗の成立を例として論じられた[30]ことは貴重である。

(二)　最近の動向

『論集奈良仏教』全五巻が発刊されたのは記憶に新しい。このシリーズは、各巻のテーマ毎にこれまでの主要論文を再録し、最後に編集者が研究史の回顧と展望を述べるという編集方針である。第四巻が「神々と奈良仏教」で所謂神仏習合の問題であり、編集者は曾根正人氏で、これまでの研究史を回顧（取り上げる論考に本章と異なるものもある）し、今後の課題として三点を指摘される。一に、「神々個々の信仰の在り方についての地道な分析」、二に、「仏教の側に立った仏教を主語とした神仏交渉へのアプローチ」、三に、「日本と同じく古くからの固有信仰と仏教との交渉が有った他の地域との比較」を主張され、「こうした広い視野から日本の神仏習合を見直す事は、なかなかに実り多い成果をもたらす可能性を蔵している」と結ばれた。[31]

曾根氏ご指摘の第三の課題に応えるかのように、吉田一彦・北條勝貴両氏による新しい視点からの論考が発表された。まず、吉田氏は、多度神宮寺を取り上げながら中国の神仏習合の受容を論じられる。つまり、神仏習合は日本文化史・日本宗教史の特質の一つではなく、「在来の神々と外来の仏教との習合も、すでに中国において広く展開していた」。それを受容したのが日本の神仏習合であると、これまでの研究動向に強く注意を喚起された。その上で「大切なのは両者を比較して、また朝鮮半島のそれとも比較して、同一性と差異とを明らかにすること」を強調され、「日本古代の神仏習合には見られるが、中国には見られないもの」として、「神宮寺・神願寺という呼称」、

「神に対する菩薩号の付与」、「神もしくは神社に対する度者の付与」の三点を指摘された[32]。まことに鋭く拝聴するべきご指摘といえよう。

吉田氏とは少々異なるニュアンスで論じられるのが北條氏である。氏の特徴は、縄文時代から平安時代に至る宗教文化と流れが、「渡来系文化」と「自然環境」という二つのキーワードを縦糸と横糸にして考察される点であろう。「その後平安朝期に至るまで、渡来系の宗教文化が列島のそれに与えた影響の巨大さには計り知れないものがある。六～七世紀に伝播した仏教や道教・陰陽道は、古代国家の展開と並行した大規模開発に協力して、神祇的な共同体的規制を相対化する役割を果した。かかる神祇への圧迫はやがて神仏習合の素地を醸成し、中国的論理の受容を経て、日本的シンクレティズムの表層を形づくっていく」と述べられる[33]。この総論的な見解を、氏は一方で各論的な論考により裏付けていこうとされており、その一部は既に発表されている。その中で、「今後は中国的言説の受容について、政治・経済・社会構造と関連させつつ総合的に把握してゆく必要」として、神身離脱・護法善神二形式の成立に就いて考察された[34]。以下の続編的論考の早い発表が望まれる。

これらのご指摘は、今後の研究を方向づける貴重な研究であることはいうまでもない。しかし、本章ではそこまで手をのばす余裕をもたない。従って、これらのご指摘も念頭に置きながらも、従来の流れを踏まえた論として（私の旧稿を踏まえたものとして）、「日本の場合」の初期神仏習合を考えていくことにする。

(三)　問題の所在

神仏習合の発生に関わる主な論考が、悉く昭和二十年代から三十年代に集中的に発表されていることは、まず興味を引く現象である。これは逆にいうなら、戦前・戦中の時期が、如何にこのような問題と取り組むことが難しかったかを証明していることにもなろう。戦後の一連の成果の中で、高取・田村両氏の社会の下層部からの考察と国家仏教成立の立場からの考察が、まず目立つ。更に、思想面からの考察としては中井氏のものが注目される。

また、諸論考中、神道学・神道史の立場からのものが少なく、あっても強力なものがないことも注目される点である。ここには神仏習合の発生という学問上の問題自体が、歴史事情に大きく関わっていることを強く感じる。しかし、歴史的な感情は抜きにして、学問的に首肯出来るものは大いに認めねばならない。諸論考の内容そのものに就いて、まず冒頭にも触れた如く、それぞれの論考がある側面から発生に迫ろうとしていることが特徴となっている。学問上の進展過程として止むを得ないことであるが、この辺で総合的な考究が試みられて当然であろう。また、殆んどの論考が習合に至る原因的なものから八世紀の現象までを、一息に論じられていることも特徴をなしているが、ここは、〝発生〟と一口に言っても、何段階かに区分立てる必要を痛感するのである。

また、悉くの論考が、習合の端緒を八世紀の神宮寺の出現や大仏造立に関係した八幡神の動向に求めているが、果たしてこれでよいのかという問題がある。更に、仏教徒の山岳修行や修行僧の地方遊行に就いて、多くの方々が関心を示しつつ、考究しきっていないのは残念である。これは、ある意味で極めて重要な鍵を握っていると私は考えている。

このように諸先学の業績を回顧・分析してみると、神仏習合の発生論に就いて、今後の課題が自ずと導き出されてくる。発生論は今や総合的に進める段階に来ているということであろう。

具体的な課題としては、

① 習合の素地形成を必要な各面より追求すること。

② 習合の端緒をどこに求めるか。

③　発生期の習合現象をどのようにとらえるか。
④　発生期習合現象の特質を把握すること。
の四点を設定する。この課題に沿いながら以下に論を展開していく。

二、神仏習合の素地形成

神仏習合という現象が発生するには、仏教伝来以来の相当の時間経過の中で、単一ではなく、いくつかの面に於いて、徐々に素地が形成されていったと考えるべきであろう。

(一)　神祇・仏教両者の内容面より形成する素地

まず、固有の神祇と伝来の仏教がもつ内容に於いて、両者の習合に繋がる素地が見出せよう。これは従来屢々述べられて来たことであるが、それらをまとめておく。両者共他を排斥する一神教ではなく、多神教であるという共通点をもっていること。これは実に重要な要素であり、多角的に物事を摂取し、何事にも融通のきく解釈が出来る日本人にとって、両者間を接近させる素地の出発点となったと考えられよう。

また、仏教の中に諸天なるものが存在する。釈迦が仏教を開いて後、インド固有の神々を仏教の中に取り入れ、仏教守護の役割をそれぞれに課して諸天とした。仏教伝来後、我が国に於いて、これら諸天は日本固有の神々に相応すると考えるようになっていくこと。仏教を教義的理解を通してではなく、固有信仰にもある呪術的・現世祈願的なものに期待する形で受け容れ、仏教の一段と高度な呪術に影響されることが大きくなっていく。この点は特に中井氏が強調されている[35]ことは既に述べた。仏教のこのような直観的理解は、仏教のもつ外見面の相違が神祇信仰にも影響を及ぼすこととなり、人格神の登場や神社に社殿が建てられる等の現象をみるに至る。[36]

こういった事柄が、両者の接近・習合に至る一つの素地を形成することは、これ以上多言の要もなかろう。

(二)　仏教受容面より形成する素地

次に考えられるのが仏教受容の面から形成される素地であり、これは戦後史学の開拓に負う所が極めて大きい。ここで扱う受容面より形成する素地は民間に限定し、国家としての受容に関しては次項目で取り扱う。

(一)の項目でも述べた如く、我が国の風土及び国民が、一を執って他を排するような厳しい思想・感情を示さず、包容力をもって外来文化を摂取した姿勢は、仏教受容に於いても強く根底にあったことを念頭に置かねばならない。竹田氏による、仏教本来の立場からして一つの矛盾ではあるが、祖先崇拝と結合して仏教が受容されたとの指摘、[37]これと大いに関係して、堀氏が仏教を祭祀的な面に於いて受容したと指摘されたこと[38]（これも仏教本来からすれば一種の逸脱であるが、国民の切実な生活的欲求によるとされる。また、これは(一)の項目で述べた呪術的なものとして受け取られたこととも関連する）、堅田氏の、海上から訪れ来るものは、まさに祖霊、「まれびと神」として受容し、もてなし祀ったことの指摘等は、[39]いずれも習合の素地を形成していくと考えて差し支えなかろう。

さて次に、このような受容面からくる素地を、社会構造面から鋭く追究された高取氏の所論が大いに注目されねばならない。我が国の仏教が、ともあれ氏族社会に受け容れられたことに始まる事実は、大方の周知するところである。ここに着目され、氏族社会の推移の中に、固有の神祇信仰の上に仏教をも受容していく必然性を考究された高取氏の所論は、卓抜性に豊んでいるといえよう。四・五・六世紀はまさに氏族間の抗争が激化した時期であり、豪族達の支配が再編成を繰り返していく。この中に本来の氏族の守護神が新たに編入された被支配者に対して従前の如き威力を発揮できない。いわば支配の上で危機的状況に迫られた豪族達には、ここに普遍的神性として仏教を受容する基盤が出来ていったとされる指摘(40)は貴重である。

また氏は、仏教の地方普及が地方豪族によってまず受け容れられ、一般大衆はこれら地方豪族を通して間接的に仏教を受容していったことを述べられる。その中で、仏は何よりも荒ぶる神を鎮めるものとして受容され、大衆の間に「神も仏もない」という意識を培い、やがて、習合現象が地方を舞台に起る基盤が成立していったことを指摘されたことも(41)、極めて重要である。

かくの如く、仏教受容面から形成される素地は、以上の諸先学を中心とした諸説の中に考究され尽くしている感があり、新たな見解が入り込む余地は殆んどないといってよかろう。従って、ここは諸先学の諸説を総合することに留めてよいと考える。

(三)　国家の宗教政策より形成する素地

続いて、国家の宗教政策より形成する素地が考えられよう。この点に就いては、まず国家仏教の成立が焦点となる。その成立過程は田村氏の所論(42)に妥当性を認め得ることが出来る。同氏によると、欽明天皇が天皇の立場として仏教を受容しなかったことは、蘇我氏に仏教を認めたことを意味し、神仏共存の道を開いた（素地としての第一段階）とされ、その後、用明天皇・舒明天皇と次第に仏教を受け容れる方向に進み、天武天皇に至って、『金光明経』・『仁王経』等鎮護国家の経典を重視し、公的な立場に於いて受容する。つまり国家仏教として成立し、ここに神仏は同格となるに至った（素地として第二段階）。神仏同格への道筋は律令国家の成立過程と共にあったとされる所説(43)は、大いに首肯されよう。

ただここで、天皇（国家）による仏教の公的受容が、田村氏によれば鎮護国家の思想面による説明となっているが、そこに至る背景的な考察を求めてもよい。これを満たしてくれるのが高取氏の所論であり、先述の氏族社会が仏教受容に向った「宗教意識のより一層の展開と明確化の上に立っていた」(44)とされたことも併せて首肯するべきであろう。

神仏同格を打ち出した国家は、〝国の大事〟に際して、神祇・仏教の双方に祈願することになる。その様相は、国史の宗教関係記事を手当り次第に拾い上げていくとき、明瞭に跡付けられる。これに就いて、私が過去に考察したものから要点を述べておこう。(45)

〝国の大事〟に際しての祈願とは、具体的にどのような場合かというに、①自然の災害に関する祈り（雨乞が最も多く、地震・火山の噴火・落雷等）、②病気に関する祈り（流行病・個人の疾病）、③人災に関する祈り（火事・盗賊）、④国家の重要事業推進に関する祈り、の四項目にまとまるが、中でも最も重要な位置にあるのは、自然災害に関する祈り、就中雨乞であり、病気に関するものとなっている。

次に祈願の対象としての場所・範囲であるが、ⓐ内裏で行なう場合、ⓑ京内の社寺で行なう場合、ⓒ五畿内の社寺で行なう場合、ⓓ五畿七道諸国の社寺で行なう場合、ⓔ全く特定な社寺または名山大川で行なう場合、の五項目にまとまり、京内と五畿内で行なわれる場合が最も多い。

勿論、これら全てが神事・仏事の併用で行なわれているわけではない。神社だけで（神事だけで）行なう場合、寺院だけで（仏事だけで）行なう場合、両者共に（神事・仏事の両様で）行なう場合と、三通りがある。記事内容をよく検討すると、神仏同格といっても、記事の数量の上で、記事の記載方法の上で、若干神事によるものの方が優位に立っている。これは伝統的な神祇信仰の重みからして認め得るところであろう。要するに、国家として、本来の神祇を尊ぶ姿勢に加えて、仏教をも広く祈願の対象にしたことに意味がある。このような動向の中で、神仏習合の一つの素地が形成されていくと考えてよかろう。

㈣　仏教徒の山岳修行より形成する素地

更に、もう一つの重要なる素地形成の分野として、仏教徒による山岳修行に就いて考察しておかなければならない。わが国に於いて、仏教徒が山岳修行を行なうようになったのはいつ頃であるのか。史料の上で明確を期し難いが、『日本書紀』孝徳天皇即位前紀に古人大兄皇子が「臣願出家入二于吉野一。勤二修仏道一奉レ祐二天皇一」と、落飾され吉野山に入られた様子が語られており、『書紀』天智天皇十年十月壬午条にも皇太弟大海人皇子が「請下之二吉野一脩中行仏道上」われて許されたことが記されている。この二人の吉野入りが吉野宮を指すのか吉野寺（比蘇山寺）を指すのか説の分れるところであるが、いずれにしても孝徳～天智朝（六四五～六七一）には、吉野山を中心とした山岳に於いて仏道修行がかなり盛んであったことを物語っている。古江亮仁氏によれば、聖徳太子の頃には仏教徒の山岳修行はまだ許されていなかったと指摘しておられる。(46) そもそも仏教徒による山岳修行の契機は、仏教経典による修行方法が理解され始めたことと、中国に於ける修行の実態（道教の神仙思想による高山・深山に居する風潮）が伝わったことにあると考えられるが、このような報告をもたらしたのは留学僧達の帰朝によるだろう。彼等の帰朝は大化前後の時期であり、先の『書紀』の記事とも併せ考えるとき、我が国に於ける仏教徒の山岳修行は大化改新直後（七世紀半ば）頃から始まったと考えるのが自然であろう。

七世紀後半から奈良時代にかけての仏教徒による山岳修行の概観は既に別稿(47)で述べたので、ここでは要点のみを記すに留める。先述の如く、七世紀半ば頃から始まったと考えられる仏教徒の山岳修行は、日を追って盛んになっていったようである。後の養老『僧尼令』では、官僧の山岳修行に厳しい統制が加えられている。この規定は既に大宝『僧尼令』にあったものと考えられるから、大宝令の制定（大宝元年・七〇一）の頃には、国家としても放置出来ない状況にあったのであろう。しかし、官僧による山岳修行が厳しく統制されているとはいえ、一定の目標をもち一定の手続きを踏んだ修行まで禁じているのではない。就中、皇室・貴族社会の呪術的欲求に接近し得る道が、仏法による呪の保持者となるしかないと規定されれば、ここに却って山岳修行を助長する一面があった。国家に強く保護され、学解中心の国家仏教にも呪術は必要であり、山居して修行を重ねる官僧の多く輩出したことは、蓋し当然といえよう。比蘇山寺に於いて自然智宗に関係した神叡・尊応・勝悟・護命・道璿・徳一等、(48)室生山寺に於ける賢璟・修円等(49)はその典型的な事例であり、彼等が奈良仏教に果たした役割を考えるとき、官僧による山岳修行のもつ意味と当時の山岳寺院の存在価値が計られるであろう。

仏教徒による山岳修行は官僧だけではなかった。苦修練行する優婆塞・禅師等民間の修行者も仏教呪法（孔雀明王・薬師・観音等の呪法）を身につけ、庶民の要請に応えては加持祈禱・卜占等を行なっていたのである。山岳修行は当初吉野山が中心であり、ここには早くから存在した原始山岳信仰を基礎に置きつつ、雑密・道教等の信仰が混合して、所謂原始修験道が形成していた。七世紀後半から奈良時代頃の吉野山は、官僧・民間の修行者が入り混っての修行の場であった。やがて吉野山に限らず、このような修行は地方の各名山にも及び、官僧の場合は一定期間の修行を終えると官寺に戻っていくが、多くの民間修行者は入山修行と地方遊行を繰り返すのである――後の項と関連して、この点は特に注意しておく必要がある。

このように仏教徒による山岳修行が盛行していくとき、彼等が山に鎮まる神々や諸霊を避けて通るわけにはいかなかった。彼等はまず、神々や諸霊を祈り祀って、その協力を得ることによって、初めて自らの修行を可能とすることが出来たであろう。従って、仏教徒の山岳修行を通じて、神仏の接近はおろか、極めて自然な形で、どの面よりも先んじて神仏習合の端緒を開いていたのである。仏教徒による山岳修行が、如何に重要な習合の素地を形成したかが了解されるであろう。

三、習合現象の発生

以上、四つの側面から神仏習合の素地形成を考えてきたが、これらは仏教伝来後、時間をかけながら徐々に形成されていって、やがて習合という現象に至るのである。この項では発生期（ほぼ九世紀頃まで）の主たる習合現象を考察する。

㈠　習合の端緒

これまでの諸先学は、悉く習合の端緒を八世紀の神宮寺の創建・神前読経・大仏造立をめぐる八幡神の動向に求めている。しかし、これはあまりにも文献上に現われる現象に視点が奪われた結果といえよう。先述の素地形成の一つとして考察した仏教徒による山岳修行そのものの中で既に起っているのである。従って、習合の端緒は、七世紀後半の山中に求めるべきであろう。

㈡　神宮寺の出現と分布

このような端緒を受けて、歴史の表面を華々しく彩る奈良の諸官寺とは対照的に、地方から登場してくるのが各地の神宮寺である。まずは諸文献に散見する初期（九世紀まで）神宮寺の事例を次表にまとめてみることから始めよう。ここに登場する神宮寺の中には創建年次の不明確なものも多いが、表中の順位は、一応文献に出てくる創建年代を記載し、その順に従うものとした。

（図表9）初期神宮寺事例一覧表

世紀	神宮寺名	創建時期	所属国名	所収文献名
7	三谷寺	天智朝（六六二～六七一）	備後	『日本霊異記』上・第七縁
	気比神宮寺	霊亀元年（七一五）	越前	『家伝』下「武智麻呂伝」
	若狭比古神願寺	養老年中（七一七～七二三）	若狭	『類聚国史』巻一八〇・天長六年三月乙未条
	宇佐八幡神宮寺（宇佐弥勒寺）	神亀二年（七二五）	豊前	『宇佐八幡宮弥勒寺建立縁起』、『八幡宇佐宮御託宣集』巻五・巻六
	松浦神宮弥勒知識寺	天平十七年（七四五）	肥前	『類聚三代格』巻三
	鹿島神宮寺	天平勝宝年中（七四九～七五六）	常陸	『類聚三代格』巻二
	住吉神宮寺	天平宝字二年（七五八）	摂津	『住吉松葉大記』巻一〇・勘文部「神宮寺之事」条、『古今著聞集』巻一・神祇第五条
	多度神宮寺	天平宝字七年（七六三）	伊勢	『多度神宮寺伽藍縁起幷資材帳』
	伊勢大神宮寺	天平神護二年頃（七六六頃）	伊勢	『続日本紀』天平神護二年七月丙子条、『太神宮諸雑事記』神護景雲元年十月三日条
8	八幡比売神宮寺	神護景雲元年（七六七）	豊前	『続日本紀』神護景雲元年九月乙丑条
	高良神宮寺（弥勒寺）	奈良時代後半	筑後	『高良縁起』（『諸縁起』〈『石清水八幡宮史料叢書』二所収〉の内、山岳宗教史研究叢書18『修験道史料集』II所収）

	陀我大神（三上神社）神宮寺	宝亀年中（七七〇～七八〇）	近江	『日本霊異記』下・第二四縁
	補陀洛山神宮寺（二荒山神宮寺・中禅寺）	延暦三年（七八四）	下野	『沙門勝道歴山水瑩玄珠碑』（『遍照発揮性霊集』巻二所収）
	日吉神宮寺	延暦四年（七八五）	近江	『叡山大師伝』延暦四年条
	三輪神宮寺（三輪寺・大神寺）	延暦七年以前（七八八以前）	大和	『延暦僧録』第二・沙門釈浄三菩薩伝、『今昔物語集』巻二〇・第四一話
	高雄神願寺（神護寺）	延暦年中（七八二～八〇五）	山城	『類聚三代格』巻二
	賀春神宮寺（法華院）	延暦年中（七八二～八〇五）	豊前	『続日本後紀』承和四年十二月庚子条
9	竈門山寺（大山寺）	延暦二十二年（八〇三）	筑前	『叡山大師伝』延暦二十二年閏十月二十三日条
	賀茂神宮寺	天長年中（八二四～八三三）	山城	『続日本後紀』天長十年十二月癸未朔条
	熱田神宮寺	承和十四年以前（八四七以前）	尾張	『熱田神宮文書』（『平安遺文』八三号）
	気多神宮寺	斉衡二年以前（八五五以前）	能登	『日本文徳天皇実録』斉衡二年五月辛亥条
	奥嶋神宮寺	貞観七年（八六五）	近江	『日本三代実録』貞観七年四月二日条
	石上神宮寺	貞観八年（八六六）	大和	『日本三代実録』貞観八年正月二十五日条
	石清水八幡神宮寺（護国寺）	貞観年間（八五九～八七六）	山城	『石清水八幡宮護国寺略記』（『群書類従』神祇部所収）・『石清水八幡宮末社記』（『石清水八幡宮史』寺塔編所収）
	出羽国神宮寺	仁和元年（八八五）	出羽	『日本三代実録』仁和元年十一月二十一日条

以上、主要なものを表示した。最初の三谷寺に就いては〝神宮寺〟なる呼称を用いていないが、『霊異記』の記事内容からすれば神宮寺とみてよい。もしこの記事が史実として認め得るならば、七世紀に神宮寺が存在したことになる。また、七世紀末の問題としては、『続日本紀』文武天皇二年（六九八）十二月二十九日条に「遷二多気大神宮寺于度会郡一」とあり、この文を文字通りに解釈すると多気大神宮寺が既に七世紀に於いて存在していたことになる。しかし、この記事に対しては「多気大神宮寺」の「寺」の字が誤記であるとする説が多く[50]、記事内容を俄に信ずるわけにはいかない。

要するに、大体に於いて、神宮寺の出現は奈良時代と考えてよい。従って、本章で取り扱う初期神宮寺は、八世紀から九世紀に於けるものと規定していきたい。

さて、以上の初期神宮寺の事例をみるとき、その分布上の特徴が極めて明確に認められる。つまり、八世紀に於いては、越前・若狭・豊前・肥前・常陸・摂津・伊勢・筑後・近江・下野・大和・山城と、すべて地方である（大和が一回出てくるが、三輪神宮寺であり、京外である）。九世紀に於いても、筑前・山城・尾張・能登・近江・大和・出羽というふうに、ここでもすべて分布は地方である（山城というのが二回出てくるが、賀茂神宮寺と石清水八幡神宮寺であるから京外である）。

かくの如く、神宮寺の出現は（事例を通してみる限り）すべて地方からであるということに注目しなければならない。このことは、神宮寺出現の背景に、地方の事情が少なからず関係していることを示唆せしめる。

四、創建事情に見る特徴

そこで問題となるのは、これら初期神宮寺の創建事情であろう。先の事例中、文献に僅かなりとも創建事情を語る記事が伴うものに就いて、見ていくことにしたい（表の順に従う）。

気比神宮寺に関しては、『武智麿伝』（『家伝』下巻）に、

公嘗夢遇二一奇人一、容貌非レ常、語曰、公愛二慕仏法一、人神共知、幸為レ吾造レ寺、助二済吾願一、吾因二宿業一、為レ神固久、今欲レ帰二依仏道一、修二行福業一、不レ得二因縁一、故来告レ之、公疑二是気比神一、欲レ答不レ能而覚也、仍祈曰、神人道別、隠顕不レ同、未レ知二昨夜夢中奇人一、是誰者、神若示レ験、必為樹レ寺、於レ是神取二優婆塞久米勝足一、置二高木末一、因称二其験一、公仍知レ実、遂樹二一寺一、今在二越前国一神宮寺是也、

とある。武智麿の夢中に現われた気比神が、宿業によって神となっているという苦悩を訴え、仏道による救済を求めた。そこで武智麿は、気比神のために神宮寺を建立したと記している。尚、これに関係した仏教徒は優婆塞久米勝足であることも注目される。

若狭比古神願寺に就いては、『類聚国史』巻一八〇・天長六年（八二九）三月乙未条に、

若狭国比古神、以二和朝臣宅継一、為二神主一、宅継辞云、拠二検古記一、養老年中、疫癘屢発、病死者衆、水旱失レ時、年穀不レ稔、宅継曾祖赤麿、帰二心仏道一、練二身深山一、大神感レ之、化レ人語宣、此地是吾住処、我稟二神身一、苦悩甚深、思下帰二依仏法一、以免中神道上、無レ果二斯願一、致二災害一耳、汝能為レ吾修行者、赤麿即建二道場一、造二仏像一、号曰二神願寺一、為二大神一修行、厥後年穀豊登、人无二天死一云々、

とある。これによると若狭比古神は神であることそのものが深く大きな苦悩であり、しかもその苦悩は、疫癘の流行・水旱の不順となって示され、神を救済することはその地域住民全体の救済に結びつくものとしてとらえられている。この神の苦悩を救うために和朝臣赤麿は若狭比古神願寺を建立し、それ以後穀物は豊かに稔り、疫病の流行もやんで死する人もなくなったという。赤麿は大倭氏とも称し、この地方の豪族であると共に仏道に帰し深山で修

行したと記されていることも、注目すべきである。

宇佐八幡神宮寺に就いては、第三編第一章で詳論したのでここでは省略する。

鹿島神宮寺に関するものとしては、嘉祥三年（八五〇）八月五日付太政官符（『類聚三代格』巻二・年分度者所収）に、承和三年（八三六）六月十五日付太政官符を引いたあとに続けて、

去天平勝宝年中、修行僧満願、到二来此部一、為レ神発願、始建二件寺一、奉レ写二大般若経六百巻一、図二画仏像一、住持八箇年、神以感応、（下略）

とある。創建事情は文中に求めることは出来ないが、創建者は修行僧満願であることが確認出来る。

住吉神宮寺に就いては、『住吉松葉大記』巻第一〇・勘文部「神宮寺之事」条に、

孝謙天皇天平宝字二年戊戌年依二霊告一経二始之一本尊者薬師如来十二神将四大天王、

とあるのみで、「天平宝字二年」（七五八）という年代が見られるのはよいとしても、「依二霊告一」という最も重要な部分の内容がわからない。しかし、これを幾分か補ってくれるものとして、『古今著聞集』巻一・神祇第五条に、

住吉は四所おはします一御所は高貴徳王大菩薩紫龍御託宣にいはく我是兜率天内高貴徳王菩薩也為レ鎮二護国家一垂二跡於当朝墨江辺一松林下久送二風霜一時有レ受二苦身一当二北方一有二一勝地一願奏二達公家一建二立伽藍一転二法輪一云々これによりて神宮寺をは建立せられける也、

という一文がある。ここに見る住吉大神の託宣を、そのまま解釈したのでは混乱を招く。つまり、託宣の前半部は『著聞集』成立時の思想である本地垂迹説からの説明であり、ここでは取り上げるべきではない。これに対し、後半部（引用文中の傍線を付した箇所）こそ重要である。この見極めを確実につけるなら、後半部は、住吉大神が時に苦しみを受け、北方に一勝地あることを知り、願くば公家に奏達して（ただし、「願奏二達公家一」の部分は後世流の解

釈が混入していると考えられる。本来は当地の豪族津守氏に訴えてという意味あいであっただろう）一伽藍を建立し、法輪を転ぜんという意であり、これはまさに後述する初期の神仏習合思想にほかならない。従って、勘文にいう「依二霊告一」とは、この思想に基づく託宣を意味するものであると解することが出来る。また、このように解することによって勘文中の「天平宝字二年」という年代も妥当性をもつであろう(51)。

多度神宮寺に就いては、『多度神宮寺伽藍縁起幷資財帳』があり、神宮寺の創建を考察する上に最も充実した史料といえよう。それによると、

以二去天平宝字七年歳次癸卯十二月庚戌朔廿日丙辰一、神社以東有レ井、於二道場一満願禅師居住、敬二造阿弥陀丈六一、于レ時在レ人、託レ神云、我多度神也、吾経二久劫一、作二重罪業一、受二神道報一、今冀永為レ離二神身一、欲レ帰二依三宝一、如レ是託訖、雖レ忍数遍、猶弥託云々、於レ玆満願禅師、神坐山南辺伐掃、造二立小堂及神御像一、号称二多度大菩薩一、次当郡主帳外従七位下水取月足、銅鐘鋳造、幷鐘台儲奉レ施、次美濃国近士県主新麿、三重塔奉レ起、次宝亀十一年十一月十三日、朝庭使下令二四人一得度上、次大僧都賢璟大徳、三重塔起造既畢、次天応元年十二月、始私度沙弥法教、引二導伊勢、美濃、尾張、志摩幷四国道俗知識等一、造二立法堂幷僧房大衆湯屋一、

（中略）

伏願、私度沙弥法教幷道俗知識等、頃年之間、構二造法堂、僧房、大衆湯屋一、種々所レ修功徳先用、廻二施於多度大神一一切神等増二益威光一、永隆二仏教一、風雨順レ序、五穀豊稔、速截二業網一、同致二菩提一、次願、聖朝文武、撃水滞善、動乾坤誓、千代平朝、万葉常君、次願、遠近有縁知識、四恩済挺、塵籠共方方覚者、現在法侶等、同蒙二利益一、遂会界外輪際有頂、早離二閻浮一、倶奉二極楽一、

延暦二十年十一月三日　　願主沙弥法教

とある。やはりここでも、多度神は宿世の罪業により神身を受けたことで苦悩しており、風雨の異例や五穀不登がそれを象徴している。多度神の託宣により満願禅師が神宮寺（小堂及び神像造立）を建立し、水取月足による銅鐘鋳造及び鐘台の設置、美濃国近士県主新麿による三重塔建立（二基の塔のうち一基め）、続いて大僧都賢璟による三重塔（二基め）建立、沙弥法教が伊勢・美濃・尾張・志摩四国の道俗知識等を率いて法堂・僧房・大衆湯屋を造立したという。このようにして多度神宮寺の伽藍が整えられることによって、多度神の威光は増し、「風雨順序、五穀豊稔」が期待されたのである。

多度神宮寺の創建に関係した人物であるが、まず満願禅師がいる。これは先の鹿島神宮寺の所で出てきた「修行僧満願」と同一人物であると考えられる。「修行僧」とか「禅師」と記しているところより山岳修行によって呪力を身につけた仏教徒であったらしい。賢璟は山岳修行の経験をもち、興福寺僧で南都教学の権威であり、室生山寺の創建者でもある。(52)また彼は尾張出身で「尾張大僧都」ともいわれ、郷里尾張を中心に在地性を豊かに有していたことも指摘されている。(53)沙弥法教は、やはり山岳修行者であり民衆の中に広く活動していた仏教徒であろうと考えられる。このほか、水取月足、新麿といった地方の有力者、地域の多くの民衆も参加していることも注目されよう。

伊勢大神宮寺に就いては、文献の上に直接創建事情を語るものはない。(54)しかし、当神宮寺が創建されたといわれる天平神護二年（七六六）頃以前に於いて、伊勢大神宮と仏教の密接な関係が始まっていた。つまり、表面的には聖武天皇の東大寺創建祈願を中心とした動きをもって知られるが、民間信仰の側より更に興味深いものがあった。それは、伊賀国種生の常楽寺に所蔵されている大般若経五九五巻のうち、巻五〇・九一・一八七の三巻であり、書写は天平宝字二年（七五八）十一月、沙弥道行を願主として行なわれたものである。(55)

第五〇巻の奥書には、

奉為神風仙大神
　願主　沙弥道行
　　書写　山君薩比等
　　　山泉古

とある。

これによると、伊勢大神と仏教との交渉は、伊勢大神宮寺創建前に於いて、沙弥道行を中心とした知識集団によって進められていたことがわかる。道行[56]もまた山岳修行者であった。山中で激しい雷鳴に遭遇し、生命も危険な状態であったが何とか無事であった。そのとき「何過当二遭天罰一」と考えた結果、雷鳴は天罰であり、天は「神風仙大神」つまり伊勢大神である[57]。この神がこれほどの恐怖を与えるのは、まさに神が神身に留まっているからであると考え、大神の救済のために大般若経の書写を発願したという。しかも大神の救済は、「為二神柱安穏雷電無レ駭、朝廷無事、人民寧之一」ということであり、国家と農耕社会の安定を意味している。

先にも記した如く、この史料は伊勢大神宮寺の創建事情を直接物語っているものではない。しかし、このような知識集団の動きが、神宮周辺にあったことの意味は重要であろう。

高良神宮寺に関しては、『高良縁起』（『諸縁起』〈『石清水八幡宮史料叢書』二所収〉の内、山岳宗教史研究叢書18『修験道史料集』IIにも所収されている）に、

爰及于第卅代主天国押開広庭命御宇、仏法初来、布行天朝、我在百八十□〔善脱カ〕神之中、依玄孫大臣物部大連之訴、于今未仏法、爰去正月十五日夜中、斗藪比丘偸攀来云、天下万法終帰仏海者也、当社明神豈独歯恨哉、即誦仁王般若偈句、吾今聴之、初発菩薩之心、新甞仏法之味、嗚呼□〔慟脱カ〕哉、外稟二季之祭祀、雖播神威、内薫三埶之

毒煙、叵避業道、若為我有志之人、建立精舎於此林、興行仏法於万代、

と見られ、高良神が仏法を悦び受け入れ、神身である故に受ける苦悩から救われんがために精舎の建立を求めているあたり、他の神宮寺建立の伝承に共通する。創建年代は特定出来ないが、奈良時代後半であることは動かないという[58]。

陀我大神（三上神社）神宮寺に就いては、これまでのものと比較すると若干事情を異にする。『日本霊異記』下巻「依レ妨二修行者一得二猴身一縁第廿四」によると、

近江国野州郡部内御上嶺有二神社一、名曰二陀我大神一、奉レ依二封六戸一、社辺有レ堂、白壁天皇御世、宝亀年中、其堂居住大安寺僧恵勝、暫頃修行時、夢人語言、為レ我読レ経、驚覚念怪、明日小白猴、現来言、住二此道場一而為レ我読二法華経一云、僧問言、汝誰耶、猴答言、我東天竺国大王也、彼国有二修行僧従者数千一、所二農業怠一、因我制言、従者莫レ多、其時我者、禁二従衆多一、不レ妨レ修レ道、雖レ不レ禁レ修レ道、因レ妨二従者一而成二罪報一、猶後往受二此獮猴身一、成二此社神一故、為レ脱二斯身一、居二住此堂一、為レ我読二法華経一、（中略）此僧念怪、随二獮猴語一、往告二檀越一曰、山階寺満預大法師、陳二猴訛語一、（中略）檀越曰僧、更作二七間堂一、信二彼陀我大神題名猴之語一、同入二知識一、而読二所レ願六巻抄一、并成二大神所レ願、然後乎、至二于願了一、都無二障難一（下略）

とある。近江国野洲郡の御上（三上）神社の神が、社の傍に住む恵勝の夢中に現われて、法華経の読誦を求めた。その理由を問うと、東天竺の大王が修行僧の従者の人数を制限したため、獮猴の身を受けて今は御上神社の祭神になっているのである。「為レ脱二斯身一、居二住此堂一、為レ我読二法華経一」といった。この神の願望は満預法師によってかなえられることになる。ここでも神の苦悩が、神宮寺を建立し法華経を読誦することによって除去される。ただ、ここの神は外来の神であり、獮猴身となっているところに特異性がある。

三輪神宮寺（三輪寺・大神寺）(59)に関しては『今昔物語集』巻二〇「高市中納言依㆓正直㆒感㆓天神㆒語第卅一」に、

今昔、持統天皇ト申ス女帝ノ御代ニ中納言大神ノ高市麿ト云フ人有ケリ。本ヨリ性心直クシテ心ニ智有ケリ。亦文ヲ学シテ諸道ニ明也ケリ。然レバ天皇此人ヲ以テ世ノ政ヲ任セ給ヘリ。此レニ依テ高市麿国ヲ治メ民ヲ哀ブ。而ル間、天皇諸司ニ勅シテ、猟ニ遊バム為ニ伊勢ノ国ニ行幸有ラムトシテ、速ニ其ノ儲ヲ可㆑営シト被㆑下ル。而ルニ其時三月ノ比也。高市麿奏シテ云ク。近来農業ノ比也、彼国ニ御行有ラバ必ズ民ノ煩ヒ无キニ非ズ。然レバ御行不㆑可㆑有ズト。天皇高市麿ノ言ニ随ヒ不㆑給ズシテ、猶御行可㆑有シト被㆑下ル。然レドモ高市麿猶重テ奏シテ云ク。猶此ノ御行可㆓止給㆒シ、今農業ノ盛也、田夫ノ愁ヘ多カルベシト。此レニ依テ遂ニ御行止ヌ。然レバ民喜ブ无㆓限リ㆒シ。或時ニハ天下旱魃セルニ、此高市麿、我ガ田ノ口ヲ塞テ水不㆑入ズシテ、百姓ノ田ニ水ヲ令㆑入ム。水ヲ人ニ施セルニ依テ、既ニ我ガ田焼ヌ。此様ニ我ガ身ヲ弃テ民ヲ哀ム心有ケリ。此レニ依テ天神感ヲ垂レ龍神雨ヲ降ス。但シ高市麿ノ田ノミニ雨降テ、余ノ人ノ田ニハ不㆓降ラ㆒ズ。此レ偏ニ実ノ心ヲ至セレバ、天此レヲ感ジテ守ヲ加フル故也。然レバ人ハ心直カルベシ。永ク横様ノ心ヲ不㆑可㆓仕フ㆒ズ。大和国城上ノ郡ニ三輪ト云フ郷ハ其ノ中納言ノ栖《スミカ》也。其家ヲバ寺ト成テ三輪寺ト云フ。其流ヲ以テ其社ノ司トシテ今ニ有トナム語リ伝ヘタルトヤ。

とあることが注目されよう。これによると、正直をもって天皇の信任が厚かった大神氏の高市麿は、農業に従事する民を憐れむ心が極めて深い人物であった。百姓の苦を救うためなら天皇の行幸も思いとどまらせ、自らの田を犠牲にしてまでも他人の田に水を入れてやる。この正直さと民を憐れむ心が天神（三輪の神）に通じ、神は高市麿の田にのみ雨を降らせた。高市麿は三輪郷にある自らの家を寺として奉ったという。ここに所謂三輪神宮寺の始まりがあるということになる。極めて説話めいているとはいえ、三輪郷を支配する大神氏の高市麿が自らの家を寺として大神神社に奉ったということは、三輪郷の安泰と五穀豊穣を願ってのことであろうと考えられる。

賀春神宮寺（法華院）に関して、『続日本後紀』承和四年（八三七）十二月庚子条に、

大宰府言、管豊前国田河郡香春岑神、辛国息長大姫大目命、忍骨命、豊比咩命、惣是三社。元来是石山、而上木惣無。至延暦年中、遣唐請益僧最澄躬到此山祈云、願縁神力、平得渡海。即於山下為神造寺読経。

とあり、また『叡山大師伝』弘仁五年（八一四）春条にも、

昔大師臨渡海時、路次寄宿田河郡賀春山下。夜夢、梵僧来到披衣。呈身而見、左半身似人、右半身如石。対和上云、我是賀春。伏乞和上幸沐大悲之願海、早救業道苦患。我当為求法助昼夜守護。竟夜明旦、見彼山、右脇崩巌重沓、無有草木。宛如夢半身。即便建法華院、渡法華経。今呼賀春神宮院是也。

とある。二つの文献を総合して考えるに、最澄が渡海の安全を賀春（香春）神に祈り、この神の宿業の苦患を救うことにより、威力を増した神力に渡海安全を期待したという。

賀茂神宮寺に就いては、『続日本後紀』天長十年（八三三）十二月癸未朔条に、

道場一処在山城国愛宕郡賀茂社以東一許里。本号岡本堂。是神戸百姓奉為賀茂大神所建立也。天長年中検非違使尽従毀廃。至是勅曰、仏力神威、相須尚矣。今尋本意、事縁神分。宜彼堂宇特聴改建。

とある。賀茂神宮寺は神戸百姓達が建立したもので、これにより賀茂神が仏力を得て神威を増している様子が記されている。

最後にもう一つ奥嶋神宮寺に就いてであるが、『日本三代実録』貞観七年（八六五）四月二日壬子条に、

元興寺僧伝灯法師位賢和奏言、久住近江国野洲郡奥嶋、聊構堂舎。嶋神夢中告曰、雖云神霊、未脱蓋

纒㆒。願以㆓仏力㆒、将㆘増㆓威勢㆒擁㆓護国家㆒安㆗存郷邑㆖。望請、為㆓神宮寺㆒叶㆓神明願㆒。詔許㆑之。

とある。奥嶋神も仏力を得て神身を離脱し、神威を増すことによって、国家を擁護し郷邑の安泰を計りたいと願う。夢中にそのような告げを受けた僧賢和が、神宮寺建立を奏上して許可を得たというのである。

以上、文献の上に創建事情が比較的よく表現されているものを選んで、それらの中にみる特徴を追い続けてきたが、このあたりで、各神宮寺にほぼ共通して出てきた特徴をまとめ、初期神宮寺創建の上にみる一般的な動向を考えておきたい（勿論、個々の神宮寺に関して用いた文献史料の中には極めて説話的なものも含まれているので、すべてをそのまま史実としてとらえることには問題もあろうが、神宮寺出現の一般的動向を考えることには、事足りると考えられる）。左にそれを列挙すると、

①神の苦悩（宿業としての神身であること自体）を、仏力を加えることによって救い、神威を一段と発揮させる（神もまた仏法を悦び、歓迎する）――そのために神宮寺を建立する。つまり、神身離脱思想を伴っての建立である。

②右の、つまり①の結果として、農耕生活の安定（風雨順調、五穀豊穣、疫病除去等）がもたらされる。

③神宮寺創建の推進力は、地方の豪族層である。

④神宮寺創建に関係した仏教徒は、悉く山岳修行者（沙弥・優婆塞・禅師等）であり、中には官僧もいるが、それとても山岳修行の経験者である。従って、①で述べた仏力によって神の苦悩を救うという「仏力」とは、山岳修行で得た呪法の力であることがわかる（この点は特に注意するべきであろう）。

の四点である。[60]

既に述べた如く、神仏習合の端緒は七世紀半ば頃から始まったと考えられる仏教徒の山岳修行に求められ、更に

習合の形ある現象として登場した神宮寺は、地方社会から出現した。地方社会と神仏習合に就いては、一―㈠項で紹介した高取氏の優れた論考(61)がある。氏の所論を踏まえながら、地方社会に培われた習合への必然性を追求することにしたい。

地方での仏教受容は地方豪族によってなされ、一般大衆はこれら豪族を通して間接的に教化を受けた。このような中で、氏神を中心に神観念が変貌をとげる。氏神が成立しても、祖先神を祀るだけでなく、従来信仰していた自然神をも祀っているのが実情であった。律令時代に於いても、一般大衆の間には原始的な精霊信仰が温存されていた。これがかつての氏族生活に於ける祖霊信仰と密接に結び付いていたこともあって、氏神は漸く祖先神の奉祀に一本化され、受容した仏教からの影響も多分にあって、それぞれ職能をもった人格神として登場することになった。人格神の登場により、地方豪族によって受容され、大衆に教化された仏教は、神祇信仰と極めて近いものとして受け取られたことであろう。地方豪族の立場からすれば、仏教は何よりも荒ぶる神を圧伏するものとして受容されたのであり、そこには神か仏かという教義上の問題はなかった。仏教の地方普及により、神仏習合は自然な形で進もうとしていたのである。

かくの如き状況の地方社会に、先述の山岳修行者が遊行してくる。彼等は入山修行と地方遊行を繰り返していた(勿論、遊行僧の中には、修行の程も疑わしい者や悪行をはたらく者、いかがわしい者も含まれていたようである(62))。山岳修行者は仏教的呪法をもって活動する。従って、大衆からは大きな期待と尊敬を集めたものと考えられる。何故ならば、神祇信仰の中にも呪はあるが、一段と高度な仏教的呪法は魅力的であったことであろう。就中、祈雨に対する呪法等は決定的な影響を与えたものと考えられる。

彼等が地方を遊行し、豪族層をはじめ大衆と盛んな接触が行なわれていく中で、神仏関係に大きな転換が起ってくる。恐らくこの転機は、山岳修行者からの働きかけによるところが大きいと思われる。その内容を考えてみよう。神は神であること自体を宿業として苦悩している。そのことが神威の衰えをきたすことになり、結果は、風雨不順・五穀不作・疫病蔓延といった現象として現われ、地域社会の安穏が損われていく。苦悩する神は、仏の力を借りて救われたいと望んでいる（つまり、神は仏法を悦び給うのである）。そうすることによって神威を増し、地域社会の安泰を保持することが出来る――明らかに仏教的立場よりする内容であることがわかる。今や、これまで通りの神であっては、地域社会の要望に応え切れなくなっており、どうしても仏教の呪力が必要なのだ、という所から出た考えである。ここまで来ると、山岳修行者と豪族層との間に、新しい神仏関係の具体的な実現策が思考される。つまり、神宮寺創建への筋書が着々と出来上っていく。神託が発せられ、豪族は修行僧と協力して、知識集団を結成し、浄財を募って、神宮寺創建が実現していくのである。

神宮寺が出現すると、必然的に神前読経が伴ってくる。神は仏法を悦び給うのであるから、読経もまた悦び給うのである。神前読経に就いては田村氏の詳細な研究(63)があるので、全てはそちらに譲る。

要するに、神宮寺の出現は、地方に於ける神仏関係の変化の所産であり、地方社会の願望に応えるものであった。田村氏が「神前読経や神宮寺建立の思想的根拠は、神仏同格の理念にあるのではなく、この理念の破綻の結果にもとづいていた」と述べておられる(64)のは、当を得た見解であるといえよう。

五、初期神仏習合と八幡神

初期神仏習合を現象面から見て、神宮寺の出現を中心に述べ、初期神宮寺出現の一般的動向を示したが、これに若干符合しない要素をもつのが八幡神宮寺である。しかも、八幡神は以後の神仏習合を先導し続ける。この点を以下に考察したい。

(一)　神宮寺出現に占める八幡神宮寺

既に述べた如く、神亀二年（七二五）、八幡神の小椋山遷座と時を同じくして、境外の日足に弥勒禅院、南無会に薬師勝恩寺が建立された。十三年後の天平十年（七三八）、二箇神宮寺は小椋山の境内地に統合移建されて八幡神宮弥勒寺の成立を見るに至り、宮寺形式を指向した。[65]

八幡神宮弥勒寺の前身たる二箇神宮寺成立の背景を物語る伝承には、八幡神と法蓮との契りが前提となっており、そこには、八幡神が衆生利益のために一段と強い仏力を得ようとしていること、背後に大神・宇佐・辛嶋三氏の存在があること等、神宮寺出現の一般的動向に通じるものをもっていた。しかるに、他の神宮寺出現の最大の特徴ともいえる神身離脱思想は、伝承中に全く見られなかった。[66]この辺に八幡神宮寺の特異性があると考えられよう。

それは八幡神の成立そのものの特異性にあると見られる。既述の如く、八幡神は、新羅系渡来集団の奉祀する新羅神に端を発しているが、この段階で既に仏教・道教の要素を内在していた。豊国内の各地の辛国に於いて信仰されたこの神（「ヤハタ」神）は、辛嶋氏により宇佐に持ち込まれ、大神氏によって応神霊が付与されて所謂八幡神の成立を見た。この間の事情を象徴するものとして、『託宣集』巻五に、「辛国乃城尓始天天降八流之幡天。吾者日本神土成利礼」という著名な一文を見るのである。[67]

このように、八幡神に最初から仏教要素が内在しており、その上に、法蓮を中心とする宇佐仏教徒との提携によって、一段と仏教色を強めようとする中で二箇神宮寺が出現する。従って、他の神宮寺のように、仏教との習合を神身離脱思想で以って説明付ける必要はなかった。この意味で、吉田氏が、「宇佐のみは思想流入の経路が別であった可能性を考えておく必要があるのかもしれない」と述べられたことは[68]、妥当といえよう。

(二) 大仏造立をめぐる八幡神の動向

発生期に於ける次なる重要な現象は、大仏造立をめぐる八幡神の活発な動向である。先述の如く、諸先学は悉く先項の神宮寺の出現を論じると共に極めて特異な現象として八幡神の動向を論じておられることが多い。しかし、この両者は、発生期神仏習合としての明確な視点で位置づけていく必要がある。

大仏造立前後の八幡神を中心とした動向を、まずは表面的な現象として年表的に確認しておく。神亀二年（七二五）、小椋山に遷座、神宮寺が境外に建立（弥勒禅院・薬師勝恩寺）され、官幣を受ける。天平五年（七三三）、三女神を「比売神」として併祀。天平九年（七三七）、新羅の無礼の奉告。天平十年（七三八）境内地に神宮寺を統合移建（弥勒寺）。天平十三年（七四一）、聖武天皇は「八幡神宮」と称し、三重塔や仏典・荘厳等を寄進し、我が国最初の宮寺八幡宮が国家的に認知される。同年、右大臣橘諸兄を遣わし、伊勢神宮に御願寺（大仏安置の寺）建立発願に当り祈願させる。天平十七年（七四五）、八幡宮より東大寺創立費用が寄進される。天平十九年（七四七）、聖武天皇、大仏鋳造成就のため八幡神に祈願。天平勝宝元年（七四九）、八幡神の上京、大仏を拝す――これはごく大まかに上げたに過ぎず、この間、八幡宮側と中央の間で実に多くの交渉があったことはいうまでもない。

重要なことは、これらの現象が、先述の神宮寺の出現とは別な次元に於いて起った現象と捉えるか否かということである。一見、別な次元の現象として眼に映るかも知れないが、これは八幡宮からの働きかけに終始している現象であることに着目しなければならないであろう。八幡神とて地方の神として成長・発展してきたのである。しかも、当初から仏教色を内在させた神であり、神仏習合を常にリードする仏教的な神であった。いわば仏教色を強めながら発展する神である。この辺のことに就いては、中野[69]・村山[70]・竹園[71]各氏を中心に、多くの方々によって論じられてきたところである。先の事例確認で示したように、神亀二年（七二五）の段階で神宮寺を伴っていたのである。八幡神の場合、中央との結びつきによる一層の発展に極めて意欲的であり、巧みに機会をとらえ、巧みに働きかけて中央進出を実現させた。つまり、地方で起った神仏習合の現象を巧みに利用しながら、換言すれば、地方の神仏習合現象を逆に活用して（神が仏を助け協力する形で）中央に持ち込んだと考えるべきである。八幡宮側とすれば、神仏習合は常識であり、逆に活用することは何ら抵抗はなかったであろう。

八幡神のかくの如き動向は、中央に於いて「神は仏法を悦び受く」という考え方より、「神は仏法を尊び護る」という新しい神仏関係の観念を成立させた。つまり、国家は、教典に説く護法善神の思想を以ってこの動向を説明付けたのである。ただし、このような動向の中で、高取氏が指摘[72]される如く、宮廷祭儀に於いて（伊勢神宮に於いても）神仏隔離の動きが出てきた。これは中井氏も重視されるところであるが[73]、護法善神思想は神仏隔離の動きを反論する上でも効果があった。

八幡宮の中央進出が神仏習合を推進するためのものでなかったことは明らかである。しかし、結果的に、地方で起った習合現象を逆利用して中央に進出したことにより、中央に於ける新たな神仏関係（護法善神思想による習合）を成立させ、定着させることになったのである。尚、この頃とほぼ時期を同じくして、古江氏が指摘されるように[74]、朝廷内部に於いて、山岳修行者やその呪力に対して尊敬する姿勢が強まってくることも興味深い。上京した八幡神はやがて東大寺鎮守八幡（現手向山八幡宮）として祀られ、以後、次第に各寺院に鎮守の出現をみることも、護法善神思想による習合の線上に位置づけられるであろう。

(三)　東大寺鎮守八幡宮

護法善神思想は、大仏造立と八幡神の急速な発展との関わりに於いて、華々しく登場した。しかし、その思想的内容には限界があった。つまり、一に、護法善神とは諸天のことであり、我国の神祇をこれに相応させるものであるが、実際上、神祇の中のどの神をどの天部に当てはめるかは教理上難しいこと。二に、護法善神（諸天）は仏菩薩の像と同様に天部像として造形される。ところが神祇信仰では、姿を現わさない神が天空より祭場の依代に降臨するものとして偶像をもたなかったこと等の理由が考えられる。

結局、この思想は伽藍鎮護の思想に包摂一体化して、諸寺院に鎮守が出現する思想的背景をなす役割に転ずることとなった。寺院を守護するために寺院の境内近くに神社が建てられ、これを鎮守というわけである。先述の神宮寺と対照をなす。鎮守の最も早い事例が、大仏を守護するために東大寺の傍に建立された鎮守八幡宮（現手向山八幡宮、写真46参照）であった。その建立時期は八幡神の上京後間もない頃と考えられ、奈良時代後半のことである。

東大寺鎮守八幡宮の出現は、俄に中央の各所で八幡神を勧請して鎮守が出現する契機となった。大同二年（八〇七）には大安寺に勧請（八幡宮の建立は後になる）され、寛平八年（八九六）には薬師寺鎮守八幡宮が、延喜年間（九〇一～九二三）には勧修寺鎮守八幡宮が出現した。このように、初期の鎮守では八幡神の勧請が主役となっており、ここでも八幡神は神仏習合を先導していることが注目されよう（鎮守はその後時代と共に増加し続け、最終的には各寺院悉く鎮守を伴うことになる）。

(四)　八幡大菩薩・八幡三神像・本地仏の設定

八幡神が常に神仏習合現象を先導する事例は他にもある。既に別章で二つの事例を指摘した。(75) その一は八幡大菩薩の顕現であり、二は僧形八幡神像を中心とする八幡三神像の出現であった。簡単に確認しておこう。一は奈良時代後半から神身離脱思想が徐々に発展する中で、神に菩薩号を奉献するという考えが生じ、その現象として本格的に出現した最初が八幡神への菩薩号奉献であった（文献上では、先に引用した『多度神宮寺伽藍縁起幷資材帳』に「造二立小堂及神御像一、号称二多度大菩薩一」とあるが、この一例は例外的であろう）。これが八幡大菩薩の顕現であり、奈良時代後半に成立していた（他の神々への菩薩号奉献は平安初期の現象である）。

二は、これまで姿を現わさないと信じられてきた日本の神が、菩薩号の奉献により仏教的人格を付与され、神像彫刻として造形が可能となった。ここでも他の神々に先んじて出現したのが八幡三神像で、薬師寺像（写真51・52・53参照）や東寺像が著名である。八幡三神像が僧形八幡神像を中心としていることは特に注目を引く。

更にいま一つ紹介しよう。最早初期神仏習合の範囲を超えてしまうが、繋りがあるので敢えて取り上げる。思想としては一〇世紀に形成してきた本地垂迹説である。この思想が具体的となり普及するのは、神の本源つまり本地である仏（本地仏）を、個々の神々に就いて具体的に何という仏菩薩であるかを設定してからであろう。この本地仏の設定に於いても最初が八幡神である。第三編第四章で紹介した『大安寺塔中院縁起』（応和二年〈九六二〉五月十一日付の奥書を伴う）に、宇佐宮に参向していた行教の「緑衫衣袖上仁釈迦三尊顕現」とある。これにより、一〇世紀のある時期に宇佐では八幡神の本地を釈迦三尊であるという考えが成立していたことになろう（本地仏の設定は一度なされても後に変わることもある。大江匡房の『続本朝往生伝』真縁上人条では、八幡神の本地を「西方無量寿如来」つまり阿弥陀如来としている）。因みに一般的には、本地仏の設定は一一世紀後半から一二世紀にかけて進む。ここでも、八幡神は他に先んじて神仏習合を先導していることが理解出来よう。

六、むすび

日本に於ける神仏習合現象に就いて、総合的な発生論がないという状況下に、これまでになされた特定な側面からの、それも決して多くない諸先学の学説を回顧し、発生論の総合化に必要な課題を導き出してみた。本章は、この課題に基づいて総合的な発生論を試み、併せて初期神仏習合現象の特質を考え、その中に於ける八幡神の動向を考察したものである。

発生論としてまず論じられなければならないのは、習合の素地形成の問題であろう。素地形成を妥当な形でとらえるとき、習合の端緒、発生期の現象を、明瞭な線を描きつつ位置づけていくことが可能になる。本章では素地形成を、①神祇・仏教両者の内容面より、②仏教受容の面より、③国家の宗教政策面より、④仏教徒の山岳修行より、捉えていった。特に④の中で、既に習合の端緒が開かれていたことを見たのである。

続く発生期（初期、八～九世紀）の習合現象では、山岳での習合の端緒を受けて、習合の土壌がどこに培われていたかを見定めることが焦点となる。これは地方社会にあり、仏教的呪力を持った山岳修行者の地方遊行も関わって、神仏関係の変化が起り、かつ農耕生活の上に立つ地方社会の願望が、神身離脱思想を伴って神宮寺を出現させたことが了解出来る。つまり、習合現象の発生を、地方的な動向として捉えることが出来るのである。

発生期習合現象の特質としては、①地方的な現象であること、②仏より神への働きかけとしてなされていること、③山岳修行者の裏面に於ける活動が大きな意味をもつこと、④簡単な思想を伴うとはいえ、現象の優先が目立つこと、の四点を指摘することが出来よう。

かくの如く、習合現象の発生を地方的なものとして捉えるとき、中央での大仏造立をめぐって、地方に成立した八幡神が活発な動向を示すことには、自ずと位置づけが定まる。地方での習合の動き（特に八幡神は習合の先端を行く神であった）を逆に利用することによって、巧みに中央進出を実現していった。これに対し、国家は護法善神思想で理論付けたのである。やがて出現する鎮守も、この線上に位置づけられよう。

八幡神は本来的に仏教的な神である。従って、神仏習合現象が進展する中で、節目にはこの神が常に先導する形を見るのは当然といえよう。その様相を、八幡宮寺に、先述の大仏造立をめぐる動向に、更には鎮守の出現・菩薩号の奉献・八幡三神像・本地仏の設定を事例として考察した。

〔註〕

（1）例えば、辻善之助氏「本地垂迹説の起源に就いて」（『史学雑誌』第一八編—第一・四・五・八・九・一二号、明治四十年一月・四月・五月・八月・九月・十二月——後に同氏著『日本仏教史研究』一、昭和五十八年十一月、所収）、宮地直一氏「神仏習合説の発生に対する管見」（『神道学雑誌』第一号、昭和元年）、大山公淳氏著『神仏交渉史』（昭和九年十月）、家永三郎氏「飛鳥寧楽時代の神仏関係」（『神道研究』第三巻第四号、昭和十七年十月——後に同氏著『新訂上代仏教思想史研究』、昭和四十一年十一月、所収）、原田敏明氏「神仏習合の起原とその背景」（同氏著『日本宗教交渉史論』、昭和二十四年四月、所収——同書の刊行は上記の如く戦後であるが、論考の内容は戦前として取り扱わせていただく）等。

（2）竹田聴洲氏「七世父母攷——日本仏教受容と祖先信仰——」（『仏教史学』第一巻第三号、昭和二十五年六月）。

（3）竹田氏「初期仏教受容」（同氏著『祖先崇拝——民俗と歴史——』、昭和三十二年十月、所収）。

（4）高取正男氏「固有信仰の展開と仏教受容」（『史林』第三七巻第二号、昭和二十九年五月——後に同氏著『民間信仰史の研究』、昭和五十七年一月、所収）。

（5）高取氏「古代民衆の宗教――八世紀における神仏習合の端緒――」（『日本宗教史講座』二、昭和三十四年二月、所収――後に同氏前掲書所収）。
（6）堀一郎氏「神仏関係の共通的傾向と信仰受容の態度」（同氏著『我が国民間信仰史の研究』㈠序編伝承説話編、昭和三十年九月、所収）。
（7）堀氏「氏族制度の構造と氏族祭祀――地盤的事情――」（同氏前掲書所収）。
（8）堅田修氏「蕃神渡来考――重層信仰の形成について――」（水野恭一郎先生頌寿記念『日本宗教社会史論叢』、昭和五十七年三月、所収――後に同氏著『日本古代信仰と仏教』、平成三年二月、所収）。
（9）森田康之助氏「仏教受容と神道的思惟との関連」（『神道史研究』第二巻第一号、昭和二十九年一月）。
（10）柴田実氏「神と仏――民族信仰史の立場から――」（『仏教史学』第五巻第二号、昭和三十一年三月）。
（11）荒川久寿男氏「飛鳥文化の基調にひそむもの――古神道と仏教受容――」（『神道学』第二八号、昭和三十六年五月）。
（12）古田紹欽氏「仏教伝来にともなう仏と神との関係について」（『干潟博士古稀記念論文集』、昭和三十九年六月、所収）。
（13）薗田香勲氏著『仏教の日本的受容――日本的宗教心と仏教――』（昭和四十四年六月）。
（14）井澤正裕氏「仏教伝来に関する一考察」（『国学院大学日本文化研究所紀要』第五三号、昭和五十九年三月）。
（15）田村圓澄氏「神宮寺草創考」（『史淵』第七八号、昭和三十七年三月――後に「神宮寺と神前読経と物の怪」と改題されて同氏著『飛鳥仏教史の研究』、昭和四十四年二月に所収）。
（16）田村氏「国家仏教の成立過程」（『史淵』第九〇号、昭和三十八年三月――後に同氏前掲書所収）。
この論考に於いて、氏は国家仏教の成立過程を次に示す七つの段階に基づいて考察される。
一、傍観的中立の段階――欽明・敏達・崇峻天皇
二、「私的」受容の段階――用明天皇

三、「公的」接触の段階――仏教統制の発端――推古天皇
四、「私的」接触の段階――宮廷仏教の成立――舒明・皇極天皇
五、「私的」受容から「公的」受容へ――宮廷仏教の展開――孝徳・天智天皇
六、「国家的」受容の段階――斉明天皇
七、「国家仏教」の成立――律令国家と仏教――天武天皇

(17) 田村氏「神仏習合の源流をめぐって」(『神道宗教』第一一九号、昭和六十年六月――講演内容の収録)。
(18) 高取氏「固有信仰の展開と仏教受容」(前掲)
(19) 安津素彦氏「神仏習合をめぐって」(『国学院大学日本文化研究所紀要』第一六号、昭和四十年三月)。
(20) 中井真孝氏「神仏習合」(『講座日本の古代信仰』一、昭和五十五年六月、所収)。
(21) 竹園賢了氏「神仏習合の動機」(『神道宗教』第一九号、昭和三十四年五月)。
(22) 笠井昌昭氏「神仏習合の発生」(『日本思想史講座』一、昭和五十二年五月、所収)。
(23) 村山修一氏「発生期の習合思潮」(同氏著『神仏習合思潮』昭和三十二年一月、所収)。
(24) 中野幡能氏「原始神道と仏教の融合――八幡神成立の源流について――」(『宗教研究』第一七五号、昭和三十八年三月)。
(25) 竹田氏「初期仏教受容」(前掲)。
(26) 高取氏「古代民衆の宗教――八世紀に於ける神仏習合の端緒――」(前掲)、同氏「神仏習合の起点――道行知識経について――」(藤島博士還暦記念『日本浄土教史の研究』昭和四十四年一月、所収――後に同氏前掲書所収)。
(27) 堀氏「神仏関係の共通的傾向と信仰受容の態度」(前掲)、同氏「民間仏教の原始形態」(同氏前掲書所収)。
(28) 村山氏「発生期の習合思潮」(前掲)、同氏「神仏習合の歴史的素地と三輪流神道の形成」(大神神社編『三輪流神道の研究』、昭和五十八年十一月、所収――後に同氏著『習合思想史論考』、昭和六十二年十一月、所収)。
(29) 中井氏前掲論文。

(30) 薗田香融氏「古代仏教における山林修行とその意義――特に自然智宗をめぐって――」(『南都仏教』第四号、昭和三十二年十二月――後に同氏著『平安仏教の研究』、昭和五十六年八月、所収)。
(31) 曾根正人氏「研究史の回顧と展望」(『論集奈良仏教』第四巻「神々と奈良仏教」、平成七年二月、所収)。
(32) 吉田一彦氏「多度神宮寺と神仏習合――中国の神仏習合思想の受容をめぐって――」(古代王権と交流4『伊勢湾と古代の東海』、平成八年十一月、所収)。
(33) 北條勝貴氏「渡来人と宗教文化の形成」(逵編『日本の宗教文化』上、平成十三年二月、所収)。
(34) 北條氏「東晋期中国江南における〈神仏習合〉言説の成立――日中事例比較の前提として――」(根本誠二・宮城洋一郎両氏編『奈良仏教と「霊異記」的世界』、平成十三年三月、所収)。
(35) 中井氏前掲論文。
(36) 景山春樹氏は、これを「自然神道期」から「社殿神道期」への移行と、古代神道の重要な転換期として位置づけられる――同氏「古墳文化期の宗教と自然神道」(同氏著『神像――神々の心と形――』、昭和五十三年五月、所収)。
(37) 竹田氏「七世父母攷――日本仏教受容と祖先信仰――」(前掲)。
(38) 堀氏「氏族制度の構造と氏族祭祀――地盤的事情――」(前掲)。
(39) 堅田氏前掲論文。
(40) 高取氏「固有信仰の展開と仏教受容」(前掲)。
(41) 高取氏「古代民衆の宗教――八世紀に於ける神仏習合の端緒――」(前掲)。
(42) 田村氏「国家仏教の成立過程」(前掲)。
(43) 田村氏「神仏習合の源流をめぐって」(前掲)。
(44) 高取氏「固有信仰の展開と仏教受容」(前掲)。
(45) 特に雨乞に関しては拙稿「平安初期に於ける国家的雨乞の動向」(『神道史研究』第一〇巻第三号、昭和三十七年五月――後に拙著『室生寺史の研究』、昭和五十四年十一月、所収)参照。

(46) 古江亮仁氏「奈良時代に於ける山寺の研究（総説編）」（『大正大学研究紀要』第三九号、昭和二十九年二月）。

(47) 拙稿「奈良朝山岳寺院の実相」（『論集日本仏教史』二〈奈良時代〉、昭和六十一年三月、所収）、拙稿「仏教徒の山岳修行と山岳寺院の発生」（拙著『奈良朝山岳寺院の研究』、平成三年二月、所収）。

(48) 拙稿「比蘇山寺の成立」（拙著『奈良朝山岳寺院の研究』〈前掲〉所収）参照。

(49) 拙稿「室生山寺の成立」（拙著『奈良朝山岳寺院の研究』〈前掲〉所収）参照。

(50) 家永三郎氏は、「続日本紀の一本には文武天皇二年既に伊勢に神宮寺が存在したことを示すが如き文字が見え、近年これによって神仏調和の思想の天武持統頃に萌芽してゐると説かれる様になつたが、新訂国史大系の校勘記にあげられてゐる続紀及び日本紀略類聚国史の何れの本にも『寺』の字が無いのであつて、かかる薄弱な根拠の上に立つて文武天皇二年伊勢大神宮寺の存在を認め、更に遡つて天武持統朝におけるそれを推定することはほとんど不可能と云はなければならぬ」と述べておられる――同氏「飛鳥寧楽時代の神仏関係」（『神道研究』第三巻第四号――昭和十七年十月――、後に同氏著『上代仏教思想史研究（新訂版）』、昭和四十一年十一月、所収）。

続いて福山敏男氏は、この「多気大神宮寺」こそ〝外宮〟に他ならないと推定された――同氏「神宮正殿の成立の問題」（『神道学』第三輯、昭和二十七年八月、後に同氏著『日本建築史研究』、昭和四十三年六月、所収）。

また田中卓氏は、「多気大神宮寺」を〝大神宮司〟の誤りであろうと考証された――同氏「イセ神宮の創祀」（下）（『神道史研究』第三巻第六号、昭和三十年十一月、後に同氏著『神宮の創祀と発展』、昭和三十四年三月、所収）。

(51) 住吉神宮寺の詳細に就いては、拙稿「住吉神宮寺の出現をめぐって」（『芸林』第四五巻第四号、平成八年十一月）参照。

(52) 拙稿「室生寺の創建」、「室生寺に於ける宗教的個性の成立」（以上二稿、拙著『室生寺史の研究』〈前掲〉所収）参照。

(53) 薗田香融氏「草創期室生寺をめぐる僧侶の動向」（京大読史会創立五十年記念『国史論集』㈠、昭和三十四年十一月、所収、後に同氏著『平安仏教の研究』、昭和五十六年八月、所収）。

(54)　田中卓氏は、『続日本紀』や『太神宮諸雑事記』の一連の記事やその他の史料を検討され、伊勢大神宮寺の創建は、「主として僧道鏡の権勢の前に屈した神宮の宮司・禰宜らの阿諛打算にもとづくもの」としておられる――同氏「伊勢神宮寺の創建」(『芸林』第八巻第二号、昭和三十二年四月、後に同氏著『神宮の創祀と発展』〈前掲〉所収)。

(55)　この道行経に関する最初の発表は、田中塊堂氏「初期伊勢神宮の信仰と道行の知識経」(『古代学』第一巻第四号、昭和二十七年十月)であった。続いて、大西源一氏「伊賀種生の大般若経」(『大和文化研究』第四巻第一号、昭和三十一年二月)が更に詳しく論じておられる。

(56)　道行はいずれの国の仏教徒であるかに就いて説が分れている。田中塊堂氏は伊勢国と考えられ(同氏前掲論文)、大西氏は和泉国と考えられる(同氏前掲論文)。

(57)　「神風仙大神」に就いても、田中塊堂氏は伊勢大神とされ(同氏前掲論文)、大西氏は不明で「神宮には関係のない神」とされた(同氏前掲論文)。しかし、これは、田中卓氏も述べられるように(同氏「伊勢神宮寺の創建」〈前掲〉)、田中塊堂氏説を妥当とするべきであろう。

(58)　高良神宮寺の詳細に就いては、白井伊佐牟氏「『高良縁起』の成立年代について――初期神仏習合論の観点より――」(『日本宗教文化史研究』第三巻第一号、平成十一年五月)参照。

(59)　三輪寺の創建は(『今昔物語集』の記事を文字通りに受け取れば持統朝となるが、それは別として)『延暦僧録』の成立以前に求められることだけは動かぬ事実であろう。しかも、かの聖林寺十一面観音像がもと大御輪寺(大三輪寺)の本尊であった(三輪神宮寺という名辞は歴史上存在しないが、やがて大御輪寺・平等寺・浄願寺の三つを含めて、「三輪の神宮等」と総称すべきものとなっていく)こともそれを裏付けている。

(60)　このうち、①②③に就いては、同様な指摘を既に田村氏がなされておられる――同氏「神宮寺と神前読経と物の怪」(前掲)。

(61)　高取氏「古代民衆の宗教――八世紀に於ける神仏習合の端緒――」(前掲)。

(62)　『続日本紀』養老六年七月十日己卯条の太政官奏言。

(63)　田村氏「神宮寺と神前読経と物の怪」(前掲)。
(64)　田村氏「神宮寺と神前読経と物の怪」(前掲)、同氏「神仏習合の源流をめぐって」(前掲)。
(65)　第三編第一章参照。
(66)　第二編第四章、第三編第一章参照。
(67)　第二編第一章・第二章・第三章参照。
(68)　吉田氏前掲論文。
(69)　中野氏「原始神道と仏教の融合——八幡神成立の源流について——」(前掲)、同氏「八幡神の二元的性格——仁聞菩薩発生をめぐる史的研究——」(前掲)、同氏「八幡信仰と仏教」(『宗教』第六四号、昭和四十二年七月——後に同氏編前掲書所収)等。
(70)　村山氏「八幡神の習合的成長」(同氏著『本地垂迹』、昭和四十九年六月、所収——後に中野氏編前掲書所収)等。
(71)　竹園氏「八幡神と仏教との習合」(『宗教研究』第一五九号、昭和三十四年——後に中野氏編前掲書所収)等。
(72)　高取氏「神仏隔離の論拠——日本宗教の重層構造——」(『月刊百科』昭和五十二年五月・六月・八月号——後に同氏著『神道の成立』昭和五十四年四月、所収)。
(73)　中井氏前掲論文。
(74)　古江氏前掲論文。
(75)　第三編第一章・第四章参照。

終　章

——各考察を通して——

本書は四編十二章に亘って叙述してきた。その構成は、序章で導き出した課題にほぼ沿った形でなしたものである（ただし、課題㈠は方法論上のことである故、項目上には出てこない）。各編各章で論じたことを、ここで、四項目にまとめてみたい。そのことによって、本文で述べたりなかったことも補えるだろうし、更に、今後の課題として提起するものも出てくると考える次第である（尚、本章では、これまでの本文中に登場した論考や紹介等に就いて、一々註記せず、初めて扱うもののみを註記することをお断りしておく）。

一、神体山信仰としての考察

本書には宗教的に重要な山として、香春岳・日子山（彦山・英彦山）・八面山・稲積山・妻垣山・御許山の六つと奈良県の三輪山や宇陀郡・山辺郡の山々が登場した。うち、八面山と御許山に就いては、特に章を立て、神体山信仰がその地域の原初信仰であったことを論じたのである。神体山信仰は、古墳時代に整った我が国古代神祇祭祀の基本形態であって、八幡神成立以前の関係地に於ける原初信仰を把握する上で、欠かせないものとなってくる（何故ならば、八幡神成立以後に於いても、原初信仰は様々な所で顔を出す）。

御許山に就いては、この山を神体山とする信仰が、宇佐地方に於ける原初信仰であったことを考察した。それは、御許山北麓に数箇所の聖地が今に名残りを留めること、山頂の三巨石（最初から三つであったとは考えられない）が存在し、磐座と考えられること、八幡宮の最終的な遷座地が小椋山（北麓聖地の一）であったこと、厭魅事件後八幡神が小椋山を離れ、一時的に宇和嶺に移ったといわれ、再び宇佐に帰還して暫くの間鎮座した所が大尾山（御許山の北麓に張り出した屋根の一つ）であったこと、御許山が今なお宇佐神宮の元宮・奥宮として崇拝されていること等を以って、裏付けることが出来よう。

宇佐平野は、最初、豪族宇佐氏の勢力下にあったが、宇佐氏衰退後に於いて、駅館川を挟んで西に辛嶋氏（所謂「宇佐郡辛国」を形成）東に大神氏が占める状態となった。しかし、宇佐平野の勢力分布が変遷しても、この地の最大の聖地として御許山を無視することは出来なかった。神亀二年（七二五）以来、小椋山が八幡宮の社地として存在し続けている事実を、我々は一層重視する必要があろう。

八面山は県北端の現中津市域及び三光村を象徴する山である。この山の北麓丘陵に三角池と薦社が存在する。これまでに、三角池や真薦・薦枕の神秘や宇佐池守に就いて云々する人はいても、何故三角池が聖地として信仰されたのか、池守が何故存在したのか、後世池畔に薦社が成立し、暫くして社殿が建立される（特に、池を内宮と呼び薦社を外宮と呼ぶこと）経緯に就いて述べた人は皆無である。というよりは、述べようがなかったのであろうといった方が当っているかも知れない。

八面山を神体山信仰の対象として確認し、捉える時、これらの問題は一挙に解決する。八面山を神体山とする信仰は、この地域の地形上の考察、山頂の磐座磐境群の存在、山麓地域の信仰遺跡、八面山の伝承（特に、今に至るも八面山は薦社の奥院とされていることを重視するべき）、三角池の薦枕伝承等により確認出来る。これにより、三角池が八面山信仰に於ける丘陵地域の最も重要な里宮祭祀の場であったことが浮かび上り、神秘な杜に囲まれ、神秘に湧き出る豊かな水が沢を形成し、一大聖地を造り出していた。この聖地の奉斎者として何代にも亘る池守が存在した（池守を用水の管理者、真薦を絶えさせないための管理者等という見解は、余りにも認識不足である）のであった。しかもこの聖地が再興宇佐氏の象徴であり拠点となっていく。八幡宮祭祀の実権を握る大神氏も宇佐氏の存在を無視出来ず、提携の手を差し伸ばしたことの反映が、八面山に於ける法蓮と八幡神の契り伝承であり、三角池に於ける薦枕伝承であると解釈したのである。

香春岳・日子山・稲積山・妻垣山に就いては特に右のような考察をしなかったが、本来的に四地域に於ける神体山として信仰されていたと考えられ、その延長線上で捉えるべきであろう。

香春岳に関しては、新羅国神が最初に降臨したのは麓の「川原」であったが、やがて三の岳に奉祀されるのは、香春岳が本来信仰の対象としての山であったからであろう。日子山に就いても同様のことがいえ、新羅系渡来集団の仏教的信仰と修行の場になったと考えられる。稲積山に関しては、駅館川左岸地域に於ける信仰対象であったであろう。この地に進出した辛嶋氏が、自ら奉ずる神（新羅神）をこの山に降臨させたことは自然の成り行きとして理解出来よう。妻垣山に就いては、宇佐氏の最初の信仰対象であったと考えられ、同氏の御許山信仰の前段階に位置付けられる。

要するに、神体山信仰としての考察は、実録的な文献史料が皆無に近い時代の考察となる。従って、地理的考察（就中地形）、考古遺跡を踏まえての考察に、伝承を関係させて考えるという方法が要求されることはいうまでもない。困難を伴うが、これを敢えて実施しないと、今後も神社史研究は鎮座論・祭神論から始まる形を繰り返すだけである。

二、伝承の系統と変遷

右項に於いても、既に何度も伝承に触れたが、古代史就中社寺の古代史を考察する際、文献史料の一つとして伝承は欠かせない。これを後世の仮託・造作、内容が荒唐無稽であるとして葬り去ることは余りにも早計であろう。桜井徳太郎氏が社寺縁起に就いて、「ストレートに歴史事実となしえないのは勿論であるが、たとい虚構であろうとも、縁起がつくられるためには、それを要望した時代や人間の存在したことは事実であるし、それに価値をみとめていたからこそ、後世へと継承されて現存するにいたったわけである」。「神秘化無稽化じたいは歴史事実であって、われわれはそれを通して歴史を知ることができる」と述べられたこと[1]は、当を得た見解といわねばならない（縁起をそのまま伝承と置き換えて解釈してよい）。

伝承は、時の経過の中で変化（潤色・改作・付加等の）し、また、多様な系統を生み出すが、多く存在する伝承が全て後世のある時点に於ける意図的な造作であるということは、殆んどないと考えてよい。必ず、まず原形が素朴な状態で形成し、これが次第に変化して今日見る形があると解釈するのが、常識的な見方であろう。その意味で、最も重視するべきは法蓮であった。彼にまつわる多くの伝承が豊前に存在するのを、悉く後世の造作として葬り去り、彼は豊前の人ではなく、大和またはその周辺の出身で、中央の官僧にして大変な高僧であった（実のところ、大和には彼に関わる伝承すらもない）とし、国家からの重大な使命を帯びて「宇佐入り」したという後藤宗俊氏の所論には、到底容認し難いものがある。伝承を葬り去る前に、伝承そのものを考察されるべきであろう。

先述の如く、伝承は時の経過と共に変化し、多様な系統を生み出すことが屢々ある。従って、伝承を扱うに当っては、伝承の系統と変遷を踏まえてのことでなければならない。就中八幡神の顕現伝承は重要であり、多くの文献に様々な伝承が収められている。序章で述べたように、八幡研究に於いて、諸文献中最も重要なのは、『宇佐八幡宮弥勒寺建立縁起』（以下、『建立縁起』と略記）と『八幡宇佐宮御託宣集』（以下、『託宣集』と略記）であった。両文献は成立時期や成立事情を異にする。平安初期成立の『建立縁起』に一つの基準を置いて考えるべきであろう。

『建立縁起』では、八幡神の顕現として二通りの伝承を収めており、八幡宮祭祀の実権を握る大神氏のものは、八幡神は応神霊であり欽明朝に宇佐馬城嶺（御許山）に顕現し、大神比義が鷹居社に祀ったとする極めて簡潔なものであった。これに対して、大神氏に服従協力させられた辛嶋氏系伝承は大きく異なり、「宇佐郡辛国宇豆高島」

（稲積山）に天降った神（辛嶋氏の神、新羅神）が大和（宇陀郡）に神幸し、紀伊名草から瀬戸内海を通り再び宇佐に上陸、馬城嶺に再顕現している。その後は「宇佐郡辛国」内を小神幸し、最終的に鷹居社に祀られたとする。この間、神を奉祀したのは辛嶋氏の女性禰宜であったという。両系統の伝承は、一見、まことに大きな違いを示しているかに見える。しかし、これは大神氏と辛嶋氏の立場の違いから生じたものであった。即ち、実権を握る大神氏の立場からは、八幡神成立に関わる一部始終を語る必要はなく、結論だけを述べればよい。しかし、服従を余儀なくされた辛嶋氏の立場からは、可能な限りに於いて、これまでの伝承と大神氏に協力していった事情を伝承化して、詳しく述べようとするであろう。この二系統の伝承を子細に考察することにより、八幡神成立の謎が解き明されることになろう。

特に辛嶋氏系伝承には、大和経由の大神幸と宇佐再顕現後の辛国内小神幸があり、ここが最も重視されるべきものであった。およそ神の巡幸には必ず大きな意味・目的があるのであって、この点を先行研究者が見落しているのは、むしろ不思議なことである。

この検討をなす際に、迷わされてはならないのが『託宣集』巻三に見られる遊化伝承である。先の二系統の伝承を融合・改作し、更に他の伝承をも付加して壮大な遊化伝承に集大成化している。この事例一つを取り上げても理解出来るように、系統と変遷の考察を抜きにして、ある時点での特定の伝承のみを取り上げて八幡神を論ずることは、無意味であるし、意図的にある伝承のみを取り上げて論ずる場合があるとすれば、八幡神を意図的な方向に結論付けることになってしまうであろう。

尚、顕現伝承も、『扶桑略記』（欽明天皇三十二年正月条）以降の文献（『東大寺要録』巻第四・諸院章第四・八幡宮条、『八幡愚童訓』続群書類従本、『託宣集』巻五等）では、鍛冶の翁と小児の話として語られることが多くなるが、これに就いて柳田国男氏は独特な解釈をしておられる。(2) しかし、これは顕現伝承の中世的形態として取り扱ったので、氏の説は特に取り上げることはなかった。

三、八幡という特異な神の成立

八幡神が複合神であるということは周知の事実である。ならば、淵源に遡って順を追った考察が求められることは常道であろう。しかし、だからといって、中野幡能氏の原始八幡論が容認されるわけではない（氏の「原始八幡」・「応神八幡」という用語は大きな影響力をもっており、多くの八幡研究者がこの用語を用いるに至っている）。氏のいわれる原始八幡形成過程（特に第一次原始八幡）は、小国家分立から地域統合体の形成する時期に求められ、邪馬台国も豊前に存在したことが前提となる。時期的な面からも首肯出来かねるし、統合過程に於いて、豊国と山国が統合されて山豊国が成立、両国の神も統合されて山豊神が成立するとか、宇佐国が周辺小国を統合して大宇佐国が成立し、その神も大宇佐田神＝大貞神となったとか、語呂合わせ的な国と神の統合過程の中に原始八幡が成立するとされること。また、邪馬台国の卑弥呼のシャマニズムが辛嶋氏のシャーマンに継承されたとされること等、俄に首肯出来るものではなかろう。

本書では、『豊前国風土記』逸文に見る「新羅国神」が香春に降臨したとある記事を、八幡神成立の淵源と考えた。この神（香春神）を奉祀するのは勿論新羅系渡来集団であり、その香春定着は四世紀末から五世紀始めと考えられ、またこの神は既に仏教・道教の要素を融合させ内在するものであった。香春神は降臨後やや時をおいて香春三の岳に祀られるが、間もなく南方日子山が仏教的信仰と修行の場となっていく（後に法蓮がこの山で修行を重ね、道教的仏教を身につけ宇佐仏教徒の中心となって、八幡神に更に強い仏教色・道教色を加えることになる）。新羅系渡来集団は東進し居住地域（つまり「辛国」）を拡大し、豊前各地に及んだ。各地の「辛国」では新羅神の降臨を仰いで祀るわけであるが、この際、祭場の広場には「八流の幡」（仏教的幡）が立てられ（八流の幡が降りたのではない。降りたのは神である）、巫覡が祭祀を執り行なう。この祭祀形態から「ヤハタ」神の名が起ったと考えられ、特に築城郡には幡の付く地名が多く存在する。豊前各地に定着する新羅系渡来集団は秦氏及び秦系氏族が中心であった。

彼等の東進は、秦系辛嶋氏が宇佐郡駅館川西岸地域に定着し、ここに「宇佐郡辛国」を形成することで終了した。時は五世紀末と考えられる。辛嶋氏は自らの奉祀する神（新羅神）を「宇佐郡辛国宇豆高島」（稲積山）に降臨させ、彼等の信仰（先住宇佐氏の神体山信仰をも吸収して）と生活を維持し、独特な宗教的風土を形成した。六世紀後半に宇佐の地に入り、駅館川東岸に定着した大神氏は、応神霊をもたらして、辛嶋氏の奉祀する神に付与し（ここには大和の大神本宗家が関与していたと考えられる）、新たな神（八幡神）として馬城嶺に顕現（敏達朝）させた（この間の事情を物語るものが、先述の『建立縁起』所収辛嶋氏系伝承に見る大小二つの神幸であった）。大神氏は辛嶋氏を服従協力させて鷹居社に祀り（創祀は崇峻朝〈五八八～五九二〉、社殿建立は和銅五年〈七一二〉）、ここに、大神・辛嶋両氏の合同祭祀による八幡神の成立を見たのである（この段階で、辛嶋氏は女禰宜を出す氏族として八幡神に仕えた）。大神氏は更に再興の地歩を固めつつあった宇佐氏との提携に乗り出し、法蓮の協力を得てこの神の仏教色・道教色を一段と強めていった。『託宣集』巻五の「辛国乃城尓始天天降八流之幡天。吾者日本神土成礼利」という著名な一文は、以上の過程を見事に表現したものといえよう。

再三触れてきたが、飯沼賢司氏のいわれる「八世紀初頭の対隼人政策の中で政治的に作り出された神」、「軍神」とされる見解(3)とは、かなり異なる結果となった。疑問に思われるのは、政治権力が神を利用することはあっても、新たな神を造出したり、神格をねじ曲げることが出来るのであろうか（氏は、八幡宮第二殿に鎮座する比咩神に就いても、「比売神は、政策的な神ではあるが、あくまでも在地神の糾合された神であり、八幡神には果たせ得ない、九州北部の神々を糾合する役割を与えられた神であったと推定できる」と述べられることも、既に紹介した(4)。ここで改めて、神というものが何であるかを考えさせられる。また、論の展開に於いても、例えば、新羅神の降臨した「辛国」に就いて『建立縁起』の「宇佐郡辛国宇豆高島」に拠らずして、敢えて『託宣集』巻三の「日州辛国城」に拠られ、「八流の幡」を福永光司氏の「八陣図」に基づく破陣楽舞の「四表八幡」説に拠られる。更に応神霊の付与を平安初期に求められる（そうとすれば、大神氏の存在を何と解釈すればよいのであろうか）等、政治神、対隼人の軍神として造出された神を論ずるための論拠集めには、少なからず疑問を感ずるのである。

八幡神は、多くの諸氏が述べられるように、他の日本の神々のように地域に根ざした神ではなかった。しかし、宇佐の地に成立した事実は動かしようのないことであり、最初から国家神として造り出されたとは考え難い。諸要素と諸事情を重ねながら、宇佐の地で結実したと考えられよう。

四、八幡宮から八幡宮寺へ

本来的に仏教要素を内在した八幡神は、法蓮との提携により一層仏教色を強めながら、最終的な鎮座地を、古来の聖地御許山北麓に独立丘陵として存在する小椋山に求めた。神亀二年（七二五）にその遷座が実現する時、大造営の計画中に、小椋山上の社殿と共に、山麓にはやがて（境外にある二箇神宮寺を統合移建して）大規模な神宮寺の建立が予定されていた。つまり、宮寺への指向は神亀二年の段階で打ち出されていたのである。

八幡宮寺の成立は、聖武天皇からも歓迎され、諸国国分寺に相当、またはそれ以上の期待を寄せられた（『続日本紀』天平十三年閏三月二十四日条）。宮寺造営計画中には地形上の無理を敢えて行ない、奈良の社寺動向に合わせようとする意図が感じられる（八幡宮社殿・弥勒寺伽藍共に南面していることに就いて、社殿を隼人の方に向け〈つまり南面〉、弥勒寺伽藍もこれに合わせて南面させたという土田充義氏の説は理解に苦しむ。当時の奈良の大寺を何と解されるのであろうか。合わせる云々でいうなら、むしろ逆の方が筋は通る。飯沼氏も社殿が南面するのは隼人の方を向いているとされるが、隼人に結び付ける意識過剰としか考えられない）。宮寺成立後は弥勒寺の主導が目立ち、八幡神の大仏造立への協力援助・上京礼拝を実現し、その後は、神に菩薩号奉献の思想を踏まえて、逸速く八幡大菩薩を顕現させ（奈良時代後半）、平安初期には「護国霊験威力神通大自在王菩薩」の顕現を達成し、愈々本格的な仏神へと昇華せしめた。

また、宮寺の特殊神事であり最重要行事として放生会・行幸会を始行するが、特に放生会の始行には、弥勒寺初代別当とされる法蓮の指導的な立場が注目され（中野氏がことのほか重視され、放生会の中心儀礼と位置付けられる神鏡奉献は、当初に於いてなく、別の儀礼であったことを認識するべきであろう）、行幸会の始行はこれに遅れるが、特に薦枕御験の八箇社巡幸（ここでも神の巡幸に注意するべき）は、八幡宮神職団が大神・宇佐・辛嶋三氏により構成されるようになったことと、強い関係をもつと考えられる。更に、奈良時代後半から八幡神の勧請が始まる。勧請は後に寺院・国府・各地の荘園等に及び、序章冒頭で示したような数字が今尚残る。しかし、勧請は初期の段階に於いて、寺院の鎮守としてなされることに注目するべきであろう（石清水への勧請だけは一見別のように思われるが、当初の男山には石清水寺があり、鎮守としての勧請と揆を一にするところがある。勧請した人物も大安寺に勧請したのと同じ行教であった）。ここでも八幡仏神の普及に、弥勒寺が積極的に関わったと考えてよかろう。八幡の宮寺形式は、その後、由原宮・石清水八幡宮・鶴岡八幡宮に一層発展した姿を見るが、宇佐でその端緒は切られたのである。

五、初期神仏習合を先導

八幡神が当初より仏教・道教の要素を内在した神であるが故に、神仏習合現象に強い関わりをもつことは、むしろ当然といえよう。神宮寺の成立に於いて、他の神宮寺成立の背景となっている神身離脱思想が伴っていない（少なくとも伝承を見る限りに於いて）のも、この事情によると考えられる。八幡神宮寺の場合、最も根幹をなすのは、法蓮と八幡神の契り（実は提携）であり、契りを実行に移すところに二箇神宮寺が出現する。この時の託宣（神亀二年乙丑正月二十七日、『託宣集』巻六）は、「神吾礼為レ導ニ未来悪世衆生一仁。以ニ薬師。弥勒二仏一天為ニ我本尊一須。理趣分。金剛般若。光明真言陀羅尼所ニ念持一也」というものであり、むしろ、八幡神の仏教帰依の如くに表現されている。従って、八幡神に神身離脱思想は必要ではなく、当初から習合現象は当然のことであったといえよう。

法蓮との提携により仏教色を一層強めた八幡神は、弥勒寺僧集団の研究努力によって八幡大菩薩を顕現させ、他の神々の習合現象を先導した（これは、神身離脱思想の一歩前進した形である神に菩薩号を奉献する考えを踏まえてのことであるが、神に対して菩薩号を奉献するという考えそのものも、或は弥勒寺僧集団から起ったのかも知れない）。神に対する菩薩号奉献は「菩薩」という仏教的人格の付与を意味し、姿なき神の造形を導き出した。神像彫刻がそれであるが、ここでも僧形八幡神像を中心とした八幡三神像が他に先んじて出現する。八幡神による神仏習合現象の先導は更に続き、最早初期の段階を過ぎるが、本地垂迹説を具体化する本地仏の設定に於いても、他の神々に先んじていた。

仏神たる八幡神の動向は、神仏習合史の上に確かな位置付けをなす必要がある。これまでの八幡神論者は、神仏習合との関わりを述べられることも多かったが、神仏習合史のどの段階の、どの現象に関わるかを的確に位置付けなければならない。そうでなければ、神仏習合との関わりが、いわば便利語として用いられたに過ぎなくなるであろう。

（その辺のところを簡単に表示しておく。一二世紀まで）

八世紀	九世紀	一〇世紀	一一世紀	一二世紀
神身離脱思想（神宮寺出現）→菩薩号奉献（神像）――	―→	本地垂迹説―→	具体化・普及――	―→
八幡神宮寺　八幡大菩薩	八幡三神像		（本地仏設定・本地仏の造像）	
護法善神思想―→鎮守の出現	――	――	――	―→
大仏造立をめぐる八幡神の動向　東大寺鎮守八幡宮	→八幡神の勧請	――	――	―→

〔註〕

（1）桜井徳太郎氏「縁起の類型と展開」（日本思想大系第二〇巻『寺社縁起』、昭和三十年十二月、所収）。尚、具体的な考察としては、拙稿「中世寺院縁起の特質」（拙著『室生寺史の研究』、昭和五十四年十一月、所収）がある。

（2）柳田国男氏「炭焼小五郎が事」（『定本柳田国男集』第一巻、昭和三十八年九月、所収）。

（3）飯沼氏は、この見解を中心に奈良時代に於ける八幡神の動向を、新聞記事を通し、五回に分けて、広く地域住民にも披露された――『読売新聞』（九州版）連載「西南にっぽん歴史考――宇佐八幡神の出現」、第一回は平成十二年三月十九日（日）で「対隼人の軍神」、第二回は同二十五日（土）夕刊で「法蓮、放生を行う」、第三回は同四月一日

（土）夕刊で「神の行基」、第四回は同四月九日（日）で「仏に奉るがごとし」、第五回は同四月十五日（土）夕刊で「妹の力大きく後退」となっている。

（4）比咩神に就いても、柳田氏の「玉依姫考」（『定本柳田国男集』第九巻、昭和三十七年三月、所収）という著名な論考があり、後学に大きな影響力をもつが、本書の立場では関係しないので取り上げなかった。

〈成稿一覧〉

序章――研究史の動向と課題――（新稿）

第一編　前提としての基礎研究

第一章　宇佐に於ける原初信仰――宇佐御許山に見る信仰――

「宇佐に於ける原初信仰」（『神道史研究』第四〇巻第四号、平成四年十月）と「宇佐御許山信仰に関する踏査と小考」（『博物館学年報』第二四号、平成四年十二月）を合し、補訂を加えたもの。

第二章　八幡神顕現伝承考――その系統と変遷を中心に――

「八幡神顕現伝承考――その系統と変遷を中心に――」（『神道史研究』第四三巻第四号、平成七年十月）に補訂を加えたもの。

第三章　八面山信仰と三角池――薦社（大貞八幡）成立前史考――

「大貞の杜と沢と池守――薦社（大貞八幡）成立前史考――」（『環太平洋文化』第九号、平成七年三月）と「八面山信仰と三角池――薦社成立前史を考える――」（『真薦』第四号、平成十四年十二月）を合し、補訂を加えたもの。

第二編　八幡神の成立

第一章　豊国に於ける新羅神の東進――香春神から「ヤハタ」神へ――

（新稿、某誌に発表する予定で起稿したが、時期的に間に合わなかった）

第二章　辛嶋氏系八幡神顕現伝承に見る大和神幸

――応神霊の付与をめぐって――

「辛嶋氏系八幡神顕現伝承に見る大和神幸」（『日本宗教文化史研究』第一巻第一号、平成九年五月）に補訂を加えたもの（当初は副題なし）。

第三章　八幡神鷹居社創祀とその背景

――大神・辛嶋両氏合同祭祀の実現――

「八幡神鷹居社創祀とその背景」（『芸林』第四七巻第二号、平成十年五月）に補訂を加えたもの（当初は副題なし）。

第四章　僧法蓮と「豊国」――法蓮伝承の検討を中心に――

「僧法蓮と『豊国』――法蓮伝承の検討を中心に――」（『日本宗教文化史研究』第二巻第二号、平成十年十一月）に補訂を加えたもの。

第三編　宮寺としての発展

第一章　八幡神宮寺の成立

「宇佐神宮弥勒寺址小考」（『博物館学年報』第二三号、平成三年十二月）と「八幡神宮寺の成立」（『神道史研究』第四二巻第一号、平成六年一月）を合し、補訂を加えたもの。

第二章　初期八幡放生会と行幸会

「初期八幡放生会と行幸会」（『日本宗教文化史研究』第五巻第二号、平成十三年十一月）に補訂を加えたもの。

第三章　八幡神職団宇佐氏の成立

「八幡神職団宇佐氏の成立」（『日本宗教文化史研究』第三巻第二号、平成十一年十一月）に補訂を加えたもの。

第四章　八幡神の大安寺・薬師寺への勧請

「八幡神の大安寺・薬師寺への勧請」（『芸林』第四三巻第四号、平成六年十一月）と「薬師寺に於ける八幡神の勧請――史料と考察――」（『薬師寺』第一一四号、平成九年十一月）を合し、補訂を加えたもの。

第四編　補論

補章　初期神仏習合と神宮寺及び八幡神

「神宮寺の出現とその背景」（『京都精華学園研究紀要』第二三輯、昭和六十年十一月）と「神仏習合の素地形成と発生期の諸現象――既存発生論への再検討を踏まえて――」（『芸林』第四〇巻第四号、平成三年十一月）を合し、補訂を加えたもの。

終章――各考察を通して――（新稿）

あとがき

火山の豊富な九州には男性的な山々が多い。また、九州は大陸に近く、早くから渡来人とその文化に強く影響された地でもある。そのような環境のもとに、八幡神という特異な神が豊前の地に成立する。まことに興味深いことである。これまで、古代山岳寺院の研究に多くの時間を費してきた私は、個々の寺院に必ず神々が関わり、所謂神仏習合にも少なからず関わりを持ち続けてきた。八幡神は、神仏習合史上、節目となる重要な事象に於いて、常に先導役を果たしており、その意味で、この神には早くから関心があった。

幸い、宇佐神宮の所在する大分県には、四十年来の知友であり先輩でもある後藤正二氏（元大分県立宇佐風土記の丘歴史民俗資料館館長・現〈有〉九州文化財リサーチ専務取締役）がおられる。一度、八幡神に関係深い所、それに国東半島の富貴寺をはじめとする寺々（所謂六郷満山の寺々）や石仏を見て回りたいと、氏に案内を依頼して、平成三年（一九九一）八月下旬、それが実現した。

国東半島を回ってきた日、宇佐に泊し、深更まで氏と語り合った（折りしも、台風が当地を直撃し外は猛烈な嵐であった）。氏から、「八幡をやってほしい。協力は惜しまないから」と何度も奨められた。長年に亘り、大分県の文化財行政と調査保存に数々の業績を遺してこられた氏には、これまでの八幡関係の研究動向に、必ずしも満足しておられない様子が伺える。私の心は揺らいだが、即答は出来なかった。何故ならば、八幡神には興味があり、これをテーマに取り組みたい気持は大いにある。しかし、一度取り組めば、少なくとも十年の期間を要するであろうし、私の方法論からすれば、豊前各地の現地踏査を繰り返さなければ気がすまないであろう。これには相当の覚悟を要する。それに、これまでの山岳寺院研究でやり残しているものも多い。即答出来ないのも当然で、「暫く考えさせてほしい」ということにして、大きな課題を背負うことになった。

八幡神の魅力はやはり大きかった。二・三箇月後、私の気持は、八幡神の成立を含めた宮寺の成立に取り組む決意へと発展した。以後は、後藤氏との二人三脚による現地踏査が、毎年のように実施されるのである。こうなれば、更に多くの地元の方々による協力を得ることが必要となる。ここでも、後藤氏のご尽力で実に多くの方々のご理解とご協力を得ることが出来た。

勿論、毎回の踏査には後藤氏に付き添っていただいたほか、特に、真野和夫（当時歴史民俗資料館調査課長・現県立先哲資料館副館長、平成三年・五年の踏査に於ける案内と車の運転）、蔦井公典（歴史民俗資料館勤務・宇佐市宮迫在住、平成四年の踏査に於ける車の運転）、堤真子（大分市在住、大学四回生時の平成八年・歴史民俗資料館勤務時の平成十年の踏査に於ける車の運転）、相良久馬（三光村佐知在住、平成八年・十年・十一年・十二年の踏査に於ける案内）、小袋代治（三光村小袋在住、平成十一年・十二年の踏査に於ける案内と車の運転）、北内恵美子（宇佐市四日市在住、平成十四年の踏査に於ける車の運転）の各氏には、実に多大なご理解とご協力を得た。衷心より感謝申し上げる。これらの方々からご尽力を得たが故に、福岡県東部から大分県に亘る各地の踏査をなし得たのである。私にとって生涯忘れることの出来ない方々である。

その他、文献・史料、或は宝物拝観の面でお世話になった方々も多い。後藤氏には多くの文献や史料をご提供いただいたのをはじめ、大分県立図書館郷土資料室の萱島香苗氏、宇佐市教育委員会の乙咩政巳氏、由原八幡宮宮司の安東修氏、大分市歴史資料館の長田弘通氏、杵築市教育委員会の平川信哉氏等も、特記しておかなければならないだろう。

豊前各地（一部豊後にも及ぶ）の踏査を続ける中、私がこれまでの研究で駆け巡った大和の地を、改めて見直す機会を持てたことは予定外の収穫であった。新羅神の神幸伝承を追って、三輪山奥地の初瀬・宇陀・山辺の山々、八幡神の勧請に関係して大安寺旧境内跡・薬師寺（特に南の休息の丘辺）を再踏査することにより、新たな知見を得たことは幸せであった。

豊前へ行けば大抵は訪れる所として、八幡神の成立に深く関わっている中津市大貞の薦社がある。当社の宮司池永公比古、祢宜池永孝生両氏には、諸事にわたってお世話になり、常に温かく私の研究を支えて下さった。また、公比古宮司には本書題字の揮毫をお願いし、実現した。両氏に対し、ここに深甚の謝意を表する次第である。

このように多くの方々のご協力に支えられて、私の八幡宮寺研究は進展し、約十二年を費して一書にまとめる運びとなった。改めて振り返ってみるとき、私の力不足により充分な考究が出来なかったもの、思わぬ誤解をしている所等があるかも知れない。諸先学の一層のご指導を切望すると共に、読者諸賢のご叱正を請う次第である。

尚、本書の校正には白井伊佐牟氏（石上神宮権祢宜）のご協力を得たこと。また、巻末索引の作成には板津典文・衣斐唯子（いずれも岐阜聖徳学園大学大学院学生）の両名が当ってくれたことも、特記しておかなければならない。更に今回の出版に際しては、続群書類従完成会の太田史氏・小川一義氏をはじめとする方々に多大なお世話になった。厚く御礼を申し上げる。

平成十五年二月二十日　　逵　日出典

〈付記〉本書は平成十四年度岐阜聖徳学園大学「学術図書出版助成金」の交付を受けて出版したものである。記して当局に感謝申し上げる。

索　　　引

う

か

き

く

け

こ

す

せ

そ

ひ

ふ

へ

ほ

ま

み

む

も

や

ゆ

よ

り

る

れ

ろ

わ

著者略歴
逵　日出典（つじ・ひでのり）

１９３４年　奈良県五條市に生まれる
１９５７年　同志社大学文学部文化学科文化史学専攻卒業
現　　在　岐阜聖徳学園大学教育学部教授　文学博士
同上大学大学院国際文化研究科教授
同志社大学文学部講師（非常勤）
日本宗教文化史学会会長
主要著書　『室生寺及び長谷寺の研究』（１９７０年・京都精華学園）
『長谷寺史の研究』（１９７９年・巌南堂書店）
『室生寺史の研究』（１９７９年・巌南堂書店）
『神仏習合』（１９８６年・六興出版、１９９３年・臨川書店）
『奈良朝山岳寺院の研究』（１９９１年・名著出版）
『室生寺—山峡に秘められた歴史—』（１９９４年・新人物往来社）
『日本の宗教文化』㊤（編著、２００１年・高文堂出版社）
『日本の宗教文化』㊦（編著、２００２年・高文堂出版社）

八幡宮寺成立史の研究

平成十五年三月二十五日　発行

定価　一二、〇〇〇円（税別）

著者　逵　日出典

発行者　太田　史

発行所　東京都豊島区北大塚一—一四—六
続群書類従完成会
電話（〇三）三九一五—五六二一
振替口座〇〇一二〇—三—六二六〇七

印刷所　株式会社　平文社

ISBN-7971-0740-5

石清水八幡宮社務所編

石清水八幡宮史

完結 全九冊

菊判上製　一四一、〇〇〇円

昭和十四年に二十八年を要して出版完了した石清水八幡宮史を再刊。別巻に石清水社の略史・編年史・祠官系図を収め、第一〜八輯には、本宮に関係ある重要史料を、鎮座編以下崇敬編にいたる十一項目に分類し、編年集成したものである。本宮に伝存する文書を根幹にして、公家・武家他の関係史料を収録。第一輯　鎮座・祭神・神体・璽筥璽剣・社殿・寺塔編　一五、〇〇〇円　第二輯　祭祀編上　一五、〇〇〇円　第三輯　祭祀編下　一八、〇〇〇円　第四輯　怪異・祠官編　一八、〇〇〇円　第五輯　社領編上　一五、〇〇〇円　第六輯　社領編下　一八、〇〇〇円　第七輯　崇敬編上　一五、〇〇〇円　第八輯　崇敬編下　一五、〇〇〇円　別巻　石清水八幡宮略史・編年史・祠官系図　一二、〇〇〇円

石清水八幡宮社務所編

石清水八幡宮史料叢書

全五冊

A5判上製

セット定価七五、〇〇〇円（分売不可）

石清水八幡宮に伝存する古文書・古記録を内容により分類、収録した叢書。内容は本社の男山を中心とするあらゆる古跡・事物・行事について、その由来変遷を詳述したものである。本書全五冊は昭和三十五年に十五年をかけて出版完了したもので、重要必見の史料でありながら、かつて市販されたことはない。

村田正志・石川晶康・田中君於編

続石清水八幡宮史料叢書

全四冊

A5判上製

第一〜三　各冊　八、〇〇〇円

本書は〝天下第二の宗廟〟とされる石清水八幡宮に伝存されている、平安〜江戸末期に及ぶ、質量共に神社界では最高にして最大級の古文書・古記録群の目録である。第一・二巻には田中家文書目録を、第三巻には菊大路家文書目録を収録し、併せて重要・貴重文書の写真を掲載し、研究者の便宜を計るものである。

横山晴夫校訂・解説

三峯神社史料集

全七冊 完結

菊判上製

第一〜六　各冊　七、〇〇〇円

第七　九、〇〇〇円

奥秩父の山塊に鎮座する三峯神社の史料集。同社は、聖護院派の有力な修験であり、関東の霊山であったが、その史料は長らく秘蔵され今日におよんだ。今回、本史料集を公刊することにより、三峯神社を中心とする近世の修験・山伏の実態、京都の本山聖護院との関係がはじめて明らかにされる。

大仙院文書	￥11000
歴代古案１～５	￥45000
賀茂別雷神社文書１	￥7400
松浦党関係史料集１・２	￥18000
久我家文書１～４・解説	￥73000
石清水八幡宮史料叢書1～5	￥75000
続石清水八幡宮史料叢書1～3	￥24000
石清水八幡宮史１～９	￥141000
保元物語注解	￥12000
平治物語注解	￥12000
曽我物語注解	￥18000
平家物語証注上・中・下・索引	￥78000
神皇正統記注解上・下・索引	￥59000
鶴岡八幡宮年表	￥12000

〈近　　世〉

相馬藩世紀１・２	￥22000
近世武家官位の研究	￥8000
兼見卿記２	￥6000
舜　旧　記１・５～８	￥40600
義演准后日記１・３	￥13600
慶長日件録１・２	￥12200
慈性日記１・２	￥23000
泰重卿記１・２	￥16000
国史館日録１～４	￥38000
通誠公記１・２	￥16000
隆光僧正日記１～３	￥12000
妙法院日次記１～19	￥215000
香取大禰宜家日記１	￥15000
通兄公記１～８	￥75000
田村藍水・西湖公用日記	￥7400
当代記・駿府記	￥5000
泰平年表	￥7767
続泰平年表１	￥5200
新稿一橋徳川家記	￥8800
三峯神社史料集１～７	￥51000
三峯神社日鑑１～４	￥28000
香取群書集成３～６	￥60000
賀茂真淵とその門流	￥12000

〈近　　代〉

物集高世評伝	￥9000
折田年秀日記１・２	￥24000
井上毅研究	￥9000
シーボルトと日本の開国近代化	￥7000

〔補　　任〕

検非違使補任１・２	￥16000
官史補任	￥10000
衛門府補任	￥10000
歴名土代	￥15000
新摂関家伝１	￥9000
弁官補任２・３	￥10400
国司補任１～５・索引	￥57000
蔵人補任	￥10000
近衛府補任１・２	￥18000

〔系図・家紋〕

尾張群書系図部集上・下	￥10000
家紋でたどるあなたの家系	￥6000
続家紋でたどるあなたの家系	￥6000
群書系図部集１～７	￥19096
寛永諸家系図伝1～7･10～17	￥76200
寛政重修諸家譜１～26	￥130000
寛政重修諸家譜家紋	￥12000
徳川諸家系譜３	￥5000
断　家　譜１～３	￥18000
公卿諸家系図	￥3806

時代別書目一覧

〈古　　代〉

皇居行幸年表	￥5000
呪術世界と考古学	￥8252
古代史論叢	￥8000
院政時代史論集	￥9515
院近臣の研究	￥8000
平安時代の国家と祭祀	￥8544
吏部王記	￥10000
権　記1～3	￥21200
台　記1	￥5400
天神縁起の基礎的研究	￥13000
大中臣祭主藤波家の研究	￥12000
大中臣祭主藤波家の歴史	￥8000
年中行事御障子文注解	￥10000
校本江談抄とその研究上・中・下	￥39000

〈中　　世〉

中世久我家と久我家領荘園	￥11000
前田本『玉燭宝典』紙背文書とその研究	￥8000
中世伊勢神道の研究	￥8000
梅花無尽蔵注釈1～5	￥125000
梅花無尽蔵注釈別巻	￥14000
五山文学用語辞典	￥12000
明月記研究4～7	￥12000
明　月　記1	￥9000
葉　黄　記1	￥4800
公衡公記1～3	￥13700
和訳花園天皇宸記1・2	￥16000
花園天皇宸記2・3	￥13100
園　太　暦1～7	￥62000
師　守　記1～8	￥44900
教言卿記1	￥4800
山科家礼記1～6	￥44300
経覚私要鈔1～4・6	￥34400
師　郷　記1～6	￥38000
北野社家日記1～7	￥48800
長興宿禰記	￥9000
親長卿記1・2	￥19000
言国卿記1・7・8	￥17000
実隆公記1～20	￥183000
言継卿記1～6	￥65000
十輪院内府記	￥8000
政覚大僧正記1・2	￥16600
鹿苑院公文帳	￥10000
満済准后日記上・下	￥10000
看聞御記上・下	￥10000
お湯殿上の日記1～11	￥50000
鹿苑日録1～7	￥70000
近江大原観音寺文書1	￥9000
長楽寺文書	￥11000
鹿島神宮文書	￥15000
北野神社文書	￥9000
石清水八幡宮文書外	￥8000
飯野八幡宮文書	￥6000
光明寺文書1・2	￥12600
熊野那智大社文書1～6	￥48000
入江文書	￥7700
朽木文書2	￥5200
沢氏古文書1	￥6214
気多神社文書2・3	￥12900

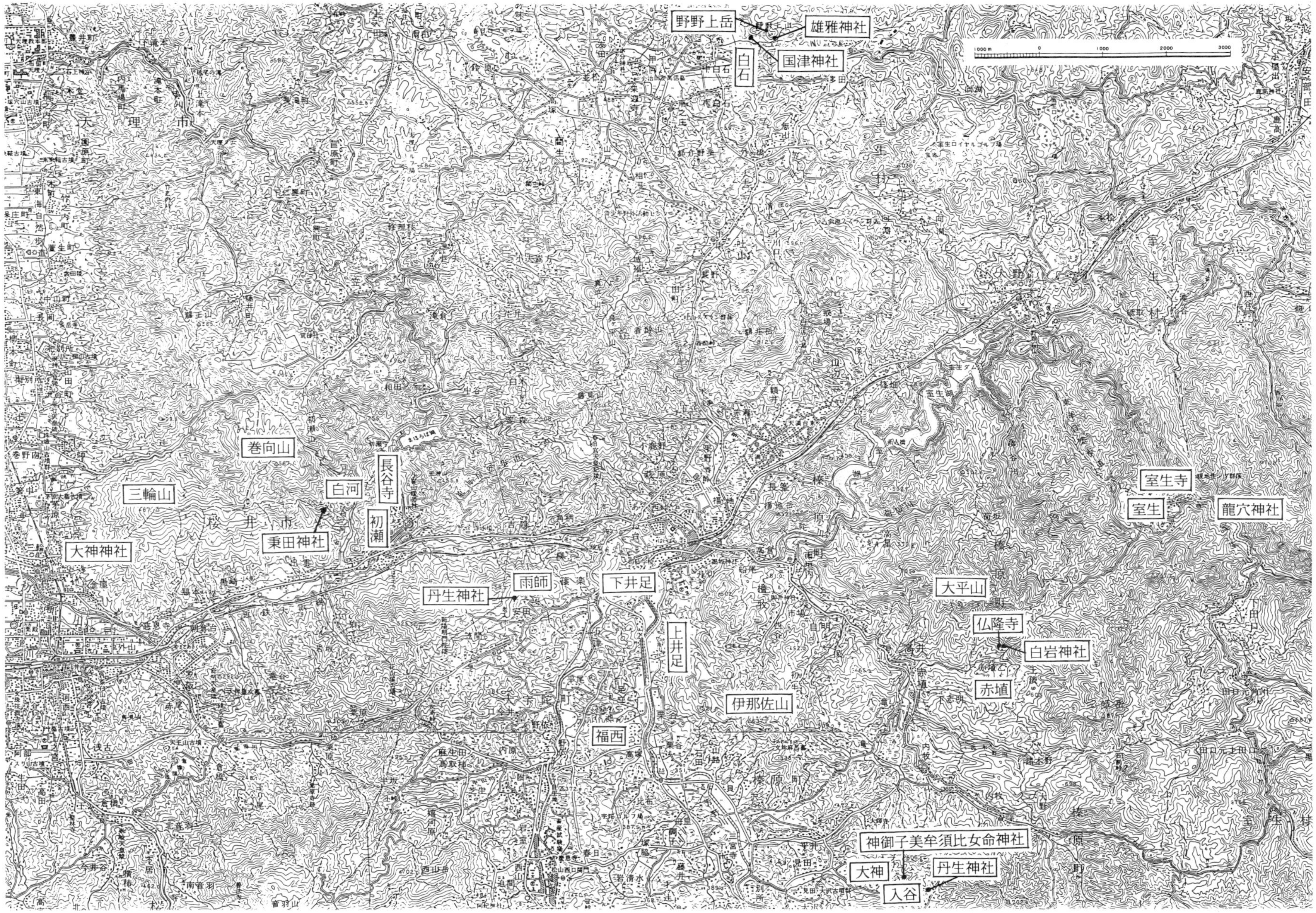

（地図８）　宇陀郡を中心とした山地の地形図